Köln 1914. Metropole im Westen

KÖLN 1914

METROPOLE IM WESTEN

PETRA HESSE | MARIO KRAMP | ULRICH S. SOÉNIUS (HG.)

J.P. BACHEM VERLAG

Inhalt

Jürgen Roters

Die große Stadt und der Große Krieg
Grußwort

Liebe Leserinnen und Leser,
Köln war im Jahre 1914 eine wachsende und äußerst lebendige Stadt. Keine, in der die Avantgarde spürbar war, wie in Berlin, London oder Paris, jedoch die drittgrößte des Deutschen Reiches, in der die wirtschaftliche Entwicklung auf dem Höhepunkt war. Der Verkehr war noch überschaubar, mit der elektrischen Straßenbahn war ein modernes Massenbewegungsmittel unterwegs. Die Eingemeindung von Mülheim und der Landgemeinde Merheim im April 1914 brachte einen Bevölkerungs- und Flächenzuwachs. Einen Monat später eröffnete die große Werkbund-Ausstellung, die Hunderttausende anzog. In Köln herrschten Aufbruchsstimmung und Fortschrittsoptimismus.

Umso größer war der Schock, als der Krieg kam. Auch in Köln gab es Kriegsbegeisterte, doch bald sorgten sich die Familien um Väter und Söhne, Brüder und Schwäger. Unternehmen und Stadtverwaltung verloren einen großen Teil ihrer Belegschaft. Es zogen unzählige Soldaten durch Köln. Köln wurde zur „Heimatfront", das Gelände der Werkbund-Ausstellung Lazarett, und die Straßenbahn transportierte nun Munition. Das Leben veränderte sich schlagartig – für die Soldaten und für die Kölnerinnen und Kölner selbst.

Der Krieg dauerte sehr viel länger als angenommen. Er entwickelte sich zum Weltkrieg mit nie zuvor gesehener Gewalt, entsetzlichen Bildern von der Front und zahllosen Toten und Schwerverletzten. Obwohl der Schrecken über vier Jahre lang anhielt, sind aus den Folgen leider nur wenig Lehren gezogen worden. An den Ersten Weltkrieg erinnern in Köln nur noch wenige Überreste. Der nachfolgende Zweite Weltkrieg, dessen Auswirkungen noch sehr viel schlimmer waren, hat das Seine zur Vernichtung beigetragen.

Umso begrüßenswerter ist es, dass sich drei renommierte Institutionen der Aufarbeitung dieser bislang kaum bekannten Geschichte unserer Stadt annehmen. Das Kölnische Stadtmuseum, das Museum für Angewandte Kunst Köln und die Stiftung Rheinisch-Westfälisches Wirtschaftsarchiv zu Köln haben erstmalig in Kooperation eine Ausstellung an mehreren Orten sowie den vorliegenden Begleitband erstellt.

Dies alles wurde interdisziplinär und gemeinsam erarbeitet. Die Direktoren der beiden städtischen Museen und des Wirtschaftsarchivs, Dr. Petra Hesse, Dr. Mario Kramp und Dr. Ulrich S. Soénius, haben renommierte Autorinnen und Autoren aus ihren Teams und weit darüber hinaus gewonnen: Historiker, Spezialisten für Filmgeschichte und moderne Kunst, Theaterwissenschaftler und noch viele mehr. Sie bereichern aus verschiedensten Blickwinkeln das Thema. Ihnen gilt mein persönlicher Dank für ihre engagierte ehrenamtliche Mitarbeit.

Die Ausstellung „Köln 1914. Metropole im Westen" bildet den Abschluss des Verbundprojektes „1914 – Mitten in Europa. Das Rheinland und der Erste Weltkrieg" des Landschaftsverbandes Rheinland, dem ich für die großzügige Unterstützung herzlich danke.

Hervorzuheben sind jene, ohne die diese umfassende Präsentation nicht hätte realisiert werden können. Dazu gehören die Fördervereine der drei Institutionen: die Overstolzengesellschaft, die Freunde des Kölnischen Stadtmuseums und der Wirtschaftshistorische Verein zu Köln. Dank gebührt auch der Kölner Kulturstiftung der Kreissparkasse Köln und Herrn Architekten Kaspar Kraemer sowie dem J.P. Bachem Verlag für diesen Begleitband.

Mein großer Dank gilt nicht zuletzt den Mitarbeiterinnen und Mitarbeitern der drei Institutionen, die wieder einmal ihre Leistungsfähigkeit unter Beweis gestellt haben.

Ich wünsche dem Begleitband viele Leserinnen und Leser sowie der Ausstellung viele Besucherinnen und Besucher. Sie werden Köln neu entdecken – und neugierig werden auf mehr Geschichte, die für unsere 2000-jährige Stadt ein Alleinstellungsmerkmal darstellt.

Ihr

Jürgen Roters
Oberbürgermeister der Stadt Köln

Moderne Großstadt und Handel: M. DuMont Schauberg (Druck),
Werbeplakat, um 1910

Ute Schäfer

1914 – Mitten in Europa
Grußwort

Sehr gerne habe ich die Schirmherrschaft für „1914 – Mitten in Europa. Das Rheinland und der Erste Weltkrieg" übernommen. Das Themenjahr ist ein deutliches Zeichen für die Verbundenheit mit unseren europäischen Nachbarn, auch und gerade dann, wenn wir uns mit dem Unrecht auseinandersetzen, das von deutschem Boden ausgegangen ist, denn es bezieht die Perspektive der Opfer und ehemaligen Gegner mit ein.

Rheinland und Westfalen waren schon vor dem Ersten Weltkrieg kulturelle Zentren des Deutschen Reiches, das Ruhrgebiet war zugleich die größte Waffenschmiede Europas. Das Rheinland war Aufmarschgebiet für den Überfall auf die neutralen Staaten Belgien und Luxemburg. Heute sind die Benelux-Länder die wichtigsten europäischen Partner Nordrhein-Westfalens.

Der Landschaftsverband Rheinland hat das Projekt mit zahlreichen Partnern erarbeitet und Ausstellungen entwickelt, die zu einem besseren Verständnis von Europa und der aktuellen europäischen Themen beitragen. Dabei sind auch grenzüberschreitende Schulprojekte einbezogen. Darüber freue ich mich sehr. Wir können auf fast siebzig Jahre Frieden in weiten Teilen Europas zurückblicken. Projekte wie „1914 – Mitten in Europa" tragen viel dazu bei, dies jungen Menschen zu veranschaulichen und sie für die Idee eines friedlichen Europas zu gewinnen.

Ute Schäfer
Ministerin für Familie, Kinder, Jugend, Kultur und Sport des Landes Nordrhein-Westfalen

Modellflugzeug als Kriegsspielzeug, bemaltes Blech, 1914–1918 (KSM)

Jürgen Wilhelm und Ulrike Lubek

Das Rheinland und der Erste Weltkrieg
Grußwort

100 Jahre ist es her, dass Europa sich dem Abgrund näherte: Das Gedenken an den Beginn des Ersten Weltkrieges spielt im In- und Ausland eine große Rolle. Auch der Landschaftsverband Rheinland (LVR) hat sich dieses großen Themas angenommen, das als „Urkatastrophe des 20. Jahrhunderts" in die Geschichtsbücher eingegangen ist. Der LVR hat ein Verbundprojekt auf den Weg gebracht, das neben einem Kongress, Exkursionen und Veranstaltungen auch einen großen Ausstellungsreigen umfasst.
An diesem Reigen beteiligen sich nicht nur alle Museen des LVR-Dezernats Kultur und Umwelt, sondern auch die LVR-Kliniken in Düren und Bonn. Zudem wirken zahlreiche externe Partner der kommunalen Familie im Rheinland in diesem Verbund mit, der aus verschiedenen Perspektiven den Blick auf eine Zeit richtet, in der wir uns noch immer wiedererkennen können. Denn das Rheinland hatte vor, in und nach dem Ersten Weltkrieg eine besondere Bedeutung: Im Rheinland lagen die Zentren der ökonomischen Macht um Kohle und Stahl, hier fassten die neuen Leitindustrien Maschinenbau, Elektroindustrie und Chemische Industrie allmählich Fuß. Hier etablierte sich bereits vor 1914 eine Kunstszene, die zwischen Berlin und Paris eine Spitzenposition einnahm. Das Rheinland zählte mit Elsass-Lothringen zum wichtigsten Aufmarschgebiet und Mobilisierungsgelände des kaiserlichen Regimes, und schließlich bot die Rheinprovinz geeignete Projektionsflächen für eine ideologische Aufrüstung: Sagen vom Rheingold wie „Die Nibelungen" popularisierten schon um die Mitte des 19. Jahrhunderts einen Nationalismus, dem sich weder „Vater Rhein" noch die „Loreley" entziehen konnten.

Um diese Ambivalenzen von Krieg und Frieden, von Avantgarde und Aggression in der Geschichte des Rheinlandes geht es in dem Verbundprojekt mit seinen Veranstaltungen und Ausstellungen von Herbst 2013 bis Mitte 2015. „1914 – Mitten in Europa. Das Rheinland und der Erste Weltkrieg" ist eine bislang einzigartige Kooperation, die

sich am Beispiel unserer Region einer Epoche von weltgeschichtlicher Bedeutung nähert. Wir möchten Sie herzlich einladen, sich diesem Thema zu widmen, das uns im Rheinland, mitten in Europa, nach wie vor besonders angeht.

Prof. Dr. Jürgen Wilhelm
Vorsitzender der Landschaftsversammlung Rheinland

Ulrike Lubek
Direktorin des Landschaftsverbandes Rheinland

August Sander, Kaisergeburtstagsfeier, Fotografie, 1915, Abzug 1999
(Die Photographische Sammlung/SK Stiftung Kultur, Köln)

Milena Karabaic und Thomas Schleper

Rheinmetropole und Großer Krieg

Die Herausforderung der Moderne

Mit insgesamt 14 Ausstellungen, erstellt von eigenen Häusern und externen Partnern, mit Exkursionen, Aktionstagen und umfangreichen Rahmenprogrammen präsentiert das LVR-Dezernat Kultur und Umwelt eine Gesamtszenerie, um dem Gedenken an den Ausbruch des Ersten Weltkrieges vor hundert Jahren gerecht zu werden: „1914 – Mitten in Europa. Das Rheinland und der Erste Weltkrieg". Nicht einzelne Aspekte und singuläre Perspektiven werden hervorgehoben, sondern es wird eine Zusammenschau gewagt, die einem berechtigten Bedürfnis nach Überblick und Orientierung folgt, um der Komplexität der Ereignisse und der Ambivalenzen von Intentionen und Strukturen der Zeit um 1914 gerecht zu werden.

In dem dabei entstehenden „Epochenbild" zeigen sich wohl Anläufe zu Synthesen, dahinter verbirgt sich aber kein letzterschließendes Gesamtnarrativ. Es bildet dazu selbst vielmehr ein ästhetisches, weil auf konkrete Expositionen samt historischen Objekten gestütztes Pendant: eine so anschauliche wie öffentlich zugängliche Alternative in Zeiten jenseits auktorialer Meistererzählungen und genialer Superioritäten. Dem ist auch in ganz diesseitiger Bescheidenheit die Reihe der Publikationen zuzurechnen, die zum Gesamtprojekt unter seiner Dachmarke entstehen: vom Kongressband über Ausstellungskataloge bis zu Beiheften und Wanderführern. Mit dieser theoretischen Prämisse und den praktischen Mitteln der Veranschaulichung, die unter anderem die Bühnen der Ausstellungen offerieren, lassen sich die unvermeidlichen Fragen nach dem historischen Lernpotenzial, nach möglichen Analogien, zumindest nach vielleicht dienlichen Hinweisen aus der „Urkatastrophe des 20. Jahrhunderts" im Hinblick auf eine nach wie vor kriegerische Gegenwart angemessen stellen und gemeinsam diskutieren.

Das alles kann nur gelingen, wenn, wie geschehen, die Kompetenzen von Museen und Kulturdiensten einvernehmlich zusammenfinden, um ihre Talente und Potenziale zu orchestrieren. In einem gut klingenden Orchester wird freilich die einzelne Stimme nicht in der Gesamtheit untergehen, vielmehr gestärkt werden. Tatsächlich ist ja die anvisierte Epoche vielstimmig und mehrdeutig, ja von antagonistischer Tönung. Schon die Jahre vor 1914 waren einerseits gesegnet von den Errungenschaften und Wohltaten technischer und kultureller Avantgarden, sie kannten andererseits aber auch soziale Diskrepanzen, gesellschaftliche Gewaltverhältnisse, folgten Illusionen, gar Wahnvorstellungen eines machtpolitisch und nationalistisch übersetzten Darwinismus. Man scheute bekanntlich auch nicht vor der Anwendung militärischer Aggression zurück: Über die verkehrstechnisch strategische, von martialischen Reiterbildern preußischer Könige und deutscher Kaiser flankierte Hohenzollernbrücke in Köln wurden die deutschen Truppen über den Rhein gen Westen in den die Neutralität Belgiens mutwillig missachtenden Krieg gegen Frankreich geführt, Zug um Zug, Waggon auf Waggon in das von Wilhelm Lamszus 1912 beschriebene „Menschenschlachthaus".

Das alles wurde sehr unterschiedlich ausgetragen, erlebt und auch an der „Heimatfront" erfahren und verarbeitet. Ambivalenzen zeigten sich selbstverständlich gerade auch im Rheinland, das noch bis heute eine eher ländliche oder eher urbane Ausprägung der Lebensumstände aufweist. Mit den Umständen und Auswirkungen des Weltkrieges in ländlichen Siedlungsräumen wie dem Bergischen Land oder der Eifel beschäftigen sich vor allem die Ausstellungen der LVR-Freilichtmuseen in Lindlar, wo es „Krieg und Licht" heißt, während in Kommern im dortigen LVR-Freilichtmuseum der Titel „Kriegs(er)leben im Rheinland" lautet. Aber neben der Präsentation „Mit uns zieht die neue Zeit" der Ehemaligen Konsumgenossenschaft Vorwärts e. V. in der Wuppertaler Münzstraße und neben der Zentralausstellung auf Essen Zollverein namens „1914 – Mitten in Europa" ist es die Stadt Köln, die als „Metropole im Westen" eine großstädtisch zugespitzte Szenerie um „ihren" Weltkrieg zum Thema macht. An der Aufarbeitung sind gleich drei Partner beteiligt: das Kölnische Stadtmuseum, das Museum für Angewandte Kunst Köln – MAKK und die Stiftung Rheinisch-Westfälisches Wirtschaftsarchiv zu Köln (RWWA).

Für diese einmalige Kölner Kooperation möchten wir uns bei allen Verantwortlichen und deren Teams bedanken, denn der so entstandene Beitrag rundet das angestrebte Epochenbild des Verbundprojektes nicht nur ab, sondern stellt zweifellos einen glänzenden Höhepunkt dar, ohne den der Veranstaltungsreigen höchst unvollständig geblieben wäre. Köln setzt den krönenden Jahresabschluss 2014 für eine Sequenz, die im September 2013 im LVR-LandesMuseum Bonn mit „1914 – Welt in Farbe" startete und in der „Eurovision" sowie mit „Orten der Utopie" im Frühjahr 2015 in Oberhausen bzw. Düsseldorf ihr Finale finden soll. Dabei nimmt die Kölner Präsentation noch Fäden auf, die in Verbund-Präsentationen von Bonn bis Wesel, von Wuppertal bis Düren gewissermaßen vorgesponnen, hier aber zu einem neuen Bild eigenen Charakters mit nicht nur lokalspezifisch bedeutsamen Akzentsetzungen verknüpft werden. Zugleich bietet sie Anknüpfungspunkte für die noch folgenden Veranstaltungen des Dachmarkenprogramms.

Wir wünschen nicht zuletzt dem Publikum, auch dem aus anderen rheinischen Städten wie aus eher ländlichen Regionen Anreisenden, Anregungen und Einsichten für eine Auseinandersetzung mit der Geschichte der größten Stadt am Rhein, dem historisch umkämpften, wirtschaftlich bedeutenden und kulturell verbindenden Strom in der Mitte Europas. Die Kölner Ausstellung ermöglicht damit zugleich die Auseinandersetzung mit einer entscheidenden Phase der rheinischen Geschichte als Teil der europäischen Moderne und ihrer Dialektik von Avantgarde und Aggression, von Konsequenz wie Kontingenz. Ohne die Berücksichtigung all dessen sind viele Konflikte der Gegenwart nicht mehr zu verstehen; erst recht kann der Herausforderung der Moderne wohl kaum adäquat begegnet werden, nämlich ein dauerhaft friedvolles Zusammenleben auf diesem Kontinent als Teil einer nicht minder komplexen Welt zu gestalten.

Werbegrafik für Stollwerck-Kakao und -Schokolade, Köln, 1916 (RWWA)

Milena Karabaic M. A.
LVR-Dezernentin Kultur und Umwelt

Prof. Dr. Thomas Schleper
Projektleiter im LVR-Dezernat

Petra Hesse, Mario Kramp und Ulrich S. Soénius

Das Epochenjahr 1914: Köln im Umbruch
Einführung

Eigentlich hätte alles so weitergehen können, im Sommer 1914. Denn Köln war zielstrebig auf dem Weg zu einer modernen Großstadt. Zwar war die Gesellschaft noch die des 19. Jahrhunderts, Kaiserkult, Wilhelminismus und Untertanengeist prägten das geistige Klima, es gab soziale und politische Ungerechtigkeit, zementiert im überkommenen preußischen Dreiklassenwahlrecht, auch hier lebten Menschen in Armut, und nur eine kleine Schicht von Besitz- und Bildungsbürgern beherrschte die öffentliche Meinung. Dennoch ging es aufwärts und den allermeisten Einwohnern besser als je zuvor. Die junge Generation glaubte an den technischen und sozialen Fortschritt, Reformbewegungen waren ebenso auf dem Vormarsch wie die moderne Kunst. Handel und Kontakte waren international ausgerichtet, neue Medien wie Film und Telefon faszinierten, elektrische Straßenbahnen und Automobile revolutionierten die Mobilität, am Himmel passierten Luftschiffe die Stadt, Kölner Unternehmen nahmen an Weltausstellungen teil, und Stollwerck warb in New Yorker U-Bahnhöfen für Schokolade „made in Cologne". Ausdruck einer heute beschriebenen, aber damals bereits vorhandenen Globalisierung.

Mit dem Kriegsbeginn veränderte sich alles in kürzester Zeit. Die Nachricht von der Ermordung des habsburgischen Thronfolgers und seiner Frau in Sarajevo am 28. Juni 1914 ging auch in Köln wie ein Lauffeuer um. Doch solche Krisen waren bislang stets beigelegt worden oder hatten nur zu lokalen, weit entfernten Konflikten geführt. Niemand ahnte, dass Kaiser und Reichsregierung am 5. Juli den Blankoscheck für einen Krieg gegen Serbien ausstellen und das Risiko eines Weltkrieges bewusst in Kauf nehmen würden. Der Balkan war weit weg, in Köln wie überall genossen die Menschen den Sommer. Nur einen Monat später war die Domstadt zur Festung erklärt und glich einem Heerlager.

Köln war nun die entscheidende Station für den Aufmarsch zur Westfront, für Truppen- und Gefangenentransporte, für Versorgung und Nachschub. Täglich passierten im Zehnminutentakt bis zu 30.000 Soldaten in 2.150 Zügen mit je 54 Wagons die Hohenzollernbrücke.[1] Wie, wenn es anders gekommen wäre? Wenn – wie noch zehn Jahre zuvor geplant – der Hauptaufmarsch im Osten stattgefunden, dagegen im Westen der Rhein als Verteidigungslinie gegen die Franzosen gedient hätte, wenn das Rheinland und nicht Belgien und Nordfrankreich verwüstet worden wären, wenn Köln und nicht unsere heutige Partnerstadt Lille als Frontstadt vom Gegner eingenommen und von hier Bewohner verschleppt worden wären?

So aber wurde Köln nicht zur umkämpften Stadt an der Front, sondern wichtigste Stadt der „Heimatfront" im Westen. Wenn Truppen zum Bahnhof zogen, erscholl Jubel, vor Cafés in der Innenstadt stimmte man „Die Wacht am Rhein" an. Die Kriegsbegeisterung dürfte – wie Studien es für andere Regionen in Deutschland und Frankreich belegen – auch hier Proletarier und Landbevölkerung weit weniger erfasst haben. In Köln ergriff das viel beschworene „Augusterlebnis" vor allem das städtische Bürgertum, Akademiker, Intellektuelle und Jugendliche. Im „gemütlichsten Kölsch", hieß es, jubelten Reservisten: „Un en Begeisterung eß! Se gläuven et nit!" Bilder auf Eisenbahnwagons vom französischen Präsidenten am Galgen wurden als „kleiner Lichtstrahl Kölner Humors" in „tiefernster Zeit" gedeutet: „Alles will mithelfen an der hehren, großen Sache, zu der uns der Kaiser rief!"[2]

Wenige Wochen zuvor noch vom Aufbruch in die internationale Moderne geprägt, wurde auch in Köln nun alles Fremde verdammt. Kaffeehäuser und Sportvereine gaben sich neue, „deutsche" Namen, sogar die Verkäufer französisch klingender Käsesorten mussten vor Übergriffen geschützt werden. Ähnliches geschah in Paris und London, wo Geschäfte mit deutsch anmutenden Namen von randalierenden Nationalisten angegriffen wurden. Sogar gegen die französische Bezeichnung „Eau de Cologne" wollte man vorgehen – in Köln, aber auch in Paris.

Gabriel Hermeling, Goldschmiedemodelle der drei Kaiser Friedrich III., Wilhelm II. und Wilhelm I. (v. l. n. r.), Bronze, Holz, Köln, um 1900 (KSM)

Dort forderten über zehntausend Unterzeichner einer Petition im Herbst 1914, das weltbekannte Duftwasser in „Eau de Louvain" umzutaufen, um an den Widerstand der Belgier gegen die Untaten der Deutschen in Löwen zu erinnern.[3] Auch die Einwohner von „Cologne" in den französischen Pyrenäen forderten eine Umbenennung ihres Dorfes, das als „Colonia" wie Köln auf römische Ursprünge zurückging und im Mittelalter seinen Namen wegen des Bezugs zur rheinischen Großstadt stolz getragen hatte. Nun wollte der Nationalstolz solche „unglückseligen" Namensgleichheiten mit der nach Westen orientierten Großstadt des Erzfeindes nicht mehr ertragen.[4]

Wären diese Konflikte doch nur sprachlich und ideologisch ausgetragen worden – und nicht auch real im Kriegseinsatz. Der erste Luftangriff der Kriegsgeschichte auf städtische Zivilbevölkerung erfolgte mit Zeppelinen von Köln aus auf Lüttich und Antwerpen schon im August 1914, und im Herbst 1914 erprobten die Bayer-Werke den Einsatz von Giftgas. Die Verwüstung weiter Teile Nordfrankreichs und Flanderns war beispiellos; die Zivilbevölkerung aller Seiten litt zunehmend unter Hunger und Entbehrungen beziehungsweise unter dem Verlust von Angehörigen.

Die Liste der Akte der Selbstzerfleischung Europas ließe sich mühelos fortsetzen, auf allen Seiten, vier lange Jahre lang. Das Jahr 1914 ist ein signifikantes Beispiel dafür, wie in friedlichen, dem Fortschritt verpflichteten Zeiten militärische Konflikte, die weit entfernt scheinen, die Auswirkung eines Flächenbrandes haben. Der Krieg ist die Büchse der Pandora: Opfer, Trümmer und Zerstörung können ungeahnte Ausmaße annehmen.

Wie sich ein solch dramatischer Paradigmenwechsel im überschaubaren Kosmos einer Stadt, in der Stadtgesellschaft und in den verschiedensten Bereichen von der Politik über Wirtschaft, Alltagsleben und Kultur im Jahr 1914 vollzog, wird am Beispiel Kölns in der Ausstellung „Köln 1914. Metropole im Westen" und im gleichnamigen Begleitband anschaulich dargestellt. Die internationalen Aktivitäten zum Gedenken an den Kriegsbeginn vor hundert Jahren und das Verbundprojekt des Landschaftsverbandes Rheinland boten den Anlass, erhebliche Wissenslücken zu schließen. Kölns Geschichte ist für das Rheinland nicht nur prägend, sondern auch in den meisten Facetten besser aufgearbeitet als die anderer Städte – nicht jedoch in Bezug auf 1914 und den Ersten Weltkrieg.

Die Gründe hierfür sind vielfältig. So stand in Deutschland verständlicherweise lange Zeit die Aufarbeitung des Zweiten Weltkrieges und der Verbrechen der NS-Diktatur im Vordergrund. Dagegen entwickelten unsere Nachbarn in Belgien, Großbritannien oder Frankreich eine bis heute ausgeprägte Erinnerungskultur an „La Grande Guerre". Für Köln kommt hinzu, dass frühe Ansätze der Dokumentation durch die sich verändernde politische Situation vor dem Zweiten Weltkrieg nicht realisiert wurden, wie zum Beispiel das Vorhaben des Oberschullehrers Heinrich Reuther, der im Auftrag von Oberbürgermeister Konrad Adenauer basierend auf den Quellen des statistischen Amts der Stadt Köln ein Werk zur Geschichte Kölns im Ersten Weltkrieg schreiben sollte. Obwohl 1931 bereits die erste Fassung eines mehrere Hundert Seiten umfassenden Typoskripts vorlag, kam es dann nicht mehr zur Veröffentlichung. Diese im Historischen Archiv der Stadt Köln erhaltene Schriftquelle konnte vor dem Archiveinsturz 2009 auf Mikrofilm dokumentiert werden, sodass sie für die Vorbereitung von „Köln 1914" als unschätzbare Vorlage zur Verfügung stand. Darüber hinaus erwiesen sich zeitgenössische Zeitschriften und Tageszeitungen vielfach als aufschlussreiche Quellen, die uns vor allem die Universitäts- und Stadtbibliothek Köln zu erschließen half. Weitere auch für Köln wichtige Dokumente fanden sich im Landesarchiv NRW in Duisburg, im Landeshauptarchiv Koblenz und in der Theaterwissenschaftlichen Sammlung der Universität zu Köln in Köln-Wahn.

Wie die Quellenlage ist auch der Forschungsstand im Allgemeinen für Köln im Ersten Weltkrieg sehr dürftig. In den letzten Jahrzehnten erschienen einige wenige Beiträge zu dieser Zeit. Erwähnenswert ist in diesem Zusammenhang auch der Katalog zur Ausstellung anlässlich des siebzigjährigen Jubiläums der großen Kölner Werkbund-Ausstellung im Jahr 1984, die einen breiten Überblick zu dem Thema ermöglicht. Gleichzeitig dokumentiert die Publikation die schwierige Quellenlage am Beispiel der Werkbund-Ausstellung von 1914 sehr deutlich. Bedingt durch den Kriegsausbruch konnte die Ausstellung nicht wie ursprünglich geplant umfassend fotografisch dokumentiert werden, auch der Abbau musste rasch erfolgen, was heute die Rekonstruktion der Ausstellung und die Recherche nach den ausgestellten Objekten, vor allem auch mit Kölner Provenienz, erheblich erschwert. Aktuelle Forschungsarbeiten, wie die von Volker Standt 2014 veröffentlichte Dissertation über Köln im Ersten Weltkrieg, beruhen im Wesentlichen auf der Auswertung von Zeitungen.

Im Rahmen der Ausstellung „Köln 1914. Metropole im Westen" wurden zahlreiche Dokumente und Exponate von öffentlichen und privaten Leihgebern zur Verfügung gestellt, denen wir für das entgegengebrachte

Vertrauen herzlich danken möchten. Viele oftmals bislang „ungehobene Schätze" befanden sich nicht zuletzt auch in den Beständen des Kölnischen Stadtmuseums, des Museums für Angewandte Kunst Köln und der Stiftung Rheinisch-Westfälisches Wirtschaftsarchiv zu Köln. Darüber hinaus haben sich die drei Institutionen bei der Realisierung der Ausstellung und des Begleitbandes beispielhaft ergänzt und damit im Zusammenspiel eine für Köln einmalige Kooperation realisiert, die nachhaltig im Begleitband zur Ausstellung Widerklang findet.

Carlo Mense, Stadt am Rhein, Entwurf für eine 1918 ausgeführte Lithografie, Kreide (RWWA)

1 Keegan, 2013, S. 116; vgl. Reuther, 1931, 500/3, S. 601; Hirschfeld, Krumeich, 2013, S. 71; Münkler, 2013, S. 110.

2 „Kriegsbegeisterung", in: Kölner Tageblatt, 9.8.1914.
3 Le Temps, 2.11.1914, S. 3.
4 Le Petit Parisien, 20.11.1914, S. 2.

Gabriele Oepen-Domschky

Metropole im Westen
Köln 1914

Die Metropole: Der Sonderfall des Städtischen

Um 1900 gab es – unter der heute zu Recht mit kritischer Distanz zu wertenden eurozentrischen Perspektive – vier europäische Metropolen: London, Paris, Berlin und Wien, die gleichsam alle im Rang einer Weltstadt standen.[1] Noch in den 1990er-Jahren galt daraufhin: „Die Metropole ist mithin der Sonderfall der großen Stadt: Sie ist die Zusammenballung menschlicher Talente und Fähigkeiten an einem von der Geschichte ausgezeichneten Ort, der nicht zuletzt auf Grund dieser Zusammenballung zum Brennpunkt wie zum Spiegelbild der Gesellschaft und ihrer Entwicklung wird. Die Metropole ist Zentrum, Kaleidoskop des Lebens, Experimentierfeld und Maßstab für Neues, Ort der Extreme."[2] Metropolen besaßen daher stets eine besondere Magnetkraft und Faszination, wurden aber bereits zu Beginn des 20. Jahrhunderts in der zeitgenössischen Diskussion auch zum Symbol für

Chaos und Bedrohung, für die unmenschliche Welt von morgen, riefen gar Hass und Abscheu vor den städtischen Lebensformen hervor – der Film „Metropolis" von Fritz Lang ist sinnfälliger Ausdruck dafür.[3]

Die heutige Metropolenforschung benennt fünf Merkmale für Metropolen. Metropolen sind erstens Städte mit großer Bevölkerung und extrem hoher räumlicher Dichte. Sie verfügen zweitens über einen strukturellen Reichtum an materiellen wie kulturellen Ressourcen, was zur Ausbildung einer repräsentativen Stadtgestalt führt. Drittens sind Metropolen durch Zentralität gekennzeichnet sowie in vielen Fällen Sammlungspunkt von Eliten oder sogar Regierungssitz. Viertens sind sie Zielpunkt von Migration und daher kosmopolitisch ausgerichtet. Schließlich bieten sie fünftens besondere Handlungs- und Lebensmöglichkeiten für Einzelne und Gruppen, d. h., sie bieten einerseits sozialen Minderheiten besondere Möglichkeiten zur Durchsetzung ihrer Interessen, andererseits scheitern in Metropolen soziale Gruppen.[4] Dabei ist die Metropole aber keine statische Größe: Durch ihre Funktion als innovativer Ort der Entwicklung, quasi als Umschlagplatz für Information und Wissen, wird sie zwar zum Labor des Fortschritts, doch ist ihr diese Innovationsfunktion nicht permanent sicher. So sind die „Belle Epoque" Wiens wie die „Goldenen Zwanziger" Berlins lange vorüber: Metropolen „verloren Plätze in der Metropolenhierarchie und erlebten immer wieder gravierende Krisen".[5]

Am Anfang des 21. Jahrhunderts sehen Kritiker die Metropole im Untergang begriffen. Aus dem nordamerikanischen Raum kommt die Idee der „metropolitan areas" (die Zusammenballung mehrerer städtischer Räume) und das Anwachsen der „megacities", der Großstädte vornehmlich aus der sogenannten Dritten Welt wie Shanghai, São Paulo oder Mexico City mit 15 bis 25 Millionen Menschen und außerordentlicher sozialer Sprengkraft – kaum mehr vergleichbar mit dem europäisch-amerikanischen Metropolenmodell des 19. und 20. Jahrhunderts.[6] Hinzu treten die neuen, auf Enträumlichung zielenden Trends des digitalen Zeitalters oder auch die Idee der „global cities", der Weltstädte, die als „Verankerungspunkte" die kapitalistische Weltwirtschaft

Edward Harrison Compton, Köln von Südosten mit der alten Deutzer Ponton-Brücke, Farblithografie, 1911 (KSM)

Heinz Kroh, Hohe Straße, abendliche Straßenszene in der Großstadt mit Flaneuren und Offizieren, Öl auf Leinwand, Köln, 1914 (KSM)

Domumgebung mit Passanten und Soldaten, rechts der Petrusbrunnen, Fotografie, Köln, um 1910 (KSM)

genden Vororte (Nippes, Ehrenfeld, Melaten, Lindenthal, Sülz, Klettenberg) ab, die zudem von völlig unterschiedlicher Größe waren. Ähnlich lagen die rechtsrheinischen Verhältnisse: „Auf dem rechten Rheinufer eine noch bedeutendere Zerrissenheit. Von dem kleinen Kern von Deutz durch weite unbebaute Flächen der alten [...] Festungswerke von ihm getrennt [...] liegen Kalk, [...] Vingst, eine Kleinstadt, die Industriewohnplätze van der Zypenkolonie und Humboldtkolonie nebst dem Bauern- und Fischerdorf Poll. Und nun sind durch die letzte Eingemeindung noch der Stadtkreis Mülheim und die Gemeinden der Bürgermeisterei Merheim hinzugekommen, letztere sind [...] von ganz ungleicher Größe [...] und liegen ohne bauliche Verbindung gleich wie selbständige Gemeinden da."[12] Obwohl die nach 1880 einsetzende Bebauung der linksrheinischen Neustadt im Bereich der alten Stadtmauer zur Verdichtung und Vergrößerung der Kernstadt geführt hatte, bestanden Teile des Stadtgebiets im Epochenjahr 1914 immer noch aus unzusammenhängenden Flächen.

zusammenhalten, vielleicht aber auch als Gegenpol eine Rückkehr zur kompakten Großstadt hervorbringen.[7]

Metropole im Frieden

Die Metropole im Westen

Für den Direktor des Statistischen Amtes, Georg Neuhaus, war Köln Anfang des 20. Jahrhunderts jedenfalls eine „Metropole des Rheinlands"[8]. In allen zeitgenössischen Charakterisierungen Kölns als Metropole wurden stets die große Vergangenheit und ihre Leistung für die Moderne betont. Allerdings ist der Faktor Größe für die „Definition" Kölns als Metropole im 19. und 20. Jahrhundert ungeeignet. Die Metropolen London, Paris, Berlin und Wien hatten mindestens eine Million und mehr Einwohner – Köln hingegen etwas mehr als 600.000.[9] Und dennoch lassen sich die Merkmale von Metropolen durchaus am Beispiel Kölns aufzeigen – aber nur innerhalb des regionalen Bezugsrahmens, der preußischen Rheinprovinz am Vorabend des Ersten Weltkrieges.

Hohe Bevölkerungszahlen, im Kern verdichtet

Als im Epochenjahr 1914 mit dem 1. April die Stadt Mülheim und die Bürgermeisterei Merheim eingemeindet wurden, lag die Zahl der Einwohner in Köln bei ca. 637.400. Köln war damit die zweitgrößte Stadt Preußens und die drittgrößte Stadt des Deutschen Reichs nach Berlin und Hamburg. Flächenmäßig, d. h. mit einem Stadtgebiet von 19.710 Hektar Größe, galt sie sogar als größte Stadt des Deutschen Kaiserreichs.[10]

Das Stadtgebiet war vor dem Ersten Weltkrieg aber immer noch ein ungewöhnliches Gebilde. Zwar gab es einen „dichten, ungefähr halbkreisförmigen Kern auf dem linken Rheinufer"[11], der dem Verlauf der mittelalterlichen Stadtmauer entsprach, doch trennte ein breiter unbebauter Gürtel die untereinander unzusammenhän-

Die Modernisierung der Stadtgestalt

Die Hochindustrialisierung führte aber zu Veränderungen im inneren Stadtgebiet. Sinnbild dafür war der Bau der 1915 fertiggestellten Kettenhängebrücke nach Deutz, von der sich die Stadtväter eine ungehinderte Schifffahrt, eine schnellere Anbindung des modernen Straßenverkehrs und das längst überfällige Zusammenwachsen der rechts- und linksrheinischen Stadtgebiete erhofften. Zusammen mit dem Fortschreiten der Citybildung, dem Entstehen der großen Einkaufsstraßen mit repräsentativen Straßenzügen und Bauten, sollte sich Köln verjüngen: Die „neue städtische Brücke" verband „das Herz des alten, junggewordenen Cöln mit dem sich schnell verjüngenden Deutz". Dabei mussten eben „manch altes, baufälliges Haus und einige neuere Bausünden" verschwinden.[13]

„Das letzte Niet" vollendete am 3.6.1915 den Bau der Deutzer Hängebrücke, die im Zweiten Weltkrieg zerstört wurde. Eisen, Gold, Silber, Köln, 1915 (KSM)

Struktureller Hintergrund für die innovativen Leistungen war die ausgewogene Situation der Kölner Wirtschaft im Jahr 1914. Zwar fehlten Branchen wie beispielsweise die Schwerindustrie, doch die wirtschaftliche Situation wies einen Mix von Branchen auf.[14] Durch die Eingemeindungen kamen neue Wirtschaftsstandorte dazu. Zudem hatte man den Wandel zu einem modernen Dienstleistungszentrum vollzogen. Ausländer bewunderten in der Vorkriegszeit die Effektivität der Unternehmen und Unternehmer, z. B. den Schokoladenfabrikanten Ludwig Stollwerck, der sich einen Stenografen zur Erledigung seiner Korrespondenz zunutze machte, oder eine funktionierende Stadtverwaltung, deren Bürgermeister und zwölf Beigeordnete nicht unerheblich zum „Gedeihen der Stadt" beitrugen.[15] Hinzu kam ein seit 1901 kontinuierlich elektrifiziertes und ausgebautes Straßenbahnnetz, sodass den Kölnern kurz vor dem Weltkrieg auf 20 Linien elektrische Straßenbahnen und sechs Kleinbahnen zur Verfügung standen. Dieses Netz verband die Metropole

Damenkleid aus Seide mit Glasperlen und Strass, um 1912–1914: Mode als Ausdruck eines städtischen Lebensstils (KSM)

Elektrischer Wasserkessel: Der technische Fortschritt prägte schon 1914 zunehmend den Alltag. Firma Cehal, Messing, Chrom, um 1920 (KSM)

des Arbeitsplatzes, der Einkaufsstadt und aller Verlockungen der Großstadt: ob zum Arbeiten, Einkaufen, zum Vergnügen, zum Ausflug am Wochenende, zum Besuch von Theater, Oper oder von einem der elf herausragenden städtischen Museen. Nur „wenige deutsche Großstädte weisen [...] lebendigere Bilder eines mächtig pulsierenden Großstadtlebens auf als die Metropole des Rheinlands"[17].

mit dem Umland, von Frechen bis Bergisch Gladbach und von Niehl bis Porz. Die Stadtverwaltung dachte auch an den Bau einer Schnellbahn nach Düsseldorf und den Bau einer U-Bahn, was jedoch vor dem Ersten Weltkrieg nicht mehr verwirklicht wurde.[16]

Gerade diese Infrastruktur bildete für die bürgerlichen Schichten die Voraussetzung für die Erreichbarkeit

Sammlungspunkt für Eliten

Köln übte also eine mächtige Anziehung auf das Umland aus. Dennoch war das Fehlen staatlicher Institutionen seit dem Anfang des 19. Jahrhunderts ein Manko. Lediglich das Regierungspräsidium sowie das Appellationsgericht waren hier angesiedelt. Doch im Zusammenspiel der staatlichen und kommunalen Spitzen (Regierungspräsident, Appellationsgerichtspräsident, Bürgermeister, Polizeipräsident) mit den wirtschaftlich potenten Unternehmern bildete sich eine elitäre Schicht, die gesellschaftlich sogar bis nach Berlin ausstrahlte, wobei eine deutliche Distanz zwischen der Einkommens- und Vermögenssituation der Unternehmer sowie der Spitzenbeamten von preußischem Staat und Kommune bestand.[18] Denn die Anzahl der Millionäre in Köln war nicht unerheblich: 1911 gab es insgesamt 252 Einwohner mit mindestens einer Million Mark Vermögen.[19]

Carlo Mense, Waidmarkt, Öl auf Leinwand, um 1910/1911 (RWWA)

Zielpunkt für Migranten

Diese wirtschaftliche, kulturelle und gesellschaftliche Strahlkraft der Metropole machte Köln zu einem Zielpunkt für Zuwanderer. In den Jahren vor dem Ersten Weltkrieg stieg die Zahl der Zuwanderer stetig an: 1910 zogen 11.701 Personen in Köln neu zu, 1914 waren es insgesamt 15.518 Personen.[20] Bei den Männern stellten 1914 die Tagelöhner die größte Gruppe an Zuwanderern, danach folgten die Bauhandwerker und Kaufleute. Im Abstand folgen Beamte und Ärzte. Bei den Frauen standen an erster Stelle die Ehefrauen, die mit ihren Ehemännern nach Köln zogen. Die zweitgrößte Gruppe waren die Dienstmädchen, die hofften, in der Stadt eine Stelle zu finden. Bei beiden Geschlechtern stellten zudem die Zuwanderer ohne Angabe die größte Gruppe. Möglicherweise sind hier auch Kinder erfasst.[21] Demnach war die Metropole Köln besonders für die unteren und mittleren Gesellschaftsschichten attraktiv, wohl aufgrund guter Arbeitsmöglichkeiten.

Handlungs- und Lebensspielräume in der Metropole

Mit jeder Zuwanderung verband sich die Hoffnung des Einzelnen auf Verbesserung der persönlichen Lebenssituation, meist in wirtschaftlicher oder privater Hinsicht. Bot denn die Stadt tatsächlich mehr Lebens- und Handlungsspielräume oder überwog die Möglichkeit des Scheiterns?

Für die Emanzipation der Frauen wurden bereits vor dem Ersten Weltkrieg Grundlagen geschaffen. So kamen unter dem 1909 gegründeten Dachverband „Verband Kölner Frauenvereine" eine Vielzahl von Einzelvereinen und engagierten Frauen zusammen, z. B. koloniale Frauenvereine (Deutscher Frauenverein vom Roten Kreuz für die Kolonien), Bildungsvereine (Kölner Frauen Klub) oder Vereine für Beratung von Frauen (Rechtsschutzstelle für Frauen).[22] In ländlichen Gegenden dürfte diese Vielfalt an Frauenorganisationen kaum bestanden haben.

Auch Künstlern und Künstlerinnen bot die Stadt Möglichkeiten der Entfaltung. Die zahlreichen Kunst- und Künstlervereinigungen, allen voran der Kunstverein sowie die überregional ausstrahlenden Ausstellungen wie die Sonderbund-Ausstellung und die Werkbund-Ausstellung, lieferten wichtige Impulse für das Kunstmilieu der Stadt. Zudem verstärkten kulturelle und sportliche Großereignisse Kölns Attraktivität. Dennoch: Die Teilhabe am gesellschaftlichen und politischen Leben war in weitem Maß den Besitzbürgern vorbehalten. Ausdruck hierfür war das damalige Dreiklassenwahlrecht, das Proletarier und deren Angehörige von Entscheidungsprozessen weitgehend ausschloss.

Andere soziale Gruppierungen fanden sich in der Zeit vor dem Ersten Weltkrieg noch mehr am Rande der Gesellschaft. Männliche wie weibliche Prostitution oder bestenfalls geduldete Homosexualität, die überwiegend im Verborgenen gelebt wurde,[23] verweisen sehr deutlich auf das Scheitern von Lebenskonzepten in der Gesellschaft der Metropole.

Metropole im Krieg

Bevölkerung und städtischer Raum: Ende eines kontinuierlichen Aufschwungs

Der Krieg hatte in der Metropole Köln für alle Lebensbereiche Konsequenzen, im Einzelnen jedoch von höchst unterschiedlicher Art. Augenfällig, jedoch nicht dramatisch für den Bestand der Großstadt war die Reduzierung der Bevölkerung, die um etwa 3.000 Personen abnahm, d. h. von 637.400 im Jahr 1914 auf 633.904 im Jahr 1919. Stärker ins Gewicht fielen die kurzfristigen Anstiege der

Otto Heinrich Engel (Maler), August 1914, nicht mehr erhaltenes Wandbild in der Aula des Königlichen Gymnasiums in der Graf-Adolf-Straße in Köln-Mülheim, Fotografie (Schularchiv Hölderlin-Gymnasium)

sich in der Stadt aufhaltenden Personen, wie während der Mobilmachungstage Anfang August 1914, als mehr als 100.000 Personen zusätzlich die Stadt bevölkerten.[24]

Während des Krieges wurde außerdem Wohnraum nicht weiter erschlossen, wie sich an der Bebauung von Bickendorf durch die gemeinnützige Wohnungsbaugesellschaft GAG zeigt. Von dem 1914 begonnenen ersten Bauabschnitt Bickendorf I mit angestrebten 575 Einfamilienhäusern stellte die Gesellschaft bis 1917/1918 nur ca. 80 fertig.[25] Die Erschließung und Verdichtung von städtischem Raum ging damit im Krieg nachhaltig zurück.

Ein paradoxer Modernisierungsprozess

Der Modernisierungsprozess der Metropole Köln schwächte sich mit Kriegsbeginn ab. Nach den kurzfristigen Stockungen im gesamten Baugewerbe infolge der Mobilmachung und der Einziehung von Architekten, Bauunternehmern und Handwerkern zum Militärdienst wurden die öffentlichen Bauten, wie z. B. das neue Bad in Deutz, in der zweiten Jahreshälfte 1914 zunächst noch fertiggestellt. Auch die Kettenhängebrücke wurde 1915 vollendet. Durch die andauernde Mangelsituation ging jedoch die private Bautätigkeit dauerhaft zurück: Wurden 1914 noch 600 Baugenehmigungen erteilt, waren es 1917 nur noch sechs.[26]

Im Bereich der Wirtschaft sind gravierende, sich teilweise strukturell unterschiedlich entwickelnde Tendenzen festzustellen. Wegen der Umstellung auf die Kriegssituation hatten die Unternehmen im Herbst 1914 einerseits die Umstellung auf die Kriegsproduktion und den Ausgleich des Arbeitskräftemangels zu bewältigen. Andererseits nahmen einige Unternehmen und

Martin Schiffgen (Hersteller), Spiritus-Kriegslicht mit Wandhalter und Reflektor, Metall, 1914–1918 (KSM)

Erfindungsreichtum in Zeiten des Mangels: linker Kinder- und Knabenschuh mit Teilen aus Ersatzmaterial, 1914–1918 (KSM)

Schuhsohlen aus Holz, beschlagen mit Lederplättchen, 1914–1918 (KSM)

Branchen, wie die Sprengstoffindustrie, danach geradezu einen innovativen Aufschwung.[27] Wiederum andere Branchen erhielten neue Funktionen: Im Bereich des
Transportwesens übernahmen die Straßenbahnen die
Beförderung von Verwundeten, Munition, Kartoffeln oder
Briketts.[28] Auch die kommunale Verwaltung brachte in
Zusammenarbeit mit privatem Engagement, dem Roten
Kreuz und den Kirchen besonders im Bereich der Fürsorge organisatorische und innovative Höchstleistungen
hervor. Beispiele sind die Einrichtung der Verwundeten-
stationen auf den Bahnhöfen, der Lazarette, der Lazarettzüge, der Kinderfürsorge und die Versorgung von
kriegsbeschädigten Soldaten.[29]

Eliten im Krieg

Grundsätzlich änderte der Kriegsausbruch die gesellschaftliche Stellung der Eliten nicht. Dennoch scheint
die Stadt mittelfristig für die oberen Gesellschaftsschichten an Attraktivität verloren zu haben. Dies lag
einerseits an der seit Herbst 1914 spürbarer werdenden
Mangelsituation und andererseits am Rückgang kultureller Angebote. Mit Kriegsbeginn wartete man ge-
spannt die Mobilmachung ab und beherbergte zunächst
die einquartierten Soldaten. Dann aber zogen sich die
wirtschaftsbürgerlichen Familien aus der Stadt zurück
auf ihre Landgüter, wo man sich eine Verbesserung der
Gesundheits- und Ernährungssituation erhoffte. So berichtet Ella von Guilleaume über eine Urlaubsreise nach
Garmisch-Partenkirchen im Jahr 1916, von der ihre Familie „wohl gestärkt" zurückkehrte, und dem Kauf einer
kleinen Landwirtschaft mit Wald- und Jagdbesitz nahe
ihres Guts Ernich bei Remagen. Wollte man sich in geselliger Runde wie vor dem Krieg treffen, so musste jeder etwas zu speisen mitbringen.[30]

Stagnation der Migration

Während des Krieges ging die Zuwanderung nach Köln
mittelfristig stark zurück. Im Jahr 1915 stiegen zwar die
Zuwanderungszahlen auf 23.817 Zuwanderer gegenüber
15.518 aus dem Vorjahr enorm an, sanken jedoch danach
auf 7.414 zugezogene Einwohner ab und verblieben in
etwa in dieser Höhe. Erst 1919 wurden wieder Zahlen in
Höhe von 15.639 neuen Einwohnern erreicht.[31] Die Stadt
verlor im Weltkrieg zunehmend an Attraktivität, besonders nachdem der Arbeitskräftemangel 1915 ausgegli-
chen war. Denkbar ist aber auch ein Verbleiben unterer
und mittlerer Gesellschaftsschichten im ländlichen
Raum wegen der dort besseren Lebensmittelsituation.
Ländliche und dörfliche Strukturen gewannen kurzfristig gegenüber der Metropole an Anziehungskraft.

Handlungs- und Lebensspielräume im Krieg

Hinsichtlich der Lebensspielräume ist der Blick auf die
Situation der Frauen wiederum aufschlussreich. Neben
der allgemein veränderten Situation der Frauen durch
Berufstätigkeit und Zulassung zum Wahlrecht am Ende
des Krieges ist vor allen Dingen der weiterhin hohe Or-
ganisationsgrad der Frauenvereine zu beobachten, der
1914 auch in Köln im Zusammenschluss der Frauen-
verbände zur Nationalen Frauengemeinschaft (NFG)

Rudolf Thiede, „Hier herrscht Ordnung", Soldat im Unterstand, Kohle auf Papier, 1914/1915 (KSM)

sich im weiteren Kriegsverlauf zu. Bereits 1914 wurden zahlreiche Bordelle geschlossen und Prostituierte aus dem Festungsbereich ausgewiesen, sodass sich inoffizielle Treffpunkte im Bereich des Hauptbahnhofs bildeten. Der illegale Aufenthalt von Prostituierten in der Festung wurde teils sogar mit Haftstrafen und Überweisung an die Zwangsanstalt nach Brauweiler geahndet, Prostitution also kriminalisiert.[34]

Metropole und Krieg

Vor dem Krieg verfügte Köln über fast alle Merkmale einer Metropole, die in Zukunft hätten weiter ausgebaut werden können. Doch der Krieg führte zur Stagnation: Die Einwohnerzahlen der Stadtbevölkerung sanken ab; durch die Unterbrechungen im Bauwesen litt die Verdichtung des sozialen Raums und die Entwicklung der Stadtgestalt. Eliten zogen sich aus Köln zurück. Nach kurzem Zuwanderungsboom wurde die Stadt für Migranten unattraktiv. Lediglich eine metropolitane Struktur wies während des Krieges einheitliche Entwicklungen auf: die enormen Anstrengungen und Leistungen, welche Unternehmer und Stadtverwaltung für die Wirtschaft und Kriegsfürsorge erbrachten. Hier scheint es angebracht, von einem inneren Wandel materieller und kultureller Ressourcen der Metropole zu sprechen.

zu beobachten ist. Unternehmergattinnen wirkten etwa zusammen mit der sozialdemokratischen Frauensekretärin Marie Juchacz zugunsten der Kriegsfürsorge. Diese Zusammenarbeit von Frauen unterschiedlicher gesellschaftlicher und politischer Standpunkte in einem gemeinsamen Verband für die Dauer des Krieges zerbrach jedoch in der Weimarer Zeit wieder.[32]

Ein Großteil der Intellektuellen und der Künstler war kriegsbegeistert und meldete sich freiwillig für den Fronteinsatz. Viele von ihnen waren auch im Krieg künstlerisch tätig und dokumentierten ihre Eindrücke vom Kriegsgeschehen. Andere wurden mit kriegsrelevanten künstlerischen Aufgaben betraut, wie den Entwürfen von Kriegs- und Ehrendenkmälern oder für propagandistische Zwecke. Das Kriegserlebnis führte dazu, dass viele Künstler und Intellektuelle sich nach dem Krieg im linksintellektuellen und pazifistischen Spektrum engagierten, z. B. bei den Kölner Progressiven.[33]

Der Kriegsverlauf verschärfte die Lage der unteren und mittleren Schichten, erst recht nach den Hungerwintern infolge der britischen Blockade. Am Ende standen Inflation und Verelendung. Erst kurz vor Kriegsende konnten sich Kaiser und Reichsleitung dazu durchringen, die Abschaffung des Dreiklassenwahlrechts anzukündigen. Die Situation sozialer Minderheiten spitzte

Paul Prött, Cafészene mit Flaneuren, Radierung, um 1912 (KSM)

1	Alter, 1993, S. 10; Joll, 1993, S. 24.	13	Ebenda, S. 312 f.	24	Reuther, 1931, 500/1, S. 15.
2	Alter, 1993, S. 11.	14	Siehe Beitrag Soénius, S. 73–81.	25	Großstadt in der Großstadt, 2013, S. 57 ff.
3	Ebenda, S. 11 f.	15	Huret, o. J., S. 144 f., 164 ff.	26	Standt, 2013, S. 102; Reuther, 1931, 500/4,
4	Reif, 2006, S. 3.	16	Lindemann, 2002, S. 105, 115 f., 124 f., 134,		S. 755; 500/6, S. 1207.
5	Ebenda, S. 5.		149, 207.	27	Siehe Beitrag Soénius, S. 73–81.
6	Ebenda, S. 14.	17	Köln amüsiert sich, 1914, S. 16.	28	Lindemann, 2002, S. 159 f., 161 f., 169–171.
7	Ebenda, S. 16 f.	18	Von Guilleaume, 1968, Bd. 1, S. 96 ff., 121 f.,	29	Oepen-Domschky, 2003, S. 141 ff.
8	Neuhaus, 1916, S. 516.		138 ff.	30	Von Guilleaume, 1968, Bd. 1, S. 164, 167 f., 170.
9	Reif, 2006, S. 6.	19	Oepen-Domschky, 2003, S. 44 47.	31	Statistisches Jahrbuch 1919/1920, S. 33.
10	Göbel, 1947, S. 19, 24; Statistisches Jahrbuch	20	Statistisches Jahrbuch 1914, S. 24.	32	Franken, 2008.
	1920, S. 7.	21	Statistisches Jahrbuch 1914, S. 26.	33	Siehe Beitrag Breuer, S. 139–147.
11	Neuhaus, 1916, S. 253.	22	Franken, 2008, S. 29 f., 65 f., 70 ff., 82 f.	34	Oepen-Domschky, 2003, S. 149.
12	Ebenda.	23	Siehe Beitrag Pries, S. 111–115.		

ANNO DOMINI 1914.

Kölner Hymne.

Text: Max Bewer.

Melodie: Altniederländisches Dankgebet.

Wir treten zum Beten vor Gott den Gewaltgen,
Er wollte, es sollte
Ein Bollwerk am Rhein
Verkünden der Welt das Reich des Dreifaltgen,
Gott, Kaiser und Reich
Eine Veste zu sein!

Da stieg aus den Wällen von Römerkastellen,
Du heiliges Köln,
Dein ritterlich Bild,
An Mauern von Bauern die Feinde zu fällen,
Auf Meeren in Ehren
Der Hansa ein Schild!

Oft flehten zum Beten in Drangsal die Glocken,
Wenn lohte und drohte
Uns Unheil und Schmach,
Doch immer aufs neue ward ein Frohlocken
Wie goldene Sonne
In Wolken wach!

Nun tönen und dröhnen die Glocken im Dome
Und schallen metallen,
Allmächtger, dein Wort.
Es spiegeln die Türme sich friedlich im Strome,
Mit Kaiser und Reich
O Köln, blüh fort! Heil Köln. Alaaf!

J. P. Bachem, Köln, 63914.

Weltblick und Wahrnehmung

Von globaler Vernetzung im Frieden zur regionalen Verengung im Krieg

Jost Dülffer

Anfang 1914 schien die Welt noch in Ordnung. Die liberal-konservative Kölnische Zeitung aus dem Hause Du-Mont Schauberg bilanzierte an Neujahr: „Klios Griffel hat im abgelaufenen Jahr mit wuchtigen Zügen Geschichte geschrieben." Gemeint sind die vorausgegangenen Balkankriege, mit dem das Osmanische Reich in Europa endete: „Wunderbarerweise" sei dies ein Zeichen „einer nie erlebten Eintracht der europäischen Mächte, von einem siegreichen Friedenswillen der europäischen Mächte, der den Feuerherd schützend umhegte, daß kein Weltenbrand aus ihm entstehe". Kurz: Das europäische Mächtesystem habe funktioniert, Österreicher und Russen auseinandergehalten. Anders sei es in Amerika, wo sich die mexikanischen Revolutionäre vergebens gegen die USA wehrten. Bald werde eine Annexion durch die USA folgen, die dann auch im ganzen Pazifik in Gegensatz zu Großbritannien gerate. Unter Einbeziehung der Konflikte um China werde das weitere Jahrhundert ein pazifisches sein.

Viel stärker konnte der Leitartikler kaum verkennen, was sich 1914 wirklich ereignete. Genau ein Jahr später, am 1. Januar 1915, schaute die Zeitung mit sorgenvollen Floskeln in die Zukunft. Nun stehe „nur ein Gedanke, ein Wort blutrot mit Buchstaben, die jedes Menschenherz schneller schlagen lassen, über die ganze Welt in die Wolken geschrieben: das Wort K r i e g". Was im Jahr zuvor noch als friedensstiftende Leistung des europäischen Konzerts angesehen wurde, erschien nun als das notwendige Ende eines Jahrzehnts hinhaltender Einkreisung des Deutschen Reiches. „Mit dem Ausbruch des Krieges wurde das ganze schlimme Kartenspiel aufgedeckt, das man an den verantwortlichen Stellen in London, Paris und Petersburg seit mehr als einem Jahrzehnte gegen Deutschland gespielt hatte." Alles sei gegen „Deutschland, die aufstrebende Weltmacht" gerichtet gewesen. Der Krieg sei folgerichtig gewesen, allein schwächliche deutsche Kompromisse hätten dazu beigetragen, dass die Machenschaften der anderen so lange friedlich akzeptiert worden seien.

Der Krieg hatte sich in den Köpfen der Menschen eingenistet.

Globalisierung: Köln weltweit

Die Kölner informierten sich nicht nur aus ihren Zeitungen über das Weltgeschehen, sie nahmen auch selbst aktiv daran teil, dachten und lebten nicht nur in der Stadt am Rhein, sondern waren weltweit unterwegs, produzierten und handelten international. Die Schokoladenfabrik der Gebrüder Stollwerck produzierte in Österreich, England und den USA und betrieb darüber hinaus eine eigene „Ausfuhrfabrik".[1] In Rio de Janeiro baute die Kölner Firma Pohlig 1912 eine Drahtseilbahn auf den Zuckerhut – ein schönes Symbol globaler Betätigung von Kölner Wirtschaft. Die Gasmotorenfabrik Deutz ihrerseits produzierte und exportierte Landmaschinen mit einem solchen Erfolg, dass sie 1907 in Philadelphia in den USA eine Zweigfabrik errichten konnte. Ihre Feld- und Grubenbahnen waren weltweit geschätzt, die Lizenz für

Einladung der Deutsch-Atlantischen Telegrafengesellschaft Köln zur Feier der Legung des ersten Deutsch-Atlantischen Kabels, adressiert an Kommerzienrat Theodor von Guilleaume, 1900 (RWWA)

Max Bewer (Autor), Kölner Hymne, als Einzelblatt gedruckt beim Verlag J.P. Bachem, Holzstich, Typendruck, Tusche, Köln, 1914 (KSM)

Schokoladen-Automaten des weltweit tätigen Kölner Unternehmens Stollwerck waren auch in den USA verbreitet. Modell Bruno, Metall, Glas, 1912 (Schokoladenmuseum Köln)

Dieselmotoren führte zu einem weiteren Boom nicht nur in Europa, sondern auch in Übersee.[2] Die Firma Otto Wolff, 1904 in Köln gegründet, hatte in kurzer Zeit vom Alteisenhandel über die Stahlproduktion zum internationalen Handelsbetrieb expandiert. Sie hatte Niederlassungen in London und Antwerpen, Beteiligungen, Vertretungen und Niederlassungen existierten 1914 darüber hinaus in Madrid, Stockholm, Rio de Janeiro und Paris.[3]

Die Kölnische Zeitung unterhielt eine regelmäßige Rubrik „Internationaler Stellen- und Gütermarkt". Gewiss las man das Blatt auch reichsweit, aber es war doch charakteristisch für die damalige internationale Mobilität, gerade wenn in Köln gesucht wurde: ein Ingenieur „für den Verkehr mit französischen Industriellen und Behörden [...] auf dem Gebiet der Wasserreinigung und Abwasserklärung gründlich versierten, der französischen Sprache in Wort und Schrift mächtigen" mit künftigem Dienstsitz in Paris. In derselben Ausgabe vom 2. Januar 1914 bot sich ein „gut eingeführter Reisender" für Südamerika an, „alle Länder bereisend, mit erstklassigem Vertreterapparat", er wolle noch eine „wirklich leistungsfähige Fabrik hinzunehmen". In ähnlicher Form inserierte eine „leistungsstarke, erstklassige deutsche Parfümerie- und Toiletteseifefabrik [sic] von Weltruf" nach einem Auslandsreisenden, der die „hauptsächlichsten Sprachen" beherrschen sollte.

Die Zeitungen informierten darüber hinaus weltweit über Handelsmöglichkeiten, aber auch Politik und Kultur. Am 3. Januar etwa berichtete die Kölnische Zeitung unter der Rubrik „Das Deutschtum im Auslande" von der Gründung eines evangelischen deutschen Studentenhauses in Tokio, weitere Meldungen betrafen Belgien, Italien, Türkei, die Balkanstaaten, Afrika und Amerika – im letzteren Falle aus Mexiko und Brasilien.[4] Die Kölner reisten auch viel und gern. Das „Weltreisebüro Thos. Cook", Domhof 1, bot „Gesellschafts-Reisen (unter Führung, alle Spesen inkl. Trinkgelder im Preise einbegriffen)" an, u. a. nach „Italien und der Riviera, Aegypten und Palästina", hatte aber auch allerlei alpine Wintersportarrangements im Programm. Vom Karneval in Nizza über Pensionen in Neapel und evangelische Reisen nach Palästina gab es bei anderen Anbietern alles.

Noch am 1. Juli 1914 stand in der Kölnischen Zeitung der „Triumph der Südamerikaner" bei Vermittlungen im mexikanischen Bürgerkrieg auf Seite 1, erst dann gefolgt von einem (weiteren) Artikel „Zur Ermordung des österreichischen Thronfolgers".[5] Drei Tage später warb die Deutsche Ostafrika-Linie durch ihr Kölner Büro mit einer Afrikakarte als Logo für „Mittelmeer-Seereisen von Hamburg nach Lissabon, Marokko, Marseille, Neapel und Aegypten, sowie nach den Kanarischen Inseln u. Reisen rund um Afrika".[6] Der Norddeutsche Lloyd in Bremen bot über seine Kölner Filiale Fernreisen an, oft auf deutschen Postdampferlinien, mit Abfahrten alle paar Wochen nach einem halben Dutzend US-Häfen, aber auch nach Ostasien, Brasilien, La Viata,[7] Australien sowie nach Süd- bzw. Ostafrika.[8] „Auf nach Belgien!", überschrieb wenig später eine Werbeanzeige der Agentur Rudolf Mosse in Köln eine Anzeige zum Urlaub in ca. 20 Badeorten an der See, für die man Broschüren bereithielt.[9]

Krieg und Verengung der Perspektive

„Auf nach Belgien!", hieß es im kriegerischen Sinne wenig später, als der Krieg tatsächlich da war.[10] Die zuversichtlichen Zeitungsmeldungen, voller Informationen von allen Seiten, die unterschwellig aber doch die Sorge vor einer Eskalation zum Krieg, der ein „Weltenbrand" werden konnte, in sich trugen, waren überholt. Diese Stimmung, die auch in Köln in den letzten Friedenstagen u. a. mit einer starken Kundgebung der Sozialdemokraten gegen die Entwicklung alles andere als einhellig war,[11] setzte sich mit der Entwicklung vom lokalen Konflikt zum europäischen und fast gleichzeitig auch zum Weltkrieg zwischen dem 28. Juli und 4. August fort. Bald sortierten sich die Meldungen in Rubriken wie „Krieg im Osten", „Krieg im Westen", „Die Neutralen", aber auch

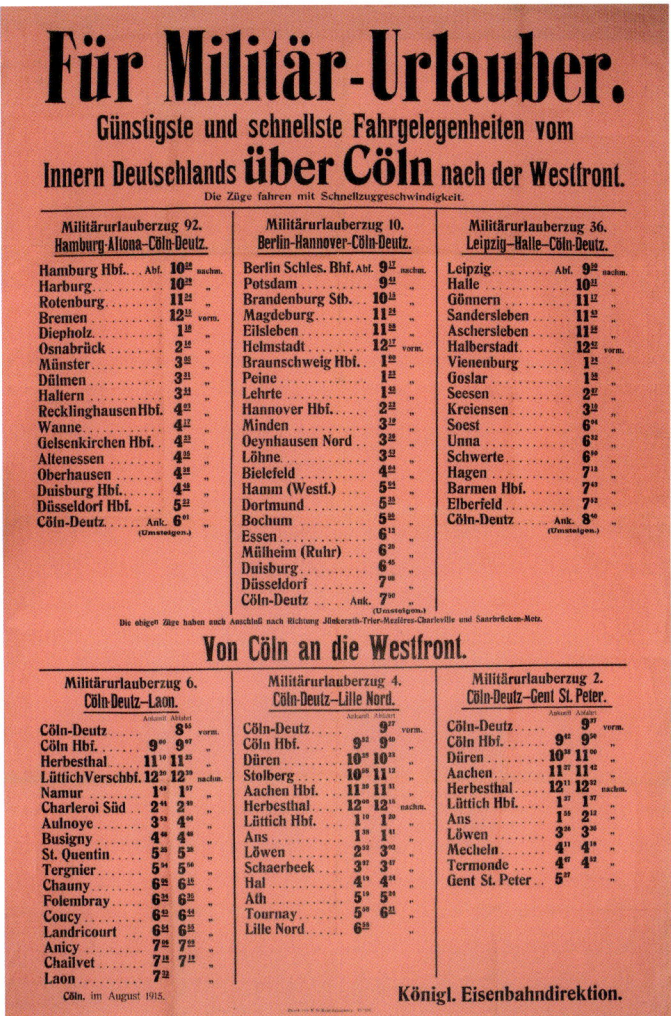

Soldaten im Schützengraben lesen die Kölnische Volkszeitung. Fotopostkarte, 1915 (Privatbesitz Bernd von der Felsen)

Plakat mit den Zugverbindungen zur Westfront, 1915 (KSM)

nächste Umgebung geschrumpft, die für die Soldaten „Front" hieß. Hunderttausende Soldaten und ein Gutteil des Nachschubs strömten durch Köln zumeist über die Eisenbahnen nach Westen. Die Seehandelsbeziehungen des Reiches und so auch des Kölner Handels wurden durch die britische Seeblockade stark beeinträchtigt. Gewiss blieben die USA für die nächsten drei Jahre noch neutral und auch die Niederlande behielten diesen Status bis 1918. Nunmehr inserierte allein noch der Königlich-Holländische Lloyd in Amsterdam mit seiner Brasil- und seiner La-Plata-Linie.[13] Zugleich warben die Eisenbahnen ab Köln – „Nach Holland. Schnellste Verbindungen über die Linke Rheinroute, fast ausnahmslos zuschlagfreie Züge" – mit Fahrplänen. Man sprach fortan von der holländischen Luftröhre, die man zum (wirtschaftlichen) Überleben brauche.[14] Diskret fingen niederländische Geschäftsleute an, in der Kölnischen Zeitung ihre Dienste als Agenten für deutsche Firmen anzubieten – was auch in vielen Fällen angenommen wurde.

In den ersten Kriegstagen stieg die Anzahl der Verlobungs- und Heiratsanzeigen beträchtlich an, bald mit dem Zusatz der „Kriegstrauung" versehen. Die Firma Stollwerck inserierte am 8. August abends[15]: „Kriegs-Erfrischungen für unsere Söhne und Brüder im Feldzuge, zugleich unübertroffene Nähr- und Kräftigungsmittel, sind gute Schokoladen, Pfeffermünz-Pastillen usw." Und weiter: „Unsere in bald 50jähriger Praxis gesammelten, reichen Erfahrungen, insbesondere während der deutsch-chinesischen Expedition, der Aufstände in Afrika und bei der Verproviantierung der Kolonialtruppen" hätten gelehrt, dass gerade diese Waren „in Feldpostbriefen nachgesandt, überall die trefflichsten Dienste leisten.

„Der Krieg über See"; wenig später hieß es zumeist nur: „Der europäische Krieg". Am 10. August machte die Kölnische Zeitung auf mit „Die Engländer in Togo. Besetzung von Lome", am 9. November gab es ein Gedicht „Tsingtau gefallen!":[12] „Das deutsche Neuland am Gelben Meer / In Mühen zur Macht geworden / ward übermannt mit meuchelnder Wehr / von feigen Mongolenhorden." Tatsächlich hatten die eigenen Kolonien bis 1914 keine große wirtschaftliche, wohl aber eine prestigemäßige Bedeutung in dem Bewusstsein gespielt, doch eine Weltmacht zu sein, mit deren – zumeist blauer – Farbe auf Landkarten möglichst große Teile des Globus gekennzeichnet wurden. So ging es dann auch weiter – die überseeischen Verluste gehörten zu den ersten, die öffentlich in einem Wust von Siegesmeldungen und nur taktischen Rückzügen gemeldet wurden.

Am 3. August erschien im Bezirk Köln für die nächsten Mobilmachungstage der Landsturm-Aufruf, weitere Maßnahmen folgten. Der Bewegungsraum war auf die

Wir empfehlen deshalb als Feldpostbrief zu 250 Gramm brutto verpackt" – und dann folgten erneut die „Nahrungs- und Genußmittel" „zur Kräftigung des Körpers".

Ab 10. August erschien im redaktionellen Teil der Kölnischen Zeitung eine „Verlustliste Nr. 1" mit Gefallenen aus dem Reich. An demselben Tag erschien neben den Heirats- und Verlobungsanzeigen unter den Todesanzeigen die Meldung, dass der „Königliche Oberleutnant Herr Richard Tessmar bei einer Attacke gegen französische Chasseurs heldenmütig gefallen" sei. Im Laufe des

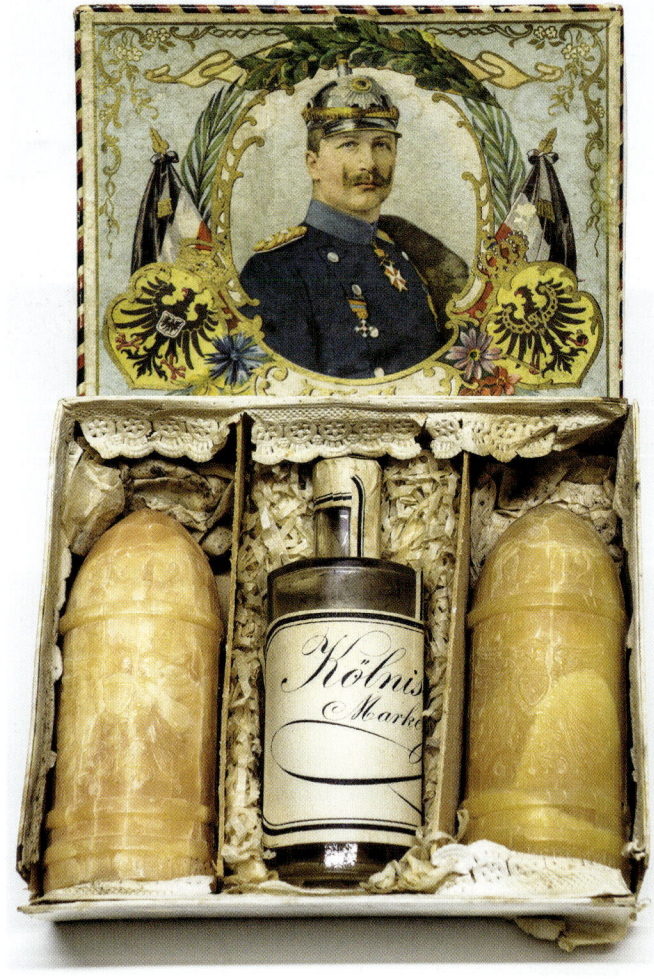

Septembers bürgerte es sich ein, dass Eiserne Kreuze solche Anzeigen rahmten, oft mit dem Zusatz, des „Heldentodes" gefallen; ab Oktober[16] gaben Regimenter gar Sammelanzeigen für ihre Toten auf. Man sollte annehmen, dass sich die staatlichen Stellen für die Versorgung der Verletzten und Bergung der Toten allein zuständig fühlten. Aber offenbar gab es auch einen privaten Bedarf zur Überführung in die Heimat, wie das Inserat der Kölner „Beerdigungs-Anstalt ‚Heimkehr'" zeigt:[17] „Autoleichentransport aus Feindesland in allen Richtungen [...] 1a. Referenzen über ausgeführte Touren liegen vor."

Stellenanzeigen konzentrierten sich auf den temporären Ersatz von einberufenen Mitarbeitern. Auch global änderte sich die Angebotsstruktur. So war ein „gewesener Hauptadministrator von einer Zuckerfabrik auf Java" bereit, in Deutschland eine solche Fabrik „für die Dauer des Krieges" zu übernehmen und „eventuell eigenes technisches Personal mitzubringen".[18]

Der für Kölner erreichbare Raum schrumpfte – nicht aber die Meldungen aus der Welt. Von Unruhen in Baku, einem Bund zur Befreiung der Ukraine – das ging gegen Russland –, von Aufständen in Südafrika oder ägyptischen Problemen für Großbritannien war gern die Rede. Der Krieg schuf nicht nur Fronten in den Kampfgebieten, er beanspruchte auch in der veröffentlichten Meinung eine Zweiteilung der Welt in die Unseren und die Anderen, die Feinde, denen zunehmend mit Hasspropanda begegnet wurde – nicht zuletzt, indem sich auch die Kölnische Zeitung über britische Meldungen zu deutschen Barbaren mokierte und dem eigene Berichte über deutsche Milde und Güte entgegensetzte.[19] Wie eingangs weltpolitisch einordnend zitiert, bildete das Erleben des Jahres 1914 ein Kontrastprogramm vom Frieden zum Krieg, wie es nachdrücklicher kaum sein konnte. Das galt nicht nur für die Erlebnisse und Erfahrungen in der Stadt, sondern die Kölner erfuhren auch die Welt zum Ende des Jahres ganz anders, als sie es zu Beginn noch getan hatten: Sie war zur geteilten Welt geworden.

„Prosit Neujahr", inserierte das Kaffee- und Konzerthaus „Germania" am Jahresende 1914, illustriert mit einer kroneschwenkenden Germania. Es fügte klein gedruckt hinzu: „Die Silvester-Feier wird in meinem Lokale dem Ernst und der Größe der Zeit entsprechend stattfinden." Niemand stellte sich vor, dass der Krieg noch fast vier Jahre dauern würde – und der Krieg selbst noch ganz andere Dimensionen an Verlusten und Leiden mit sich bringen würde.

Georg Grasegger, in Köln tätiger Künstler, schuf den „John Bull", das Feindbild des Engländers als „Lügenmaul", Holz, 1914 (KSM)

1   Epple, 2010; Soénius, 2014, S. 103.
2   Tode, 2014.
3   Dahlmann, 2005, S. 19 f.
4   Kölnische Zeitung, 3.1.1914, Erste Morgen-Ausgabe, S. 1.
5   Kölnische Zeitung, 1.7.1914.
6   Kölnische Zeitung, 4.7.1914.
7   Gemeint war der Fluss: La Plata
8   Kölnische Zeitung, 2.7.1914, Zweite Morgen-Ausgabe.
9   Kölnische Zeitung, 5.7.1914, Zweite Morgen-Ausgabe.
10   Zu diesem Rahmen: Brüggen, 2000.
11   Faust, 1992, S. 44 ff.
12   Kölnische Zeitung, 10.8.1914, Mittags-Ausgabe, S. 1; 9.11.1914, Mittags-Ausgabe, S. 1.
13   Kölnische Zeitung, 8.8.1914, Zweite Morgen-Ausgabe, auch zum Folgenden.
14   Frey, 1998, S. 60 ff., 152 ff.
15   Kölnische Zeitung, 8.8.1914, Abend-Ausgabe.
16   5. Rheinisches Infanterie-Regiment Nr. 6, Kölnische Zeitung, 15.10.1914, Zweite Abend-Ausgabe.
17   Kölnische Zeitung, 22.12.1914, Abend-Ausgabe.
18   Kölnische Zeitung, 11.9.1914, Erste Morgen-Ausgabe.
19   „Behandlung englischer Kriegsgefangener durch die deutschen ‚Barbaren'", Kölnische Zeitung, 12.9.1914, Erste Morgen-Ausgabe; parallel dazu ein Artikel: „Die russischen Barbaren".

Mario Kramp

„Ich han der Kaiser gesin"
Kaiserkult in Köln

Im Januar 1914 war Kaiser Wilhelm II. der Star der Illustrierten. Der Titel der Zeitschrift „Daheim" zeigte sein Brustbild mit Kürass und Adlerhelm: als Fotografie vom „Reiterdenkmal auf der Hohenzollernbrücke in Köln".[1]

„Für das neue Lebensjahr des geliebten Herrn"
Hier feierte man 1914 wie an jedem 27. Januar den Kaisergeburtstag. Der dienstälteste General der Garnison Köln erbat in einem Telegramm gemeinsam mit Oberbürgermeister und Erzbischof an Wilhelm II. „für das neue Lebensjahr des geliebten Kaisers und Herrn des Himmels reichsten Segen".[2] Die Herren bedauerten nur, dass es diesmal nicht so prachtvoll zuging wie 1913 zum 25-jährigen Regierungsjubiläum des Kaisers: Im Juni hatte man für ein großes Volksfest den „Festplatz Poller Wiesen"[3] hergerichtet, im Januar den Kaisergeburtstag im Gürzenich begangen mit dem „Vorspiel zur Loreley" von Max Bruch bei „Königinnensuppe", „Rheinzander" und anderen Köstlichkeiten.[4]

„Der Kaiser eß diese Morge en Kölle ahngekumme": Kaiserbesuche
Ins Rheinland reiste der Kaiser oft – meist nach Koblenz zu den Herbstmanövern oder nach Essen zu Krupp. Aber auch nach Aachen, Trier und in kleinere Orte wie Zülpich, Lechenich und Euskirchen 1911 oder 1913 Gerolstein.

Köln, seine „ur= und kerndeutsche Stadt"[5], besuchte der Kaiser dreimal: 1891, 1897 und 1911. Hinzu kamen inoffizielle Stippvisiten wie 1906 („um im benachbarten Porz=Urbach Schießübungen beizuwohnen"[6]), 1910 („Der Kaiser eß diese Morge en Kölle ahngekumme"[7]), 1916 und 1918.

Die Akten berichten die stets gleichen Abläufe:[8] Der Hof kündigte den Besuch an oder die Stadtspitze erbat ihn – verknüpft mit einem Jubiläum, der Einweihung eines Denkmals oder mit im Rheinland stattfindenden Manövern. Der Oberbürgermeister bildete ein Komitee, Vereine und Honoratioren einigten sich auf Gästelisten,

Der Kaiser als Star der Illustrierten, Titel der Zeitschrift Daheim, 24.1.1914 (KSM)

in der Presse erschienen Huldigungsgedichte. Stets besichtigte der Kaiser „die Herrlichkeiten des Kölner Domes".[9] Es folgten Rundfahrten durch die geschmückte Stadt, inklusive Streitereien, welchen Anwohnern „die Ehre zuteil wird", dem Kaiser zuzujubeln.[10] „Ich han der Kaiser gesin" wollten alle stolz von sich behaupten.[11] Den Abschluss bildeten Paraden, Feuerwerke und Festessen im Gürzenich, wobei das neue Ratssilber zum Einsatz kam. Die Kosten erreichten 1911 den

Fritz Reusing, offizielles Herrscherporträt Kaiser Wilhelms II. für das Rathaus der 1914 eingemeindeten Stadt Mülheim am Rhein, Öl auf Leinwand, Düsseldorf, 1900 (KSM)

Höhepunkt mit mehr als 35.000 Mark aus Kölner Steuergeldern.

Kritik an diesem „Potemkin in Neu-Byzanz" erfolgte wegen des angeblichen Einbaus zweier Marmorklosetts für den Kaiserbesuch im Gürzenich für 40.000 Mark.[12] Kritik übten in Köln selten und vorsichtig Katholiken und Liberale, radikal die Sozialdemokraten, die sich über „diese ewig devoten Ansprachen von Oberbürgermeistern" mokierten: „Das Volk in seiner großen Masse hat ganz andere Sorgen als Spalier zu bilden und Hurra zu schreien."[13]

Das „Volk", das dem im Automobil durch Köln fahrenden Kaiser zujubelte, bestand 1911 aus 55.000 eigens für die Parade angemeldeten Personen, die meisten Schulkinder, die anderen aus Gesangs-, Turn- und Kriegervereinen und Innungen. Alles war abgeschirmt.

„Meine Rheinländer": Für Kaiser und Reich

Das Kölner Bürgertum äußerte bezüglich des Aufwands Kritik, wenn es dabei zu modern und nicht konventionell genug zuging – wie bei der Gestaltung der Tischkarten für den Kaisergeburtstag 1913 mit modernen Schriftzügen: „Wer nicht wüsste, daß unser Kaiser ‚Wilhelm II.'

Tischkarte zur Feier des Kaisergeburtstages am 27.1.1913 im Kölner Gürzenich, handschriftlicher Entwurf auf Papier (KSM)

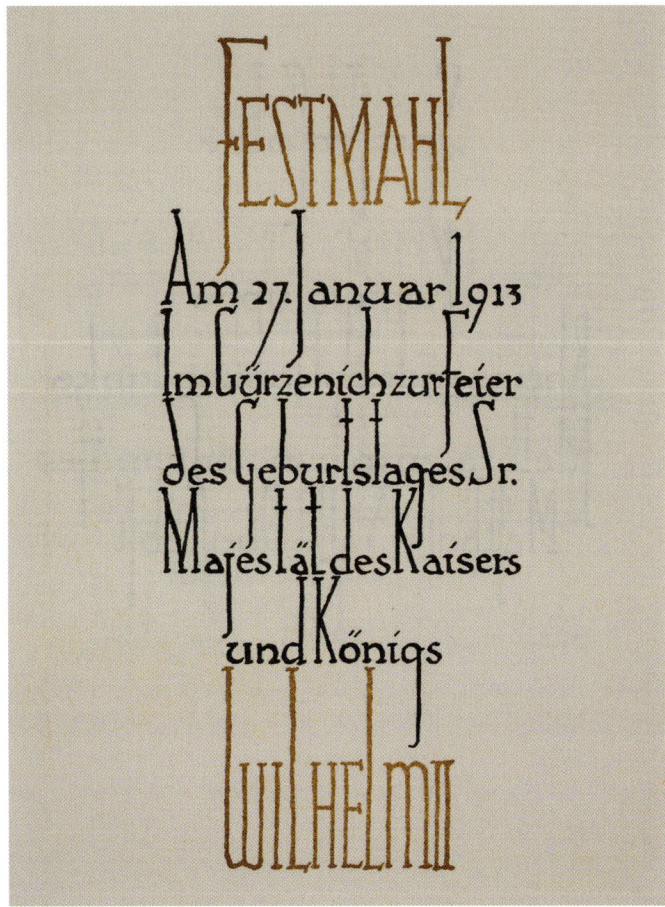

heißt, er würde ernstlich in Verlegenheit geraten, denn das Wort ist trotz der Goldschrift nicht zu entziffern."[14]

Vorbei die Zeit, als das Rheinland für Preußen eine widerspenstige neue Provinz war. Im rheinischen und an seiner Spitze im Kölner Bürgertum war von aufmüpfigen Tönen gegen die Hohenzollern wenig geblieben.

Die Bezugsgrößen waren nun andere: Vor 1871 wurde die eigene Identität in Abgrenzung zu Preußen definiert, nun bejubelte man „Kaiser und Reich". Selbst wenn die Kölner zuweilen antipreußische Ressentiments kultivierten – sie waren kaisertreu. Sogar die katholische Zentrumspartei hatte ihren Frieden mit den Hohenzollern gemacht und erklärt: „Das rheinische Volk steht treu zu Kaiser und Reich, fest auf der Wacht am Rhein."[15]

Für die kaiserliche Politik hatte das Rheinland zwei symbolische Werte – heute würde man von „Alleinstellungsmerkmalen" sprechen –, die sich perfekt in das Selbstbild des Monarchen einfügten: die der Modernität und der Historie. Für Modernität standen die Essener Kruppwerke als Industriezentrum, für die historische Größe des Alten Reichs die mittelalterlich geprägte Kulturlandschaft des Rheins.[16] Köln als moderne Metropole vereinigte beides.

Kein Wunder, dass die Rede Wilhelms II. in Köln 1911 im Angesicht der „kerndeutschen rheinischen Bevölkerung"[17] einer Liebeserklärung gleichkam. In Köln habe er „manchen frohen Tag (auch an Karneval) [...] verbringen dürfen", alles „in der festen Treue der Rheinlande zu mir und in der treuen Gesinnung meinerseits zu meinen Rheinländern".[18]

„Mit der Barttracht, die er neuerdings beliebt": Kaiserbilder

Zum Kaisergeburtstag 1914 erklärte Julius Riemann, der dienstälteste General der Garnison, im Gürzenich: „Das Bild unseres kaiserlichen Herrn [...] steht vor unseren Augen in ausgeprägten Zügen fest."[19]

Dieses Bild hing in vielen öffentlichen Gebäuden Kölns: in der Handelskammer, gemalt 1900 von Ludwig Noster,[20] im Polizeipräsidium als „mahnende Erinnerung treuester Pflichterfüllung"[21], gestiftet vom Kaiser 1908 oder 1900 von „Commerzienrat Rautenstrauch" als „kostbare Zierde unseres Museums"[22] und 1908 von „Kommerzienrat Dr. Joseph Neven DuMont" für das Gymnasium in der Kreuzgasse. Den „Kunstfreund" solle auf diesem Kaiserbildnis von „dem aus Köln stammenden Maler Franz Guillery [...] die ausgezeichnete Behandlung des Fußteppichs interessieren".[23]

Das Wesentliche bringt der Rest der Beschreibung auf den Punkt: Das Bild stellte den Kaiser „in der Garde

du Korps=Uniform mit schwarzem Küraß und dem Band des Schwarzen Adlerordens [...] in eleganter Stellung mit hochgehobenem Haupt dar. [...] Der Kaiser ist sehr ähnlich mit der Barttracht, die er neuerdings beliebt, dargestellt."[24] Dies entsprach dem Bild, wie Wilhelm sich selbst sah, wie er es verbreiten ließ und wie es sein Reiterdenkmal auf der Hohenzollernbrücke seit 1911 zeigte. So blieb er im kollektiven Gedächtnis.

Eine Bildpostkarte mit dieser Pose und Uniform wurde – vom Kaiser höchstpersönlich genehmigt – massenhaft in Umlauf gebracht. Sie gehört „zu den am weitesten verbreiteten Herrscherbildnissen des 20. Jahrhunderts"[25] und diente dem Maler Fritz Reusing als Vorlage für das Gemälde, mit dem Mülheim am Rhein 1905 das Rathaus schmückte.[26] Wilhelms Paradeuniform entsprach in keiner Weise modernen militärischen Erfordernissen – zwei Jahre später wurde im Heer das „Feldgrau" eingeführt.

Ein ähnliches Kaiserbild in der deutschen Botschaft in Paris wurde als „Anmaßung" verstanden. Es folgte wie Reusings Gemälde barocken Traditionen und „zeigt ihn nun in der Welt so, wie er wirklich denkt und fühlt. [...] Hat er Großtaten verrichtet, so ist es ein ausgezeichnetes Bild; ist es anders gekommen, so wirkt es einfach lächerlich."[27]

„Imperatorpose": Ein Reiterdenkmal zu Lebzeiten

Auch im Stadtbild war der Kaiser präsent. Seit 1892 sah man seine Statue am Reichspostamt als End- und Höhepunkt und legitimen Nachfolger in der Reihe „deutscher" Kaiser seit Karl dem Großen.

Im gleichen Jahr entstand sein Standbild am Justizgebäude am Appellhofplatz, zusammen mit dem

„Es fehlt dem Deutschen zum Hunde nur
Ein richtiger Schweif zum Wedeln."
(Heinrich Heine.)

Wilhelms I., des verehrten „Barbablanca", der 1871 – so
der Hohenzollernmythos – das alte Reich Barbarossas
neu begründet habe. Wilhelm II. unterstützte diesen Kult
um seinen Großvater, weniger die Verehrung seines Vaters Friedrich III., der 1888 nur 99 Tage regierte und dessen liberale Einstellungen ihm missfielen.

Dies war nur der Auftakt. Nicht in Berlin, sondern in
Köln kulminierte der Kult um Wilhelm II. mit dem einzigen Monumentaldenkmal, das ihm entgegen eines
ungeschriebenen Gesetzes zu Lebzeiten gesetzt wurde. Deshalb wollte er es lediglich als „Bauschmuck"[28]
bezeichnen: für die neue Rheinbrücke. Die moderne In-
genieurkonstruktion war verbunden mit Steinarchitek-
tur im Stil der von Wilhelm geförderten monumentalen
Neuromanik in Anlehnung an die staufische Kaiserzeit.
Das Bauwerk erhielt „kraft Auftrages Seiner Majestät"
den Namen „Hohenzollernbrücke".[29]

Die alte Dombrücke war verziert mit Reiterstand-
bildern der Könige Friedrich Wilhelm IV. und Wilhelm
I. Nun sollten die der Kaiser Friedrich III. und Wilhelm
II. dazukommen. Dafür wählte der Kaiser den Berliner
Bildhauer Louis Tuaillon aus. Damit zeigte er sich auf-
geschlossen für einen moderneren Klassizismus, gegen

den bislang protegierten neobarocken Stil. Die Rechnung ging auf: Das Kölner Bürgertum war zwar nicht
gefragt worden, pries aber Wilhelms Reiterstandbild als
„Krönung der Entwicklung der Denkmalkunst"[30].

Doch auch Kritik blieb nicht aus: gegen den pseu-
domittelalterlichen Stil der Architektur und gegen das
Reiterstandbild des Kaisers, der seinen Vorfahren und
Dombauförderer Friedrich Wilhelm IV. vom prominen-
testen Standort auf der dem Dom zugewandten Seite am
linken Ufer verdrängt hatte. Die Rede war von einer „Im-
peratorpose"[31], von der unnatürlich wirkenden Gangart
des Pferdes, es folgten Gegendarstellungen des Bildhauers und sogar Eingaben von Tierschützern gegen
den kupierten Schweif.

Bildpostkarten zur Brückeneinweihung am 22. Mai
1911 durch das Kaiserpaar zeigten das Reiterstandbild,
versehen mit dem Liedtext „Rheinlands Gruß an den
Kaiser" („Für Klavier zu haben" in der Hofmusikalien-
handlung Tonger in Köln): „Im Kranz unblut'ger Lor-
beerreiser / Die Wache hält dein Bild aus Stahl und Erz;
/ den Rhein beschützt ein Hohenzollernkaiser, / er füllt
mit Furcht des äußren Feindes Herz"[32]. Das war die entscheidende Botschaft: die Versöhnung der Rheinländer
mit den Hohenzollern als Garanten für die „Wacht" am
„deutschen Rhein".

Die Konservativen kritisierten nicht das Reiterdenkmal, sondern eine nackte „Frauenfigur aus Gips" des
Kölner Bildhauers Josef Moest, die anlässlich der Stadt-
rundfahrt des Kaisers den Marsplatz verzierte und gegen die „Sittlichkeit" verstoße.[33]

Radikal prangerten den Kaiserkult einzig die Sozialdemokraten an. Süffisant kolportierten sie einen
„illoyalen wie gefährlichen Ulk": Die Kriminalpolizei
fahnde nach dem Übeltäter, der in Anspielung auf den
überall präsenten „Reisekaiser" in der Nacht dessen
Reiterstandbild „eine Reisetasche an die rechte Hand
gehängt" habe.[34] Eine bissige Karikatur zeigte die Rheinische Zeitung: Als sein eigenes Kölner Denkmal hoch
zu Ross schreitet der Kaiser die Reihen der zu Bücklin-
gen erstarrten Kölner ab, versehen mit dem Heine-Zitat:
„Es fehlt dem Deutschen zum Hunde nur / Ein richtiger
Schweif zum Wedeln."[35]

Die opernhafte, vormoderne Attitüde von Kaiserbild
und Denkmalpose darf nicht darüber hinwegtäuschen,
dass hiermit ein Image im Sinne des modernen Mar-
ketings entstand. Der nach oben gezwirbelte Schnurrbart, Adlerhelm oder Pickelhaube und Paradeuniform
bildeten in Köln und Deutschland die Marke „Deutscher
Kaiser" – und als „the Kaiser" oder „le Kaiser" auch im
Ausland.

per Katalog bestellbar als „Reproduktionen klassischer Bildwerke".[38] Auch die weltweit tätige Kölner Firma Stollwerck profitierte vom Kaiser-Boom. Ihre beliebten Alben wurden mit bunten Sammelbildern bestückt, die den Kaiser in allen erdenklichen Uniformen zeigten, ihre „Gold-Schokolade" war aufwendig verpackt mit dem farbigen Bild Wilhelms II. im Goldrahmen mit deutscher Kaiser- und preußischer Königskrone. 1914 präsentierte man das Bild Wilhelms II. sogar im Geschenkkarton mit „Kölnisch Wasser" und Seifenstücken in Form von Granaten.[39]

Das Bild des Kaisers
überall: Dame mit
tätowierten Bildnissen
von Wilhelm II. und
seinen Söhnen, Foto-
postkarte, um 1910
(www.winkler-post-
karten.de, Verlag und
Bildarchiv Sebastian
Winkler, München)

„Weltgeschichte von der Walze":
Die „Marke Kaiser" und die Medien

Der Kaiserkult war zwiespältig: reaktionäre Verkündigung eines byzantinischen Gottesgnadentums einerseits und moderne Präsenz in allen Medien andererseits. Die „Marke Kaiser" war omnipräsent – Gemälde und Denkmäler nur die Spitze des Eisbergs einer industriellen Bildproduktion. Wilhelms Hang zur Selbstinszenierung, sein Faible für Verkleidungen, Uniformen und markige Reden war bekannt (und gefürchtet). Dies verband er mit Begeisterung für moderne Technik, für Schiffe, Automobile – und die Massenmedien. Die Popularisierung des Kaisers wurde zum Medienereignis, der Kaiser zum Medienstar: in Form von Statuen und Büsten, auf Gemälden, Fotografien und Bildpostkarten, in Illustrierten, auf Sammelbildern, Nippes und Christbaumschmuck, Bonbonverpackungen und sogar auf Schinken. Hinzu kamen Aufnahmen auf Tonträgern und die „Kinematographie" als neues Medium – und mit ihr „Der Deutsche Kaiser im Film".[36]

Neoabsolutistischer Herrscherkult auf technisch modernstem Niveau – auch in Köln: Auf dem Rhein verkehrte der „Salondampfer Kaiser Wilhelm II." der Köln-Düsseldorfer Dampfschifffahrts-Gesellschaft als einer der „größten, schnellsten und schönsten Flußdampfer in Europa" mit „Speise-, Rauch-, Damen- u. Ruhesalons und elektrischer Beleuchtung".[37] Die Kölner „Kunstanstalt August Gerber GmbH" bot Büsten des Kaisers an,

Das Dilemma auf den Punkt brachte der feinsinnige Industrielle Walter Rathenau, der Ende 1914 – was keiner der Militärs bedacht hatte – die Kriegswirtschaft organisierte: „In stetig wechselnder Kleidung muß gefahren, geritten, gegangen, gegessen und immer wieder geredet werden. Alle Tage ist irgendwo ein Fest, alle Stunden ist irgendwo ein feierlicher Augenblick. Er wird, wie man sagt, festgehalten: photographisch, kinematographisch, telegraphisch, journalistisch, protokollarisch. Weltgeschichte wickelt sich von der Walze."[40]

Die Folgen waren absehbar. Der Kaiserkult unterlag der Dialektik von Tradition und Moderne: Einerseits popularisierte er besonders in Köln das Bild Wilhelms II. in nie gekannten Ausmaßen. Andererseits führte eben diese Massenproduktion dazu, dass das Herausgehobene des Monarchen abgebaut wurde. Die technische Reproduzierbarkeit zerstörte die Aura der Krone.

Die Kaiserin umgeben von fünf Bildern des Kaisers in verschiedenen Uniformen, Stollwerck-Sammelalbum mit Bildern des Kaisers und seiner Familie, Köln, 1913 (KSM)

Sie zerstörte sie umso schneller, je mehr Wilhelm Anlass zur Kritik bot und nicht das Format besaß, den hochfliegenden Ansprüchen seiner Selbstdarstellung gerecht zu werden. Dies zeigte sich mit Beginn des Krieges. Doch noch herrschte – ungewöhnlich lange, seit 1871 – Frieden. Deutschland war durch einen nie gekannten wirtschaftlichen Aufschwung an die Spitze der Industrienationen gelangt, Köln eine moderne Großstadt geworden. Wilhelm als „Friedenskaiser" erschien als Garant dieses Fortschritts.

„Aus dem Friedenstraum erweckt": Einstimmung auf den Krieg

Für den Krieg lieferte die Rede des Kölner Garnisonsältesten am 27. Januar 1914 im Gürzenich eine markige Ouvertüre. Der Kaiser habe nie Krieg geführt. Darüber dürfe man, so mahnte Julius Riemann, nicht vergessen, dass Wilhelm auch Soldat sei, „mit Leib und Seele, zum Feldherrn geboren und erzogen, des Geheimnis des Sieges in Händen haltend". Leider sei „in den langen Friedensjahren dieser Zug des Feldherrentums im Bilde des Kaisers undeutlich geworden". Dies gelte es nun „aufzufrischen".[41]

Im Januar 1914 – mitten im Frieden, noch ohne jeden Anlass einer aktuellen Krise – stimmte Kölns führender Militär seine Zuhörer im Gürzenich auf einen kommenden Krieg ein. Wenn das Volk „eines Tages aus dem Friedenstraum erweckt" werde, solle es wissen, dass „es siegesgewiß als dem obersten Heerführer seinem Kaiser zujubeln" könne: „Der kaiserliche Feldherr an der Spitze von Heer und Flotte, die mit Gott für Kaiser und Reich zu sterben bereit sind, getragen von dem Vertrauen eines opferfähigen und opferwilligen Volkes", bilde „die beste Bürgschaft für den Frieden und, wenn nicht, die sichere Gewähr für den Sieg." Dies stellte Riemann unter die kriegerische Parole „Treue um Treue – dieses Beste, was ein deutsches Herz zu bieten vermag – bis zum letzten Atemzug!"[42]. In seinen Jubel stimmten alle ein.

„Liebe zur Vaterstadt, zu Kaiser und Reich": Kriegsbeginn

Die Frage nach der Kriegsschuld füllt Bände der Forschungsliteratur. Weitgehend besteht Einigkeit, dass man von einer Alleinschuld Deutschlands nicht reden kann, „wohl aber von einer Hauptschuld" für den Krieg.[43] Die Rolle des Kaisers ist nach wie vor umstritten – vom „Kriegsrat" im Dezember 1912 bis zur Julikrise 1914, in der er erst mit markigen Worten zum Krieg gegen Serbien drängte, Ende Juli keinen Kriegsgrund mehr sah, die tödliche Maschinerie von Drohgebärden, Bündnistreue und Mobilmachungen aber nicht mehr aufhalten konnte oder wollte. Nun, wo es Ernst wurde, bekam er Angst vor der eigenen Courage. Dienten seine Telegramme an den britischen König und den Zaren nur der Taktik, Deutschland als den Angegriffenen darzustellen? Offenbar trug der Kaiser für die „Verursachung des Weltkriegs [...] eine schwere Verantwortung"[44] – auch wenn er von einem „so gigantischen Welt-Krieg" nicht ausgegangen sein dürfte.[45]

Zunächst galt es auch in Köln, Kritiker auf „Kaiser und Reich" einzustimmen. Am 28. Juli 1914 demonstrierten Zehntausend in der Severinstraße gegen den drohenden Krieg. Seit Februar existierte eine Liste mit Namen von rheinischen „Anarchisten, Führern der Sozialdemokratie pp.", die im Falle einer Mobilmachung festzunehmen seien.[46] Im Hinblick auf die Sozialdemokraten war dies nicht mehr nötig: Zwei Tage später beschwor die Rheinische Zeitung „Rußland" als „furchtbare Gefahr Europas!"[47] und reihte sich ein in die Verteidiger des vermeintlich angegriffenen Vaterlands.

Am 1. August 1914 verkündete das „Extra=Blatt der Kölnischen Zeitung" in großen Lettern: „Der Kaiser hat die Mobilmachung des Heeres und der Flotte befohlen".[48] Einen Tag später tagte der Stadtrat in außerordentlicher Sitzung. Vieles musste organisiert werden, doch alle Einzelmaßnahmen waren für Oberbürgermeister Max Wallraf „im Hinblick auf die großen Dinge, die jetzt auf dem Spiele stehen, Lappalien" – schließlich sei die „Stadt beseelt von einem opferwilligen Patriotismus, wie man ihn sich nicht schöner denken kann".[49] Auch Justizrat Dr. Hugo Mönnig vom Zentrum appellierte „an die gesamte Bürgerschaft", sich tragen zu lassen „von der Liebe zur Vaterstadt und von der Liebe zu Kaiser und Reich!". Der Oberbürgermeister schloss die Sitzung mit dem, „was uns bewegt": „Seine Majestät, unser Kaiser, lebe hoch, hoch, hoch! (Die Versammlung erhebt sich von den Plätzen und stimmt begeistert ein)."[50]

„Der Geist der Freiheitskriege": Rheinländer und Preußen

Traditions- und Heimatvereine konstatierten zufrieden, dass es über die Kriegsbegeisterung im August 1914 hieß: „Der Geist der Freiheitskriege ist wieder da."[51] Organisatorisch war ihren Komitees der Kriegsbeginn in die Quere gekommen: Eigentlich wollte man 1914 und 1915 mit großem Aufwand die „Hundertjahrfeier der Vereinigung der Rheinlande mit dem Königreich Preußen"[52] begehen. Schon seit Januar arbeitete man darauf hin, mit Vorträgen, „Altkölnischen Gedichten und Liedern" und zu Karneval mit einem Maskenfest unter dem Motto „Abzug der Franzosen aus Köln und Volksfest auf der Hahnenstraße".[53]

Noch Mitte Juli, auf dem Höhepunkt der europäischen Krise, feierte man den „Rheinländertag" inklusive „fröhliches Beisammensein" im Gürzenich, Rheinfahrt nach Remagen und Gründung des „Rheinländerbunds" mit – natürlich – Sitz in Köln und Vorsitz des Kölner Oberbürgermeisters.[54]

Und nun der Krieg. Man scharte sich um den Kaiser. Die „Hundertjahrfeier" lieferte die historische Munition. Als „Kölner", die „wir schon einmal die Schmach einer zwanzigjährigen, gerade jetzt vor hundert Jahren be-

Der Kaiser in feldgrauer Uniform, Feldpostkarte des Roten Kreuzes, Dezember 1914 (KSM)

endeten Franzosenherrschaft erfahren mußten", wolle man nun „gewiß nicht zurückstehen".[55]

„Oberster Teetrinker": Der Kaiser im Krieg

Wie sehr das Bild vom Kaiser in Köln verankert war, illustriert eine Episode, die Oberbürgermeister Wallraf berichtete. „Eine einfache Frau aus dem Volke" habe ihm im Rathaus „einen 100.M=Schein" übergeben und gesagt: „Das ist für den Kaiser! Und wenn Sie in nächster Zeit in Geldverlegenheit kommen, gebe ich gern meine letzten Ersparnisse." – was im Stadtrat mit schallendem „Bravo!" begrüßt wurde.[56]

Nun sollte sich zeigen, ob der Kaiser, wie im Januar im Gürzenich beschworen, „zum Feldherrn geboren" war. Er folgte, auch um lästigen Regierungsgeschäften in Berlin zu entkommen, mit dem Großen Hauptquartier seinen Truppen Richtung Westen – ab 16. August nach Koblenz, ab 1. September nach Luxemburg, ab 25. September nach Charleville-Mézières. Es blieb eine begrenzte strategische Funktion in der Etappe. Hier holte ihn die Realität ein. Sie war in allen Konsequenzen verbunden mit seinem Namen – und seinem Bild.

Dieses zeigte ihn ab jetzt auch in Köln „in Feldgrau", die zuvor inszenierten blitzenden Herrlichkeiten der „schimmernden Wehr" verdeckt unter den Tarnüberzügen seiner Helme. Sein Bild erschien gemeinsam mit dem Konterfei Kaiser Franz-Josefs, um die „Nibelungentreue" zum Verbündeten Österreich-Ungarn zu symbolisieren: „Steht auch die Welt voll Feinden / Wir fürchten Gott, sonst keinen / 1914".[57] Denkmäler und monumentale Herrscherporträts wurden verdrängt vom

L'ENVOYÉ DE DIEU

Bild Wilhelms im Kleinformat, auf Porzellan für den Hausgebrauch, auf Christbaumschmuck oder, am häufigsten, auf Bildpostkarten. Am populärsten war die mit der Fotografie des Monarchen und seiner in lithografierter Handschrift wiedergegebenen Parole „Ich kenne keine Parteien mehr / Kenne nur noch Deutsche. / Wilhelm I.R.". Ein Koblenzer Schulmädchen fügte sie 1914 als Titelbild in seine handschriftlichen „Kriegs-Erinnerungen" ein.[58]

Das Gegenbild schuf die Propaganda der Entente, verstärkt seit den deutschen Untaten in Belgien, der Zerstörung der Bibliothek von Löwen und der Beschießung der Kathedrale von Reims im September 1914, mit den gleichen, von Wilhelm selbst kreierten Bildsymbolen der „Marke Kaiser". Pickelhaube oder Adlerhelm, gezwirbelter Schnurrbart und pompöse Uniform standen nun für „the Hun" (den Hunnen), „le Kaiser" für die Barbarei als Gefahr für die Zivilisation.

Doch das Kaiserbild der deutschen und das Antibild der alliierten Seite überschätzten seine Rolle. Auch wenn Wilhelm noch Einfluss auf wichtigste Personalentscheidungen nahm, beschäftigte er sich bereits in Koblenz hauptsächlich mit Lazarettbesuchen, Ausritten und Spaziergängen. Täglich wurde er von Generalstabschef Helmuth von Moltke selektiv informiert. Für den ungestörten Aufmarsch laut Schlieffen-Plan war der Kaiser eher hinderlich. Bald gewann man den Eindruck, Wilhelm sei nicht Oberster Kriegsherr, sondern „Oberster Teetrinker".[59] Er selbst beklagte sich: „Der Generalstab sagt mir nichts und fragt mich auch nicht. Wenn man sich in Deutschland einbildet, daß ich das Heer führe, so irrt man sich sehr. Ich trinke Tee und säge Holz und gehe spazieren und dann erfahre ich von Zeit zu Zeit, das und das ist gemacht, ganz wie es den Herren beliebt."[60]

„Die Kölschen Jungs": Front und Heimatfront

An der Kölner „Heimatfront" erfuhr man nichts von der wahren Rolle Wilhelms. Am 11. August 1914 erschien die erste Verlustliste mit Namen der Kölner, die „den Heldentod" gestorben waren. Der dafür geschaffene markige Reim „Gestern noch stolz auf den Rossen, heute durch die Brust geschossen!" hatte nichts mit der Wirklichkeit der Schlachtfelder des modernen Krieges zu tun. Pathetisch lautete das Fazit über die Kölner „Märtyrer": „Sie haben Gott gegeben, was Gottes, und dem Kaiser, was des Kaisers ist."[61] Dieser stiftete Anfang 1915 ein Gedenkblatt mit persönlicher Widmung für „die Familien der auf dem Felde der Ehre gefallenen Krieger", das, so die Kölner Presse, „dem deutschen Heim zur Zierde gereichen wird".[62]

Wahrzeichen der Mühle von Souain in der Champagne, eingefasst in ein von Kriegsgefangenen in Wahn bei Köln geschaffenes Relief, Blech, Holz, Köln, 1915 (KSM)

Zum Kaisergeburtstag 1915 gab die Kölnische Volkszeitung eine „Festnummer" heraus mit dem Titel „Dem Kaiser hurra!" und dem vertrauten Bild Wilhelms nach der Reiterstatue auf der Hohenzollernbrücke.[63]

Am gleichen Tag erfuhren die Kölner, dass der Kaiser kurz zuvor hinter der Westfront das Reserve-Infanterieregiment Nr. 28 empfangen habe, „welches sich hauptsächlich aus Kölnern und anderen Rheinländern zusammensetzt".[64] Es kämpfte bei Souain-Perthes-lès-Hurlus in der Champagne, wo August Macke und Léo Latil gefallen waren und Blaise Cendrars schwer verletzt wurde. Dort kämpfte auch die 15. Division des Generalleutnants Riemann, der im Januar im Gürzenich den Kaiser als Kriegshelden beschworen hatte, mit seinen Truppen über Luxemburg nach Frankreich eingefallen und nun Kommandierender General des VIII. Armeekorps war.[65]

Der Kaiser als Oberster Kriegsherr lobte die „todesverachtende Tapferkeit" seiner „Kölschen Jungs" – und sandte sie dann mit einem „Adieu Kameraden" zurück in den Kampf. Wenn der Sieg errungen sei, hoffe er, so der Kaiser, „daß ihr ‚Kölschen Jungs' mit erhobenem Haupte in eure alte berühmte Stadt einziehen könnt, und daß eure Mädchen auf euch stolz sein können".[66] Als diese „Kölschen Jungs" 1918 in die Heimat zurückkehrten, waren 3.284 von ihnen als Opfer zu beklagen – mehr als die Regimentsstärke 1914. Die Wetterfahne der Mühle von Souain als Trophäe dieser grausamen Kämpfe wurde nach dem Krieg in das Historische Museum der Stadt Köln gegeben.[67]

Weihnachten 1914 gelangten, anders als erwartet, nicht die siegreichen Soldaten nach Köln – sondern Nachrichten vom Grauen des Stellungskrieges. Deshalb untersagte man „öffentliche Feste"[68] zum Kaisergeburtstag 1915. Im Gürzenich gab es einen Empfang unter deutschen und österreichisch-ungarischen Fahnen – gegen Eintritt von „einer Mark"[69] zugunsten des Roten Kreuzes für Soldaten und deren Familien und der städtischen Kriegssammlung. Im Dom wurde für Kriegsinvalide gesammelt, bei einem „Hochamt für den Kaiser".[70]

Weil dieser „Kaisertag" „ein Erfolg" gewesen sei, „wie ihn kaum noch eine Stadt im Deutschen Reiche aufzuweisen vermag",[71] schlug man vor, den Karneval 1915 auf einen einzigen Tag zu reduzieren und dem Kaiser zu widmen. Doch der Festungskommandant untersagte das närrische Treiben.

Noch war der Kaiser im öffentlichen Bewusstsein präsent. Die Kölner Schulkinder bekamen zu seinem Geburtstag nicht mehr frei, sondern feierten ihn in den Schulen, die Kaiserglocke im Dom läutete, wenn deutsche Truppen Siege errangen, „Heil dir im Siegerkranz" ertönte dann auch in Kölner Konzertsälen. Diese Kaiserhymne wurde nach der Melodie von „God save the King" des Erzfeindes England gesungen. Deshalb komponierten zwei Kölner – Hubert Schnitzler, „Lehrer am Engelbert-Haas-Konservatorium" und Professor Friedrich Wilhelm Franke „vom Kölner Konservatorium"[72] – im Februar 1915 neue Melodien.

Vergeblich: Die Hymne blieb und wurde auch beim Kaisergeburtstag 1917 gesungen, als ein nun noch schlichterer Festakt im Gürzenich stattfand. Anschließend rief die Kölnische Volkszeitung zur Spende auf, die nach vier Wochen 400.000 Mark erbrachte. Das Geld aus Köln erhielt „der Kaiser persönlich"[73] – nicht für Kriegsopfer, sondern für die U-Boot-Waffe, wofür er sich in zwei Telegrammen bedankte. Die Folge des uneingeschränkten U-Boot-Krieges war der Kriegseintritt der USA – ein wesentlicher Schritt hin zu Deutschlands Niederlage und dem Ende der Kaiserherrschaft.

„Wilhelm der Flüchtling": Das Verschwinden des Kaisers

Längst schon war das Bild des Kaisers von anderen „Helden" in den Schatten gestellt worden: dem „von Tannenberg" als „Befreier Ostpreußens",[74] Generalfeldmarschall Paul von Hindenburg und dessen Chef Erich von Ludendorff, dem Ersten Generalquartiermeister – beide übten seit 1916 faktisch eine Art Militärdiktatur aus.

Auch in Köln neigte sich die Zeit des Kaiserkults dem Ende zu. Die Plakette aus Geschützbronze, die hier im

Januar 1915 zu seinem 56. Geburtstag geprägt wurde, zeigte nicht mehr sein Konterfei, sondern nur seine Initialen mit der markigen Umschrift: „Ein Reich / Ein Volk / Ein Gott"[75] und das Kölner Wappen – zu erwerben für 50 Pfennig zugunsten der Kriegssammlung der Stadt Köln und des Roten Kreuzes.

Wie sein Bild, so verschwand auch der Kaiser selbst allmählich aus der Wahrnehmung der Kölner – wenngleich er im Krieg in Köln gelegentlich Station machte. So auf der Durchfahrt von der West- zur Ostfront am 16. Juli 1916, als er von Passanten erkannt wurde, obwohl er in feldgrauer Uniform inkognito vom Bahnhof in den Dom ging. Als der Kaiser heraustrat, herrschte erst Jubel, dann „eine feierliche, alle ergreifende Stille".[76] Am 15. August 1916 entzog sich Wilhelm allen Ovationen und verließ den Dom durch einen Seiteneingang.

Nach über zwei Jahren Krieg war im Dezember 1916 die „Friedenssehnsucht" der Kölner so stark, dass sie das „kaiserliche Friedensangebot" begeistert aufnahmen.[77] Es diente jedoch nur dazu, die eigenen Kriegsziele zu verschleiern. Der Kaiser war längst ein „größenwahnsinniger Gottesstreiter"[78]: antidemokratisch, chauvinistisch, rassistisch und antisemitisch.

Von seiner letzten Köln-Visite am 15. März 1918 erfuhren die meisten erst sieben Wochen später in der Presse. Zunächst sei der Kaiser gar nicht bemerkt und erst als er aus dem Dom heraustrat von Passanten mit „Huldigungen" begrüßt worden. Er habe wohl, so wurde gemutmaßt, vor dem Klaren- und dem Hochaltar verweilt, um „vor dem Beginn des Entscheidungskampfes" zu beten.[79] Im Juli 1918 scheiterte dieser „Entscheidungskampf" mit einer halben Million Opfer auf beiden Seiten. Die Niederlage war besiegelt – und das Ende der Monarchie.

Für deren „Erhaltung" sprachen sich noch einen Tag vor dem Waffenstillstand die Kölner Vertreter des Zentrums aus. Doch dann schwand „namentlich unter dem Eindruck der Flucht des Kaisers" sogar deren Unterstützung.[80] Über des Kaisers Flucht in die Niederlande schrieb die Rheinische Zeitung: „Mit Wilhelm II. verschwindet das Haus Hohenzollern aus der Geschichte. Der letzte Monarch dieses Geschlechts ist an seinem Untergang mitschuldig."[81]

Als man 1922 diskutierte, was mit seinem Reiterdenkmal auf der Hohenzollernbrücke geschehen solle, hieß es: „Wer den Rex nicht an dem Schnauzbart kennt: / Wilhelm ist's, den man den Flüchtling nennt [...] Wären Götter wie in alten Tagen, / Hätt ihn sicherlich ein Blitz erschlagen."[82]

1 Daheim, 50. Jg., Nr. 17, 24.1.1914, Titelseite.
2 „Des Kaisers Geburtstag", in: Kölnische Zeitung, 27.1.1914, Abend-Ausgabe.
3 Ansicht Festplatz Poller Wiesen, KSM, Graphische Sammlung.
4 Tischkarten zu den Kaisergeburtstagen am 27.1.1912 und 1913, Speisenfolge und Musikfolge, KSM, Graphische Sammlung.
5 Wilhelm II. über Köln am 5.5.1891, in: „Der Kaiser und die Rheinprovinz", in: Kölner Local-Anzeiger, 15.6.1913.
6 „Der Kaiser und die Rheinprovinz", in: Kölner Local-Anzeiger, 15.6.1913.
7 Aussage eines Augenzeugen, in: „Das Kaiserpaar in Köln", Stadt-Anzeiger, 28.10.1910.
8 1891: HAStK, Best. 401, A 1–8, A 299–309; Besuch der Kaiserin; 1893: HAStK, Best. 401, A 25; 1897: HASTK, Best. 401, A 9, A 11–14; 1911: HAStK, Best. 401, A 15–24.
9 Inoffizieller Kaiserbesuch am 18.10.1910, in: „Der Kaiser und die Rheinprovinz", in: Kölner Local-Anzeiger, 15.6.1913; zu den Kaiserbesuchen in Köln vgl. auch Parent, 1981; Klein, 1992.
10 Stadt-Anzeiger, 22.1.1911.
11 „Das Kaiserpaar in Köln", in: Stadt-Anzeiger, 27.10.1910.
12 Der Türmer, Stuttgart 1911, zit. n. Benner, 2005, S. 90–92. Der Einbau der Klosetts wird in den Akten jedoch nicht bestätigen.
13 Rheinische Zeitung, 20.5.1911.
14 Kölner Tageblatt, 28.1.1913.
15 Im Jahr 1911, zit. n. Veltzke, 2011, S. 242.
16 Vgl. Kohlrausch, 2014.
17 Zit. n. Veltzke, 2011, S. 253.
18 „Der Kaiser und die Rheinprovinz", in: Kölner Local-Anzeiger, 15.6.1913.
19 „Des Kaisers Geburtstag", in: Kölnische Zeitung, 27.1.1914, Abend-Ausgabe.
20 KSM, Inv.-Nr. KSM 1983/522; Wagner, 2006, Nr. 0530, S. 195.
21 Stadt-Anzeiger, 3.4.1908.
22 Stadt-Anzeiger, 24.2.1900.
23 Stadt-Anzeiger, 16.9.1908.
24 Ebenda.
25 Kohlrausch, 2009, S. 68.
26 KSM, Inv.-Nr. KSM 1983/623, nach der Eingemeindung Mülheims 1914 gelangte das Herrscherbild in den Bestand des Historischen Museums der Stadt Köln; vgl. Wagner, 2006, Nr. 0583, S. 227.
27 Graf Waldersee; zit. n. Windt, 2005, S. 55.
28 Zit. n. Benner, 2005, S. 79. Zum Folgenden vgl. auch Benner, 2003; Benner, 2006.
29 Zit. n. Benner, 2005, S. 85.
30 Kölner Local-Anzeiger, 21.5.1911.
31 Kölner Tageblatt, 23.10.1911.
32 HAStK, Best. 401, Nr. 15, S. 87, zit. n. Benner, 2005, S. 87.
33 HAStK, Best. 401, Nr. 20, S. 174 und 219, zit. n. Benner, 2005, S. 87.
34 Die Nachricht musste widerrufen werden, Rheinische Zeitung, 6.10.1910.
35 Rheinische Zeitung, 2.5.1911.
36 So der Titel eines Prachtbandes zu Wilhelms 25-jährigem Regierungsjubiläum 1913, zit. n.

Pohl, 1991, S. 14; vgl. auch Pohl, 1991, S. 241–269.
37 Griebens Reiseführer, 1914–1915, S. 7 f., zit. n. Standt, 2013, S. 15.
38 Reproduktionen klassischer Bildwerke aus der Kunstanstalt August Gerber GmbH Cöln am Rhein, o. J.
39 Dies war das Produkt einer Offenbacher Firma; Grütter, Hauser, 2014, S. 102–105.
40 Zit. n. Pohl, 1991, S. 12.
41 Kölnische Zeitung, 27.1.1914, Abend-Ausgabe.
42 Ebenda.
43 Winkler, 2000, Bd. 1, S. 332; ähnlich lautend auch Krumeich, Der Erste Weltkrieg, 2014, S. 26–29.
44 Röhl, 2003, S. 969. Diese These vertritt Röhl, 2008, S. 963; vgl. Fischer, 1984, S. 82–86. Milder urteilen Afflerbach, 2005; Clark, 2009, S. 282–288; Clark, 2013, S. 427 ff; vgl. zusammenfassend Krumeich, Juli 1914, 2014, S. 183–203.
45 Krumeich, Der Erste Weltkrieg, 2014, S. 27.
46 Landeshauptarchiv Koblenz, LHAKo, Best. 403 Nr. 12278, S. 87–89; zit. n. Dorfey, 2014, S. 6.
47 Rheinische Zeitung, 30.6.1914.
48 Extra-Blatt der Kölnischen Zeitung Nr. 20, KSM.
49 Verhandlungen der Stadtverordneten-Versammlung zu Cöln, Köln 1914, außerordentliche Sitzung 2.8.1914, S. 245.
50 Ebenda, S. 247.
51 Kölner Tageblatt, 9.8.1914.
52 Alt-Köln-Kalender 1915, S. 4.
53 Ebenda, S. 94–95.
54 Am 13. Juli 1914, Ebenda, S. 81–82.
55 Ebenda, S. 4.
56 Verhandlungen der Stadtverordneten-Versammlung zu Cöln, Köln 1914, außerordentliche Sitzung 2.8.1914, S. 245.
57 Plakette mit Bildnissen Wilhelms I. und Franz Josefs I., KSM.
58 Manuskript mit eingeklebter Bildpostkarte mit Fotografie von „E. Bieber Berlin", datiert „Coblenz" am „26.VIII.1914", Bibliothek des KSM, Auto 122.
59 Zit. n. Dorfey, 2014, S. 20.
60 Zit. n. Rogasch, 1991, S. 102, gleichlautend auch Görlitz, 1959, S. 68. Zu Kaiser Wilhelm II. im Krieg vgl. auch Pohl, 1991, S. 365–378; Pohl, 1991, S. 241–269; Afflerbach, 2005.
61 Stadt-Anzeiger, 11.8.1914, Abend-Ausgabe, Zweites Blatt, zit. n. Standt, 2013, S. 125.
62 Stadt-Anzeiger, 23.2.1915.
63 Festnummer der Kölnischen Volkszeitung zum Kaisergeburtstag im Kriegsjahr 1915, KSM, Graphische Sammlung.
64 Die Begegnung hinter der Front fand am 22.1.1914 statt, „Der Kaiser und die ‚Kölschen Jungs'", in: Kölner Local-Anzeiger, 27.1.1915; gleichlautend Stadt-Anzeiger, 27.1.1915.
65 Seit 5.10.1914, ab 17.12.1916 des VI. Armeekorps. Die Nationalsozialisten benannten nach ihm in Düren eine Kaserne; vgl. Möller, 1935, S.199 f.
66 „Der Kaiser und die ‚Kölschen Jungs'", in: Kölner Local-Anzeiger, 27.1.1915; gleichlautend Stadt-Anzeiger, 27.1.1915.

67 Inv.-Nr. HM 1919/39, Lewejohann, 2013.
68 Stadt-Anzeiger, 4.1.1915, Abend-Ausgabe, Zweites Blatt.
69 Stadt-Anzeiger, 15.1.1915, Morgen-Ausgabe, Erstes Blatt; vgl. auch Stadt-Anzeiger, 16.1.1915, Abend-Ausgabe, Drittes Blatt; Stadt-Anzeiger, 27.1.1915, Abend-Ausgabe, Titelblatt; vgl. Standt, 2013, S. 132.
70 Stadt-Anzeiger, 15.1.1915, Morgen-Ausgabe, Erstes Blatt; vgl. auch Stadt-Anzeiger, 16.1.1915, Abend-Ausgabe, Drittes Blatt.
71 Stadt-Anzeiger, 4.2.1915, Abend-Ausgabe, Erstes Blatt.
72 Stadt-Anzeiger, 19.2.1915, Morgen-Ausgabe, Erstes Blatt.
73 Kriegs-Chronik der Firma F. W. Brügelmann Söhne, Nummer 13, April/Mai 1917, zit. n. Standt, 2013, S. 304.
74 Zierteller mit dem Bildnis Hindenburgs, Umschrift: „Kriegszeit 1914/15 / Der Befreier Ostpreußens", KSM, Inv.-Nr. KSM 1992/358.
75 „W II / 27. Januar / 1859 / 1915", Umschrift: „Ein Reich / Ein Volk / Ein Gott", KSM, Inv.-Nr. KSM 1977/468 und KSM 1990/3.
76 „Der Kaiser in Köln", in: Kölnische Volkszeitung, 25.7.1916; Reuther, 1931, 500/4, S. 876.
77 Reuther, 1931, 500/4, S. 888.
78 Röhl, 2013, S. 121.
79 „Der Kaiser im Kölner Dom", Kölner Local-Anzeiger, 4.5.1918.
80 Reuther, 1931, 500/6, S. 1416.
81 Rheinische Zeitung, 10.11.1918.
82 Rheinische Zeitung, 12.8.1922.

Everhard Kleinertz

Auf dem Weg zur modernen Metropole
Politik und Stadtgesellschaft

Nach der Rheinischen Städteordnung von 1856 war der Leiter der Kölner Kommunalverwaltung zugleich der Vorsitzende der Stadtverordnetenversammlung, nämlich der vom Stadtrat gewählte Oberbürgermeister. Dies war seit 1907 der aus der staatlichen Verwaltung stammende nationalliberale Katholik und Verwaltungsjurist Max Wallraf.[1] In den Amtsgeschäften wurde er 1914 von 13 Beigeordneten unterstützt. Sein Stellvertreter war seit 1909 der Finanzdezernent Konrad Adenauer, der durch Einheirat in verwandtschaftliche Beziehung zu ihm getreten war. Die Stadt wuchs damals durch die Eingemeindung von Kalk und Vingst 1910 und vier Jahre später zum 1. April 1914 durch die Eingliederung der Stadt Mülheim und der Bürgermeisterei Merheim zur mit insgesamt 19.674 Hektar flächenmäßig größten deutschen Stadt und nahm nach der Bevölkerungszahl mit 637.400 Einwohnern den dritten Rang unter den deutschen Großstädten ein. Jetzt endlich, im Weltkriegsjahr 1914, hatte Köln die notwendigen Flächen für Industrieansiedlungen, Verkehrseinrichtungen und für die dringend erforderliche Stadtentwässerung.

Politischer Katholizismus: Das Zentrum

Der Rat, das legislative Organ der Kommunalverfassung, belief sich nach der Eingemeindung von 1914 und der Vermehrung um neun zusätzliche Mitglieder auf nun 60 Stadtverordnete. Damals, 1914, besaß die Zentrumspartei seit sechs Jahren die Mehrheit im Stadtparlament, in zähem Kampf den Liberalen abgerungen. Der vom Zentrum verkörperte politische Katholizismus hatte in der Stadtgesellschaft seine Träger und Anhänger im mittleren Handel und Gewerbe, besonders im Advokatenstand, in der Lehrerschaft, auch unter Arbeitern. Hauptakteure waren der Redakteur Hermann Cardauns, der Politiker Carl Bachem, die Anwälte Hugo Mönnig und Hermann Kausen, der Schriftsetzer Johannes Rings, dann besonders der Anwalt Karl Trimborn. Das Zentrum hatte bereits die Struktur einer modernen Partei mit lokalen

Ortsgruppen, eng an das Pfarrsystem angelehnt. In seiner politischen Attraktivität wurde die Partei mit ihrer modernen „Kölner Richtung" (Ausrichtung der Partei auf die Anforderungen der modernen Arbeitswelt und

Endergebnis der Kölner Stadtratswahl in der III. Klasse, 5.11.1913, mit einem Übergewicht des Zentrums bei gleichzeitig hohem Stimmanteil der Sozialdemokraten (KSM)

auf liberale staats- und verfassungsrechtliche Positionen) vom konservativen Flügel des Zentrums und durch die unentschiedene Haltung des Episkopats und der Kurie in der Gewerkschaftsfrage ausgebremst.

Politischer Liberalismus

Politischer Gegner war der Liberalismus, der mit den Konservativen und den Freisinnigen in der Nationalliberalen Partei ein gemeinsames Dach gefunden hatte. Die Partei war ohne feste Parteistruktur, mehr wie ein Wahlverein organisiert. Gesellschaftlich und kulturell spielte der Liberalismus in Köln immer noch eine beherrschende Rolle, die von der großbürgerlichen Schicht aus Wirt-

Vor dem Kriegsbeginn regte sich auch in Köln die Arbeiterbewegung: Plakat „Auf zur Maifeier", Farblithografie, 1914 (KSM)

Eröffnung der
Hohenzollernbrücke,
im Hintergrund die
Stadtverordneten,
Fotografie, 22.5.1911
(KSM)

schaft, Handel und Verkehr, den Bankiers und den Industriellen getragen wurde. Als Mäzene, bei der Gründung von Stiftungen und Schenkungen, bei der Schaffung gemeinnütziger Einrichtungen blieb der Liberalismus weiterhin eine der Bürgergemeinde verpflichtete Kraft. Politische Reformen im Sinne einer durchgreifenden Wahlreform und Demokratisierung des Stadtrats lehnte er wie auch das Zentrum ab. Führende liberale Vertreter

im Rat waren der Woll- und Tuchhändler und Präsident der Handelskammer Gustav Michels, der Zeitungsverleger Josef Neven DuMont, der Chemiker Theodor Kyll und auch der Rentier Gustav von Mallinckrodt.

Die alten weltanschaulichen Kämpfe: Arndt gegen Görres

Zwischen beiden Parteien, Zentrum und Liberalen, gab es im politischen Tagesgeschäft tragfähige Kompromisse,

Wahlrechts-Meeting
Köln-Sportplatz, 6. März 1910.

Die Sozialdemokratie

Trotz dieses Erfolgs und des wachsenden Anhangs unter den Arbeitern und Angestellten blieb der Sozialdemokratie wegen des bestehenden Dreiklassenwahlrechts die Mitwirkung im Stadtrat verwehrt. Als Parteiführer müssen der Redakteur Wilhelm Sollmann, die Gewerkschaftler August Haas und Heinrich Schäfer sowie der Redakteur Jean Meerfeld erwähnt werden, später erst allgemein bekannt durch die interne Zuwahl zum Rat 1917. Die Sozialisten wurden weiterhin von der Polizei beobachtet, verfolgt und schikaniert. Erst mit dem Beginn des Weltkrieges und dem von höchster Stelle verkündeten „Burgfrieden" wurde die Kontrolle gelockert.[3]

Bürgerliche Identität: Das Vereinsleben

Die Bürgerschaft selbst litt seit einer Reihe von Jahren an einem Identitätsproblem. Die rasante Entwicklung und Modernisierung der Stadt führte zu Bindungsver-

Kundgebung der Sozialdemokraten und der demokratischen Vereinigung Kölns gegen das Dreiklassenwahlrecht auf dem Sportplatz an der Niehler Straße, Fotopostkarte, Köln, 1910 (KSM)

aber auch unversöhnliche Gegnerschaft. Diese entzündete sich meistens bei weltanschaulichen Fragen, so zwischen katholischen Wertvorstellungen und nationalliberaler, sprich preußischer Gesinnung. So geschehen in der Ratssitzung vom 20. Januar 1914 anlässlich der geplanten Benennung der Realgymnasien in Lindenthal, Deutz und Nippes nach Stein-Hardenberg, Arndt und Görres. Letzteren Vorschlag wollten die Liberalen nicht gelten lassen, da der kämpferische Katholik und Antipreuße Görres nichts über dem Portal einer paritätischen Schule zu suchen habe. Ihren Kandidaten für die Namensgebung, Albertus Magnus, nicht den Theologen, sondern den Naturforscher, konnten sie aber nicht durchsetzen.

Trotz der endlich errungenen Vorherrschaft war das Zentrum nicht mehr unumstritten in seiner Machtposition. In einem erbittert geführten Reichstagswahlkampf 1912 unterlag in der Stichwahl Karl Trimborn dem Kandidaten der Sozialdemokraten, Adolf Hofmüller.[2]

Volkshaus in der Severinstraße, Fotografie einer Postkarte, Köln, 1906 (KSM)

Die Massen auf die Schanzen!
Wir wollen keinen Krieg!

Arbeiter, Volksgenossen! Wenn ihr nicht die entsetzlichen Greuel eines Krieges wollt, so erhebt eure Stimmen und vereinigt sie zu einem **millionenfachen Protest!**

Das Verbrechen von Serajewo war scheußlich, aber noch tausendmal scheußlicher wäre ein Kriegsbrand, der über ganz Europa hinwegfegte und unermeßliches Elend hinterließe.

Hunderttausende würden auf den blutigen Schlachtfeldern sinnlos gemordet werden. Alle Kriegsgreuel früherer Zeiten würden ein Kinderspiel sein gegen die entsetzensvolle Wirklichkeit eines allgemeinen europäischen Krieges, der ein einziges grausiges Schlachten mit den raffiniertesten Werkzeugen moderner Technik sein müßte.

Auf den Feldern aber würden die Saaten verfaulen, die Fabriken und Werkstätten würden veröden; Hunderttausende müßten arbeitslos werden, weil das gewerbliche Leben völlig unterbunden wäre. Millionen Menschen müßten Hunger leiden, weil das Ausland die Zufuhr von Lebensmitteln sperrt; Tausende würden wahrscheinlich eines qualvollen Hungertodes sterben. Die wenigen Lebensmittel würden unerschwinglich teuer werden und nur noch den Reichen zugänglich sein.

Das ist der Krieg, der grausame, entsetzliche Krieg! Wer ihn verabscheut, ihn nicht will, muß das Gewicht seiner Stimme in die Wagschale werfen und den Herrschenden seinen Willen zum Frieden unzweideutig kundgeben. Die Volksmassen Deutschlands sollen sich nicht um der österreichischen Gewaltmenschen willen zur Schlachtbank treiben lassen. Die deutsche Regierung soll gemeinsam mit denen der andern Länder alle Kraft aufbieten, um den Krieg auf seinen Herd zu beschränken.

Das müssen die Massen millionenfach stürmisch verlangen. Wer den Krieg verabscheut und den Frieden will, erscheint zu der

Großen Kölner Protestkundgebung

am Dienstagabend 8½ Uhr im Volkshause, Severinstraße.

Redner sind Reichstagsabgeordneter **Hofrichter**, sowie die Redakteure **Meerfeld** und **Sollmann**.

Aufruf der Sozialdemokraten zu einer Protestkundgebung gegen den Krieg, Rheinische Zeitung, Juli 1914

Kriegspropaganda mit Lokalkolorit für die Kölner Jugend, Jung-Cöln, 3. Jg., Heft 23, 15.3.1915, S. 705 (KSM)

Titel der Zeitschrift Jung-Cöln, 3. Jg., 1914/1915 (KSM)

lusten und zu einem Bedürfnis nach Rückbesinnung und Heimat. So entstanden nach der Jahrhundertwende lokalhistorische und -literarische Bestrebungen wie etwa der Verein Alt Köln oder der Kölnische Geschichtsverein. Und die Stadtverwaltung organisierte nicht zuletzt aus diesen Gründen im Jahre 1913 eine die Vergangenheit, Gegenwart und Zukunft verbindende Ausstellung „Alt- und Neu-Cöln"[4]. Die Bürger versuchten ihren Wunsch nach Verwurzelung vor allem in Vereinen zu verwirklichen. Ein Blick in das Adressbuch von 1914 lässt über die schier unglaublich große Anzahl von Vereinen staunen. Das Verzeichnis weist allein über 320 Standes- und Fachvereine aus, über 90 gemeinnützige, fast 150 Gesangs-, Musik- und Theatervereine, 85 gesellige und Karnevalsvereine, über 100 Kriegervereine, über 150 Sport- und Turnvereine, ohne die z. B. in Kirchengemeinden organisierten Vereine. Das Vereinswesen, im 18. Jahrhundert als Ausdruck einer Verselbstständigung und „Assoziation" in den bürgerlichen Eliten entstanden, war jetzt bei

den mittleren und teils auch unteren Schichten angelangt. Der Bürger war zum „Vereinsmensch[en] in einem fürchterlichen, nie geahnten Maße"[5] geworden.

Auf dem Weg in die Zukunft

Im Jahre 1914 herrschte bei Rat und Verwaltung ein starker Optimismus hinsichtlich des Weges der Stadt Köln in eine glänzende Zukunft, kulturell, wirtschaftlich und sozial. Ziele waren in greifbarer Nähe, die in den folgenden Jahrzehnten wieder in weite Ferne rücken sollten. Und man pflegte ein ungebrochenes Nationalgefühl. Am 23. April 1914 genehmigte der Rat eine neue Errungenschaft, die Errichtung eines Wellenbades am Neusser Wall und beschloss zwei Monate später die Eröffnung der Badeanstalt in Deutz als „Kaiser-Wilhelm-Bad" – dies in Parallele zu dem Werkbundgelände, das anlässlich des 25-jährigen Regierungsjubiläums von Kaiser Wilhelm II. im Jahre 1913 den Namen „Kaiser-Wilhelm-Park" erhalten hatte. Mit Stolz stellte der Leiter des Statistischen

Amtes, Georg Neuhaus, damals fest: „Was in manch anderen Städten […] an Museen, Theatern, Hochschulen, Bahnen von Herrschern oder den Staaten geschaffen ist, das verdankte Cöln der begeisterten Liebe der Bürger zu ihrer Vaterstadt und dem zielbewussten Wirken ihrer Verwaltung."[6]

Dann kam der Krieg.

Mit Kriegsbeginn bewilligte der Rat Geldmittel für die geschädigten Bewohner Ostpreußens, dann auch für die in Elsass-Lothringen. Die Verwaltung erwog, Straßen nach „Fürsten und Heerführer[n] des großen Krieges" zu benennen, etwa nach Hindenburg. Der Oberbürgermeister ließ andererseits schon geeignetes Gelände auf Friedhöfen für Kriegergräber ermitteln. Rat und Verwaltung schickten Deputationen von Ratsmitgliedern mit „Liebesgaben" zu den an der Front kämpfenden Soldaten. Die Stadt und einzelne Bürger stifteten 15 Krankenwagen für verwundete Soldaten. Am 21. Dezember 1914 berichtete Wallraf über den Baufortschritt an der neuen Brücke nach Deutz, „die, will's Gott, im nächsten Jahr von uns ,Siegesbrücke' getauft werden kann".[7] Es ist anders gekommen.

Kaffeeservice mit dem Konterfei von Paul von Hindenburg, Steinzeug, um 1915 (KSM)

1   Siehe Beitrag Kirchhoff, S. 51–53.
2   Vgl. Nonn, 1994, S. 83–113.
3   Nyassi, Köster, 1979, S. 152.
4   Siehe Beitrag Alexander S. 157–159.
5   Zit. mit Verweis auf Ausführungen von Max Weber auf dem 1. Deutschen Soziologentag in Frankfurt 1910 von: Tenfelde, 1984, S. 57.

6   Neuhaus, 1914, Vorwort.
7   Alle Zitate und Verweise aus: Verhandlungen der Stadtverordnetenversammlung zu Cöln vom Jahre 1914, S. 261, 273 (Spenden für Ostpreußen 3.9., 1.10.), S. 268 (Benennung von Straßen nach Heerführern, 17.9.), S. 274 (Friedhofsgelände für Soldatengräber, 1.10.), S. 274, 285, 317

(Liebesgaben für die Front, 1. u. 29.10., 21.12.), S. 279 (Stiftung von Krankenwagen, 26.11.), S. 317 (Benennung der Deutzer Brücke, 21.12.).

Jennifer Kirchhoff

„Mit Kopf und Herz verwalte"
Der Kölner Oberbürgermeister Max Wallraf

An der Spitze der Kölner Stadtverwaltung stand in den ersten drei Kriegsjahren ein Mann, der bis heute weder im öffentlichen Bewusstsein noch in der historischen Forschung aus dem Schatten seiner bekannten Vor- und Nachfolger treten konnte: Max Wallraf hatte den Posten des Oberbürgermeisters 1907 von Wilhelm Becker übernommen und 1917 folgte ihm Konrad Adenauer in das Amt.

Im Gegensatz zu seinem berühmten Namensvetter, dem Gelehrten und Kunstförderer Ferdinand Franz Wallraf, wurde zu dem Oberbürgermeister der Weltkriegszeit nur wenig überliefert beziehungsweise geforscht.[1] Auch die Frage nach gemeinsamen Wurzeln beider Persönlichkeiten scheint nicht endgültig geklärt[2], trotz der vermeintlich „alten ruhmreichen Vergangenheit"[3] von Max Wallrafs Familie. Nach der Vernichtung seines privaten Nachlasses im Zweiten Weltkrieg[4] bietet unter anderem die Autobiografie von 1926 Einblicke in sein Privat- und Berufsleben.[5]

Ausbildung und Karriere: vom Verwaltungsmann zum Oberbürgermeister

Max Wallraf wurde am 18. September 1859 als Sohn eines Justizrates in Köln geboren. Nach dem Studium der Rechtswissenschaften u. a. in Bonn führte ihn die Laufbahn im preußischen Staatsdienst 1903 als Oberpräsidialrat nach Koblenz.[6]

Einige Jahre später bot sich Wallraf die Gelegenheit, nach Köln zurückzukehren. Die Geschicke der Domstadt lenkte seit 1885 Oberbürgermeister Wilhelm Becker. Nach der Wahl zur Stadtverordnetenversammlung im November 1906 nutzten die Liberalen jedoch ihre Stimmenmehrheit, um Becker zum vorzeitigen Ruhestand zu überreden und das auf zwölf Jahre angelegte Amt mit einem Wunschkandidaten zu besetzen. Für den parteilosen Max Wallraf sprach sich nicht zuletzt sein Schwiegervater Josef Pauli aus. Doch nicht nur den „Kölschen Klüngel" hatte er auf seiner Seite, die katholische Konfession machte ihn zugleich zum idealen Kompromisskandidaten für das Zentrum.[7]

Friedrich August von Kaulbach, Max Wallraf, offizielles Porträt des Oberbürgermeisters, Öl auf Leinwand, München, 1913 (KSM)

Nach der einstimmigen Wahl durch die Stadtverordneten am 13. Juni 1907 wurde Wallraf am 1. Oktober offiziell in sein Amt eingeführt.[8] Zu diesem Zeitpunkt schien er mit seiner zweiten Ehefrau und den drei Söhnen noch keine feste Bleibe in Köln zu haben, denn der neue Oberbürgermeister hatte „bis auf weiteres im Hotel du Nord Wohnung genommen"[9].

Ein preußischer Rheinländer an der Spitze einer Weltstadt

Wallraf trat in große Fußstapfen, denn der Kölner Ehrenbürger Wilhelm Becker genoss aufgrund seiner Verdienste für die Stadtentwicklung enormes Ansehen.[10] Allerdings standen die ersten Amtsjahre unter guten Vorzeichen. Dank einer wirtschaftlichen Hochkonjunktur sprudelten die Steuereinnahmen, sodass Wallraf bereits 1910 einen ausgeglichenen Haushalt vorlegen konnte.[11] Überschüsse wurden für schlechtere Tage zurückgelegt,

Die Werkbundausstellung in Köln.

Die Festhalle von Prof. Peter Behrens in der Werkbund-Ausstellung in Köln.

Das Treehaus auf einem alten Fort. Photographien von W. Matthäus in Köln. – In der Mitte: Oberbürgermeister Wallraf, Erster Vorsitzender des Vereins zur Veranstaltung der deutschen Werkbundausstellung in Köln. Photographie vom Atelier O. Liesenbahl, Köln.

wie es Becker in seiner Abschiedsrede gefordert hatte.[12] Mit dieser vorausschauenden Finanzpolitik sicherte Wallraf der Stadt auch im Krieg eine relative Handlungsfähigkeit.

Dank der finanziellen Konsolidierung gelang zudem die Umsetzung bedeutender stadtplanerischer Projekte. Allerdings hatte sein Vorgänger hierfür bereits die entscheidenden Weichen gestellt – was Wallraf nicht daran hinderte, die Entfestigung von Deutz heroisch als

seine „Rettungstat"[13] zu bezeichnen. Das gilt neben den rechtsrheinischen Stadterweiterungen von 1910 und 1914 auch für den Bau der Deutzer Hängebrücke und der Südbrücke. Wallrafs Stärke schien darin zu liegen, bereits beschlossene Vorhaben schnell und effektiv ihrem Abschluss zuzuführen, indem er widerstreitende Meinungen und „Gegensätze auf dem Boden gemeinsamer und gemeinnütziger Arbeit auszugleichen"[14] vermochte. So erwies er sich als „ein äußerst befähigter Beamter, der die Stadtverwaltung zu Beginn des 20. Jh.s souverän führte"[15]. Dahinter steckte sicherlich ein grundkonservativer Geist mit preußischem Sinn für Ordnung und Effizienz. Sogar seine selbst beschworene rheinische Frohnatur und sein „Verständnis für karnevalistisches Treiben"[16] schienen einem gepflegten Traditionsbewusstsein entsprungen – Ausgelassenheit ja, aber im festgelegten Rahmen.

Kunstliebhaber und Hobbylyriker

Der Pflege von Brauchtum, Geschichte und Kultur seiner Heimat widmete sich der Oberbürgermeister sowohl privat als auch beruflich. Auch hier war das ausgleichende Moment bestimmend, getreu dem selbst verfassten Motto „Mit Kopf und Herz verwalte. Der Väter Erbe halte. Geh' vorwärts, nie veralte"[17], das er am neuen Stadthaus anbringen ließ. Wallraf war u. a. Mitglied im Verein „Alt-Cöln"[18] und setzte sich für kulturelle Großprojekte ein: In seiner Amtszeit entstanden das Museum Schnütgen und das Museum für Ostasiatische Kunst. Die Werkbund-Ausstellung verdankte sich seiner Fürsprache und bei der Ausstellung „Alt- und Neu-Cöln" bekannte sich Wallraf gar zur „Vaterschaft"[19] des Vorhabens. Bei den feierlichen Eröffnungszeremonien ließ sich der Oberbürgermeister seine Auftritte nicht nehmen. Überall war er dabei: Kaiserbesuch, Einweihung des Kölschen Boors, Taufe der Kreuzers Cöln usw. Er hielt staatstragende Reden, die mit ihrem Pathos eine Entsprechung in seinen lyrischen Selbstversuchen fanden. Sogar einige Verse für den städtischen Ehrenteppich[20] zu Kriegsspendenzwecken soll Wallraf verfasst haben.[21]

Bewährungsprobe: Kriegszeiten

Der Kriegsausbruch stellte die Verwaltung vor ungeahnte Herausforderungen, die alle politischen Energien bündelten. Für sein Krisenmanagement erhielt Wallraf das Eiserne Kreuz[22], seine Frau engagierte sich in zahlreichen karitativen Projekten[23]. Neben der Kriegsfürsorge stellte die Lebensmittelversorgung die drängenste Aufgabe dar. Zunächst hoffte der Oberbürgermeister, Preissteigerun-

Cöln, im Dezember 1916.

Das Weihnachtsfest steht vor der Tür, zum dritten Male im Lauf des Weltkrieges. Ein Fest der Freude kann es erst wieder werden, wenn unsere Lieben von blutiger Wahlstatt heimgekehrt sind. Herzlicher aber noch als sonst gedenken wir diesmal derer, die nunmehr über zwei Jahre fern der Heimat für uns kämpfen und siegen. Als ein Zeichen treuen Gedenkens schickt die Mutter Colonia ihren Söhnen heute den Weihnachtsgruß. Und unter dem Tannenbaum bewegt uns alle, ob fern oder nah, ein gemeinsames Hoffen: Möchten zum nächsten Christfest die Glocken eines glücklichen Friedens uns läuten!

Max Wallraf
Oberbürgermeister.

Postkarte mit einem Weihnachtsgruß des Kölner Oberbürgermeisters Max Wallraf, Köln, Dezember 1916 (KSM)

te er Adenauer, mit dem er als Onkel von dessen erster Frau Emma Weyer in verwandtschaftlicher Beziehung stand, seinen baldigen Abschied aus Köln angedeutet.[27] Damit hatte der „Chaire oncle"[28] den Weg für Adenauers Aufstieg zu dessen Nachfolger als Oberbürgermeister bereitet. Ob Wallraf auch angesichts des ersten Arbeiterstreiks ein sinkendes Schiff verließ, bleibt ungeklärt, wenngleich er die Stadtverordneten bei seinem Abschied zu überzeugen suchte, „daß die schwerste Not und der Höhepunkt des Krieges überstanden sind"[29]. Davon konnte allerdings keinesfalls die Rede sein.

Wenige Wochen vor dem 9. November 1918, dem aus seiner Sicht „schwärzeste(n) Unheilstag"[30] der deutschen Geschichte, trat Wallraf von seinen Berliner Regierungsposten zurück – und in die Deutschnationale Volkspartei ein. Von 1921 bis 1924 saß er im Preußischen Landtag, später im Reichstag, überzeugt davon, dass der Parlamentarismus „für die deutsche Eigenart" „ungeeignet"[31] sei. Auch antisemitische Tendenzen blitzen nun in seiner Autobiografie auf, wenn er gegen „die Monopolstellung jüdischer Kräfte [...] die Verschließung unserer Ostgrenzen gegen jeden weiteren Zuwachs des jüdischen Elements"[32] empfiehlt. 1929 zog Wallraf sich aus der Politik zurück[33] in sein Haus nach Oberstdorf im Allgäu, wo er am 18. September 1941 starb. In Bayern folgen Wanderer bis heute dem Max-Wallraf-Wanderweg – wer in Köln auf seinen Spuren wandeln will, kommt schneller ans Ende: sein Grab liegt auf Melaten, im Schatten großer Kölner.

gen allein durch beruhigende Appelle an das Kaufverhalten der Kölner einzudämmen.[24] Als der tatsächliche Mangel immer offener zutage trat, erwies sich die Stadt in der Durchführung der Zwangsbewirtschaftung als vorbildlich, wie Politik und Öffentlichkeit trotz der grundsätzlichen Misslage gleichermaßen anerkannten. Unterstützt von seinem ersten Beigeordneten Konrad Adenauer stellte Wallraf „seine ganze Persönlichkeit in den Dienst der Kriegsausgaben"[25] und vermittelte „zwischen dem großen Kreis der Bevölkerung" und „den Reichsstellen, die als die allein maßgebenden den Wünschen der Bevölkerung nicht immer gerecht werden konnten"[26].

Wechsel in die Reichspolitik und Rückzug ins Private

Am 8. August 1917 gab Wallraf seinen Wechsel ins Reichsamt des Inneren bekannt, ein zusätzlicher Ministerposten in Preußen folgte. Schon ein Jahr zuvor hat-

1 Vgl. Soénius, 2008, S. 562; Romeyk, 1994, S. 799 f.; Steimel, 1958, Sp. 426; Kölner Stadt-Anzeiger, 18.9.1984.
2 Vgl. Steimel, Bd. 1, 1955, S. 255; Bd. 2, 1956, S. 157.
3 Stadt-Anzeiger, 3.8.1917, Abend-Ausgabe, Erstes Blatt.
4 Vgl. Barch, Zentrale Datenbank Nachlässe, Eintrag Max Wallraf.
5 Vgl. Wallraf, 1926.
6 Vgl. LHAKo, Best. 403, Nr. 14462, Besetzung der Ratsstellen beim Oberpräsidenten, 1896–1906.
7 Vgl. Kleinertz, 1976, S. 37.
8 Verhandlungen der Stadtverordneten-Versammlung zu Cöln 1907, 1.10.1907, S. 339–341.
9 Stadt-Anzeiger, 1.10.1907, Abend-Ausgabe, Drittes Blatt.
10 Vgl. Politischer Nachruf, Stadt-Anzeiger, 14.9.1907, Abend-Ausgabe, Drittes Blatt f.
11 Vgl. Verhandlungen der Stadtverordneten-Versammlung zu Cöln 1910, 3.2.1910, S. 41.

12 Vgl. Verhandlungen der Stadtverordneten-Versammlung zu Cöln 1907, 12.9.1907, S. 327.
13 Wallraf, 1926, S. 86 f.
14 Verhandlungen der Stadtverordneten-Versammlung zu Cöln 1907, 1.10.1907, S. 341.
15 Soénius, 2008, S. 562.
16 Wallraf, 1926, S. 71.
17 Ebenda, S. 84.
18 Vgl. Hilgers, 1991, S. 18.
19 Verhandlungen der Stadtverordneten-Versammlung zu Cöln 1913, 10.4.1913, S. 150.
20 Siehe Beitrag Hesse S. 129–137.
21 Vgl. Standt, 2013, S. 306.
22 Vgl. Verhandlungen der Stadtverordneten-Versammlung zu Cöln 1916, 8.1.1916, S. 8.
23 Vgl. Reuther, 1931, 500/1, S. 65, 77.
24 Vgl. u. a. Stadt-Anzeiger, 31.7.1914, Abend-Ausgabe, Drittes Blatt.
25 Reuther, 1931, 500/2, S. 301.
26 Politischer Nachruf, Stadt-Anzeiger, 3.8.1917, Abend-Ausgabe, Erstes Blatt.

27 Vgl. StBKAH I/01.01/1, Bl. 18, Wallraf an Adenauer, 22.7.1916.
28 Schwarz, 1986, S. 139.
29 Rede bei der Abschiedsfeier am 9.8.1917, abgedruckt in: Verhandlungen der Stadtverordneten-Versammlung zu Cöln 1917, S. 183.
30 Wallraf, 1926, S. 139.
31 Ebenda, S. 173.
32 Ebenda, S. 166.
33 Vgl. Quellen bei Stehkämper, 1997, S. 661.

Eine Karriere in Köln

Der junge Konrad Adenauer

Mein Großvater Konrad Adenauer wurde noch innerhalb des alten Kölner Mauerrings in der Balduinstraße, unweit vom Hahnentor, geboren. Sein Vater Johann Konrad hatte als Leutnant a. D. seine Militärkarriere 1871 beendet und war Sekretär beim Rheinischen Appellationsgerichtshof, dem späteren Oberlandesgericht Köln, geworden. Die Familie seiner Frau Helene, geborene Scharfenberg, stammte aus dem Harz und war evangelisch. Ihr Vater arbeitete zwar als Bankangestellter, die meisten ihrer Vorfahren waren jedoch Militärmusiker, in erster Linie Oboisten. Die älteren Brüder meines Großvaters, August und Hans, besuchten das damals noch relativ neue Apostelgymnasium am Apostelnkloster, das 1860 von Julius Carl Raschdorff erbaut worden war. Derselbe entwarf später den Berliner Dom. Seinerzeit konnte man nach entsprechender häuslicher Vorbereitung schon nach drei Volksschuljahren in die Höhere Schule aufgenommen werden. Dies gelang auch meinem Großvater, nachdem er drei Jahre lang die Knabenschule an St. Aposteln besucht hatte. Die Zeit am Apostelgymnasium bedeutete für meine beiden Großonkel, noch mehr aber für meinen Großvater eine wichtige Weichenstellung, die ihr ganzes Leben beeinflusste. Die Schule wurde vor allem von Schülern aus katholischen und akademisch gebildeten Elternhäusern besucht. So konnte mein Großvater Bekanntschaften und Freundschaften mit Gleichaltrigen aus den gehobenen bürgerlichen Schichten schließen. Diese führten ihn später in den Katholischen Studentenverein Brisgovia im KV in Freiburg i. Br. Nach dem Jurastudium, das er in Freiburg, München und Bonn absolvierte, kehrte mein Großvater nach Köln zurück und pflegte diese Verbindungen weiter, etwa in dem privaten Tennisclub „Pudelnass", in dem er seine spätere erste Ehefrau Emma Weyer kennenlernte. Sie war die Enkelin des bekannten Kölner Stadtbaumeisters und Kunstsammlers Johann Peter Weyer und Tochter des früh verstorbenen Direktors der Kölnischen Rückversicherungsgesellschaft, Emanuel Weyer.

Dass mein Großvater überhaupt studieren konnte, war alles andere als selbstverständlich. Denn sein Vater hatte bereits für seinen ersten Sohn August ein Stipendium der Stadt Köln aus der Studienstiftung Cremer erhalten; dass ein weiteres Kind aus diesem Fonds gefördert werden konnte, war fast ausgeschlossen. Aber es gelang, sodass mein Großvater, der bereits eine Lehre im Bankhaus Seligmann begonnen hatte, doch noch studieren konnte. Ende 1901 bestand er das zweite juristische Staatsexamen im Berliner Justizministerium, allerdings nur mit „ausreichend", nachdem er sein

Konrad Adenauer als Kind (1. v. l.) im Kreise seiner Geschwister, Fotografie, 1883 (Stiftung Bundeskanzler-Adenauer-Haus)

Konrad Adenauer zu Beginn seiner Amtszeit als Bürgermeister, Fotografie, um/kurz nach 1917 (Stiftung Bundeskanzler-Adenauer-Haus)

Konrad Adenauer als Schüler am Kölner Apostelgymnasium (2. v. l.), Fotografie, 1891 (Stiftung Bundeskanzler-Adenauer-Haus)

liberalen Fraktion einstimmig zum neuen Beigeordneten gewählt. Das war am 7. März 1906. Drei Tage später starb sein Vater, der so gerade noch von der endlich beginnenden Karriere seines dritten Sohnes erfuhr.

Danach ging es beruflich für meinen Großvater ständig bergauf. 1909 wurde er Erster Beigeordneter und damit Stellvertreter des Oberbürgermeisters. Dieses Amt stand eigentlich dem dienstältesten Beigeordneten zu. Adenauer aber erhielt es trotzdem, zum einen aufgrund seiner Tüchtigkeit, zum anderen weil er gute Beziehungen besaß. Denn 1907 war der Onkel seiner Frau, Max Wallraf, Oberbürgermeister von Köln geworden, kein Zentrumsmann, sondern ein Deutsch-Nationaler. Als Erster Beigeordneter war mein Großvater unter anderem für die Ernährung der Kölner Bevölkerung im Ersten Weltkrieg verantwortlich und hat diese Aufgabe gut gelöst. So hat er mit den Bauern des neutralen Holland Milchlieferungsverträge abgeschlossen und die Kölner Bevölkerung des Weiteren reichlich mit Graupen versorgt, sodass er schon den Spitznamen „Graupenauer" erhielt. In dieser Notzeit erfand er das nach ihm benannte Brot aus Mais und die Wurst aus Sojamehl.

Oberbürgermeister Max Wallraf strebte schon länger nach einem Ministeramt in Berlin, das er 1917 auch er-

Referendarexamen noch mit „gut" abgelegt hatte. Man führte diesen Leistungsabfall darauf zurück, dass er von der dreieinhalbjährigen Ausbildungszeit ca. ein Jahr lang krankgeschrieben war. Er hatte eine schwächliche Konstitution und war daher auch vom Wehrdienst befreit. Umso bemerkenswerter ist, dass er trotzdem 91 Jahre alt wurde.

Mein Großvater fand aufgrund des schlechten Abschneidens keine feste Anstellung in der Justiz. Er war zwei Jahre bei der Staatsanwaltschaft tätig, dann zwei Jahre bei einem Rechtsanwalt. Dies war ein Glücksfall für ihn, da er von dem Justizrat Hermann Kausen ausgebildet wurde. Dieser war Fraktionsvorsitzender der Zentrumspartei im Kölner Stadtrat und ein viel beschäftigter Mann. So konnte mein Großvater ihn häufig vertreten und an seiner Stelle bei Gericht plädieren, was ihm für seine spätere Laufbahn sehr nützlich war. Als dann seine zweijährige Tätigkeit beim Landgericht Köln Anfang 1906 beginnen sollte, erfuhr er, dass der Stadtrat einen neuen Beigeordneten suchte. Da er – abgesehen von dem frühen Wunsch, Notar auf dem Lande zu werden – immer schon in die Kommunalverwaltung gehen wollte, suchte er seinen früheren Ausbilder Kausen auf und bat diesen, ihn doch aufgrund seiner Fähigkeiten und Kenntnisse als Kandidaten vorzuschlagen. Da das Zentrum das allgemein anerkannte Vorschlagsrecht für den frei werdenden Posten besaß, wurde mein Großvater nicht nur von der Zentrumsfraktion, die ungefähr die Hälfte der Stimmen im Stadtrat besaß, sondern auch von der konservativ-

Städtische Lebensmittelmarke für ein Eintopfgericht, Köln, 1916 (KSM)

hielt. Er wurde preußischer Innenminister und in Personalunion Staatssekretär des Innern im Deutschen Reich. Dies entsprach der Stellung eines Reichsministers. Dadurch wurde die Bahn frei für meinen Großvater. Die beiden Fraktionen wählten ihn am 18. September 1917 wiederum einstimmig zum neuen Bürgermeister von Köln, die Ernennung zum neuen Oberbürgermeister durch den preußischen König und Deutschen Kaiser Wilhelm II. erfolgte wenig später.

Auch privat waren diese Jahre für meinen Großvater sehr turbulent. 1902 hatte er sich mit Emma Weyer verlobt, die Heirat fand Anfang 1904 in Köln-Lindenthal statt. Mein Vater wurde im September 1906 als erstes Kind geboren, es folgten noch die Kinder Max, der spätere Oberstadtdirektor, 1910, und die Tochter Ria 1912. Meine Großmutter starb bereits im Herbst 1916 an einem Nierenversagen. Dieser frühe Tod im Alter von 36 Jahren mitten im Ersten Weltkrieg war für meinen Großvater ein äußerst schwerer Schlag, den er kaum verwinden konnte, zumal bald darauf die große Belastung durch das Amt des Oberbürgermeisters noch hinzukam. Im Herbst 1919 hat er dann ein zweites Mal geheiratet, und zwar die Tochter des Dermatologen Prof. Dr. med. Ferdinand Zinsser, Auguste, genannt „Gussie". Aus dieser Ehe sollten vier weitere Kinder hervorgehen.

Die Amtseinführung meines Großvaters zum Kölner Oberbürgermeister hatte am 18. Oktober 1917 stattgefunden. Bald darauf wurde Adenauer in das Preußische Herrenhaus, die erste Gesetzgebungskammer neben dem Abgeordnetenhaus, berufen, was für den Oberbürgermeister der zweitgrößten preußischen Stadt üblich war.

Was nun folgte, Adenauers Zeit als Kölner Oberbürgermeister bis 1933 und erneut 1945 und als erster Kanzler der Bundesrepublik Deutschland 1949 bis 1963, ist Teil der allgemein bekannten deutschen, europäischen und Weltgeschichte.

Heinrich Eilender, vorm. Westendorp (Fotograf), Verlobung mit Emma Weyer am 21.6.1902, Köln (Stiftung Bundeskanzler-Adenauer-Haus)

Präparat eines Kriegsbrotes aus Roggen mit Zusatzstoffen, vergleichbar dem Adenauer-Brot, Berlin oder Köln, 1916 (KSM)

Unsere Feldgrauen 8 Germanias

Irene Franken

„Mit heißen Herzen."
Der Erste Weltkrieg und die Kölner Frauen(-bewegung)

„Die Welt erschien gewandelt. Aus Not und Bedrängnis stieg jäh und heftig das Gefühl der Gemeinschaft auf. Trat man in diesen ersten Wochen in einen kleinen Laden, in einen Kohlenkeller, so schlug einem oft aus ganz einfachen Naturen ein stärkeres Leben entgegen, eine ernste Verbundenheit, ein gemeinsames, tapferes Sich-Einsetzen. Später wandelte sich das Gesicht der Dinge. Aber in jenen frühen Tagen spürte man ein vertieftes Volksempfinden sich regen."[3] Sehr genau beobachtete die ehemalige Kölnerin und Schriftstellerin Adele Gerhard die Atmosphäre im Jahr 1914, eine Stimmung, der sich kaum einer entziehen konnte. Auch Frauen nicht – doch sie verknüpften mit dem Krieg häufig andere Hoffnungen als Männer.

Die Aktivitäten und Interventionen von Kölner Frauen und Frauengruppen in der Kriegsfrage waren zahlreich und vielfältig. Die einen wollten sich endlich gleichberechtigt an der Sozialpolitik beteiligen, andere hofften auf eine Revolution für weitergehende Veränderungen. Viele junge Frauen strömten zu Lehrgängen, um Lazarettschwester zu werden; einige wenige versuchten sogar, in Männeruniform heimlich am Krieg teilzunehmen, eine ausmachbare Anzahl sozialistisch- oder feministisch-pazifistisch organisierter Frauen lehnte den Krieg komplett ab. In bürgerlichen Salons wurde für die Fortsetzung des Krieges gesammelt, in KünstlerInnenstuben das Ende herbeidiskutiert und in den Küchen alleinerziehender Mütter schlicht gehungert.

Vor allem gebildete bürgerliche Frauen ließen sich vom nationalen Hochgefühl der ersten Kriegsmonate rasch begeistern, sie rechneten mit einem schnellen Ende. Die Unterstützerin der Afrika-Kolonialisierung Leonore Nießen-Deiters veröffentlichte erregte „Kriegsbriefe"[4], die „Kölner Frauenzeitung" druckte patriotische Gedichte der Begeisterung, die Katholikin Minna Bachem-Sieger forderte lyrisch-pathetisch: „Deutschland muss Sieger werden."[5] Und die Vertreterinnen der korsettlosen Reformkleidung intensivierten ihre Be-

mühungen, die deutsche Mode gegen die französische stark zu machen und möglichst keine Fremdwörter mehr zu verwenden.

Werbeblatt des Modehauses Cords am Neumarkt, Farblithografie, Köln, 1913 (KSM)

Die Gruppe „Unsere Feldgrauen 8 Germanias" bei einem Auftritt im „Groß-Köln" auf der Friesenstraße im November 1916, Fotopostkarte (Historische Bildpostkarten, Universität Osnabrück, Sammlung Prof. Dr. Sabine Giesbrecht)

Andere hingegen hegten in den ersten Wochen Hoffnungen auf weitere emanzipatorische Fortschritte und nutzten den Krieg als vorantreibenden Faktor: „[...] auf Grund der hingebenden und erfolgreichen Tätigkeit, welche von den deutschen Frauen seit dem Beginn des Krieges auf den verschiedenen Gebieten entfaltet worden ist, [wird] die öffentliche Meinung gewiß bereit sein,

den Frauen zahlreiche Berufe zu erschließen, zu denen sie bisher noch nicht zugelassen waren. Das Arbeitsfeld unseres Vereins wird eine neue Ausdehnung erfahren, für die wir uns rechtzeitig rüsten müssen [...]" – so begründete 1914 der „Verein Frauenstudium" seine Strategie, weiter auf qualifizierte Berufsausbildung zu setzen.[6]

Aus dieser Stimmung heraus veröffentlichte die Kölner Presse Anfang August 1914 einen Gründungsaufruf des „Verbandes der Kölner Frauenvereine" zur Schaffung einer „Nationalen Frauengemeinschaft" (NFG), wie sie konservative Führerinnen der bürgerlichen Frauenbewegung von Berlin aus gefordert hatten. Rund 40 lokale Frauenvereine verschiedenster Couleur folgten ihm. Jüdische Frauen aus dem „Israelitischen Frauenverein", dem „Kindersparverein" und dem „Zionistischen Debattierklub" agierten Hand in Hand mit antisemitisch auftretenden „Vaterländischen". Frauen der radikalreformerischen „Gesellschaft für Mutter- und Kindesrecht", die eine Mutterschaft ohne Vater normalisieren wollten, kooperierten mit katholischen Frauengruppen. Der „Deutsche Evangelische Frauenbund", der gegen das Frauenwahlrecht kämpfte, agierte neben Sozialistinnen. Die hauptamtliche SPD-Frauensekretärin für den Bezirk Obere Rheinprovinz und spätere Begründerin der Arbeiterwohlfahrt, Marie Juchacz, erinnert sich in ihren Memoiren an ihre erste Begegnung mit den Besitzbürgerinnen: „Ich kannte keine der Damen. Sie vertraten katholische, evangelische, liberale und soziale Vereinigungen mannigfacher Art. Zu Anfang wurde ich übrigens mit sehr sichtbarer, etwas peinlicher Neugier begrüßt und ‚sehr wohlwollend' willkommen geheißen, es waren recht exklusive Damen der Kölner Gesellschaft dabei. Doch bei einzelnen spürte ich bald sehr deutlich die größere Vorurteilslosigkeit heraus. Diese waren mir angenehmer."[7]

Zweck dieser Massenorganisation war die Regelung der sich aus dem Krieg ergebenden besonderen Aufgaben der Fürsorge. Repräsentierende Vorsitzende wurde – wie im Kaiserreich üblich – die Gattin des amtierenden Oberbürgermeisters, Anna Wallraf, geschäftsführende Vorsitzende eine Schweizer Ärztin. Zu deren Bedauern erhielt der Zusammenschluss aufgrund des Charakters Kölns als Festungsstadt nicht so viele Kompetenzen übertragen wie an anderen Orten, so durfte er sich hier nicht „Nationaler Frauendienst" nennen.

Erstmals trugen Kölnerinnen nun bei der Verteilung der Güter und der Verwaltung des Mangels kommunale Aufgaben mit. Die Frauen der NFG erhielten selbstverständlich von der Eisenbahn, der Kommune, von traditionsreichen Firmen und sogar von der Domverwaltung Gebäude für ihre zahlreichen Geschäftsstellen zur Verfügung gestellt. Tausende von Frauen und auch eine gewisse Zahl Männer arbeiteten der Organisation zu. Die mit vielen Freiwilligen, aber auch einigen bezahlten Kräften besetzten Beratungsstellen kümmerten sich zunächst um Flüchtlinge aus Kriegsgebieten, um Frauen

Aktivistinnen der Nationalen Frauengemeinschaft, Fotografien (v. l. n. r.): Clara Sander, fotografiert von Unverdruß, Köln (NS-Dokumentationszentrum der Stadt Köln); Mathilde von Mevissen (KSM); Marie Juchacz; Alexe Altenkirch, 1917 (Stiftung Zanders)

von Kriegsteilnehmern und Kriegshinterbliebenen, also Witwen und Waisen. Kinder waren ein weiteres Ziel der Zuwendung: Die Zahl der privat gestifteten, von einigen Frauen zuvor als familienfeindlich geschmähten Krippen und Horte wuchs rapide. Existenzprobleme hatten aber auch die sogenannten Kriegerfrauen: Als Ehefrauen der Soldaten erhielten sie oft überhaupt keine Zahlungen zum Lebensunterhalt. Die NFG gewährte Unterstützungsbeihilfen, half bei der Beschaffung von Wohnungseinrichtungen und organisierte Volksküchen.

Fast zehntausend Besucherinnen und Besucher pro Jahr nutzten 1915 allein die Beratungsstelle am Domhof.

Aufgrund der Massenentlassungen von Dienstbotinnen und der Umstellung der Konsumgüter- und Textilproduktion auf neue, kriegsorientierte Wirtschaftszweige verloren zahlreiche Frauen der Unterschicht und des Kleinbürgertums ihren Erwerb. In diesen Fällen vermittelte die NFG den Frauen kaufmännische Arbeiten, Heimarbeit sowie ehrenamtliche Arbeit. Nach Mahnungen aus Berlin legten die Kölner Aktivistinnen größeren Wert auf eine Vermittlung bezahlter Arbeit und vertraten

hiermit weiterhin emanzipatorische Positionen. Sie arbeiteten dabei sehr eng mit der Kriegsarbeitszentrale in der Badstraße zusammen. Da bereits einen Tag nach Kriegsbeginn zahlreiche Beschäftigungsverbote und Schutzbestimmungen für Arbeiterinnen durch ein Notgesetz außer Kraft gesetzt wurden, stieg die Zahl der sozialversicherten Arbeiterinnen in Deutschland langsam wieder an. Als Ersatz für die männlichen Arbeitskräfte wurden sie nun vermehrt in Fabriken angestellt. Arbeiteten 1913 in der Kölner metallverarbeitenden und chemischen Industrie sowie im Maschinen-, Werkzeug- und Apparatebau nur 1.150 Frauen[8], so waren es Anfang Dezember 1916 bereits 13.145. Beschäftigte das Carlswerk 1914 noch 3,7 Prozent Frauen, so waren es Ende 1915 schon 35 Prozent. Selbst wer früher als Reinigungskraft angestellt war, wurde in den Kriegsmonaten häufig in der Produktion eingesetzt, z. B. in der Drahtstifte-Fabrikation.[9] Warum Frauen nicht gerade begeistert Arbeitsplätze in Munitionsfabriken annahmen, verdeutlicht schon der Titel der Biografie der späteren Kölner KPD-Stadträtin Gertrud Meyer: „Die Frau mit den grünen Haaren" – denn Munitionsarbeiterinnen wurden an ihrem Arbeitsplatz längere Zeit ungeschützt schädlichen Chemikalien ausgesetzt, litten oft an den chemischen Reaktionen wie gebleichten Haaren oder an Vergiftungen. Zudem mussten sie jederzeit mit Explosionen rechnen, häufig Nachtarbeit leisten und wurden regelmäßig auf dem Heimweg belästigt.[10] Die neuen Arbeitsplätze in der Industrie wurden auch deshalb nicht immer freudig angenommen, da sie eigenen Weiblichkeitskonzepten widersprachen.

Das Bürgertum tat sich erkennbar schwer, Frauen in öffentlichen Berufen zu akzeptieren. Als 1915 in Köln die

Armreif aus Granatenfragment mit Eisernem Kreuz, vermutlich Kupfer, vergoldet, Silber und Emaille, 1914–1918 (KSM)

Munitionsarbeiterinnen, vermutlich im Carlswerk in Köln-Mülheim, 1914–1918

ersten Schaffnerinnen eingestellt wurden, mahnte ein Artikel im „Stadt-Anzeiger": „Die Direktion hat sicher den Wunsch, und man kann ihm nur beipflichten, daß das Publikum den Frauen keine unnützen Schwierigkeiten macht und sie nach Möglichkeit in dem für sie gewiß nicht ganz leichten Beruf unterstützt. Wenn eine Frau für ihren Mann, der draußen vor dem Feinde im Schützengraben liegt, als Schaffnerin tätig ist, so leistet sie damit auch Kriegsdienst fürs Vaterland. Wenn der Anblick dem einen oder anderen heute noch ungewohnt sein mag, so möge er es trotzdem im Interesse der Sache unterlassen, die neue Einrichtung zu kritisieren oder gar zu bespötteln; dazu ist die gegenwärtige Zeit ohnehin nicht geeignet."[11]

Verdienstabzeichen des Vaterländischen Frauenvereins, mit Kreuz, Kölner Wappen und Reichsadler, Metall, Köln, 1914–1918 (KSM)

Für Frauen aus der Unterschicht brachte die Kriegszeit die größten Veränderungen mit sich. Es waren Verschlechterungen. Da etwa die Straßenbahnerinnen wesentlich weniger verdienten, als zum Lebensunterhalt erforderlich war, setzten sie im Juni 1916 in einem dreitägigen Streik eine Lohnerhöhung von 50 Pfennig pro Tag und die Beteiligung von Frauen an den Arbeiterausschüssen der städtischen Bahnen durch.[12] Diese streikenden Frauen waren mehrheitlich politisch nicht organisiert und erwiesen sich doch als radikaler als die Sozialdemokratinnen. Auch die bürgerlichen Frauen der NFG unterstützten den ersten Kölner Streik nicht aktiv.

„Frauenhilfe für den Krieg"

Mit dem Fortschreiten des Krieges wandelten sich auch die Aufgaben der NFG. Die Ernährungsfrage rückte in den Vordergrund: Lebensmittelausgabe, Gutscheinsysteme, Weitergabe von Kenntnissen auf dem Gebiet des sparsamen Kochens und der Resteverwertung. Ein Kölner Kochbuch machte sogar reichsweit Furore.[13] Mit einer anderen Broschüre wurde das Stricken von Sturmhauben demonstriert.[14] Kölner Frauen nähten Hunderte von Soldatenhemden, kochten für durch die Stadt marschierende Truppen und leisteten auf dem Hauptbahnhof direkte Truppenverpflegung. Die NFG organisierte die „Heimatfront". Der Krieg mit seinen Gräueln war jedoch in den Broschüren der NFG kein Thema, er wurde fast komplett ausgespart. Abgehandelt wurden stattdessen eigene Erfolge bei der Informationsweitergabe, das praktische Funktionieren der Gesellschaft und die Normalisierung des Alltags. In direkte Berührung mit physischem wie psychischem Leid kamen eher die Frauen des „Vaterländischen Frauenbundes", der Krankenorden oder der Diakonie bei der Verwundetenfürsorge am Bahnhof und bei der Arbeit in Lazaretten in Kölner Schulen oder durch ihre Tätigkeit an der Front. Die Frauen der NFG kochten weiter Obstmus und verkauften es günstig; sie reparierten Schuhe und richteten Kölns erste Blindenbibliothek ein.

Mit zunehmender Kriegsmüdigkeit eröffnete sich die „innere Mobilmachung" als neues Einsatzfeld der Frauen, durch moralische Beeinflussung auf Vorträgen informierten sie über den „Wert der Hausarbeit" als Kriegsunterstützung. Auf sogenannten „Volksabenden" vermittelten Kölnerinnen die richtige „vaterländische Gesinnung".

Immer wieder wurde an die Durchhaltekraft der Frauen appelliert. „Wir werden durchhalten, eine geschlossene Heimatfront, die ebenso wenig von der Not und dem Druck der Zeit durchbrochen werden wird, wie da draußen die Front, welche unsere Männer, Söhne und Brüder halten." So lautete eine Parole, die im Gürzenich verkündet wurde.[15] Noch im Oktober 1918, einige Tage vor Kriegsende, forderte Else Wirminghaus die Kölnerinnen auf, der „über das Maß der Berechtigung hinausgehenden gedrückten Stimmung echt deutsche Zuversicht entgegenzusetzen"[16]. Nur eine Minderheit, darunter das junge SPD-Mitglied Henriette Ackermann, verweigerte sich dem Schulterschluss und kämpfte weiter für das Kriegsende. Sie wurde aus der SPD ausgeschlossen und gründete Anfang 1917 die USPD mit.

Der „Nationale Frauendienst" und die NFG können als das größte bisherige zivilgesellschaftliche „Frauenprojekt" bezeichnet werden, da es reichsweit Millionen von Frauen einband. Aber haben diese Aktivitäten auch über den „Dienst an der Heimatfront" hinaus eine langfristige Veränderung bewirkt?

Immerhin: Die Stadt berief während des Krieges erstmals Frauen in ihre Deputationen und Ausschüsse. Jenseits der früheren Sittlichkeitsnormen übernahmen Frauen zunehmend Stellen als Angestellte in der öffentlichen Verwaltung. Firmen stellten Fabrikpflegerinnen ein, die die Arbeiterinnen in kriegswichtigen Betrieben vor der gröbsten Willkür und Gefährdung schützen sollten – dies hatte die Frauenbewegung bereits vor dem Krieg gefordert. Die liberalen wie zionistischen Jüdinnen, die in Köln überproportional an den kriegsunterstützenden Aktivitäten beteiligt waren, konnten sich durch ihre Mitarbeit langfristig in die Stadtgesellschaft integrieren, jüdische Mitgründerinnen der NFG wie Else Falk oder Rosa Bodenheimer sollten in der Weimarer Republik höchste Anerkennung erhalten. Besonders für ledige Frauen brachten die beschriebenen Aktivitäten sichtbare persönliche Fortschritte. Sie forderten – in einer Zeit, als es ein „Beamtinnenzölibat" gab, das nur unverheirateten Frauen eine Anstellung ermöglichte – nun selbstbewusster den Zugang zu besoldeten Ämtern und Stellen. „Man muß sich immer wieder sagen, daß die Frauen bis dahin als Bürgerinnen gar nicht gewertet worden waren"[17], erinnert sich Marie Juchacz an die Lage der Kölner Frauen vor dem Krieg. Als höchster „Lohn" winkte ihnen das Frauenwahlrecht, das sie dann 1918/1919 allein der SPD und einigen wenigen Linksliberalen zu verdanken hatten – nicht den national ausgerichteten Milieus, denen die meisten angehörten.

Schon während des Krieges zeigte sich Uneinigkeit zwischen verschiedenen Frauengruppen. Diese basierten auf Klassenunterschieden. Nach dem Krieg traten diese ideologischen Differenzen deutlich hervor. Kurz

Ankündigung eines Vortrags „Im Kanonendonner an der Aisne" der Nationalen Frauengemeinschaft Cöln, Plakat, 1916 (KSM)

nachdem sich die NFG 1914 zusammengeschlossen hatte, begeisterte sich die Liberale Luise Wenzel: „Sicher ist nur, daß dieser furchtbare Krieg auch viel Gutes aus den Menschen zutage gefördert hat", und weiter, „daß man sich gar nicht vorstellen kann, daß die jetzt so schön geeinten politischen Parteien sich je wieder befehden sollten!"[18]. Das war ein Trugschluss. Denn es machte einen großen Unterschied, ob Frauen sich aus völkischer, sozialistischer, demokratischer, konfessionell gebundener oder „liberaler", d. h. nicht konfessioneller Gesinnung als „Frauenrechtlerin" engagierten. Im Kölner Stadtrat der Weimarer Jahre, der erstmals Frauen als Stadtverordnete zuließ, waren gemeinsame Aktionen zugunsten von Frauenrechten fast nicht mehr möglich.

	Das Titelzitat ist eine Formulierung von Maria Jünemann über die Frauen der NFG: Jünemann, o. J., S. 1.
	Vgl. Franken, 2008, S. 56–65.
3	Gerhard, 1948, S. 243.
4	Nießen-Deiters, 1915, bes. S. 12 ff.
5	Bachem-Sieger, 1916, S. 27.
6	HAStK 1067/9, Jahresbericht Verein Frauenstudium 1914, zit. n. Amling, 1995, S. 37–47, S. 46.

7	Roehl, 1961, S. 74 f.
8	Vgl. Statistisches Jahrbuch der Stadt Cöln, Berichtsjahr 1913, 3. Jg., 1914, S. 50.
9	Schulz, 1979, S. 329.
10	Vgl. Meyer, Wiessing, 1978.
11	Zit. nach Dietmar, 1991, S. 328.
12	Vgl. Faust, 1986, S. 83–104, S. 86.
13	Nationale Frauen-Gemeinschaft Cöln, 1915.
14	Nationale Frauen-Gemeinschaft Cöln, 1914.

15	Zit. n. Amling, 1995, S. 115–122, S. 121.
16	Zit. n. Ellscheid, 1983, S. 13.
17	Zit. n. Roehl, 1961, S. 77.
18	Zit. n. Amling, 1995, S. 118.

Joachim Oepen

Köln, Kirche, Krieg

Katholische, evangelische und jüdische Glaubensgemeinschaften im Ersten Weltkrieg

„Sieg der gerechten Sache": Die Kirchen und der Krieg

Waffensegnungen, Frontbesuche von Bischöfen, Gottesdienste „im Felde", Predigten über den „gerechten und heiligen Krieg" [...] – dies sind landläufige Vorstellungen über das Verhältnis von Kirchen und Erstem Weltkrieg. Tatsächlich sind damals die beiden Großkirchen in Deutschland, sowohl die evangelische als auch die katholische, ihren ureigenen Prinzipien der Nächsten- und Feindesliebe, der Gewaltlosigkeit, von Frieden und Versöhnung alles andere als gerecht geworden – jedenfalls aus heutiger Sicht. Die „religiösen Deutungsmuster und Handlungsnormen"[1] des Krieges waren bis 1945 schlichtweg andere und forderten sehr wohl beispielsweise die Achtung des Feindes. Gleichwohl ließ man sich 1914 von der allgemeinen Kriegsbegeisterung und dem nationalen Taumel mitreißen und begrüßte den Krieg „für Gott und Vaterland" gar in Erwartung einer geistig-moralischen Erneuerung.

Allen drei Glaubensgemeinschaften gemeinsam war auch in Köln die Begeisterung bei Kriegsausbruch und die Intensivierung des religiösen Lebens bis in den Herbst 1914 hinein. Den 5. August hatte eine Order des (protestantischen!) Kaisers zum „außerordentlichen allgemeinen Bettag" bestimmt, an dem auch in allen katholischen Kirchen Kölns unter Aussetzung des Allerheiligsten ein Hochamt gehalten wurde. Im Dom erbaten am Ende des Tages Geistlichkeit und Gemeinde nach dem Singen der Allerheiligenlitanei den Segen für das deutsche Volk. „Die evangelischen Kirchen waren [...] am Bettage bis zum letzten Platz gefüllt. Dem Gesang kerniger Kirchenlieder, dem Gebet ausgewählter Psalmen folgte die Predigt, in der die Pfarrer anhand geeigneter Bibeltexten ihren Zuhörer die Zuversicht auf den Sieg der gerechten Sache zu stärken wussten."[2] Nicht nur Frauen und Kinder, auch Soldaten suchten die überfüllten Kirchen auf. Die evangelische Gemeinde, die im Frühherbst die Antoniterkirche für Abendandachten geöffnet ließ, bezeugt ein Abflauen der Besuche aber bereits im Oktober

1914. Seitdem beschränkte sich das religiöse Bekenntnis auf die Gedächtnisfeiern zu Allerheiligen oder den Jahrestag der Mobilmachung. Je länger der Krieg andauerte und Ernüchterung in der Heimat sowie ungeahntes Grauen auf den Schlachtfeldern brachte, desto mehr wandelte sich auch in Gottesdiensten und Predigten die Stimmung. „Nun ist die große Not über alle gekommen, die große Not des Krieges", stellte Pfarrer Pellmann von der evangelischen Gemeinde Ehrenfeld 1917 fest und setzte an die Stelle der Kriegsbegeisterung Durchhalteparolen: „Wir halten aus", bzw. Anfang 1918: „Wir wollen Vertrauen haben zu unserer Heeresleitung".[3]

Glockenablieferung in Köln-Kalk, Fotopostkarte, Juli 1917 (Privatbesitz Volker Standt)

Wie alle anderen Lebensbereiche war auch das religiöse und kirchliche Leben vom Krieg beeinflusst und eingeschränkt. Schon in den ersten Augusttagen 1914 erteilte der Erzbischof Dispens für Mischehen, von Fastengeboten und für sonntägliche Feldarbeiten. Schnell folgten Einschränkungen für Wallfahrten, Rationierungen für Kerzen und Öl sowie Abgaben von Glocken und Orgelpfeifen. Beide christlichen Kirchen engagierten sich in der Kriegsfürsorge. Viele Gemeinden und Pfarreien richteten Suppenküchen ein, organisierten die Verteilung von Lebensmitteln, die Betreuung von Kindern, deren Mütter kriegsbedingt erwerbstätig waren, und bald auch von Verwundeten und Kriegswaisen.

Das „katholische" Köln

Nach wie vor konnte Köln als vorwiegend katholisch geprägte Stadt gelten, und das nicht nur wegen der Vielzahl von Kirchen, katholischen Einrichtungen und dem Sitz eines der bedeutendsten deutschen Erzbistümer. Auch in der Bevölkerung dominierten mit mehr als drei Viertel ganz klar die Katholiken (1910: 404.858 oder 78,4 Prozent Katholiken von insgesamt 516.540 Einwohnern). Demge-

Kardinal Felix von Hartmann, Gemälde, Köln, um 1913 (Metropolitankapitel der Hohen Domkirche Köln)

genüber war nicht einmal jeder fünfte Kölner Protestant (1910: 95.920 oder 18,6 Prozent Protestanten). Daran hatte sich kaum etwas verändert – weder durch den Zustrom preußischer, meist evangelischer Staatsbediensteter noch durch die 1914 vollzogene Eingemeindung des traditionell protestantisch geprägten Mülheims. Mit deutlich über 10.000 Gläubigen stellte schließlich die jüdische Gemeinde eine beträchtliche Minderheit dar (1910: 12.156 oder 2,4 Prozent). Während für die breite Bevölkerung die konfessionellen Milieus noch eine weitgehende Geschlossenheit aufwiesen, waren für die Teilhabe an der bürgerlich-städtischen Gesellschaft am Vorabend des Ersten Weltkrieges die unterschiedlichen Bekenntnisse nicht mehr ausschlaggebend.

Gegen „Modernismus" und für Kaiser und Reich: Die Katholiken

Die evangelische Kirche stand ohnehin im Sinne eines Bündnisses von Thron und Altar dem preußischen Staat und dem Kaiserreich sehr nah, sie „war in großen Teilen sogar mit ihm deckungsgleich"[4]. Der Kaiser verkörperte als Summus Episcopus das Oberhaupt der unierten evangelischen Kirche in Preußen.

Schwieriger ist es, das Verhalten der katholischen Kirche nachzuvollziehen, die sich in die Interessen des Reiches einbinden ließ, obwohl sie eine nationalstaatenübergreifende Organisation war. So galten jahrzehntelang die deutschen Katholischen als politisch unzuverlässig. Allerdings war der Kulturkampf, mit dem der katholische Einfluss aus dem preußisch-protestantischen Staat herausgedrängt werden sollte, längst beigelegt; Kirche und Staat hatten sich wieder einander angenähert. Wohl haftete den Katholiken immer noch der Ruch an, letztlich doch dem Papst und nicht dem Kaiser ergeben zu sein. Die so Verdächtigten versuchten deshalb ihre „nationale Zuverlässigkeit" unter Beweis zu stellen – und genau hierfür bot der Krieg beste Möglichkeiten, sodass sich Kirchenvertreter in ihren Loyalitätsbekundungen gegenüber Kaiser und Reich geradezu überschlugen. Die in den anderthalb Jahrzehnten vor dem Ersten Weltkrieg virulenten Auseinandersetzungen um die Moderne taten ein Übriges: Weite Teile der Kirche reagierten mit großer Verunsicherung auf die in allen Lebensbereichen spürbaren Entwicklungen, von denen viele als „Modernismus" abgelehnt wurden. In dieser Situation boten sich der Kaiser und mit ihm der Staat als Garanten, Symbole und Wahrer von Nation und überlieferten Werten geradezu an. So fungierte die katholische Kirche vor 1914 als eine „Macht des Status quo"[5], und während des Krieges ließen sich die deutschen Katholiken nicht einmal

Kardinal Felix von Hartmann an der Westfront in Coucy-le-Château, April 1916

von den Friedensappellen und -bemühungen von Papst Benedikt XV. von ihrer Linie abbringen.

Beide Kirchen folgten daher ohne Zögern dem Aufruf von Kaiser Wilhelm II. anlässlich der russischen Generalmobilmachung 1914: „[...] Jetzt geht in die Kirche, kniet nieder vor Gott und bittet ihn um Hilfe für unser braves Heer!"[6]

„Zierde des deutschen Episkopates": Der Kardinal

Beste Beziehungen pflegte der von 1912 bis 1919 amtierende Kölner Erzbischof, Kardinal Felix von Hartmann, zum Kaiser, dessen Positionen diesem konservativen, ängstlichen, antimodernistisch eingestellten Erzbischof sehr entgegenkamen. Seit 1914 hielt er als Vorsitzender der Fuldaer Bischofskonferenz offizielle Kontakte zum Staatsoberhaupt, zudem war er ebenfalls seit 1914 Mitglied des Preußischen Herrenhauses. In seiner Autobiografie zählte Wilhelm II. von Hartmann rückblickend zur „Zierde des deutschen Episkopates, dessen Patriotismus für Kaiser und Reich im Kriege zum Ausdruck kam"[7]. Fünfmal begegneten sich die beiden während des Krieges, so im April 1916 im Großen Hauptquartier an der Westfront. Damals bereiste der Kölner Erzbischof öffentlichkeitswirksam und in demonstrativer Weise die Front, wiewohl er das Amt eines Militärbischofs gar nicht bekleidete. Zu einer Zeit, als die Toten auf den

Schlachtfeldern Flanderns und Nordfrankreichs schon Abertausende zählten und die Lebenden sich im Stellungskrieg im Schlamm der Schützengräben verzehrten, zog der Kölner Erzbischof in belgische und französische Kathedralen ein, bekleidet mit Hermelin-Kragen und einer mehreren Meter langen Cappa Magna aus Seide,

Das Wappen des Kölner Weihbischofs Peter Joseph Lausberg auf dem von Leo Moldrickx geschaffenen Bischofsstab, 1914 (Metropolitankapitel der Hohen Domkirche Köln)

während deutsche „Feldgraue" Spalier standen. Neben Feldgottesdiensten und Lazarettbesuchen war der Höhepunkt ein Pontifikalamt im Großen Hauptquartier, an dem auch Wilhelm II. teilnahm und bei dem von Hartmann sich „zum Dolmetsch der katholischen Soldaten der Armee" machte, indem er dem Kaiser „in allen Kämpfen, in allen Leiden, in allen Opfern dieses Krieges das Gelöbnis unentwegter Treue bis zum Tode"[8] ablegte. Bis zum Ende des Krieges änderte sich an der „blinden Verbundenheit"[9] des Erzbischofs nichts. Kein Wunder, dass im Sommer 1919, wenige Monate vor dem Tode von Hartmanns, in Köln die Nachricht kursierte, die Entente verlange vom Papst die Abberufung des Erzbischofs – Gerüchte, die nicht völlig aus der Luft gegriffen waren.[10]

Nicht minder national eingestellt war der Kölner Weihbischof Peter Joseph Lausberg, der die Bischofsweihe am 29. Juni 1914 erhielt, einen Tag nach der Ermordung des österreichischen Thronfolgers in Sarajevo. Das bei seinem Amtsantritt – also im Kriegsjahr 1914 – geschaffene Wappen Lausbergs stellt eine letztlich misslungene heraldische Schöpfung, gleichwohl aber ein interessantes Zeitdokument dar: Das quadrierte Schild zeigt in gleich zwei Feldern an zudem heraldisch vornehmster Stelle die Nationalfarben (Schwarz, Weiß, Rot) des Deutschen Kaiserreiches, worin ein deutliches nationales Bekenntnis des katholischen Bischofs zu sehen ist. Die enge Verknüpfung mit religiöser Symbolik (vom Schwert durchbohrtes und von einer Dornenkrone umgebenes Herz Jesu oder Mariens u. a. m.) deutet zudem den damals häufig anzutreffenden Gleichklang von nationalem Pathos und mystifizierender Frömmigkeit an.

Stephan Mattar, Entwurf für St. Maternus mit dem nie ausgeführten Turm, 1907

Katholische Gemeinden und Kirchenbauten

Auf den ersten Blick stellte der Erste Weltkrieg für die Katholiken und die Entwicklung ihrer Kirche langfristig keinen größeren Einschnitt dar. Doch bei genauerem Hinsehen wird deutlich, dass die Lebenswelt des katholischen Milieus erste feine Risse bekommen hatte, erfahrbar etwa an der zunehmenden Zahl der Kirchenaustritte in den 1920er-Jahren. Auch hinsichtlich der Entwicklung der Seelsorgestrukturen ist eine Verlangsamung festzustellen. In den Jahrzehnten vor dem Krieg, während der Hochphase der Entwicklung Kölns zur modernen Großstadt, entstand im Schnitt jährlich etwa ein neuer Seelsorgebezirk (1889–1914: 22 Rektorate oder Pfarreien). Demgegenüber sank diese Quote in den knapp zwanzig Jahren nach dem Krieg auf 0,6 ab (1918–1937: 11 Rektorate oder Pfarreien, ohne Mülheim), zudem waren die neu entstehenden Bezirke von vornherein auf eine geringere Größe angelegt als die in der Phase vor dem Krieg entstandenen. Auch wenn dies in erster Linie eine Folge der Siedlungsentwicklung war, trugen die Kriegsfolgen ebenfalls dazu bei.

Gravierend war der Einschnitt im Bereich des Kirchenbaus. Noch im März 1914 konnte St. Bonifatius in Nippes, errichtet nach den Plänen von Adolf Nöcker, als letzter vor dem Krieg vollendeter Sakralbau in Köln konsekriert werden. Hingegen war für St. Pius in Zollstock und St. Maternus in der Südstadt knapp drei Monate vor Kriegsausbruch (3. bzw. 10. Mai 1914) erst die Grundsteinlegung erfolgt, und während des Krieges verlangsamten sich die Bauarbeiten. Bei St. Pius begnügte man sich zunächst mit einem erst 1931–1932 ergänzten Teilbau. Hingegen fehlen bei dem von Stephan Mattar entworfenen und 1916 konsekrierten Gotteshaus in der Südstadt bis heute Kirchturm und Glockengeläut. So erinnert St. Maternus an den Ersten Weltkrieg, der die Aktivitäten der Menschen in eine dem friedlichen Kirchenbau ganz entgegengesetzte Richtung lenkte. Mit St. Bonifatius, St. Pius und St. Maternus entstanden aber auch die letzten Kölner Kirchenbauten des späten Historismus, in die sich allerdings schon moderne Elemente mischten, erkennbar etwa an den vom Jugendstil beeinflussten Kapitellen in St. Maternus. Formal folgten aber auch St. Paul und St. Maternus noch dem dirigistischen Erlass des Erzbischofs von 1912, wonach künftige Kirchenbauten nur in neuromanischem oder neugotischem Stil genehmigt würden. Dass sich die nach Krieg und Inflation allmählich wieder aufgenommene kirchliche Bautätigkeit etwa an St. Dreikönigen in Bickendorf (1929) oder St. Engelbert in Riehl (1932) vollkommen neuen Formsprachen zuwandte, kann nicht als eine unmittelbare

Kapitell von St. Maternus in Köln mit Jugendstil-Ornamentik, 1914–1916

[...], denn angesichts des Krieges wollte man Einheit und Geschlossenheit demonstrieren"[12]. Geschlossenheit legten auch die Kölner Pfarrer hinsichtlich Inhalt und Stil ihrer Predigten in den Wochen nach Kriegsausbruch an den Tag. Man wollte damit „den Willen [...] stärken und [...] stählen zum heiligen Kampf für Deutschlands Macht und Größe, für unser deutsches Christentum"[13]. Mit Georg Fritze schloss sich nur ein einziger der neun Kölner evangelischen Pfarrer nicht der religiös-nationalen Verklärung des Krieges an.

Evangelische Gemeinden und Kirchenbauten

Für die evangelische Kirche in Köln standen Entwicklungsfragen der Gemeindestrukturen oder die Notwendigkeit von Kirchenbauten nicht im vergleichbaren Maße an wie bei den Katholiken, schon wegen der weit geringeren Zahl von Gläubigen. In den Kölner Vororten waren bis zur Jahrhundertwende die Gemeinden

Folge des Ersten Weltkrieges angesehen werden. Und doch waren die geistigen Umbrüche auch im Bereich der Kirchenarchitektur gewaltig und können nicht völlig losgelöst von den Erfahrungen des Krieges gesehen werden, wenn etwa die Kölner Diözesansynode von 1922 genau zehn Jahre nach dem erzbischöflichen Erlass und in vollkommener inhaltlicher Abkehr davon dezidiert die „Freiheit des Künstlers" bejahte.

„Für unser deutsches Christentum": Die evangelischen Kirchen

Wohl beendete der Kriegsausbruch einen seit längerer Zeit schwelenden heftigen Konflikt zwischen liberalen und orthodoxen Protestanten. Auslöser war der „Fall Jatho", benannt nach Carl Wilhelm Jatho[11], der als Pfarrer der Altkölner Gemeinde seine theologisch liberalen Auffassungen – das subjektive religiöse Empfinden rückte er gegenüber den dogmatischen Lehrinhalten in den Vordergrund – vertrat und von der kirchlichen Obrigkeit 1911 wegen „Irrlehre" seines Amtes enthoben wurde. Die Auseinandersetzungen um Jathos Positionen erfuhren im gesamten Reich Beachtung und wurden bald zu einem grundlegenden Konflikt zwischen liberaler Volkskirche und bekenntnisorientierter Staatskirche. Hatte sich schon nach Jathos Tod die Atmosphäre in Köln etwas beruhigt, führte der Kriegsausbruch zu einer Annäherung zwischen Liberalen und Orthodoxen. Als 1915 dann Repräsentantenwahlen der evangelischen Gemeinde Kölns anstanden, sollte „,es unter keinen Umständen zu einem öffentlichen Kampfe' kommen

Das evangelische Gemeindehaus an der Machabäerstraße, 1913 eingeweiht, Fotografie, Köln, 1913 (Archiv Evangelischer Kirchenverband Köln und Region)

Otto Rodewald, Innenansicht der Deutzer Synagoge, die 1914 dem Bau der Deutzer Hängebrücke weichen musste, Aquarell, 1914 (KSM)

Jüdischer Frontgottesdienst, Fotografie, 1914–1918 (KSM)

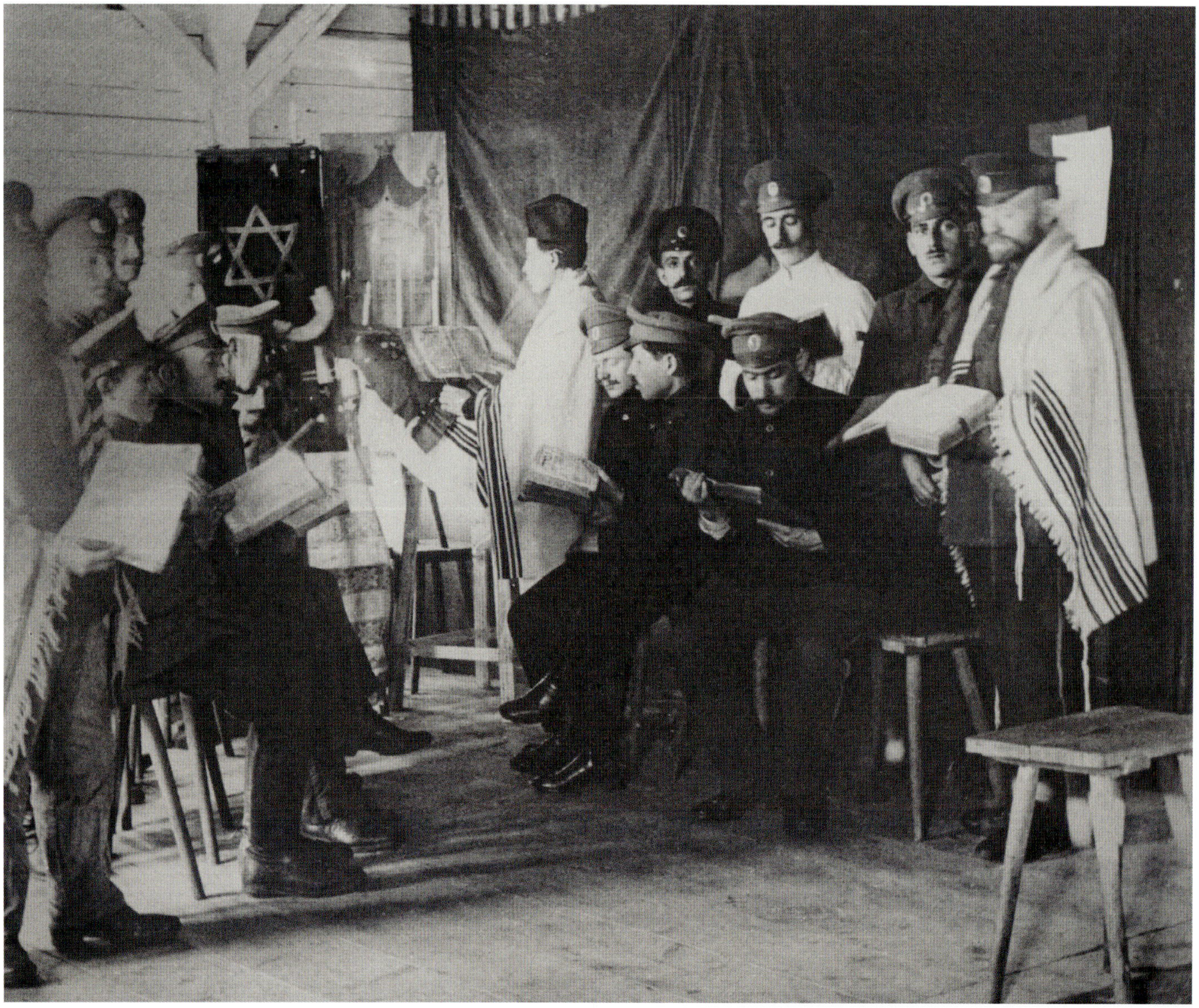

Ehrenfeld, Nippes, Lindenthal, Bayenthal, Deutz und Kalk entstanden. Ansonsten hatte die Altkölner Gemeinde anstelle der Teilung in kleinere Einzelgemeinden einen mittleren Weg eingeschlagen, bei dem einzelne Bezirke geschaffen und mehrere Kirchen in verschiedenen Teilen der Stadt errichtet wurden. Zuletzt war 1913 die Kreuzkapelle an der Machabäerstraße als Betsaal entstanden. Damit verfügte die evangelische Gemeinde zum Beginn des Ersten Weltkrieges über vier Kirchen (Antoniter-, Trinitatis-, Christus- und Lutherkirche) sowie einen Betsaal. Alle waren über das Stadtgebiet verteilt. Der Krieg bedeutete keinen nennenswerten Einbruch für die Organisation des evangelischen Lebens in Köln. Im Gegenteil, noch 1915 wurde eine neunte Pfarrstelle für die Altkölner Gemeinde geschaffen. 1919 trat gar eine zehnte hinzu, auch wenn sie wegen Finanzproblemen der Nachkriegszeit nicht besetzt wurde. Vergleichbare Entwicklungen lassen sich für die Vorortgemeinden aufzeigen.

Frauen und Kirche

Eine Folge des Krieges für beide christlichen Kirchen übersieht man allzu leicht: Als 1918/1919 im staatlichen Bereich Frauen das aktive und passive Wahlrecht erhielten, galt dies bald auch für die kirchlichen Wahlen zu Presbyterien und Kirchenvorständen. Daraufhin waren im Presbyterium der Altkölner Gemeinde bereits 1921 erstmals vier Frauen vertreten, während 1925 auch in die katholischen Kirchenvorstände u. a. von St. Severin, St. Kolumba und St. Aposteln Frauen gewählt wurden.

Die Kölner Juden

Ähnlich wie die beiden christlichen Kirchen reagierte das Kölner Judentum auf den Krieg: Auch die Juden beteten für den Sieg Deutschlands. So erweiterte man in der Synagoge der orthodoxen Gemeinde Adass Jeschurun in der St.-Apern-Straße das tägliche Morgengebet in der Kriegszeit um sieben Psalmen und ein eigens vom Rabbiner verfasstes Gebet. Zwanzig Prozent der Gemeindemitglieder wurden zum Kriegsdienst eingezogen, und der Rabbiner war während des Krieges als Armeerabbiner in Warschau tätig. Von der prächtigen Synagoge in der Glockengasse lieferte die Synagogengemeinde gar die Kupferabdeckung der Kuppel als Kriegsopfer ab. Doch die nachdrücklichsten, ja teils verstörenden Eindrücke zu den Kölner Juden im Ersten Weltkrieg stammen aus den Jahrzehnten nach 1918. So existierte auch in Köln eine Ortsgruppe des „Reichsbundes Jüdischer Frontsoldaten", der noch am 8. Juli 1934 auf dem Westfriedhof in Bocklemünd ein Denkmal für die jüdischen Kriegsgefallenen einweihen konnte – in einer Zeit, in der die NS-Propaganda als Teil einer perfiden Hetze die Juden schon längst als „Drückeberger" verleumdete. Der jüdische Kaufmann Richard Stern protestierte mit dem Eisernen Kreuz am Revers vor seinem Ladenlokal am Marsilstein, als am 1. April 1933 jüdische Geschäfte boykottiert wurden, und ließ sogar Flugblätter drucken, in denen er sich gegen die „Schändung des Andenkens von 12.000 gefallenen Deutschen Frontsoldaten jüdischen

Wimpel „Reichsbund jüdischer Frontsoldaten", Textil, Köln, um 1920 (NS-Dokumentationszentrum der Stadt Köln)

Glaubens"[14] durch die NS-Propaganda zu wehren versuchte – vergeblich, wie hinlänglich bekannt ist. Nach der Reichspogromnacht im November 1938 emigrierte Stern in die USA, wo er 1967 verstarb. Bald schon sah sich der einstige Frontsoldat nach mehr als zwei Jahrzehnten veranlasst, noch einmal in den Krieg zu ziehen, diesmal als amerikanischer Soldat. So kehrte Stern dann 1945 als Sergeant für kurze Zeit nach Europa zurück.

1	Damberg, 2007, S. 210.	6	Lätzel, 2014, S. 37.	11	Siehe Beitrag Breuer, S. 139–147.
2	Reuther, 1931, S. 207.	7	Wilhelm II., 1922, S. 175.	12	Becker-Jákli, 1988, S. 130.
3	Becker-Jákli, 1988, S. 177.	8	Berg, 1916, S. 49.	13	Pfarrer Karl Theodor Becker, Köln, zit. n. ebenda, S. 133.
4	Münkler, 2013, S. 635.	9	Lätzel, 2014, S. 39.		
5	Nipperdey, 1988, S. 42.	10	Trippen, 1972, S. 469–471.	14	Becker-Jákli, 2012, S. 176.

Ulrich S. Soénius

Die Kölner Wirtschaft
Das Umbruchjahr 1914

Im April 1914 wurde das neue Warenhaus der Leonhard Tietz AG eröffnet – der Prachtbau an der Hohe Straße/Schildergasse setzte Maßstäbe und war ein Symbol für die wirtschaftlich guten Zeiten. Das Unternehmen besaß 18 Geschäfte in Deutschland und sechs in Belgien mit insgesamt 40.000 m² Verkaufsfläche und 5.500 Mitarbeitern. Wenige Monate später, am 15. November, starb der Unternehmensgründer im Alter von 65 Jahren. Für Familie und Unternehmen war das Jahr 1914 ein Umbruchjahr. Freude über den Luxusneubau, Angst um den belgischen Besitz aufgrund des Krieges und Verlust eines wichtigen Menschen – die drei Ereignisse könnten symbolisch für das Wechselbad der Gefühle in diesem Jahr stehen. Nicht nur für Tietz, sondern für die Kölner Wirtschaft insgesamt war 1914 ein Umbruchjahr – wie für die anderen gesellschaftlichen Bereiche auch. Die besonderen Belastungen hatten aber existenziellen Einfluss.

Am Vorabend des Weltkrieges
Obwohl gesamtwirtschaftlich gesehen die Vorkriegsjahre durchaus positiv verliefen, lähmten die internationalen Beziehungen einige Wirtschaftsbranchen. Besonders die Balkankrisen seit 1912 bestimmten das Exportgeschehen. Zwar war die Kölner Wirtschaft westlich orientiert, aber es bestanden auch Wirtschaftsbeziehungen mit Österreich-Ungarn und Russland.[1] Für das Jahr 1912 konstatierte die Kölner Handelskammer, dass die Balkankrise ein „Gefühl der Ängstlichkeit" in „weiten Kreise[n]" hervorrufe. Dies hindere Konsumverhalten, Investitionsbereitschaft und Kapitalmarktgeschäft. Dennoch verlief das Jahr wirtschaftlich erfolgreich, das Wachstum wurde nur durch die Krise auf dem Balkan gebremst.[2] Im letzten Friedensjahr setzte sich die wirtschaftliche Entwicklung fort, aber die Märkte in der K.-u.-k.-Monarchie und in Russland waren gefährdet. Die Auftragslage sank – das Wiener Beteiligungsunternehmen Langen & Wolf der Gasmotorenfabrik Deutz aus

Köln verlor den Balkanmarkt. Der Wehrbeitrag belastete die Unternehmen zusätzlich. Die Bevölkerung war davon ausgenommen.[3] Insgesamt war die Kölner Wirtschaft vor dem Ersten Weltkrieg gefestigt und die konjunkturellen Erwartungen waren gut. Sorge bereitete aber die internationale Politik.

Der Wirtschaftsstandort Köln
Der Vorteil des Wirtschaftsstandortes Köln lag in der Vielfalt der Branchen und Unternehmen. Seit der Frühindustrialisierung in den 1830er-Jahren hatten sich in der Stadt und den später eingemeindeten Vor-

Warenhaus Tietz, eröffnet 1914, Innenaufnahme, Köln (GALERIA Kaufhof GmbH)

Dose „Armee-Kakao" der Firma Stollwerck in Form einer Geschosspatrone, Blech, um 1900 (RWWA)

73

Großraumbüro,
Fotopostkarte, Köln,
um 1915 (KSM)

Schankwirtschaften wurden 8.434 Beschäftigte gezählt. Bei den Industrieunternehmen lag die Nahrungsmittelbranche mit 1.945 Unternehmen vorne, in denen 10.804 Mitarbeiter arbeiteten. Dicht gefolgt vom Baugewerbe: 1.882 Unternehmen mit 14.303 Mitarbeitern. Ebenfalls stark vertreten war die Holzindustrie mit 1.177 Unternehmen, jedoch nur 6.450 Mitarbeitern. Nicht mit der Anzahl ihrer Unternehmen (844), aber mit der ihrer Mitarbeiter – 17.149 – lag die Maschinenbauindustrie an der Spitze. 1911 konnten die gewerbesteuerpflichtigen Unternehmen dieser Branche einen Gesamtjahresertrag von 12,9 Millionen Mark ausweisen, dicht gefolgt von der Nahrungsmittelbranche mit zwölf Millionen Mark. Die steuerpflichtige Handelsbranche erzielte 65,9 Millionen Mark Jahresertrag. Bedeutende Erträge wurden in der Bau- und in der Chemieindustrie erzielt (5,6 resp. fünf Millionen Mark). Das Versicherungsgewerbe nahm seit Mitte des 19. Jahrhunderts in Köln eine wichtige Position ein – 141 Unternehmen erzielten einen Jahresertrag von 6,7 Millionen Mark. Spitzenreiter bei den Durchschnittswerten waren die 13 Unternehmen des Bergbaus und Hüttenwesens, deren Durchschnittswert bei 114.653 Mark lag.[4] Auch das Handwerk und der Einzelhandel hatten in Köln bedeutende Positionen inne. Allein 1.794 Bäckereien und 781 Metzgereien gab es 1910 im Stadtgebiet, neben 1.009 „Kolonialwarenhandlungen", 775 Obst- und Gemüseläden sowie 364 Milchläden.[5] 1914 zählten die 30 Handwerksinnungen 4.853 Mitglieder, bei denen 7.914 Gesellen und 1.886 Lehrlinge beschäftigt waren.[6] Köln war vor dem Ersten Weltkrieg eine

orten florierende Industrieunternehmen angesiedelt, der Handel war von jeher ausgeprägt, Handwerk und Dienstleistungen wuchsen mit der Industrie, die häufig auch deren Auftraggeber war. Auffällig ist die zunehmende Anzahl an weiblichen Beschäftigten. Die letzte Zählung vor dem Krieg stammt von 1907: Die Handelsunternehmen führten mit 11.506 Unternehmen, in denen insgesamt 33.894 Menschen beschäftigt waren, die Spitze an. Das Bekleidungsgewerbe zählte 5.544 Betriebe und insgesamt 13.879 Beschäftigte, und in den 3.364 Gast- und

Das Carlswerk der
Firma Felten &
Guilleaume in Mülheim
am Rhein, damals noch
nicht nach Köln einge-
meindet, Zeichnung,
1905 (RWWA)

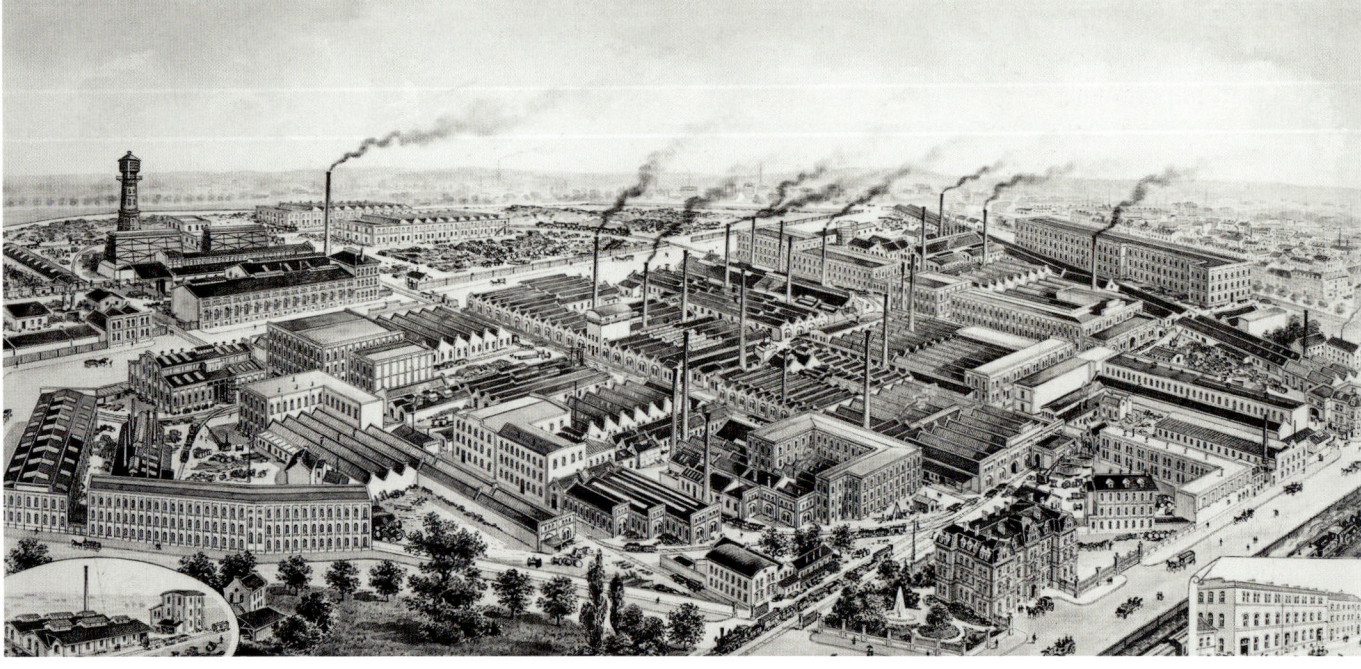

74

Touristen-Hochburg mit 870.000 Übernachtungen im Jahr. Neben Dom, Theater und Vergnügungspark waren mehrere Ausstellungen und kurz vor dem Krieg die Werkbund-Ausstellung für das Gaststätten- und Hotelgewerbe willkommene Anlässe.

Der Wirtschaftsstandort wuchs mit der Eingemeindung Mülheims und des Landkreises Merheim im Sommer 1914. Das städtische Gebiet umfasste nunmehr 19.700 Hektar. Damit war das rechtsrheinische Köln so groß wie das linksrheinische, hatte sogar 70 Hektar mehr Fläche. Die Eingemeindung erweiterte die Zahl der Bevölkerung um 81.699 auf über 637.000. Bedeutend war der Zuwachs an Unternehmen und Wirtschaftskraft. Gerade in Mülheim waren mehrere größere Industriebetriebe ansässig, u. a. der Kabelhersteller Felten & Guilleaume. Das Weltunternehmen beschäftigte vor dem Krieg 6.500 Mitarbeiter.[7] In den neuen Stadtteilen wohnten auch viele Mitarbeiter des Leverkusener Bayer-Werkes, vor allem in Flittard. 1914 arbeiteten in dem Chemiewerk rund 8.000 Kölner.[8]

In den ersten Monaten des Umbruchjahres wurden mehrere neue Wirtschaftsgebäude bezogen. Vollendet wurde das Deichmannhaus am Dom, das Verwaltungsgebäude der Agrippina Versicherung an der Riehler Straße mit der Agrippina-Statue über dem Hauptportal und der zweite Bauabschnitt des Kaufhauses Carl Peters an der Breite Straße.[9] Im Juni 1914 begann der Neubau des Fabrikgebäudes der Firma F. W. Brügelmann Söhne, das aufgrund des Krieges 1915 nicht bezogen werden konnte. Obwohl politische Krisenstimmung herrschte, feierte das Mülheimer Samt- und Seidenunternehmen Christoph Andreae sein 200-jähriges, die Gasmotorenfabrik Deutz sowie die Lack- und Farbenfabrik Court & Baur ihr 50-jähriges Jubiläum.[10]

Die Kölner Wirtschaft und der Kriegsausbruch

In die positive Wirtschaftslage hinein platzte der Krieg. Die Kölner Unternehmer ahnten in den Monaten davor, was kommen konnte, ohne das Ausmaß zu kennen. Viele waren Nationalliberale, lasen die Kölnische Zeitung und waren in „nationalen Verbänden" wie dem Flottenverein oder der Kolonialgesellschaft aktiv. Dennoch waren Mobilmachung, Truppentransporte und eigene Betroffenheit bei Auszug an die Front einschneidende Ereignisse. Manch einer wurde im Sommerurlaub oder kurz nach der Rückkehr von der Mobilmachung überrascht.

Die ersten Tage nach der Kriegserklärung waren voll Verwirrung, der bald Ungewissheit und Einschränkungen folgten. Es herrschte in den Augusttagen Ratlosigkeit angesichts des Fortgangs der Wirtschaftsbeziehungen. In den ersten Wochen hielten sich Bürger und Unternehmen bei Ausgaben zurück, versuchten Vorräte anzulegen und nahmen Geld vom Konto. Der Außenhandel brach völlig zusammen, der Import von Nahrungsgütern und Rohstoffen über die Seehäfen kam zum Erliegen. Nach der Kriegserklärung Großbritanniens und der britischen Seeblockade ab November 1914 versuchten die Unternehmen, Ersatzbeschaffungen zu organisieren.[11] Der Rückgang des privaten Konsums schädigte die Handwerker, die dies nach einigen Wochen durch Aufträge für das Heer kompensieren konnten.[12] Hinzu kam, dass Köln eine wichtige Etappenstadt und Versorgungszentrum für die Westfront war.[13] Mehr als 100.000 Soldaten waren von Kriegsausbruch bis zum Ende des Aufmarsches in der Stadt – was Versorgungsprobleme hervorrief. Dennoch wurde die Situation von der Stadt gemeistert.[14]

Bei Beginn des Krieges warb die Handelskammer dafür, möglichst viele Arbeiter und Angestellte weiter zu beschäftigen. Neben der drohenden Arbeitslosigkeit einerseits entstand auf der anderen Seite bei den Kölner Industrieunternehmen bald ein Arbeitskräftebedarf für die Herstellung von Rüstungsgütern. Vor allem die Sprengstoffproduktion im Umland wurde seit Herbst 1914 verstärkt. Dabei kam es zu einem starken Lohngefälle, das wiederum Abwanderung aus den eher konsumgüterorientierten Unternehmen zur Folge hatte.[15] Alle Unternehmen litten unter den Einberufungen, der Verlust der Fachkräfte wog schwer. Bei der Chemischen Fabrik Kalk kamen von 800 Mitarbeitern 720 zum Militär.[16] Den Verlust an Arbeitskräften bemerkten auch die Gewerkschaften. Waren im Juli 1914 noch 23.099 Mitglieder in zwölf Gewerkschaften, so sank die Zahl im August auf 16.999 und im Dezember auf 12.749.[17] Neben den Einberufungen wurden auch Pferde und Transport-

Patent-Dehnstopfen der Firma Clouth, Metall, Gummi, Köln, entwickelt um 1900 (KSM)

mittel für Kriegszwecke erfasst und eingezogen. Dies al- les führte zu einer zeitweisen Schließung von Unterneh- men.[18] Während die größeren Betriebe die Umstellung selbst bewerkstelligten, waren viele Kleinunternehmer und Mittelständler überfordert. Für diese gründeten Un- ternehmer, Juristen und Professoren der Handelshoch- schule eine Beratungsstelle.[19] Manche Unternehmen blieben für immer geschlossen, auch weil Geschäftslei- tung und Mitarbeiter Kriegsdienst leisteten. Bei anderen führten fehlende Kundschaft, der Wegfall ausländischer Märkte und verminderte Rohstoffzufuhr zur Aufgabe der Geschäfte. Dies zog auch bei Geschäftsinhabern, beson- ders von Kleinstunternehmen, aber quer über alle Bran- chen, eine höhere Arbeitslosenquote nach sich.[20] Noch im August wurde eine städtische Kriegsarbeitszentra- le gegründet, bei der sich in den ersten Wochen über 32.000 Menschen arbeitslos meldeten.

In den ersten Kriegsmonaten

Nachdem im Westen der Bewegungs- zum Stellungs- krieg geworden war, lockerte die Militärverwaltung ihr Verbot, in Köln Rüstungsgüter zu produzieren. Dieses war im Sommer 1914 aufgrund der Nähe zu Frankreich und der Angst vor einer Belagerung durch dessen Trup- pen erlassen worden. Nunmehr vollzog sich die Umstel- lung auf Produkte für Kriegszwecke – die Herstellung von Konsumgütern sank.[21] Der Oktober 1914 brachte den Umschwung auf dem Arbeitsmarkt – in der Metall- industrie gab es Überstunden und Nachtschichten.[22] Diese Branche stellte Munition und Transportmittel her, die Textilindustrie Produkte für den Militärbedarf, wie zum Beispiel Uniformen oder Verbandsmaterial. Zunächst hatten auch die Metallunternehmen Umsatz- rückgänge zu verbuchen. Der Produktionswert von Fel- ten & Guilleaume sank von 81 auf 60 Millionen Mark im

ersten Kriegsjahr.[23] Doch das Unternehmen konnte sich auf die Kriegsproduktion umstellen, in der Folge wurden Nachrichtenkabel und Stacheldraht produziert. Die Gasmotorenfabrik Deutz lieferte Motoren für U-Boote und Flugzeuge und van der Zypen & Charlier baute Eisenbahnwaggons. Die Maschinenbauanstalt Humboldt konnte den Umsatzrückgang nach kurzer Zeit mit der Herstellung von Geschossen auffangen. Sie lieferte zudem Lokomotiven und Transportmittel.[24]

Andere Unternehmen mussten ihre Produktion drosseln oder versuchen, kriegswichtige Produkte anzubieten. Die Samt- und Seidenfabrik Christoph Andreae in Mülheim verkleinerte ihre Belegschaft von 565 im Jahr 1913 auf 155 im Jahr 1918. Versuche, für die Luftwaffe Seidenstoffe zu entwickeln, brachten nur kleinere Aufträge.[25] Die Gummiwarenfabrik Franz Clouth gab die erst ein Jahr zuvor aufgenommene Gummifädenerzeugung mangels Rohgummi kurz nach Kriegsbeginn auf und hatte auch Probleme mit dem Kautschukbezug. Stattdessen versuchte man, Abfälle und Recycling-Produkte in der Produktion einzusetzen.[26] Bereits bei Ausbruch des Krieges erlag die Bautätigkeit, vor allem wegen Einzugs der Arbeitskräfte zum Militär, aber auch aus Zurückhaltung den Ausgaben gegenüber. Dies führte zu großen Problemen bei den Bauunternehmen.

Einer ging der Wandel in der Produktion – der auch Auswirkungen auf Zulieferer und Dienstleistungsunternehmen hatte – mit einer zunehmend wachsenden Kriegswirtschaftsbürokratie, die in der Staatswirtschaft endete. Die Unternehmer hatten diesen Krieg nicht gewollt, er hatte auch keine ökonomischen Gründe und sie mussten mit ansehen, wie ihnen ein stetig wachsendes System der Regulierung, Einschränkung und Planwirtschaft die unternehmerische Freiheit nahm. Spätestens

ab 1915 hat die Kölner Industrie ihre Produktion rein auf die Bedürfnisse des Krieges ausgerichtet. Darunter litt vor allem der Export. Dieser war anfangs nur in einige neutrale Länder wie Skandinavien noch möglich.

Größter Verlierer bei der Umstellung von der Friedens- auf die Kriegswirtschaft waren die Konsumgüterbranchen. Im Local-Anzeiger wurde Ende 1914 die Bevölkerung aufgefordert, „das Geld unter die Leute zu bringen". Es zeuge von „wenig vaterländischer Gesinnung", wenn im Krieg Konsumzurückhaltung praktiziert werde, Ausgaben seien eine „soziale Pflicht". Da aber die große Masse Einschränkungen im Lohn oder auch durch Arbeitslosigkeit hatte, fehlte dafür das Geld.[27] Nach den ersten vier Kriegsmonaten zog die Konjunktur wieder an. Zu Beginn des Krieges wurde für „offene Verkaufsstellen" der Ladenschluss inklusive Sonntags-

Otto Bollhagen, Giftgas-Versuch zur Erprobung von Gasmasken auf der Wahner Heide bei Köln, Öl auf Leinwand, 1915. Seit 1914 arbeiteten die Farbenfabriken vorm. Friedr. Bayer & Co. in Leverkusen an der Entwicklung von Giftgas als Kampfmittel. (Bayer AG/Corporate History & Archives, Leverkusen)

Gruppenbild in Urbans Burghof in Köln, Fotopostkarte, verschickt im Dezember 1915 (KSM)

Otto Sohn-Rethel,
Der Bankierssohn
Johann Heinrich
von Stein in Uniform,
Pastell, vermutlich Köln,
1918 (KSM)

Lebensmittelpreise pendelten sich aber nach einigen Monaten wieder auf Vorkriegsniveau ein.[30] In den Folgejahren kam es jedoch erneut zu Preisanstiegen.[31] Die Hoteliers litten unter fehlenden Gästen, Gewinner waren Gasthäuser und Bierausschänke, nicht nur aufgrund der Soldaten. Schließlich wurde wegen des hohen Alkoholkonsums bereits am 9. August 1914 die Polizeistunde auf Mitternacht festgesetzt.[32] Es folgten Verbote von Gewinnspielautomaten und an bestimmten Tagen des Ausschanks von Spirituosen, was zu Umsatzeinbußen führte.[33] Da der Gebrauch von fremden Sprachen nicht mehr opportun war, nannte sich das „Café Piccadilly" in „Kaffeehaus Germania" um. Die Abschaffung des Gattungsbegriffs „Eau de Cologne" wurde dagegen verworfen. Manche Unternehmen wehrten sich in Anzeigen gegen den Verdacht, in ausländischer Hand zu sein. Sogar die Auslage des französischen Käses „Gervais" führte zu Boykottaufrufen.[34]

In den Folgejahren wurden rigorose Eingriffe in die Wirtschaft vorgenommen. Die Handelskammer ver-

Entwurf für die achte
Kriegsanleihe, Foto-
grafie, Anfang 1918
(KSM)

ruhe aufgehoben, ausgenommen die Zeit des Sonntagsgottesdienstes. Dies diente der Versorgung der durchziehenden Truppen. Da der Einzelhandel außerhalb der Kernzeiten jedoch wenig umsetzte, wurde diese Regelung nach wenigen Monaten wieder zurückgenommen.[28] Der Großhandel litt unter gekappten Geschäftsverbindungen. Nach dem Abverkauf der Lagerbestände bestimmten geringere Umsätze die Geschäftsjahre. Nur wenige profitierten von Heereslieferungen. Lebensmittelgroßhändler waren Kritik ausgesetzt, insbesondere für die ansteigenden Preise.[29] Nach anfänglichen Hamsterkäufen während der Mobilmachung waren die Geschäfte leer, und der Einzelhandel musste feststellen, dass einige Großhändler kräftig die Preise anzogen. Die

pflichtete man, für die in der Stadt lagernden Rohstoffe einen „Überwachungsausschuss" zu gründen und Heereslieferanten auf Zuverlässigkeit und Leistungsfähigkeit zu überprüfen.[35] Nicht kriegswichtig eingestufte Branchen mussten Produktionskapazitäten drosseln und wurden um Unternehmen reduziert. Zur Handelskammer Köln gehörten vor dem Krieg 83 Brauereien, im Oktober 1917 waren es noch 15, die zudem nicht voll arbeiteten. Dies lag auch an den verminderten Gerstenkontingenten.[36] Aufseiten des Handwerks kam es zu Einschnitten, in den ersten Kriegsmonaten wurden 53 Bäckereien geschlossen.[37] An erster Stelle standen Betriebszusammenlegungen oder -schließungen. In Köln waren davon rund zwei Drittel der Industrieunternehmen, vornehmlich aus der Konsumgüterproduktion, betroffen. Die Preise wurden reguliert, Roh- und Hilfsstoffe vorenthalten sowie Beschlagnahmungen durchgeführt. Im Oktober 1916 mussten Brauereien und Gaststätten sämtliche Bierkrugdeckel an die Zinnsammlung abgeben.[38] Die Bestimmungen wurden immer enger – im Sommer 1917 wurde die Beschlagnahmung von Metallen verkündet, die mit der jeweiligen Immobilie verbunden waren. Dies traf auch Geschäftslokale, insbesondere Schaufenster. Kölner Unternehmer protestierten zwar bei Oberbürgermeister Wallraf, dieser ließ aber eine Diskussion nicht zu.[39] Zwecks Stromeinsparung schlossen die Ladenbesitzer ihre Läden im Winter 1916 freiwillig bereits um 20 Uhr, diesem Vorstoß schlossen sich andere Unternehmen und Institutionen an.[40]

Die Kölner Effektenbörse wurde bereits bei Kriegsausbruch geschlossen und damit der Verkauf von Aktienwerten unmöglich. Erst im Januar 1918 öffnete sie wieder, aber nur für Dividendenaktien, nicht für festverzinsliche Papiere. So war die Wirtschaft schon 1914 durch Illiquidität bedroht. Die Kreditvergabe an die Unternehmen schien jedoch gesichert. Neben den Großbanken bestand eine Reihe von Privatbanken. Sorgen bereiteten die zunehmende Geldverknappung, die kurzfristige Kreditvergabe, die die Inflation anheizte, sowie der Einzug von Münzgeld als wertvoller Rohstoff. Daher engagierte sich die Handelskammer für die Erweiterung des bargeldlosen Verkehrs.[41] Nach anfänglicher Stockung lief im September 1914 das Bankgeschäft wieder an.[42] Dafür erfuhr die Sparkasse im ersten Kriegsjahr eine Erhöhung ihrer Spareinlagen um ca. 30 Millionen Mark im Vergleich zum Vorjahr.[43] Schließlich konnte die Sparkasse im September 1914 ca. 26 Millionen Mark für die erste Kriegsanleihe zeichnen, wobei neun Millionen von den Sparern stammten.[44] Münzgeld wurde während des Krieges

Vier Mitarbeiterinnen des Zustelldienstes des Postamtes Nr. 1, Fotografie, Köln, 1914–1918 (KSM)

immer knapper. Die Farbenfabriken Bayer in Leverkusen gaben Gutscheine aus, die auch im angrenzenden Köln-Flittard, in dem viele Arbeiter wohnten, als Zahlungsmittel akzeptiert wurden. Die Stadt Köln druckte zunächst kein eigenes Notgeld, konnte aber den Münzgeldmangel nicht stoppen.[45] 1917 wurden die ersten „Stadtkriegsscheine" im Wert von zehn Pfennig ausgegeben.[46]

Änderungen in der Beschäftigungsstruktur

Auch bei den größeren Unternehmen mussten Produktionsengpässe aufgefangen werden, weil die Arbeiter fehlten. Erst im Winter 1914/1915 wurden Frauen und Jugendliche zur Arbeit herangezogen. Bei Felten & Guilleaume wuchs der Anteil der Frauen bis Kriegsende auf fast 50 Prozent, während vorher nur marginal Frauen eingesetzt waren.[47] Die Maschinenbauanstalt Humboldt verlor ein Drittel der Belegschaft durch Einberufungen und konnte die Restbelegschaft zunächst mit Inlandsaufträgen beschäftigen. Mit der Zeit stellte das Unternehmen mehr Frauen und Kriegsgefangene ein, erreichte aber nicht die Vorkriegsproduktivität.[48] Frauen wurden vermehrt für Büroarbeiten, als Schaffnerinnen, aber auch in Handwerksbetrieben und in der Landwirtschaft eingestellt. Dabei verkündete die Presse, dass Frauenbeschäftigung in diesem Maße und in „Männerberufen" nur ein vorübergehender Ersatz sein könne.[49] Bei gleichwertiger Arbeit erhielten Frauen weniger Lohn und in manchen Branchen, in denen Frauenarbeit verpönt war, kam es zu sozialen Spannungen. Die Margarinefabrik Benedikt Klein stellte bevorzugt Ehefrauen von einberufenen Arbeitern ein.[50] Freiwillige ausländische Arbeiter und Kriegsgefangene ergänzten die Arbeitskräfte. Innerhalb der Branchen gab es

Arbeitsjacke aus Ersatzmaterial, Papier, Köln, 1914–1918 (KSM)

Verschiebungen – die Metall- und die Chemiebranche erhöhten wieder ihre Beschäftigtenzahlen, während die Konsumgüterindustrie auch aufgrund von Beschränkungen und Rohstoffproblemen weniger Arbeiter und Arbeiterinnen benötigte.[51] 1915 herrschte zeitweise sogar Arbeitskräftemangel.[52]

Soziale Tätigkeiten

Die Kölner Unternehmen hatten seit jeher und verstärkt seit der Hochindustrialisierungsphase 1873/1874 einen Teil ihrer Gewinne in soziale und kulturelle Aufgaben investiert. So wurde zum Beispiel am 22. Februar 1913 die Alexander-Schnütgen-Stiftung errichtet, deren Erträge die Bestände des Museums ergänzen sollten. Die Liste der Zustifter liest sich wie ein „Who's who" der Kölner Gesellschaft: Deichmann, Guilleaume, Hagen, Neven DuMont, Oppenheim, vom Rath, Schnitzler und Stollwerck. Mit Kriegsausbruch entstanden Stiftungen mit neuem Zweck. Theodor von Guilleaume stiftete dem Roten Kreuz eine halbe Million Mark zum Bau eines Lazarettzuges bei der Waggonfabrik van der Zypen & Charlier in Deutz. Insgesamt kamen 3,5 Millionen Mark von Kölnern zusammen, die für Verwundete eingesetzt wurden.[53] Später spendete Guilleaume einen weiteren Zug, der Bankier Louis Hagen bezahlte einen Badezug für Frontsoldaten.[54] Die Heizungs- und Metallwarenfabrik Kosmos stellte ihr Fabrikgelände am Bahnhof Rodenkirchen und das Kaufhaus Carl Peters an der Breite Straße ein Stockwerk für Lazarette zur Verfügung.[55] Zahlreiche Sach- und Geldspenden gewährten die Unternehmen für die „Liebesgaben" an Mitarbeiter oder unbekannte Soldaten.[56] Hinzu kam noch die soziale Betreuung der Angehörigen in Köln.

Verlust

Die meisten der Einberufenen oder Freiwilligen dienten mehrere Jahre, manche bis zum Kriegsende. Nicht nur Arbeiter und Angestellte waren betroffen, auch die Unternehmer wurden zu den Waffen gerufen. Arnold Langen, Vorstand bei der Gasmotorenfabrik Deutz, wurde im Sommer 1914 eingezogen und war bis 1917 „im Feld". Bei den Familien Brügelmann und Oppenheim waren mehrere Verwandte an der Front. Der Krieg brachte bereits in den ersten Monaten Schreckensnachrichten. Arbeiter, Angestellte und Führungskräfte zählten zu den Opfern. Viele wurden verwundet, einige ließen ihr Leben schon im ersten Kriegsjahr. Unter den frühen Toten war auch der Papierfabrikant Christoph von Andreae, ältester Sohn des Mülheimer Samt- und Seidenfabrikanten Paul von Andreae und Schwiegersohn des Industriellen

Gustav von Mallinckrodt. Er starb bereits am 15. August 1914 in Longuyon in Frankreich.[57]

Ausblick

Die Verlustmeldungen sollten sich bis zum Ende des Krieges fortsetzen. Auch zu psychischen Belastungen führte der Schrecken in den Stellungskriegen. Die Kölner Unternehmen versuchten so weit wie möglich, die Kriegsjahre zu überstehen und sich den Bedingungen anzupassen. Am Ende standen sie vor vielfältigen Problemen. Nun mussten sie die Jahre der Revolution, der Besatzung und der Hyperinflation bewältigen. All dies hat im Umbruchjahr 1914 niemand voraussehen können.

Otto Brügelmann als Soldat, Fotografie, um 1910 (RWWA)

1	Soénius, 2014, S. 95–106.	
2	Neuhaus, 1916, S. 294; Soénius, 2014, S. 99.	
3	Soénius, 2014, S. 101.	
4	Neuhaus, 1916, S. 290, 295.	
5	Standt, 2013, S. 13.	
6	Statistisches Jahrbuch der Stadt Cöln für 1914, 1915, S. 51.	
7	Herrmann, 1975, S. 401.	
8	Kellenbenz, van Eyll, 1972, S. 161.	
9	Alte Adressbücher erzählen, 1993, S. 228.	
10	Ebenda, S. 229 f.	
11	Henning, 1997, S. 7–117.	
12	Reuther, 1931, 500/2, S. 229 f.	
13	Herrmann, 1975, S. 360.	
14	Standt, 2013, S. 41, 49.	
15	Henning, 1997.	
16	Herrmann, 1975, S. 401.	
17	Statistisches Jahrbuch 1914, S. 53.	
18	Standt, 2013, S. 51.	
19	Standt, 2013, S. 50 f.	

20	Standt, 2013, S. 147 ff.	
21	Faust, 1992, S. 50 f.	
22	Roßmann, 1991, S. 406.	
23	Herrmann, 1975, S. 401.	
24	Reuther, 1931, 500/2, S. 225; Faust, 1992, S. 52; 100 Jahre Humboldt, 1956, S. 32.	
25	Herrmann, 1975, S. 401.	
26	Wagnis Arbeit Erfolg, 1962, S. 36 f.	
27	Reuther, 1931, 500/2, S. 221 f., 231.	
28	Ebenda, S. 232 f.	
29	Ebenda, S. 233–235.	
30	Standt, 2013, S. 32.	
31	Ebenda, S. 311.	
32	Reuther, 1931, 500/2, S. 235 f.	
33	Standt, 2013, S. 115 f.	
34	Ebenda, S. 135, 138.	
35	Henning, 1997, S. 84 f.	
36	Standt, 2013, S. 239.	
37	Reuther, 1931, 500/2, S. 230.	
38	Standt, 2013, S. 273.	

39	Ebenda, S. 286 f.	
40	Ebenda, S. 274.	
41	Henning, 1997, S. 81 f.	
42	Reuther, 1931, 500/2, S. 227.	
43	Ebenda, S. 236.	
44	Ebenda, S. 239.	
45	Standt, 2013, S. 275.	
46	Ebenda, S. 282.	
47	Herrmann, 1975, S. 401.	
48	100 Jahre Humboldt, 1956, S. 32.	
49	Standt, 2013, S. 152.	
50	Ebenda, S. 50.	
51	Siehe Beitrag Franken, S. 59–63.	
52	Standt, 2013, S. 153.	
53	Alte Adressbücher, 1993, S. 228, 231.	
54	Standt, 2013, S. 119 f.; s. noch Adressbücher.	
55	Standt, 2013, S. 122.	
56	Ebenda, S. 141.	
57	Scheibler, Wülfrath, 1939, S. 256.	

Ulrich S. Soénius

Mobilität in der Großstadt
Verkehr in Köln im Jahr 1914

Köln war vor dem Ersten Weltkrieg die Wirtschaftsmetropole im Westen. Der Personen- und Warenverkehr trug maßgeblich zum stetigen Urbanisierungsprozess bei. Die Stadt wuchs nicht nur in der Fläche mit den Eingemeindungen 1888, 1910 und 1914, sondern auch an Bevölkerung (1910 und 1914 um insgesamt 111.000) und Unternehmen. Dies bedeutete auch einen Ausbau der Infrastruktur. Teilweise konnte diese aus den eingemeindeten Orten übernommen werden, teilweise musste sie wie auch in der Kernstadt weiterentwickelt werden.

Öffentlicher Personennahverkehr (ÖPNV)

Ohne die Straßen- und Kleinbahnen wäre die Verbindung von Wohn- und Arbeitsstätten nicht möglich gewesen. 1914 fuhren auf 20 Linien elektrische Straßenbahnen. Diese verbanden einzelne Vororte, wie Lindenthal – Kalk, oder die Innenstadt mit den Stadtvierteln, wie Müngersdorf – Neumarkt. Als verbindende Linien galten die Ringbahn vom Zoologischen Garten bis zum Ubierring und die Rundbahn, die vom Hauptbahnhof über die Altstadt, die Bäche, die Ringe über die Christophstraße zum Ausgang zurückfuhr. Zu den 20 Linien kamen eine Omni-

buslinie Bickendorf – Bocklemünd sowie eine Sonderlinie der Chemischen Fabrik Kalk für Transporte zum Deutzer Hafen. 1914 wurde die Linie „Dom – Werkbund-Ausstellung" eingeweiht. Diese legte immerhin bis zur Stilllegung infolge des Krieges fast 233.000 Streckenkilometer zurück.

Vision einer Kölner Ost-West-Verbindung über Gürzenichstraße und Schildergasse sowie einer unterirdischen Bahnverbindung, 1911

Städtische Kleinbahn mit Fahrtziel Bensberg, Fotografie, 1914 (RWWA)

Abfahrtsstelle der Straßen- und Vorortbahnen an der linksrheinischen Rampe zur Hohenzollernbrücke, Fotopostkarte, Köln, 1913 (Archiv des Straßenbahn-Museums Thielenbruch, Köln)

Es gab mehrere Bahnen mit eigenem Betrieb, die zwar unabhängig voneinander, aber dennoch vernetzt agierten. 1914 hatten die städtischen Straßenbahnen 451 Motorwagen und 511 Anhängewagen mit insgesamt 31.536 Steh- und Sitzplätzen. Das Netz der elektrischen Straßenbahnen umfasste 85,4 km, wobei die Strecke mit Mehrfach- und Nebengleisen auf über doppelt so viele Schienenkilometer kam.[1]

Erste Überlegungen zu einer „Untergrund-Stadt-Schnellbahn" wurden angestellt, manche Bauvorhaben darauf abgestimmt, aber zu einer Realisierung kam es erst über 50 Jahre später. 1913 beförderten die Straßenbahnen 124 Millionen Passagiere, durchschnittlich 340.000 am Tag.[2] Dabei hatten die Städtischen Bahnen in den Vorkriegsjahren ein funktionstüchtiges Straßenbahnnetz in der Stadt und zu den Vororten aufgebaut. An den Umsteigebahnhöfen konnten die Linien gewechselt werden. Ebenfalls nicht umgesetzt wurde die Idee eines Industriebahnnetzes, das den Gütertransport zwischen den Industrieansiedlungen vereinfachen sollte.[3]

Mit dem Ausbruch des Ersten Weltkrieges wurden über die Hälfte der Fahrer und Schaffner zum Kriegsdienst eingezogen. 1913 beschäftigten die städtischen Bahnen 712 Fahrer und 1.312 Schaffner. Ende 1914 waren es noch 417 Fahrer und 600 Schaffner. Dafür stieg die Zahl der Hilfsschaffner in dem Zeitraum von 135 auf 593. Unterstützt wurden diese erstmalig in der Geschichte der Bahnen von weiblichen Kolleginnen: 184 Hilfsschaffnerinnen waren 1914 bei den Bahnen tätig.[4] Der Anteil der Frauen bei den Straßenbahnen stieg auf 70 Prozent (1917).[5] Die Straßen- und Vorortbahnen wurden gleich zu

Beginn der Mobilmachung als wichtiges Transportmittel in der Etappenstadt Köln eingesetzt. Insgesamt vier Millionen Fahrten von Soldaten absolvierten die Bahnen in den ersten Kriegsmonaten.[6] Bereits beim Bau der Straßenbahnen hatten die Militärbehörden verlangt, dass diese im Kriegsfall unter militärischen Befehl zu kommen haben. Am 3. August 1914 begannen die Arbeiten an der Armierungsbahn, die die militärischen Anlagen an das bestehende Straßenbahnnetz anbinden sollte. Der Straßenbahndirektion gelang es in Verhandlungen mit dem Festungskommandanten, dass der Straßenbahnbetrieb teilweise für den zivilen Transport aufrechterhalten werden konnte und dass die Städtischen Bahnen den Betrieb der Armierungsbahn übernahmen. Dies war für den Fortbestand unter Kriegsbedingungen immens wichtig. Für die Armierungsbahn musste Material der Straßenbahnen und der Vorortbahnen zur Verfügung gestellt werden. Die Direktion der Städtischen Bahnen konnte mit der Übernahme der Verantwortung für die Armierungsbahn die Auswirkungen auf ihr Netz lindern. In nur einem Monat waren die 50 Anschlüsse mit 35 km Schienennetz fertiggestellt. Die Armierungsbahn und das öffentliche Netz wurden für Materialtransporte eingesetzt, vor allem von Munition – bis 1915 auch für Kartoffel- und in späteren Kriegsjahren für Briketttransporte. Diese wurde zu Eisenbahnhöfen verbracht und von dort an die Front gefahren. So fuhren in Köln Straßenbahnwagen mit Gütertransportanhängern voll gefährlicher Munition durch die Straßen. Obwohl meist nur der Zugwagen mit einer Bremse ausgestattet war, geschahen keine größeren Unfälle. Die von den Bahnen eingerichtete Vermittlungsstelle verzeichnete bis Ende März 1915 allein 4.000 militärische Bestellungen von Güterwagen.[7] In dem gleichen Zeitraum wurden

Heinrich Recker, Wagenentwurf für den Rosenmontagszug 1914, auf dem als Kommentar zur geplanten Köln-Düsseldorfer Schnellbahn beide Städte in Form von Senf und Kölnisch Wasser gegeneinander kämpfen, Aquarell, 1914 (KSM)

7.900 Wagen für den Personentransport bestellt. In der Mehrzahl handelte es sich dabei um den Transport von Verwundeten. 50 ehemalige Pferdebahnwagen waren zu Lazarettwagen umgebaut worden, in denen die Verwundeten liegend transportiert werden konnten. Es ließen sich die Fenster schließen, angeblich zum Schutz der Kranken, vielleicht aber auch, um den Kölnern den Anblick zu ersparen. Eingesetzt wurden diese Wagen auch auf der Linie, die eigens für die Werkbund-Ausstellung im Mai 1914 eröffnet wurde und auf deren Gelände nun ein großes Lazarett untergebracht war.[8]

Neben den elektrischen Straßenbahnen existierten zwei weitere Schienensysteme in Köln und in der Region. Die städtischen Kleinbahnen fuhren zum Königsforst, nach Bensberg, Bergisch Gladbach, Porz, Lövenich und Frechen. Letztere Strecke wurde am 20. Februar 1914 von Dampf- auf elektrischen Betrieb umgestellt. Integriert wurden mit der Eingemeindung die „Mülheimer Kleinbahnen", aber sie blieben bis 1933 selbstständig. Auf der Rheinuferstrecke der „Cöln-Bonner-Kreisbahnen", der späteren Köln-Bonner Eisenbahnen AG, war bereits der elektrische Betrieb seit der Eröffnung 1906 durchgehend vorhanden. Auf der Vorgebirgsstrecke erfolgte erst im Frühjahr 1915 die Konzessionserteilung

dazu. Der Kriegsverlauf und die Nachkriegszeit verhinderten lange Jahre den Ausbau – erst 1929 stellte die letzte Dampflok, der „Feurige Elias", den Betrieb ein.

Eisenbahnen und Bahnhöfe

Köln war bereits vor dem Krieg Eisenbahnknotenpunkt. Die Personenbahnhöfe waren linksrheinisch der Hauptbahnhof, der West- und der Südbahnhof sowie die Bahnhöfe Ehrenfeld, Nippes, Bocklemünd und Longerich. Rechtsrheinisch waren Stationen in Deutz, Kalk, Mülheim und Dellbrück vorhanden. Vor der Eingemeindung Mülheims wurden knapp zehn Millionen Fahrkarten in einem Geschäftsjahr verkauft, davon 8,2 Millionen im Hauptbahnhof.

Güterverkehr wurde an 16 Bahnhöfen abgewickelt, zum größten Teil in den reinen Güterbahnhöfen Gereon und Bonntor sowie am Bahnhof Ehrenfeld.[9] 1912 waren neue Güterbahnhöfe in Deutz und Eifeltor angelegt worden. Im November 1913 wurde der erste Teil des Deutzer Personenbahnhofs in Betrieb genommen, der höhergelegene folgte im Mai 1914. Die Handelskammer schrieb damals der Eisenbahndirektion: „Bei der Bedeutung des Deutzer Bahnhofes, der gewissermaßen einen zweiten Hauptbahnhof für Cöln bildet, erschien es erwünscht, daß die Züge in möglichst weitem Umfange auch in Deutz Aufenthalt nehmen."[10] Im selben Jahr wurden im Hauptbahnhof auch alle verbliebenen Kopfbahnhofgleise in Durchgangsgleise umgebaut und der Richtungsverkehr aufgenommen. Dem fiel das große Wartesaal- und Dienstgebäude zum Opfer.[11] Die seit 1909 diskutierte Städte-Schnellbahn zwischen Düsseldorf und Köln war zwar als Motiv 1914 im Rosenmontagszug vertreten, doch der Krieg verhinderte ihre Ausführung.

Mit der Mobilmachung wurde der reguläre Eisenbahnverkehr eingestellt – der private Reiseverkehr war fast zwei Wochen lang nicht möglich. Die Züge wurden für die Militärtransporte benötigt. Alle zehn Minuten fuhr in den ersten Augusttagen ein Sonderzug mit Soldaten über die Hohenzollernbrücke. Es kam aber auch zu Fehlentwicklungen. Anstatt das Personal bei der Bahn zu belassen, wurden Lokomotivführer, Heizer und Schaffner eingezogen und fehlten so bei den Militärtransporten. Es dauerte eine Weile, bis die Organisation reagierte. Der private Reiseverkehr konnte zwar am 12. August 1914 wieder aufgenommen werden, aber erst zum Winterfahrplan konnten alle regulären Fernziele erreicht werden. Bis Anfang September war der privatwirtschaftliche Güterverkehr verboten.[12] Auch während des Krieges kam es zu Einschränkungen, teilweise zu Zugausfällen. Die Vernachlässigung des Eisenbahnverkehrs hielt den gesamten Krieg über an.[13]

Personenschifffahrt auf dem Rhein

Köln war ein bedeutender Anlegeort für Passagierschiffe. Über den Rhein wurden Verbindungen nach Koblenz und Mainz angeboten. Die Köln-Düsseldorfer Dampfschiffahrts-Gesellschaft unterhielt vor dem Krieg 32 Schiffe für Ausflugs- und Flussfahrten. Mit Kriegsbeginn wurde die Personenschifffahrt deutlich vermindert und zwei Schiffe wurden zu Lazarettzwecken umgebaut.[14] Andere Schifffahrtsunternehmen nutzten den Rhein für den regulären Passagierverkehr. Aufgrund des ein-

Dampfschiff „Germania" der Kölnischen und Düsseldorfer Gesellschaft, Fotografie, Köln, vor 1905 (RBA)

geschränkten Eisenbahnverkehrs wurde die Schifffahrt zunehmend eine wichtige Alternative.[15]

Autoverkehr und Pferdefuhrwerke

Autos waren vor dem Krieg nur sehr vereinzelt auf den Straßen zu sehen, da sich die wenigsten Menschen ein Automobil leisten konnten. Touristen und Wohlhabende nutzten vor allem Pferdedroschken. Mit der zunehmenden Motorisierung nahm die Zahl der Droschken ab. Alleine 1912 wurden 118 stillgelegt, sodass am Ende des Jahres noch 219 in Betrieb waren. Dagegen hatte sich die Zahl der Motordroschken im selben Zeitraum auf 102 verdoppelt, ein Viertel davon wurde mit Elektromotor betrieben. Den Droschken standen 57 Halteplätze zur Verfügung, von denen 26 auch nachts angefahren werden durften.[16] 1914 gab es in der gesamten Rheinprovinz knapp 6.400 Pkw und 1.237 Lkw. Hinzu kamen noch ca. 2.000 Motorräder. Obwohl Köln in dieser Zeit eine Hochburg der Automobilherstellung war, liegen für die Stadt keine vergleichbaren Halterzahlen vor. Von den Brauereien, Speditionen, Baugeschäften, Kohlenhändlern sowie Lebensmittel- wie Milchhändlern wurden meist Pferdefuhrwerke benutzt. Alleine in der Altstadt gab es 1913 über 1.500 Pferde, in der Neustadt fast 1.000. Im Stadtgebiet waren 8.482 Pferde erfasst.[17]

Zu Beginn des Krieges wandelte sich der Neumarkt in einen Kraftwagenpark. Man rief die Halter auf, ihre privaten Fahrzeuge hier bis zum 15. August vorzuführen, überprüfte sie und zog die brauchbaren zu Heereszwecken ein.[18] Um die Nutzung unattraktiv zu machen, wurden Benzin und Benzol für private Zwecke verboten. Gewinner waren Elektromobile und Droschken, die von den noch vorhandenen Pferden gezogen wurden. Erst im Oktober 1914 gestattete man wieder den Verbrauch von Benzin, reglementierte diesen aber für den Gebrauch von privaten Kraftfahrzeugen.[19]

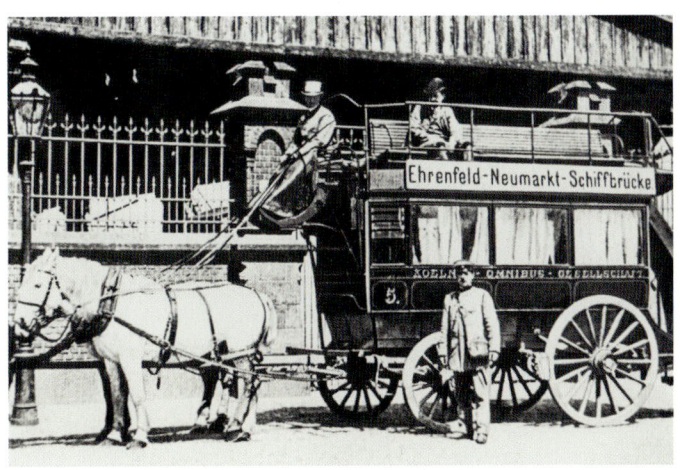

Pferdebus, Fotografie, Köln, um 1894 (RWWA)

Start des Ballons „Busley" der Firma Clouth, Fotografie, 1908 (RWWA)

In der Luft

Der Passagierflugverkehr wurde erst nach dem Krieg eingeführt. Dennoch bewegten sich Menschen in Köln in der Luft fort. Legendär waren die Ballonfahrten, die man aber nach Kriegsausbruch einstellte – die Ballone wurden als Heeresgut eingezogen. Der Kölner Club für Luftfahrt besaß damals 15 Ballone und zählte 1914 ca. 1.000 Mitglieder. Der Bau einer Rheinflugbootlinie wurde unmittelbar vor dem Krieg aufgegeben.[20] Während der Werkbund-Ausstellung fanden Ende Juli „Kunst- und Sturzflüge" statt.[21]

Güterverkehr

Köln war als alte Handelsstadt und aufgrund der zunehmend an Bedeutung gewinnenden Industrie auf einen gut funktionierenden Güterverkehr angewiesen. Bis
1913 stiegen die transportierten Gütermengen stetig an,
sanken dann aber mit Kriegsausbruch 1914 spürbar.
Dies gilt auch für die Zahl der gelöschten Schiffe und der
gefahrenen Schienenkilometer.

Die städtischen Kleinbahnen wurden auf den Linien
zum Königsforst und nach Frechen für den Güterverkehr
genutzt, bei Letzterer war dieser durch die Braunkoh-
lentransporte Haupteinnahmequelle. Fast 80 Prozent
der Einnahmen erfolgten mit dem Güterverkehr, bei der
Strecke zum Königsforst waren es unter 0,5 Prozent.
Über die Vorgebirgsbahn und die Rheinuferbahn wurde
Köln mit der kleineren Nachbarstadt Bonn verbunden.
Die Vorgebirgsstrecke war eine wichtige Güterverkehrs-
strecke – über sie wurden 1914 fast 54.000 Tonnen Briketts und Braunkohle transportiert. Aber auch Milch,
Obst, Gemüse und andere Waren brachten die Bauern
aus dem Vorgebirge über beide Linien in die Stadt.[22]

Der Hafenumschlag hatte eine besondere Bedeutung
für die Kölner Wirtschaft. Neben dem Rheinauhafen wurde rechtsrheinisch mit dem Deutzer Hafen einige Jahre vor
dem Krieg ein zweiter Umschlagplatz am Rhein geschaffen. Der Ausbau und die Ansiedlung von Unternehmen zogen sich von der Eröffnung 1907 bis 1913 hin. Der Hafen
war 1.025 m lang, hatte eine Werftlänge von 2,9 km und
das Hafenbecken war 7,5 Hektar groß. Mit der Eingemeindung kam der Mülheimer Hafen hinzu, der jedoch
nur eine Kailänge von 460 m hatte. Die Verdoppelung des
Schiffsumschlags bis 1912 auf eine Gesamtumschlags-
menge von 1,4 Millionen Tonnen erforderte die Planung
weiterer Hafenflächen. Aufgrund der positiven industriellen Entwicklung entstand der Plan, in Niehl einen Groß-
hafen zu errichten. Mit sieben Kilometern Uferlänge und
70 Hektar Wasserfläche sollte er zukunftsgerichtet eine
Angebotsfläche beinhalten, die für die Wirtschaft genutzt
werden sollte. Durch den Ausbruch des Krieges wurden
die Pläne gestoppt, danach jedoch wieder aufgenommen.[23]

1914 kamen in den Häfen 2.738 Personen- und 1.869
Güterschiffe sowie 2.116 Schiffe ohne eigene Triebkraft

an. Die Zahl der ausgehenden Schiffe war wie in den Vorjahren geringer. Allerdings sank der Schiffsverkehr insgesamt im Vergleich zum Vorjahr um ein Drittel. Der Gesamtumschlag betrug 711.602 Tonnen. Hinzu kamen 352 Schiffe im Rhein-See-Verkehr, einlaufend mit 52.061 Tonnen Güter und 364 ausgehend mit 34.928 Tonnen.[24] Auch Personenschiffe transportierten regelmäßig Güter.

Brücken und Straßen

Köln hatte zur Verbindung der Stadtteile rechts und links des Rheins vor dem Krieg drei Brücken. Die Hohenzollernbrücke, 1911 anstelle einer Brücke aus der Mitte des 19. Jahrhunderts errichtet, war sowohl für den Eisenbahnverkehr wie auch für den Individualverkehr nutzbar. Die ein Jahr zuvor eröffnete Südbrücke diente vornehmlich dem Eisenbahnverkehr, konnte aber auch von Fußgängern begangen werden. Für die Fußgängerwege hatte die Stadt Köln extra bezahlt. Noch existierte die Deutzer Schiffsbrücke. Sie wurde stark genutzt, musste aber bis zu 40-mal am Tag geöffnet werden, um den Schiffsverkehr passieren zu lassen.[25] Daher wurde im Mai 1913 mit dem Bau einer festen Brücke zwischen Heumarkt und Deutz begonnen, die nach zwei Jahren Bauzeit dem Verkehr übergeben werden konnte. Anfang April 1914 wurde mit dem Bau der Eisenkonstruktion begonnen. Den Plan für eine weitere Brücke in Höhe des Ubierrings war schon 1909 bei den zuständigen Behörden eingereicht und grundsätzlich für gut befunden worden.[26]

Die Bautätigkeit bei der Deutzer Brücke wurde bei Kriegsausbruch nur kurz unterbrochen.[27] Insgesamt war der Verkehr über die Brücken im Krieg eingeschränkt möglich. Um einigermaßen den Verkehr über den Rhein aufrechtzuerhalten, wurden fünf Fähren eingesetzt, die bis 22 Uhr verkehrten.[28] Ab September 1914 durften dann auch wieder Straßenbahnen die Hohenzollernbrücke queren und Fußgänger tagsüber die Südbrücke

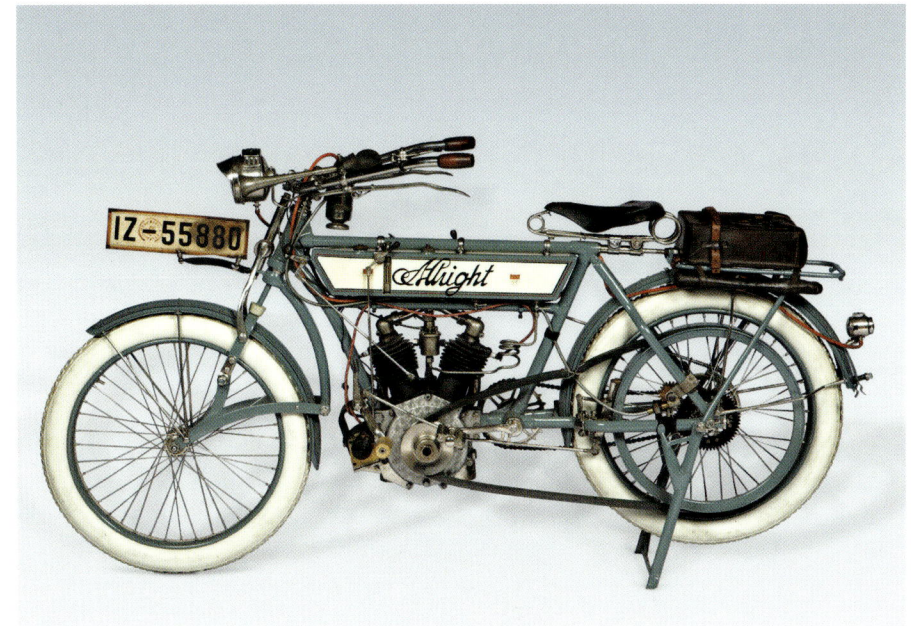

Motorrad der Kölner Firma Allright, 680er Zweizylinder, 1910 (Privatbesitz Horst Nordmann)

nutzen.[29] Als die Deutzer Brücke fertiggestellt war, durften 1915 die Fußgänger auf der nördlichen Brückenseite den Rhein überqueren. Seit Juni 1915 fuhr auch die Straßenbahn darüber. Obwohl Krieg herrschte, betrug die Verzögerung der Eröffnung nur anderthalb Monate, als die Brücke im Juli 1915 endgültig eröffnet wurde.[30] Da Köln Festungsstadt war, wurden alle Verkehrswege vom Militär überwacht. Besonders die Eisenbahnstrecken wurden kontrolliert. An den Rheinbrücken wurden Ausweiskontrollen durchgeführt.[31]

Damit die wichtigsten Straßen vom Militär genutzt werden konnten, wurden bei Kriegsausbruch Bauarbeiten an weniger wichtigen Straßen gestoppt und diese provisorisch hergestellt. Ende August wurde der Normalbetrieb aber wieder aufgenommen.[32]

1	Statistisches Jahrbuch der Stadt Cöln für 1914, S. 60.
2	Standt, 2013, S. 16.
3	Lindemann, 2002, S. 145.
4	Statistisches Jahrbuch der Stadt Cöln für 1914, S. 170 f.
5	Faust, 1992, S. 56.
6	Lindemann, 2002, S. 159.
7	Ebenda, S. 160 f.
8	Ebenda, S. 162 f.
9	Jahresbericht Handelskammer Köln, 1914, S. 291.
10	Ebenda, S. 55.
11	Ebenda, S. 56; van Eyll, 1978, S. 227 f.
12	Standt, 2013, S. 41 f.
13	Henning, 1997, S. 25, 85.
14	Soénius, 2012, S. 149–169, hier S. 155.
15	Standt, 2013, S. 41 f.
16	Statistisches Jahrbuch deutscher Städte, 1916, S. 163–168.
17	Jasper, 1977, S. 196 f.
18	Standt, 2013, S. 64.
19	Ebenda, S. 104.
20	http://www.luftfahrtarchiv-koeln.de/1910_start.htm (23.08.2014); siehe Beitrag Kramp, S. 175–181.
21	In Kölner Adressbüchern geblättert, S. 229.
22	Statistisches Jahrbuch der Stadt Cöln für 1914, S. 58.
23	Herrmann, 1975, S. 383.
24	Statistisches Jahrbuch der Stadt Cöln für 1914, S. 61.
25	Herrmann, 1975, S. 381.
26	Bauer, 1915, S. 499–505.
27	Standt, 2013, S. 102.
28	Ebenda, S. 103.
29	Ebenda, S. 104.
30	Ebenda, S. 109.
31	Ebenda, S. 53.
32	Ebenda, S. 102.

Ulrich Krings

Das Gesicht einer modernen Großstadt
Stadtentwicklung und Architektur

Welches Bild müssen wir uns eigentlich von Köln, der rheinischen Metropole, der damals drittgrößten Stadt des Deutschen Reiches und zweitgrößten Stadt des Königreichs Preußen, zu Beginn des Jahres 1914, des „Schicksalsjahrs" der europäischen Geschichte, machen?

Wachstum und neue Chancen

Ein erstes Referenzdatum für den historischen Rückblick ist das Jahr 1871 mit der Gründung des Deutschen Reiches unter Kaiser Wilhelm I. und seinem Reichskanzler Otto von Bismarck. Damals musste sich Köln in seiner neuen Rolle als „Provinzmetropole" wie andere deutsche und preußische Großstädte neu definieren. Die demografische, ökonomische und bauliche Entwicklung der folgenden viereinhalb Jahrzehnte spiegelt diesen Selbstfindungsprozess anschaulich wider: 1880 betrug die Einwohnerzahl in der ummauerten Kölner Altstadt 144.000; das bedeutete eine der höchsten Einwohnerdichten pro Quadratmeter in Europa. 1900 betrug sie in Alt- und Neustadt (s. u.) plus den bis dahin eingemeindeten Vororten 367.000; 1914 war sie nach weiteren Eingemeindungen auf 637.000 gestiegen.[1] Dem Eingemeindungseffekt waren dabei 40 Prozent des Zuwachses zu verdanken.

Der ständig wachsenden Einwohnerzahl konnte nur durch die Erschließung neuer Stadtquartiere mit neuen Straßenzügen und mehrgeschossiger Wohnbebauung effektiv Rechnung getragen werden. Als weiteres wichtiges Referenzjahr kann daher das Jahr 1881 gelten: die Befreiung Kölns – nach langwierigen Verhandlungen mit dem Militärfiskus – aus dem engen Korsett des linksrheinischen preußischen Befestigungsrings. Die Stadt übernahm das gesamte militärisch genutzte Terrain gegen Zahlung von ca. 12 Millionen Mark. Die 700 Jahre alte Stadtmauer, die seit 1815 den jeweils aktuellen Anforderungen der preußischen Militärbehörden angepasst worden war, und die Bewegungsfreiheit, das Wachstum

und die Modernisierung der Stadt empfindlich behindert hatte, konnte im wahrsten Sinne des Wortes „gesprengt" werden. Der Rayon von 500 Metern Tiefe, also das bis dato von jeder Bebauung frei zu haltende Vorfeld, bildete das Flächenreservoir, das jetzt von der Kommune überplant und durch den finanziellen Einsatz aus öffentlicher und privater Hand bebaut werden konnte. Sieger des städtebaulichen Wettbewerbs für die Stadterweiterung von 1881/1882 waren die renommierten Aachener Spezialisten Hermann Josef Stübben und Karl Henrici.[2] Nach ihren Vorgaben legte sich rings um die jetzt sogenannte Altstadt, deren noch immer mittelalterlich-frühneuzeitliche Gestalt ebenfalls starken Strukturveränderungen unterworfen wurde, der Gürtel der Neustadt mit der Ringstraße als Rückgrat.

Der Umwandlungsprozess des jetzt erweiterten, zur eigentlichen Kernstadt zusammenwachsenden Stadtkörpers von Köln, zugleich auch seines nach außen wirkenden Stadtbildes, vollzog sich in der erstaunlich kurzen Zeit von knapp 30 Jahren: 1914 war die Bebauung des Neustadt-Areals weitgehend abgeschlossen. Noch heute kann, trotz der starken Veränderungen im Gefolge des Zweiten Weltkrieges und der sich wandelnden architektonischen Moden seither, die gründerzeitliche Grundkonzeption dieser neben Paris, Wien oder anderen europäischen Metropolen bedeutenden städtebaulich-architektonischen Leistung des Historismus in Köln nachvollzogen werden. Als Gesamtstadt besaß Köln damals die innere Struktur und die äußere Erscheinung einer Industriegroßstadt.[3]

Kölns Rhein-Panorama wurde seit 1880 von dem mit tatkräftiger Hilfe des preußischen Königshauses vollendeten Riesenbau des gotisch-neugotischen Domes neu definiert. Die Neufassung der traditionellen „Visitenkarte" der Stadt avancierte jetzt zu einer vordringlichen städtebaulichen Aufgabe. Im Süden der Stadt entstand nach Plänen Josef Stübbens zwischen 1891 und 1898 der neue leistungsfähige Rheinau-Hafen, dessen Hoch-

Franz Brantzky, Bau der Deutzer Hängebrücke, aquarellierte Zeichnung, Köln, 1914 (KSM)

bauten sich mit Bezug auf ihre Einfügung in das Stadtbild in historisierenden Stilformen präsentierten.[4] Nach diesem logistischen Kraftakt wurde das übrige linke Rheinufer gestaltet: durch die neu trassierte Uferstraße als baumgesäumte Allee vor der weitgehend neu errichteten ersten Häuserzeile von Alt- und Neustadt. Von der mittelalterlichen Befestigung überlebten nur wenige Exemplare, etwa der Bayenturm im Süden oder die „Weckschnapp" im Norden. Im Bereich der Ringstraße hatte die preußische Denkmalpflege den Erhalt von drei Stadttoren und zwei längeren Mauerabschnitten durchsetzen können.

Verkehr und Versorgung, Nutz- und Kulturbauten
Für die neuen Verkehrsträger Dampfschifffahrt und Eisenbahn, ab 1900 auch für das Automobil, mussten neue Zufahrtswege und Straßen, vor allem auch neue Rheinbrücken angelegt werden. Die seit 1856 quer durch die nördliche Altstadt verlaufende Eisenbahntrasse war seit den 1880er-Jahren modernisiert und der neue Hauptbahnhof 1894 eröffnet worden. Die Dombrücke von 1859 wurde 1909–1911 durch die leistungsfähigere Hohenzollernbrücke ersetzt. Diese war Teil der Erneuerung des Eisenbahnsystems im erweiterten Kölner Stadtgebiet,

zu dem die Südbrücke (1906–1910) und die neuen Bahnhöfe in Deutz und Mülheim gehörten, die 1913/1914 eröffnet werden konnten.[5]

Eine weitere Herausforderung war die moderne Energieversorgung auf der Basis von Kohle, Gas oder der neuartigen Technologie der Elektrizität. 1883–1885 und 1905 entstand das Wasser- und Elektrizitätswerk am Zugweg. Es folgte die komplette Erneuerung der

technisch-hygienischen Infrastruktur, der Kanalisation wie der Wasserversorgung, erzwungen von den immer wieder aufflackernden Cholera-Epidemien, außerdem die Errichtung des Schlachthofs, der Markthallen und anderer Versorgungsbauten.

Umfangreich waren die Investitionen in das Schul- und Ausbildungswesen, die Sozial- und Krankenfürsorge, das Gesundheitswesen, den Sport oder das reichhaltige kulturelle Leben. Die Bauwerke für Kultur, Bildung und Sport entstanden nach Wiener Vorbild bevorzugt an der Ringstraße in der Neustadt: Das Kunstgewerbe-Museum stand mit seinen jüngeren Anbauten für das Museum für ostasiatische Kunst und das Schnütgen-Museum am Hansaring, das Hohenstaufenbad am mittleren Ringabschnitt gleichen Namens, das Rautenstrauch-Joest-Museum und verschiedene Hochschulen, Vorläufer der 1919 gegründeten Universität, am Ubierring und seinem Umfeld. Den Höhepunkt bildete der Neubau des Opernhauses am Habsburgerring gegenüber dem Rudolfplatz mit dem Hahnentor, 1899–1902 gestaltet in Mischformen aus Neubarock und Jugendstil durch Carl Moritz. Bürgerliche Stiftungen legten häufig das finanzielle Fundament für diese neuen Institute und die zugehörigen Neubauten.[6]

Straßendurchbrüche und Neugestaltungen

In der historischen Altstadt mutierten um 1900 weite Bereiche mehr oder weniger gut beleumundeter Wohngebiete mit teils noch spätmittelalterlicher oder barocker Bausubstanz zu Geschäfts- oder Verwaltungsarealen; es vollzog sich hier unübersehbar die moderne „Citybildung".[7] Der Abbruch der Bauten entlang historischer Gassen und Plätze geschah recht unsentimental und ohne nachhaltiges denkmalpflegerisches Veto. Ein markantes Beispiel hierfür ist u. a. die Errichtung der großen Markthalle mit 8.000 m² Grundfläche zwischen Heumarkt und Rhein in den Jahren 1901–1904 durch die Architekten Balduin Schilling und Otto Müller-Jena.

Parallel dazu erfolgten die ersten Straßendurchbrüche, die von Neubauten mit einer komplett anderen Maßstäblichkeit als die bisherige Altstadtbebauung, aber mit ehrgeizig erstrebter und konsequent durchgehaltener neuer baulicher Qualität gesäumt wurden. Um 1910 wurde zwischen Heumarkt und Schildergasse die Gürzenichstraße angelegt; sie nahm achsial auf die erste, exklusiv von der Stadt Köln 1913–1915 errichtete Brücke für den zivilen Straßenverkehr Bezug. Für die von der Firma MAN gestaltete Hängekonstruktion entwarf Carl Moritz elegante Brückenköpfe. Die intendierte städtebauliche Einfassung wurde leider niemals realisiert.

Den neuen Straßenzug säumten das Stadthaus (1909–1912, Fritz Bolte), das Kaufhaus Michels von Benoit und Bergerhausen (1913, heutiger Nachfolgebau „Jacobi"), das Kaufhaus Leonhard Tietz (1912–1914, Wilhelm Kreis, heute „Kaufhof") sowie diesem gegenüber das ebenfalls von Kreis gestaltete und erhaltene Kaufhaus „Palatium". Alle diese Bauten besaßen Natursteinfassaden, neoklassizistische Ornamentik und eine imposante Dachlandschaft mit Kupfer- oder Schiefereindeckung.

Ein weiterer Durchbruch von ebenfalls herausragender städtebaulicher Wirkung war die neue Zeppelinstraße, die mit ihrem gekrümmten Verlauf vom Nordrand des Neumarkts bis zur Richmod- bzw. Breite Straße ebenfalls ein historisches Quartier neu definierte. Den Auftakt bildete das Seidenhaus Gustav Cords (1912, Otto Schulze-Kolbitz, nicht erhalten), während Rich-

Balduin Schilling, Otto Müller-Jena (Architekten), ehemalige Markthalle am Leystapel, Köln, erbaut 1901–1904, unbekannte Darstellung, vermutlich Aquarell

Fritz Bolte (Architekt), Stadthaus an der Gürzenichstraße, Köln, erbaut 1909–1912, Fotografie, um 1916 (RBA)

tung Schildergasse bis nach 1918 noch der barocke Blankenheimer Hof (Offizierskasino) neben dem neuromanischen Polizeipräsidium verblieb. Nach Norden

Wilhelm Kreis (Architekt), Kaufhaus Tietz an der Gürzenichstraße, Köln, erbaut 1912–1914, Fotografie, um 1928 (RBA)

Wilhelm Kreis (Architekt), Geschäftshaus Palatium an der Schildergasse 1–9, Köln, erbaut 1912–1914, Fotografie, um 1925 (RBA)

schloss sich das Geschäftshaus Reifenberg (1912, Paul Bonatz, nicht erhalten), gegenüber das noch bestehende ehemalige Kaufhaus Isay (1912, Helbig & Klöckner) an. Als „point-de-vue" der Zeppelinstraße fungierte das Kaufhaus Peters (1910–1914, Moritz, nur teilweise als „Karstadt" erhalten) mit Westfassade als bogenförmiger Übergang zur Richmodstraße. Sein städtebauliches Pendant war der Olivandenhof (1913, Hermann Pflaume), dessen Fassaden nach starker Kriegsbeschädigung um 1990 unter Mitwirkung der Denkmalpflege in großen Teilen rekonstruiert wurden. Den Schlusspunkt dieses ganzen Ensembles setzte bis zur Kriegszerstörung das noble Agrippinahaus (1911–1913, Georg Falck) an der Ecke Breite Straße/Auf dem Berlich; hier befindet sich heute der WDR mit dem Hanns-Hartmann-Platz. Am Straßenzug Unter Sachsenhausen/Gereonstraße fand ebenfalls eine Auswechslung der Bausubstanz statt: Erwähnt sei das nahezu unverändert die Ecke zum Kattenbug definierende noble ehemalige Geschäftshaus Frank & Lehmann (1913/1914, Peter Behrens).

Alte Bausubstanz – neue Stilrichtungen

Die damals sich nur zaghaft regende städtische Denkmalpflege[8] unter Carl Heimann (seit 1913 erster Stadtkonservator von Köln) versuchte von der z. T. kostbaren Altbausubstanz zu retten, was zu retten war. Oft gelang nur die Bewahrung einzelner historischer Bauteile und ihre Neueinfügung – quasi als Spolien – in diverse Neubauten. Der Komplex des erwähnten Stadthauses war

Peter Behrens (Architekt), Geschäftshaus Frank & Lehmann, Unter Sachsenhausen 37, Köln, erbaut 1913–1914, Fotografie, um 1925 (RBA)

Carl Moritz (Architekt),
Kaufhaus Peters in
der Sichtachse der
Zeppelinstraße, Köln,
erbaut 1910–1914,
Fotopostkarte, 1920
(RBA)

hierfür ein sprechendes Beispiel. Noch heute ist in dessen Nachfolgebau an der Front zur Kleinen Sandkaul die mehrfach umgesetzte und ergänzte barocke Fassade des „Hauses zum Maulbeerbaum" erhalten. Immerhin wurden die Abbruchkandidaten seit etwa 1900 fotografisch dokumentiert, sodass heutige wissenschaftliche Neugier die enorme Verlustrate jener Jahrzehnte wenigstens per Bildrecherche nachvollziehen kann.

Entlang dieser neu angelegten Straßenzüge konnte und kann man noch heute, ähnlich wie im Norden und Süden der Neustadt (heutiger Theodor-Heuss-Ring sowie Ubierring) deutlich das Verlöschen des Historismus nachvollziehen. Neue Stilformen wie der kurzlebige Jugendstil, der neue Monumentalismus, der „Zyklopenstil"[9] mit seiner Freude am Bossenquaderwerk, Heimatschutzstil, Neoklassizismus und andere „-ismen" wurden seit etwa 1900 eingesetzt, sie folgten und verdrängten einander bis zum Ersten Weltkrieg in rascher Folge.

Zaghaft regten sich Neue Sachlichkeit und Funktionalismus; das große Lagerhaus („Siebengebirge"), das Hans Verbeek 1908/1909 im Rheinau-Hafen als reinen Eisenbetonbau errichtete, ist hier zu nennen. Internationale, vor allem auch österreichische sowie gesamtdeutsche Einflüsse sind nicht zu übersehen: Köln war damit im 20. Jahrhundert angekommen.

Im Rückblick auf das erste Jahrzehnt des 20. Jahrhunderts wird deutlich, dass es einen Unterschied in der Bevorzugung oder beim Einsatz bestimmter Stilformen zwischen den privaten Bauherren und der Kommune einerseits sowie den staatlichen preußischen Institutionen bzw. den von ihnen beauftragten Architekten andererseits gab. Hier konnte Wilhelm II. als König von Preußen seine persönlichen Vorlieben wie seine heftigen Abneigungen ausleben. Letztere betrafen besonders den Jugendstil in allen seinen Spielarten.[10] So wurden Hohen-

Stadthaus mit Fassade
„Haus zum Maulbeer-
baum" (1696), Große
Sandkaul 6, Köln,
Fotografie, um 1920
(Stadtkonservator Köln)

zollernbrücke (1909–1911) und Südbrücke (1906–1910, beide von Fritz Beermann und Franz Schwechten) sowie das Polizeipräsidium an der Ecke Schildergasse/Krebsgasse (1904–1907, Berliner Ministerien) in damals bereits weitgehend als antiquiert empfundenen neuromanischen Formen errichtet. Die neue Eisenbahndirektion (1912–1913, C. Biecker, A. Kayser & M. Kießling) am damaligen Kaiser-Friedrich-Ufer und das Oberlandesge-

Hans Verbeek (Archi-
tekt), Rheinauhafen
mit dem im Bau befind-
lichen „Siebengebirge",
Fotografie, Köln,
1908/1909

richt am Reichenspergerplatz (1907–1911, Paul Thoemer
& Franz Ahrens) zeigten Formen des Barock. Stilistisch
konventionell blieb auch das besonderen Anforderungen
unterliegende Bauwesen der preußischen Militärverwaltung, deren flächenzehrende Fortanlagen bis 1918 weite
Teile des Stadtgebiets bedeckten und dominierten.[11]

Sakralbauten und Domumgebung

Interessant ist ein Blick auf das kirchliche Bauwesen.
Während die katholische und die evangelische Kirche bis
1914 in der Neustadt und in den eingemeindeten Stadtteilen mit wenigen Ausnahmen, wie der 1914 geweihten
Pfarrkirche St. Bonifatius in Nippes[12], sehr dezidiert Va-
rianten des Historismus bevorzugten, wählte die junge
Konfession der „Altkatholiken" schon 1906 eine etwas
modernere Formensprache für ihren Neubau an der
Moltkestraße (Peter Recht), die deutlich Motive des Ju-
gendstils aufgriff.[13]

Nach 1900 wurde auch die Domumgebung[14] einer
kompletten Neugestaltung unterzogen. Als Auslöser
wirkte der Neubau des Hauptbahnhofs, mit dem der
jetzt allseits frei gestellte Dom nach Abbruch der Häuserzeile entlang des östlichen Teils der Trankgasse di-
rekten Sichtbezug besaß. In deren westlicher Hälfte
wurden hierfür repräsentative Privatbauten abgebrochen, die gerade erst 20 oder 30 Jahre alt waren. Deut-
licher und treffender kann die ökonomische Potenz der
Eigentümer, kann aber auch der Sieg der Frühmoderne
der Werkbund- über die Vätergeneration der strengen
Historisten nicht dokumentiert werden als auf den lu-
krativen Grundstücken im Umfeld von Kathedrale und
Hauptbahnhof. Einige dieser Bauten sind bis heute erhalten, wenn auch in Details verändert: an der Ecke zur
Marzellenstraße der Fürstenhof (1912, Moritz), das Hotel Excelsior (1910, Ahrens) sowie das Deichmannhaus
(1913–1914, Heinrich Müller-Erkelenz).

Heinrich Müller-Erkelenz (Architekt), Deichmannhaus, Köln, erbaut 1913/1914, Fotografie, um 1914 (KSM)

Hinzu kamen wichtige städtebauliche Maßnahmen in Stadtteilen wie Deutz, Nippes oder Ehrenfeld sowie die Anlage der großen Volksparks, geschaffen von Gartenbaudirektor Fritz Encke.[15]

Auf dem Weg in die Moderne

Der Spiritus Rector der frühmodernen Strömungen in Köln, der sich bewusst von den Gestaltungsweisen des Historismus abwandte und zeitgemäße Leitlinien im Städtebau (erinnert sei an die Ideen von Camillo Sitte) umsetzte, war Carl Rehorst.[16] Zuvor Stadtbaumeister in Halle an der Saale, war er von 1907 bis zu seinem frühen Tod 1919 Beigeordneter der Stadt Köln für den Hochbau, Bürgermeister und somit Leiter aller stadtplanerischen Aktivitäten. Rehorst verstand sich als Architekt und Denkmalpfleger, Letzteres im Sinne der Heimatschutzbewegung.[17] Deren Ideale waren Einheitlichkeit der Fassaden- und Baukörpergestaltung, die Verwendung edler,

wenn möglich aus der Region stammender Materialien (im Rheinland dominierten jetzt Tuff, Basalt oder Muschelkalk) oder die Gestaltung ruhiger Dachflächen mit Schieferdeckung. Plastischer, architektonisch „gezähmter" Bauschmuck gab den zeitgenössischen Bildhauern Arbeit und Brot.

Auch auf Rehorsts Initiative hatte die Stadt Köln den Deutschen Werkbund[18] für 1914 zu seiner großen Leistungsschau nach Deutz eingeladen.[19]

Was aus heutiger Sicht an der Entwicklung von Architektur und Stadtplanung bis 1914 besticht, ist der Anspruch, der etwa an Gestaltung, Material, Funktionalität sowie Qualität der Bauausführung gestellt und zumeist auch eingelöst wurde.

Die Bilanz dessen, was eine Großstadt wie Köln im Stichjahr 1914 auf zahlreichen Gebieten vorzuweisen hatte, kann aus dem Rückblick von 100 Jahren ebenfalls als positiv und fortschrittlich bezeichnet werden.

---

1 Kleinertz, 1984, S. 18.

2 Kier, 1978; Kier, Schäfke, 1987; Kier, 2006.

3 Kleinertz, 1984, S. 18; Klein-Meynen, Meynen, Kierdorf, 1996.

4 Krings, 2011; Krings, 2013.

5 Krings, Schmidt, 2009; Hammer, 1997.

6 Kleinertz, 1984, S. 19–21.

7 Creutz, 1913; Hagspiel, 1984; ders., o. J. (ca. 2006).

8 Beines, o. J. (ca. 2006), S. 87–100.

9 Pehnt, 2005, S. 58.

10 Seidel, 1907.

11 Meynen, 2010.

12 Kraus, 1984, S. 293–305; Dehio Rheinland, 2005, S. 818–819.

13 Oepen, Schaffer, 2006; Fraquelli, 2006.

14 Kier, 1980; Lippert, 2001.

15 Meynen, 1979; Adams, Bauer, 2001.

16 Hagspiel, 1984, S. 44 f. In der zeitgenössischen Literatur gibt es die Schreibweisen Carl und Karl.

17 Creutz, 1913, S. 80–81; Wiemer, 2000; Kieser, 1998; Lippert, 2001.

18 Siehe Beitrag Staroste, S. 149–155.

19 Rehorst, 1913, S. 86.

Tobias Wüstenbecker

„... die Kunstform unserer Stadt"
Theater und Oper in Köln 1914

„Man geht wohl nicht fehl, wenn man die Oper recht eigentlich als die Kunstform unserer Stadt empfindet [...] An der Verpflichtung oder dem Ausscheiden einer guten Opernkraft nimmt jeder Kölner stärkeren Anteil als an den wichtigsten städtischen Geschäften."[1]

Dieses Zitat aus der Kölnischen Theater-Rundschau zeigt, welch große Bedeutung die Theater und Opernhäuser im Leben der bürgerlichen Stadtgesellschaft und für die bürgerlichen Eliten hatten. Im Laufe des 19. Jahrhunderts, zusammen mit einer „Verbürgerlichung des Theaterwesens", hatten sich diese Räume zu elementaren Säulen der bürgerlichen Kultur entwickelt.[2] In den Jahren bis zum Ersten Weltkrieg entstand ein regelrechter „Bauboom" bei Stadttheatern, die zum einen der Repräsentation und dem Renommee dienten und zum anderen bürgerliche Werte durchsetzen sollten.[3] Diese Entwicklung bedingte allerdings auch, dass in dem Spannungsfeld zwischen Kunst und Kommerz die städtischen Theater zunehmend subventioniert werden mussten und die Verpachtung an einen Theaterunternehmer nicht gewinnbringend war. Der 1902 fertiggestellte Prachtbau der Oper am Habsburger Ring war mit

Schauspielhaus in der Glockengasse, Fotografie, Köln, um 1900 (RBA)

über 1.800 Sitzplätzen einer Metropole würdig und noch vor der Frankfurter Oper das größte Theater im Deutschen Reich. 1913 bezuschusste die Stadt Köln Oper und Schauspiel mit 706.811 Mark.[4]

„Parsifal-Flut"
„[...] Doch ich sehe mit Beklemmung
Nahn die große Überschwemmung –
Laß uns überstehen all'
Heil die Flut des – ,Parsifal'!"

So enden die launigen Verse eines anonymen Autors, mit denen in der Kölnischen Theater-Rundschau das neue Jahr 1914 begrüßt wurde.[5] Und in der Tat war auch das Musikleben Kölns vom Parsifal-Fieber erfasst: Am 1. Januar endete die Schutzfrist für Richard Wagners Werke; so auch für sein letztes, den „Parsifal", der bisher nur exklusiv in Bayreuth aufgeführt werden durfte.

Albert Lang (Fotograf), Neues Stadttheater (Oper am Habsburgerring), Köln, 1902 (Theaterwissenschaftliche Sammlung der Universität zu Köln)

Blum & Höffert (Fotografen), Alice Guszalewicz als „Brünnhilde" in „Götterdämmerung", Fotografie, Köln, 1911 (Theaterwissenschaftliche Sammlung der Universität zu Köln)

Zahlreiche Bühnen im In- und Ausland, wie das Gran Teatre del Liceu in Barcelona, das bereits in der Silvesternacht mit der Vorstellung begann, wetteiferten darum, ihn möglichst schnell aufzuführen. In Köln hatte das Bühnenweihfestspiel seine Premiere „unter Mitwirkung des Vereins zur Veranstaltung von Festspielen zu Cöln"[6] am Sonntag, dem 11. Januar. Die Inszenierung erfolgte durch den Direktor Hofrat Fritz Rémond, die Dekorationen stammten von Hans Wildermann und dem Wiener Maler und Bühnenbildner Heinrich Lefler, der u. a. für die dortige Hofoper und die MET in New York gearbeitet hatte, die Kostüme entwarf August Haag. Den Parsifal sang Heinrich Winckelshoff, den Amfortas Julius vom Scheidt. Die Rolle der Kundry wurde sicherheitshalber gleich dreifach besetzt,[7] darunter auch mit „der" Kölner Wagnerheroine, Alice Guszalewicz.[8] Die musikalische Leitung hatte Kapellmeister Gustav Brecher. Die Aufführung war ein voller Erfolg und fiel beim Bildungsbürgertum auf fruchtbaren Boden.[9] Nachdem zeitweise sogar drei oder gar vier Vorstellungen binnen einer Woche ge-

PARSIFAL

Kammersängerin Alice Guszalewicz als Kundry in Parsifal

niger für Avantgarde und Innovationen bekannt, dienten aber zahlreichen Sängern, Schauspielern, Musikern und Dirigenten als Sprungbrett an große Bühnen wie in Berlin, Dresden oder Wien.

Der Kriegsausbruch Anfang August hatte auch auf die Theater und ihr Personal Auswirkungen.[12] Zahlreiche Bühnenangehörige wurden eingezogen oder sahen sich mit Arbeitslosigkeit konfrontiert. Aber auch kritische Töne wurden laut: Der Tenor und Kölner Publikumsliebling Modest Menzinsky gab dem Hausmeister der Oper Jean „Schäng" Sommer zum Abschied ein signiertes Foto, das ihn in der Rolle des „Samson" in Camille Saint-Saëns' „Samson und Dalila" zeigt,[13] mit der Widmung „[...] als warnendes Zeichen vor dem Heldentum in der Kriegszeit". Der Beginn der neuen Theatersaison in Köln wurde vom 1. auf den 15. September verschoben. Man senkte die Eintrittspreise, was in den

Alice Guszalewicz als „Kundry" in „Parsifal", Fotografie, Köln, 1914 (Theaterwissenschaftliche Sammlung der Universität zu Köln)

zeigt wurden, konnte bereits am 30. April die 25. Aufführung begangen werden.

Neben der „Parsifal-Flut" war die Uraufführung von Engelbert Humperdincks Oper „Die Marketenderin" am 10. Mai ein besonderes Ereignis der sich dem Ende zuneigenden Saison 1913/1914. Allerdings fiel dieses während der Befreiungskriege 1813 spielende Werk bei der Kritik durch. Auch die Bewerbung nach Kriegsbeginn im „Neuen Theater-Almanach" als „aktuellste patriotische Oper für die bevorstehende Saison" konnte in Köln keinen größeren Erfolg hervorrufen.[10] Sie wurde zwischen September und Dezember noch fünf Mal auf die Bühne gebracht.

Ein ausverkauftes Opernhaus brachten am 12. und 13. Februar die beiden Gastspiele der Ballets Russes. Zu der Musik u. a. von Rimsky-Korsakow, Glinka und Strawinski tanzte das Ballett nach den Choreografien von Michel Fokine.

Der Spielplan der Oper und auch der des Schauspiels war klassisch und dem bildungsbürgerlichen Kanon stark verbunden. Selten wurden aktuelle Stücke und moderne Autoren wie z. B. George Bernhard Shaws „Pygmalion" aufgeführt.[11] Die Kölner Bühnen waren we-

August Haag, Kostümentwurf „Blücher" für „Die Marketenderin", Oper Köln, 1914 (Theaterwissenschaftliche Sammlung der Universität zu Köln)

Der Schauspieler Paul Würthenberger in Uniform, Fotografie, Köln, 1914 (Theaterwissenschaftliche Sammlung der Universität zu Köln)

Rollenporträt von Modest Menzinsky als „Samson" in „Samson und Dalila" mit einer Widmung für Jean Sommer, Fotografie, Köln, 1914 (Theaterwissenschaftliche Sammlung der Universität zu Köln)

folgenden Jahren beibehalten wurde. Auch die Gagen wurden ab 1. September „mit völligem Einverständnis sämtlicher Mitglieder" bis zu 50 Prozent herabgesetzt.[14] Damit führten Opern- und Schauspielhaus immerhin ihren Betrieb weiter, denn in mehreren Städten wurden die Theater komplett geschlossen und die Verträge mit den Pächtern und Schauspielern gekündigt, wie z. B. in Aachen, Barmen, Koblenz, Bielefeld oder Aschaffenburg. In anderen Städten wie Breslau und Augsburg gab es nur noch eingeschränkte Spieltage. Während in der Spielzeit vor Kriegsbeginn nahezu täglich in beiden Kölner Häusern gespielt worden war, wechselte man sich nun meist ab, wobei auch das Schauspiel im Opernhaus auftrat: Am 15. September hob sich dort „zu bedeutend herabgesetzten Preisen" und „zum Besten des Roten Kreuzes und der Städtischen Kriegssammlung" der Vorhang zu Heinrich von Kleists „Prinz Friedrich von Homburg", dem Lieblingsschauspiel des Kaisers.[15] Zuvor jedoch sprach die Schauspielerin Melitta Leithner einen

Prolog des Schriftstellers Hermann Sudermann, worauf sich die Jubel-Ouvertüre von Carl Maria von Weber anschloss, die mit der Hymne „Heil dir im Siegerkranz" endet. Prologe, Gedichte und Lieder, vorgetragen von Mitgliedern des Ensembles, waren in der Folgezeit fester Bestandteil der Vorstellungen: Die Bandbreite reichte von Robert Schumanns „Die Soldatenbraut" (nach Eduard Mörike) von 1849 über Ferdinand Freiligraths „Hurra, Germania!" (1870) bis zu Viktor Hahns „Germania und Austria" (1914) und Ernst Lissauers „Haßgesang gegen England" (1914).[16]

Für den Spielplan in der zweiten Jahreshälfte 1914 galt für Köln das Gleiche wie für Berlin. Die Theater stimmten zu Saisonbeginn in die nationale Kriegsbegeisterung mit ein und griffen dabei auf Motive aus der Geschichtskultur des Reiches zurück:[17] Ebenso wie in den großen Theatern der Reichshauptstadt wurden in Köln Stücke wie Kleists „Hermannsschlacht", Otto Ludwigs „Die Torgauer Heide", Paul Heyses „Colberg" oder

Karl Gutzkows „Zopf und Schwert" aufgeführt. Weitere Klassiker wie Lessings „Minna von Barnhelm" und Schillers „Wallensteins Lager" schlossen sich an. Dennoch brachten die Kölner den „Othello" „des Briten" Shakespeare auf die Bühne, so wie auch Max Reinhardt in Berlin seinen Shakespeare-Zyklus fortsetzte.[18] Bei den Opern lassen sich weniger Veränderungen feststellen. Wagner war, wie in den Vorjahren, recht dominant, nun nicht mehr mit „Parsifal", sondern mit „Lohengrin", „Holländer", „Meistersinger" und „Walküre", aber auch Werke der Franzosen Halévy, Bizet und d'Albert wurden 1914 und in den folgenden Jahren weiterhin gespielt.[19]

August Haag, Kostümentwurf für „Die Hermannsschlacht", Köln, um 1913 (Theaterwissenschaftliche Sammlung der Universität zu Köln)

Vereinigte Stadttheater
Vorstellungen zu bedeutend herabgesetzten Preisen

Dienstag, den 15. September 1914, Anfang 7½ Uhr

im Opernhaus

zum Besten des Roten Kreuzes und der Städtischen Kriegssammlung

Prolog von Herm. Sudermann, gesprochen von Melitta Leithner,
Jubel-Ouvertüre von C. M. von Weber
Dirigent: Gustav Brecher

Hierauf:

Neu einstudiert:

Prinz Friedrich von Homburg

Schauspiel in 5 Aufzügen von Heinrich von Kleist
Inszeniert von Direktor Hofrat Fritz Rémond

Personen:

Friedrich Wilhelm, Kurfürst von Brandenburg	Heinrich Goetz
Die Kurfürstin	E. Teller-Habelmann
Prinzessin Natalie von Oranien, seine Nichte, Chef eines Dragoner-Regiments	Elsa Baumbach
Feldmarschall Dörfling	Bernhard Majewski
Prinz Friedrich Arthur von Homburg, General der Reiterei	Paul Würthenberger
Obrist Kottwitz, vom Regiment der Prinzessin von Oranien	Paul Senden
Hennings, } Obersten	Albert Willi
Graf Truchss, } der Infanterie	Walther Korth
Graf Hohenzollern, von der Suite des Kurfürsten	Richard Assmann
Rittmeister von der Goltz	Theo Tachauer
Graf Georg von Sparren	Walter Dysing
Stranz	Georg Kiesau
Siegfried von Mörner	Ernst Gode
Graf Reuss	Heinrich Heber
Ein Wachtmeister	Fritz Nitzgen
Ein Hofkavalier	Hans Clemens
Ein Page der Fürstin	Charlotte Landen
1. Heiduck	Willi Oster
2. „	Hermann Broel

Theaterzettel vom 15.9.1914, Vereinigte Stadttheater Köln (Theaterwissenschaftliche Sammlung der Universität zu Köln)

Heinz Grete, Kostüm-
entwürfe „Wache" für
„Die Entführung aus
dem Serail", Gouache,
1914 (Theater-
wissenschaftliche
Sammlung der Univer-
sität zu Köln)

Rollenporträt von
Karl Schröder als
„Hoffmann" in „Hoff-
manns Erzählungen"
mit Signatur, Fotografie,
Köln, 1914 (Theater-
wissenschaftliche
Sammlung der
Universität zu Köln)

Das „Kriegsjahr 1914" klang am Silvesterabend mit einer Aufführung von „Hoffmanns Erzählungen" des gebürtigen Kölners und Pariser Komponisten Jacques Offenbach aus.

Werkbund-Theater

Das von Henry van de Velde auf der Kölner Werkbund-Ausstellung geplante Theater, sein erstes realisiertes Theaterprojekt, war aufgrund des verspäteten Auftrags an ihn nicht rechtzeitig zur Eröffnung der Ausstellung am 15. Mai fertiggestellt worden, sondern konnte erst am 18. Juni mit Goethes „Faust I" durch ein Gastspiel des Berliner Lessing-Theaters unter Victor Barnowsky eröffnet werden. Van de Velde hatte für das Theater eine dreiteilige Bühne entworfen, die durch eine Hauptbüh-ne mit rechts und links liegenden kleineren Bühnen ge-kennzeichnet war. Dies wird bei den erhaltenen Bühnen-bildentwürfen und Szenenfotos zu Emil Verhaerens „Das Kloster" sehr deutlich.

Theaterzettel zur
Eröffnungsvorstellung
im Werkbundtheater
am 18.6.1914 (Theater-
wissenschaftliche Samm-
lung der Universität zu
Köln)

Zu den Opernfestspielen 1914 wurde das Werkbund-Theater oder „Künstlertheater", wie es im Programm-büchlein steht, als Spielstätte miteinbezogen. Am 4. und 5. Juli führte man als Gastspiel aus München Mozarts

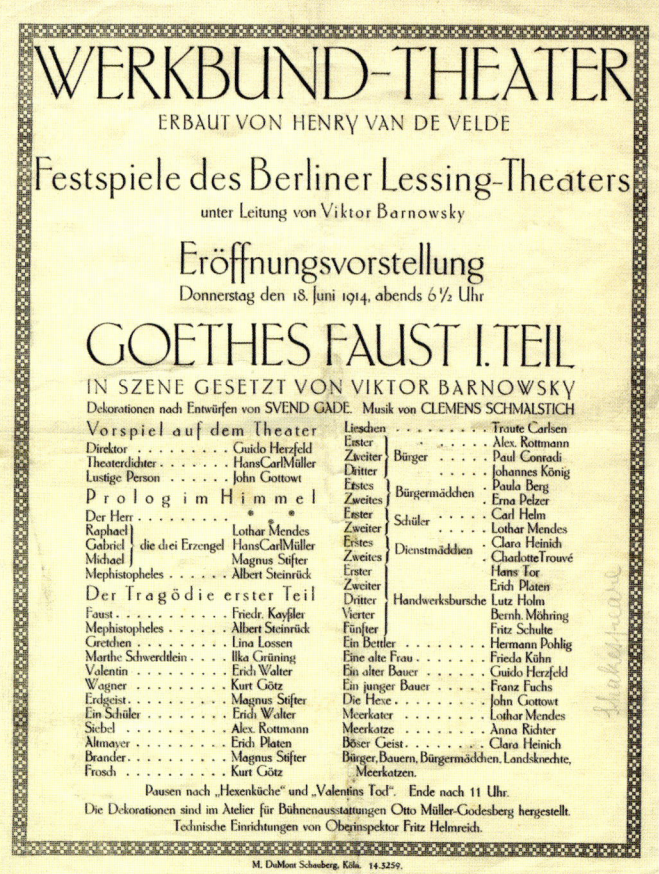

Werkbundtheater,
Fotografie, Köln, 1914
(RBA)

„Entführung aus dem Serail" unter der musikalischen
Leitung von Bruno Walter auf. Die dafür geschaffenen
Bühnen- und Kostümentwürfe von Heinz Grete finden
sich heute in der Theaterwissenschaftlichen Sammlung
der Universität zu Köln auf Schloss Wahn.

Dem Werkbund-Theater war jedoch nur eine kurze
Spielzeit vergönnt. Nach ganzen sechs Wochen begann
der Krieg, und auch auf der Werkbund-Ausstellung gingen die Lichter aus.

1   Kölnische Theater-Rundschau, o. J., zit. n.
    Hiller, 1986, S. 96.
2   Möller, 1996, S. 24; für die Situation um 1900
    siehe auch Marx, 2008, bes. S. 39; für einen
    allgemeinen Überblick über die kulturelle
    Entwicklung im Kaiserreich (Theater, Literatur,
    Musik) siehe Nipperdey, 1998, 1866–1918,
    Bd. 1, S. 741–796.
3   Ebenda. Zum Opern- und Konzertpublikum im
    „langen 19. Jahrhundert" siehe Müller, 2014.
4   Neuhaus, 1916, S. 432.
5   Kölnische Theater-Rundschau, 10.1.1914, Nr. 1.
6   Theaterzettel vom 11.1.1914.
7   Kölnische Theater-Rundschau, 6.2.1914, Nr. 2.

8   Siehe Franke, Müller, 2007.
9   Zu Parsifal und dem Kriegsausbruch 1914 vgl.
    Eckert, 2003.
10 Neuer Theater-Almanach, 1914, S. 25.
11 Am 16.10.1913 fand in Wien die Uraufführung
    statt. Die Kölner Erstaufführung folgte am
    15.2.1914.
12 Als grundlegende Arbeiten zum Theater im
    Ersten Weltkrieg siehe Baumeister, 2005;
    Krivanec, 2012; Krivanec, 2014.
13 Diese Oper war 1914 am 26.1. aufgeführt worden.
14 Deutsches Bühnen-Jahrbuch, 1915, S. 359:
    „Von den großen Gagen kommen 50 Prozent in
    Abzug. Von den mittleren Gagen durchschnitt-

lich 33 bis 40 Prozent, die kleinen Gagen haben
nur geringe Abzüge erfahren [...]."
15 Vgl. Krivanec, 2012, S. 95–96.
16 Letzteres Werk wurde z. B. am 18.10.1914
    im Anschluss an eine Aufführung von Pietro
    Mascagnis „Cavalleria Rusticana" deklamiert.
    Vgl. zu dieser Praxis in den Berliner Theatern
    auch Baumeister, 2005, S. 61–67.
17 Vgl. Baumeister, 2005, S. 53.
18 Ebenda, S. 56.
19 Vgl. Hiller, 1986, S. 104.

Der militärisch-amtliche Film

Unsere Helden an der Somme und Hinter der Westfront

wird vom 20.-26. Februar in

Lichtspielhaus Germania, Hohestr. 90

vorgeführt.

Verstellungen vorm. 9½, 11 Uhr, nachm. 3, 4½, 6, 7½ und 9 Uhr.

Preise der Plätze: Loge 3 Mk., Sperrsitz 2 Mk., Erster Platz 1 Mk., Zweiter Platz 0.60 Mk., Dritter Platz 0.50 Mk.

Der „Kölsche Boor" in Eisen.

Graven & Bechtold, Cöln, Weyerstr. 19.

Irene Schoor und Marion Kranen

„Verläßliche, tüchtige Vorführerin sucht zum 1.9.1917 Dauerstelle!"
Film und Kino in Köln während des Ersten Weltkrieges

Die Kinobegeisterung in Köln beeindruckte sogar einen Berliner, der aus der kinematografischen Metropole Deutschlands in die Stadt kam. „Alles riecht nach Film!", schrieb Arthur Mellini, Chefredakteur des Berliner Fachorgans „Lichtbild-Bühne", nach einem Besuch in Köln im Jahre 1910. Und er fuhr angesichts des „Riesenkinos Köln" fort: „Wenn jemand sehen will, welch' gewaltigen Einfluß die Kinematographie auf das öffentliche Straßenleben und das gesamte Volksempfinden ausübt, der sehe sich die heutige Hohe Straße in Köln an [...]."[1]

Wenige Jahre später, bis zum Beginn des Ersten Weltkrieges, hatte sich das noch junge Kino endgültig etabliert. Waren die ersten kinematografischen Vorführungen noch Varieténummern und Jahrmarktattraktionen, gab es im Jahre 1914 bereits 31 eigene Lichtspielhäuser[2] mit regelmäßigen Filmprogrammen in der Kölner Innenstadt und in den Vororten. Kinos wie das „Union-Theater" auf der Hohe Straße, das „Scala" in der Herzogstraße und das „Moderne Theater" in der Breite Straße waren prunkvolle Bauten mit bis zu 1.400 Plätzen, deren repräsentative Ausstattung an Theater- und Opernhäuser erinnerte.

Kurz nach Kriegsbeginn schlossen zwar einige „Kinematographen-Theater" ihre Tore, sie nahmen aber wenige Tage später ihr Programm bereits wieder auf und stellten sich auf die neue Situation ein.[3] Die Kinos wurden, wenn auch nicht immer freiwillig, zur patriotischen Institution. Es war das erste Mal in der Geschichte des noch jungen Mediums, dass Filme zu Kriegszwecken eingesetzt wurden. So lieferten ab Oktober 1914 die Messter- und Eiko-Wochenschauen regelmäßig Berichte vom Kriegsgeschehen, die vorher vom Militär kontrolliert und zensiert wurden. Gleichzeitig hatten die Kinos – bedingt durch Zensur und Einfuhrverbote für ausländische Filme – ihre wichtigsten Handelspartner für den Bezug von Spielfilmen verloren, allen voran die französischen Filmvertriebe, die zuvor den Markt dominierten.

Kölns Kinobesitzer reagierten schnell. So kündigte das „Moderne Theater" bereits im Oktober 1914 ein „Kriegsschauspiel in 3 Akten" an: „Es braust ein Ruf wie Donnerhall", die „Geschichte eines kriegsfreiwilligen deutschen Primaners", ein Drama, „das begeisterte Vaterlandsliebe geschaffen hat zur Nacheiferung für uns alle – ein Werk, erfüllt von glühendem Patriotismus!". Außerdem im „bunten Programm": „reichhaltige, aktuelle Kriegsberichterstattung".[4]

Emil Schilling, der nicht nur das „Moderne Theater" besaß, sondern mit der Deutschen Film-Gesellschaft auch noch einen Filmverleih in der Glockengasse betrieb, hatte die Zeichen der Zeit erkannt und bot in Anzeigen

„Castans Panopticum",
Hohe Straße 11–13,
Fotografie, Köln, 1914
(RBA)

Hans Rudi Erdt (Entwurf), Kinofilm-Plakat „Unsere Helden an der Somme und hinter der Westfront",
gedruckt bei Greven & Bechtold, Köln, 1916/1917 (KSM)

weitere Filme wie die „humoristische Kriegs-Revue: Michels eiserne Faust" an, mit der Kinobesitzer ihre Kon-
kurrenten „in die Defensive" drängen könnten.[5] Mit der
„Kölnischen Zeitung" produzierte er auch einen Werbe-
film für Kriegsanleihen zur Unterstützung des Krieges,
mit „Mitgliedern der Millowitsch-Bühne" als Darsteller.[6]

Neben etablierten Firmen wie der Deutschen
Film-Gesellschaft von Emil Schilling stiegen gleich
mehrere neu gegründete Kölner Unternehmen in das
aufblühende Verleihgeschäft ein. Als sich im Jahre 1917
auch noch vier deutsche Verleiher zum „Bioskop-Konzern" zusammenschlossen, der seinen Geschäftssitz in
der Breite Straße bezog, hatte Köln, wie „Der Kinematograph" meldete, im Westen eine Führungsposition in der
Verleihbranche errungen.[7]

Weil Geld knapp und die Reisewege wegen des Krieges teilweise beschwerlich waren, griffen Produzenten,
die in Köln Filme drehten, zunehmend auf „lokale Künstler" zurück. So engagierte die Deutsche Kinematogra-
phen-Gesellschaft „den bekannten Cölner Lokalkomiker
Hermann Job, den Direktor der weit über Cöln hinaus
bekannten und in Künstlerkreisen wohlakkreditierten

„Jobs lustige Bühne'".[8] Er übernahm die Hauptrolle in
dem Film „Hermann weiß von nichts" (1916) und spielte schon im November 1916 zusammen mit seiner Frau
Eva und Schauspielerinnen des Kölner Ensembles in
dem Schwank „Wenn die Liebe nicht wär'".[9]

Nicht nur Produktion und Verleih, auch Kinos profitierten vom Krieg. Als preußische Garnisons- und Festungsstadt war Köln mit seinen zahlreichen Kasernen
und Forts eine Drehscheibe für Truppentransporte. Für
die Soldaten, die hier auf ihre Einsätze warteten, gab es
schon bald spezielle Programme, die als „Militärlicht-
spiele" mit ermäßigten Preisen in den Kinos liefen. Noch
im Januar 1918 wurde in der Flora ein eigenes „Militär-
kino" eingerichtet, das, wie „Der Kinematograph" berichtete, „die Angehörigen der Garnison Köln mit den
amtlichen Films bekanntmachen soll [...]".[10] Für den
Dokumentarfilm „Graf Dohna und seine Möwe", der zu
propagandistischen Zwecken vom staatlichen Bild- und
Filmamt BUFA über den Hilfskreuzer SMS Möwe gedreht
worden war, strömten im Juni 1917 Ersatzbataillone mit
mehr als 1.000 Soldaten in die Germania-Lichtspiele auf

der Hohe Straße und in die Agrippina-Lichtspiele auf der Breite Straße.[11] Auch Kölner Schüler besuchten mit ihren Lehrern die Schulvorstellungen in beiden Kinos. Der Stadt-Anzeiger meldete, dass für die Filmvorführungen der „Heldentaten der Möwe und ihrer Besatzung [...] bereits über 50.000 Besuchsanmeldungen von Schülern aller Art" vorlagen [...]"[12].

Dass die Kölner Kinos während des Krieges stetig mehr Einnahmen erzielten, scheint nicht nur Soldaten und Schülern zu verdanken zu sein, sondern auch der steigenden Besuchsfrequenz von Frauen.[13] Mit der Fortdauer des Krieges wurden Klassiker wie „Der Golem", Detektivfilme („Das unheimliche Haus") und Lustspiele („Wie du mir, so ich dir") immer beliebter. Sie boten wenigstens für kurze Zeit Ablenkung von Sorgen und Not. Dafür zahlten Kölner Kinobesucher im billigsten Parkett 35 Pfennig, den Preis für ein Kilo Schwarzbrot.

Im Verlauf des Krieges verschlechterte sich die allgemeine Versorgungslage in der Stadt. Die Stadtverwaltung rationierte Lebensmittel und richtete für die Bevölkerung fahrbare Küchen ein. Die Messter-Woche illustrierte 1917 einen Beitrag über die „Entwertung der Deutschen Mark" mit Aufnahmen vom Kölner Heumarkt, der das Gedränge beim Handel mit Altwaren und alten Kleidern zeigte.[14]

Infolge der kriegsbedingten Materialknappheit wurde auch Zelluloid ein gesuchter Rohstoff. Gleichzeitig stiegen die Preise für „Alt-Zelluloid". Die Klagen mehrten sich, dass „Filmvorführer den entliehenen Filmkopien ganze Szenen entnehmen, um sich durch den Verkauf der ‚Abfälle' zu bereichern"[15]. Auch die Humboldt-Lichtspiele in Kalk stiegen in den Handel ein und inserierten im Mai 1916: „Alte Zelluloidfilme und Abfälle für technische Zwecke, kaufe jedes Quantum"[16].

Es mangelte nicht nur an Filmmaterial, Kohle und Strom, auch Arbeitskräfte fehlten. Vor allem kleinere Familienkinos mussten ihre Pforten schließen, weil Kinobetreiber, Vorführer und Musiker in den Kriegsdienst einberufen wurden. Erst ab dem Jahre 1915 war es

Frauen und Jugendlichen unter 21 Jahren erlaubt, Vorführpatente zu erwerben und im Kino Tätigkeiten zu verrichten, die vor dem Krieg eine Domäne der Männer waren. Anzeigen wie die von Frau Holler aus Köln-Ehrenfeld fanden sich fortan häufiger: „Verläßliche, tüchtige, lange Jahre tätige Operateurin [...] sucht Dauerstelle"[17].

Bis zum Ende des Krieges wurden mehr Kinos geschlossen als neu eröffnet. Ihre Zahl sank von 31 auf 24. Als auch die größte Kölner Produktions- und Vertriebsfirma, der Bioskop-Konzern, im November 1918 seine Geschäftsstelle nach Berlin verlegte, verlor Köln seinen Rang als „Filmhandelsstadt des Westens".

Das Lichtspielhaus „Scala" in der Herzogstraße 9, Fotografie, Köln, um 1909 (Archiv Maurice Cox)

1   Lichtbild-Bühne, 1910, Nr. 93.
2   Siehe hierzu die Zahlen bei: Fischli, 1990, S. 16 und S. 31.
3   Stadt-Anzeiger, 15.8.1914, Abend-Ausgabe, Erstes Blatt.
4   Stadt-Anzeiger, 10.10.1914, Abend-Ausgabe, Erstes Blatt.
5   Der Kinematograph, 7.10.1914, Nr. 406.

6   Der Kinematograph, 26.9.1917, Nr. 561.
7   Der Kinematograph, 12.12.1917, Nr. 572 und 19.12.1917, Nr. 573.
8   Der Kinematograph, 30.8.1916, Nr. 505.
9   Ebenda.
10 Der Kinematograph, Nr. 575, 9.1.1918.
11 Stadt-Anzeiger, 9.6.1917, Abend-Ausgabe, Zweites Blatt.

12 Ebenda.
13 Statistisches Jahrbuch der Stadt Köln, 1919, S. 118; Fischli, 1990, S. 36.
14 Messter-Eiko-DLG-Wochenschauaufnahme, 1917, Nr. 24.
15 Der Kinematograph, 28.7.1916, Nr. 500.
16 Der Kinematograph, 24.5.1916, Nr. 491.
17 Der Kinematograph, 22.8.1917, Nr. 556.

Sascha Pries

„Träume ich? Ist wirklich Krieg?"
Freizeit und Vergnügen in Köln vor 1914 und im Krieg

Erst eine ausgereifte Vergnügungskultur macht eine Stadt zur Metropole.[1] Doch Freizeit gab es im Köln des Kaiserreichs bei Weitem nicht so viel wie heute: In den Tarifgemeinschaften hatten 1912 nur rund fünf Prozent der Arbeitnehmer eine kürzere Wochenarbeitszeit als 52 Stunden. Das Gros, nämlich 38 Prozent, arbeitete 58 bis 60 Stunden in der Woche und immer noch rund zehn Prozent hatten eine Wochenarbeitszeit von über 64 Stunden.[2] Das betraf in Köln insbesondere Arbeiter, die hier mit 93.732 Personen (davon ca. 20.000 Arbeiterinnen) rund zwei Drittel der in Gewerbebetrieben Beschäftigten ausmachten und rund ein Fünftel der Stadtbevölkerung.[3] Die oftmals nicht offiziell beschäftigten Frauen tauchen in diesen Statistiken selten auf, sie übernahmen neben der Hausarbeit aber oft noch zusätzliche Stücklohnarbeiten, um das Auskommen der Familie zu sichern.

Freizeit und Familie
Da der Samstag generell als Arbeitstag galt, blieb für die meisten nur der Sonntag für Freizeitaktivitäten, die meist aber erst nach dem Besuch der Messe stattfanden. Besserverdienende wie Beamte, Ärzte, aber auch Angestellte, Handwerksmeister, Facharbeiter, Angehörige des Militärs usw. konnten aufgrund kürzerer Ar-

beitszeiten und einer besseren finanziellen Ausstattung regelmäßiger an den Freuden der Metropole teilhaben.

Da während des Krieges nur noch selten Ausflüge im Familienverbund gemacht werden konnten, wurden 1915 in den Kölner Schulklassen 150 Wandergruppen gegründet, die Ausflüge in die Umgebung der Stadt unternahmen.[4] Nähere Ausflugsziele blieben natürlich die Kölner Parks und Plätze. Insbesondere die Ringstraße zog nicht nur Gutsituierte, sondern auch Arbeiterfamilien an, die hier mit dem Spaziergang einer kostenlosen Freizeitbeschäftigung frönen konnten.

Amüsiergroßbetriebe
Ein besonderes Zentrum der Massenvergnügung war der „Amerikanische Vergnügungspark" am „Goldenen Eck" in Riehl. Mit allerlei Fahrgeschäften, einer großen Achterbahn, Kuriositätenkabinetten, Restaurants und Wirtshäusern bot der Park, der sich etwa auf dem Gebiet der heutigen Rampe der Zoobrücke befand, am Wochenende bis zu 15.000 Menschen aller Schichten leichte Unterhaltung. Ein zeitgenössisches Lied preist das Amüsierviertel, zu dem auch die Radrennbahn, der Zoo, die Flora und bis zu 30 Lokale und Gaststätten gehörten, an: „Et interessantste, wat et nor deit gevve / Dat eß zo Kölle doch de golde Eck. / [...] Des Sonndagsnohmeddags kraut Alt und Jung dohin, / Als göv et andersch nirgends jet zo sinn."[5] In der Gaststätte Riehler Haus wurde 1910 noch Gottfried Hagenbecks „Indische Völkerschau" gezeigt. Doch auch an der Decksteiner Mühle gab es einen Vergnügungspark mit einer elektrischen Turmbahn, einer Wasserrutschbahn, zahlreichen Buden mit Glücks- und Geschicklichkeitsspielen sowie Spielangeboten für Kinder. Der Vergnügungspark, dessen Beleuchtung ihn „in ein Lichtermeer" tauchte, wurde Ostern 1909 von rund 40.000 Kölnerinnen und Kölnern besucht.[6]

Der vom Architekten Carl Moritz entworfene „Vergnügungspalast" Groß-Köln an der Friesenstraße wurde am 16. Januar 1912 eröffnet. Auf dem 43 x 110 Meter großen

Das Strandbad Langel, Fotografie, Köln, 1913 (KSM)

„Köln amüsiert sich. Der Führer durch das lebensfrohe Köln", 1914 (KSM)

111

Der Amerikanische Vergnügungspark in Köln-Riehl, Fotopostkarte, um 1910 (Privatbesitz Joachim Brokmeier)

Werner Mantz (Fotograf), „Zillertal" im Vergnügungspalast „Groß-Köln", Fotopostkarte, Köln, 1920er-Jahre (KSM)

Gelände entstand „eine Stätte fröhlichen Genusses für die Bürgerschaft und die Köln besuchenden Fremden"[7]. Tatsächlich war das Groß-Köln ein Multifunktionsvergnügungstempel: Es enthielt ein Kino mit 450 Sitzplätzen, eine Weinstube, ein Restaurant mit beleuchtetem Brunnen, eine Kölner Bierstube und ein Englisches Buffet. Die Hauptattraktion war jedoch das Bierrestaurant „Ober-Bayern", das vom Panorama-Maler Joseph Krieger eine plastische, „naturgetreue" und „herrliche Alpenszenerie"[8] erhalten hatte. Die Alpenbälle waren vor dem Ersten Weltkrieg in vielen deutschen Großstädten außerordentlich beliebt. Die Großstädter konnten sich bei dieser „temporären Verdorfung"[9] ihrer unmittelbaren Lebensumgebung einerseits in eine agrarromantische Ersatzwelt flüchten, sich aber gleichzeitig auch selbst der eigenen „zivilisatorischen Überlegenheit" gegenüber der Dorfkultur vergewissern. Die familiäre Geselligkeit bei den Bällen war der Gegenentwurf zur „anonymen Interaktion in der Großstadt"[10].

Folgen des Krieges

Alle diese Möglichkeiten, die Freizeit unterhaltsam zu gestalten, wurden mit Kriegsbeginn verboten bzw. die Etablissements geschlossen. Der Vergnügungspark und die Flora wurden in Kasernen verwandelt. Erst nach und nach entwickelte sich aus dem Trubel der Mobilmachung wieder ein „normales" Alltagsleben, das auch die Unterhaltung mit einschloss.

Tatsächlich wurde die Teilhabe der Arbeiter an der Vergnügungskultur der Großstadt gerade durch den Krieg ermöglicht. Die in der Kriegswirtschaft gezahlten Löhne waren bis zu dreimal so hoch wie vor dem Krieg, sodass Arbeiter durchaus mehr verdienten als Mittelständler, was auch für Arbeiterinnen, wenn auch in deutlich geringerem Maß galt. Dennoch: 1916 hatte im Mülheimer Carlswerk ein besonders fleißiger Arbeiter die unglaubliche Summe von 5.000 Mark[11] verdient, vor dem Krieg waren 1.000 bis 2.000 Mark üblich. Doch die „Arbeiterschaft scheint die günstige Gelegenheit, Ersparnisse zu machen, unbenutzt zu lassen, und statt dessen den reichlichen Lohn in unnötigen Genüssen auszugeben"[12].

Bälle genossen generell und nicht nur in Köln sehr hohe Popularität, denn Tanzveranstaltungen waren ein wichtiger sozialer Raum, in dem Liebschaften angebahnt werden konnten. Ab dem 1. August 1914 wurden alle Arten von „Tanzlustbarkeiten" vom Polizeipräsidenten verboten und offenbar auch keine Veranstaltungen dieser Art mehr angemeldet. Ferner wurde die Polizeistunde auf 24 Uhr herabgesetzt, für Soldaten vom Feldwebel abwärts sogar auf 22 Uhr. „Lokale, in denen Gesang und deklamatorische Vorträge abgehalten wurden (Tingel-Tangel), haben diese eingestellt."[13] Nach einigen Wochen gab es wieder unterhaltende Bühnenprogramme. „Abgesehen von der Bürgerschaft, [wollten] besonders die zahlreichen in Köln weilenden Militärpersonen nach des Tages strengem Dienst des Abends etwas aufheiternde Unterhaltung haben."[14] Das Groß-Köln etwa hatte seit Mitte August wieder geöffnet, sein Programm aber an die Kriegszeit angepasst. Dennoch versuchten findige Kölner auch das Tanzverbot zu umgehen. Es „ist wiederholt vonseiten der Tanzlehrer die Veranstaltung von Lustbarkeiten unter der Bezeichnung

Heinz Kroh,
Verkäuferinnenball,
Öl auf Leinwand,
Köln, um 1914 (KSM)

‚Tanzunterricht' versucht worden. [...] Die Reviere sind angewiesen, nötigenfalls zur zwangsweisen Räumung der Säle zu schreiten, wenn die Unternehmen nicht in der Lage sind nachzuweisen, daß es sich um wirklichen Tanzunterricht handelt.“[15]

In den Gastwirtschaften waren zunächst kaum Mängel zu spüren. Die Versorgung blieb in den ersten Kriegsmonaten noch recht gut. Ab dem Frühjahr 1915 machten sich jedoch Schwierigkeiten bemerkbar: So durften nur noch 60 Prozent der Gerstenernte zum Brauen verwendet werden, woraufhin die Kölner Wirte-Innung den Preis für ein Glas Kölsch um zwei auf zwölf Pfennige erhöhte, was zu einigen Problemen mit den Gästen führte.[16] „Die Freunde des Kölschen Bieres befinden sich in begreiflicher Erregung. Der beliebte Stoff wird immer knapper und dünner. Um ½ 12 Uhr wird kein neues Fass mehr angeschlagen [...].“[17] Tatsächlich wurde der Alkoholgehalt im Bier während des Krieges auf zwei Prozent gesenkt, was den Konsum nochmals reduzierte. Denn „ein solches ‚Wassergebräu' war zu schade, daß man es einem Esel ins Ohr goß [...]“[18]. Das Gouvernement begrüßte diese Entwicklung im Sinne einer „zweckmäßigen und sparsamen Volksernährung“[19]. Es griff ab Mitte 1915 auch stärker in die Speisepläne der Gasthäuser ein, da sich die allgemeine Nahrungsmittelknappheit bemerk-

bar machte. So wurden fleisch- und fettlose Tage eingeführt: Als „ein Unglück wurde es in Köln beklagt, dass samstags keine Hämchen mehr verabreicht werden durften“[20]. Auf den Wegfall der eingezogenen Kellner reagierten die Gasthäuser wie alle übrigen Betriebe auch mit der Einstellung von Frauen. Im Laufe des Krieges hatten die Gastronomen insgesamt mit einem starken Umsatzrückgang zu kämpfen.

Dies wird auch mit dem zurückgehenden Fremdenverkehr in der Stadt zu tun gehabt haben. 1914 wurden in Köln 815.722 Touristen gezählt. Ein Großteil davon kam als Besucher der Werkbund-Ausstellung vor dem Kriegsausbruch, sodass trotz der international gerühmten Schau ähnlich viele Besucher in Köln waren wie 1913. 1915 sank die Zahl dann bereits auf 528.757 ab.[21] Dass sie trotzdem noch so hoch lag, war der Präsenz von beurlaubten Offizieren, Verwundeten in den Lazaretten und Truppen in Ausbildung zu verdanken.[22] Ausländer, insbesondere Angehörige feindlicher Staaten, durften sich nach August 1914 nicht mehr in der Stadt aufhalten. Auch die Kölner, die es sich bisher leisten konnten, verreisten nun weniger. Fahrten ins feindliche Ausland waren generell unmöglich und standen zudem nicht im Einklang mit der geforderten patriotischen Gesinnung. Die Reisebüros in Köln schlossen vielfach oder hatten

kürzere Öffnungszeiten. „Von einem geordneten Reise-
bürogeschäft konnte nun keine Rede mehr sein."[23]

Militär und Prostitution

Wie in vielen anderen Städten auch, gab es im Kölner
Vergnügungsviertel zwischen Friesenplatz und Hauptbahnhof und in der Altstadt viele sogenannte „Dirnen-
häuser" bzw. ganze „Dirnenstraßen". Diese wurden offenbar von Kölnern wie Touristen gerne besucht: „An
jedem Sonntag durchziehen scharenweise auswärtige
Besucher mit ihrer weiblichen Begleitung und Kindern
diese verrufenen Straßen, um ihnen diese ‚Sehenswür-
digkeit Kölns' zu zeigen."[24]

Schon zuvor, noch stärker aber seit Beginn des Krieges, wurde dies in Köln als „Dirnenplage" wahrgenom-
men. Skandalös sei in Köln wie in keiner anderen Stadt
„die Aufdringlichkeit der Dirnen, besonders in der Nähe
des Domes, am Ring zwischen Friesenstraße und Rudolfplatz und namentlich am Wallraf-Richartz-Museum
und in der Hohestraße [...]"[25]. Der Einsender eines Le-
serbriefs wurde einige Tage zuvor „an der Rechtsschule
von einer Dirne nicht nur angesprochen, sondern von ihr
in aufdringlicher Weise mindestens zehn Schritte verfolgt"[26].

Waren einige Kölner schon vor Kriegsausbruch ge-
willt, diese „Pestbeule"[27] loszuwerden, wurde die Prostitution für das Gouvernement zu einem tatsächlichen
Problem: Schon im August 1914 wies der Innenminister
den Regierungspräsidenten in Köln an, die Prostitution
„im Interesse des Gesundheitszustandes der zur Fahne
einberufenen Mannschaften und der Bevölkerung überhaupt"[28] stärker zu überwachen. Daraufhin ließ der Gouverneur von den 102 bekannten Dirnenhäusern in Köln
46 schließen und die darin wohnhaften 219 Prostituier-

ten aus der Festung ausweisen. Dennoch wurde seitens
des Kriegsministeriums 1916 moniert, „daß auf den
Bahnhöfen, besonders in den größeren Städten, vielfach
Prostituierte sich an die ankommenden [...] Heeresangehörigen herandrängen. Geschlechtliche Erkrankungen
sind auf diese Weise nachweislich erfolgt"[29]. Und der
Gouverneur in Köln musste zugeben, „daß in der Nähe
des Hauptbahnhofs fortgesetzt hiesige und auswärtige
heimliche und Kontrolldirnen ihr Unwesen treiben"[30].

Doch gab es auch männliche Prostitution in Köln, die
mit dem vermehrten Soldatenaufkommen in Köln wohl
eher zu- als abnahm. Ein in Köln stationierter Soldat gab
vor Gericht an, 100 Mark für „unlautere Dinge" erhalten
zu haben.[31] Überhaupt gab es in Köln vor dem Krieg und
wohl auch während des Krieges eine polizeilich geduldete Schwulenszene. Am Heumarkt bestand 1908 mindestens eine vorwiegend von Homosexuellen besuchte
Kneipe, von denen es 1914 bereits mehrere gab. Auch
sogenannte „Urningsbälle" fanden regelmäßig und unter
Duldung der Behörden statt. Diese hatten eingesehen,
dass eine Unterdrückung der Schwulen nicht möglich
war, und begnügten sich damit, dass die Homosexualität
auf diese Weise wenigstens in der Öffentlichkeit weitgehend unsichtbar blieb.[32]

Rheinischer Frohsinn?

Im November 1914 berichtet im Stadt-Anzeiger ein Leser über ein nächtliches Erlebnis auf der Hohe Straße:
„Eine wogende Menge festlich gekleideter, meist junger
und sehr junger Leute aus beiden Geschlechtern. Sorg-
losigkeit und rheinischer Frohsinn auf jedem Gesicht.
Träume ich? Ist wirklich Krieg? Kaum wollte man's
glauben!" Und weiter in der Gaststätte: „Hier dröhnt der
Würfelbecher auf dem Tisch, dort klatschen die Karten
auf die Marmorplatte. Das Geld scheint keine Rolle zu
spielen; auch die Zeit nicht: Heute ist heut!" Trotz aller
Einschränkungen der Regierung konnte der Krieg den
Puls der Großstadt nicht stoppen. Auch während des
Krieges gab es in Köln ein großes Verlangen nach Vergnügen, das sich auf vielfältige Weise ausdrückte: „Freilich, hier merkt man nichts von nassen Schützengräben,
[...] von Tod und Gefahr."[33]

Heinz Kroh, Café
Hindenburg, Öl auf
Leinwand, Köln, 1916
(KSM)

1   Becker, Niedbalski, 2011, S. 10.
2   Statistisches Jahrbuch für das Deutsche Reich,
    1914, S. 82 f.
3   Statistisches Jahrbuch der Stadt Cöln für 1914,
    1915, S. 49.
4   Reuther, 1931, S. 740.
5   Andenken an Wattlers Fischerhaus, ca. 1900,
    S. 17.
6   Der Köln-Lindenthaler Vergnügungspark,
    Stadt-Anzeiger, 21.4.1909, Nr. 175 II.
7   Vergnügungspalast Groß-Köln, Stadt-Anzeiger,
    17.7.1911, Nr. 319 III.
8   Der Vergnügungspalast Groß-Köln, Kölner
    Tageblatt, 17.1.1912, Nr. 25.
9   Schneider, 2011, S. 199.
10 Ebenda, S. 215.
11 Verwaltungsbericht für die Kriegszeit bis
    1.2.1917, Bl. 401.
12 Verwaltungsbericht für die Kriegszeit bis
    31.10.1917, Bl. 429.

13 Landesarchiv NRW, Abteilung Rheinland, Best.
    BR9, Nr. 7653, Bl. 108.
14 Reuther, 1931, S.196.
15 Landesarchiv NRW, Abteilung Rheinland, Best.
    BR9, Nr. 7653, Bl. 126.
16 Reuther, 1931, S. 531 f.
17 Ebenda, S. 533.
18 Macherey, 1995, S. 20.
19 Reuther, 1931, S. 533.
20 Ebenda, S. 535.
21 Stadt-Anzeiger, 10.6.1918, Abend-Ausgabe,
    Zweites Blatt, zit. n. Standt, 2013, S. 159.
22 Stadt-Anzeiger, 1.1.1916, Morgen-Ausgabe,
    Viertes Blatt. zit. n. Standt, 2013, S. 159.
23 Krudewig, 1990, S. 301.
24 Nochmals die Dirnenplage, Stadt-Anzeiger,
    30.5.1911, Nr. 243.
25 Erfolgt nun endlich Abhülfe?, Localanzeiger,
    25.2.1914, Nr. 54.
26 Ebenda.

27 Ebenda.
28 Schreiben des Innenministers, Landeshaupt-
    archiv Koblenz, Best. 403, Nr. 6809, Bl. 131.
29 Schreiben des Kriegsministeriums, Landes-
    hauptarchiv Koblenz, Best. 403, Nr. 6809,
    Bl. 225.
30 Schreiben des Gouverneurs. Landesarchiv
    NRW, Abteilung Rheinland, Best. BR9, Nr. 7724,
    Bl. 330.
31 In het Panhuis, 2006, CD, S. 70.
32 Ebenda, S. 65.
33 Im gesamten Absatz zit. n. Reuther, 1931,
    S. 244 f.

Sascha Pries

„... eine Schule für den Militärdienst"
Sport in Köln um 1914

Köln als Sportmetropole

Leibesübungen waren im Kaiserreich nicht bloßer Zeitvertreib, sondern Mittel zum Zweck eines klaren politischen Programms im Sinne der Volkshygiene, des Nationalismus, des Militarismus: „Das Turnen in der Schule soll [...] die Kraft, Ausdauer und Gewandtheit des Körpers [...] vermehren [...], besonders auch mit Rücksicht auf den künftigen Wehrdienst im Vaterländischen Heere [...]."[1]

Die sportliche Betätigung gehörte für den modernen Menschen zum großstädtischen Leben. Allenthalben entstanden Sportvereine – in Köln waren es zwischen 1871 und 1900 rund 140 –, die ihre eigenen Plätze, Hallen und sonstigen Spielstätten hatten oder einforderten. Auch die Stadt Köln engagierte sich in Sachen Sport: Bereits 1911 waren die reichsweit einzigartigen städtischen Sportstätten an den Poller Wiesen eingerichtet worden. Zwischen 1895 und 1914 baute die Stadt Köln zudem fünf Hallenbäder, die neben sportlichen natürlich auch hygienischen Zwecken dienen sollten. Denn insbesondere in den Arbeiterwohnungen gab es meist keinen Frischwasseranschluss, geschweige denn ordentliche Waschräume. Noch im Mai 1914 beschlossen die Stadtverordneten den Bau eines Wellenbades am Neusser Wall für 1,2 Millionen Mark, weil davon ein „nicht zu unterschätzender hydrotherapeutischer Erfolg"[2] zu erwarten war.

Die sportlichen Wettkämpfe in Köln entwickelten sich schnell zu Großveranstaltungen mit Zehntausenden Zuschauern. Sehr früh wurden auch die Grenzen zwischen Sport und Unterhaltung aufgelöst. In Castans Panopticum, einem Unterhaltungsetablissement mit Wachsfiguren, Schreckenskammer, Kuriositätenkabinett und Varieté auf der Hohe Straße 11/13, gab es etwa „eine Reihe allerliebster junger Mädchen [...], die in Badekostümen zum Wettschwimmen"[3] antraten. Ob hier der Wettkampf oder nicht vielmehr die unauffällige Leichtbekleidung der Frauen in Vordergrund stand, ist zumindest fraglich.

Daneben gab es ernst gemeinte Kooperationen von Sportlern und der Unterhaltungsbranche: Der Kölner Schwimm-Klub 1906 veranstaltete am 21. August 1912 sein erstes Sechs-Stunden-Schwimmen (in der Art der Sechs-Tage-Rennen). Austragungsort war das Wasserbassin der großen Wildwasserrutsche im Amerikanischen Vergnügungspark in Riehl. Der Park wurde

Wilhelm Eisfeller (Druck), „Kreis-Turnfest Köln 1905", Bildpostkarte (Stiftung Deutsches Sport & Olympia Museum Köln)

Adolf Winkel, Wagenentwurf für den Rosenmontagszug 1914: Der Sport, Aquarell, Köln, 1914 (KSM)

Bernhard Dondorf (Druck), Sportquartett mit Darstellung populärer Sportarten, 1908/1909 (Stiftung Deutsches Sport & Olympia Museum Köln)

rung des Sports geprägt. Während sich die Vereine auf lokaler, regionaler und nationaler Ebene zu Verbänden (in Köln gab es 1914 acht dieser Verbände) zusammenschlossen, wurden parallel internationale Beziehungen geknüpft, die zur Austragung von Welt- und Europameisterschaften führten. Zudem bestand zwischen den Sportlern selbst ein reger internationaler Austausch. So war 1908 eine große Delegation amerikanischer Turner in Köln zu Besuch und feierte im Volksgarten mit den hiesigen Vereinen ein Gartenfest.

Die Vaterländischen Festspiele wurden in Köln seit 1899 abgehalten. Das Ziel war es, Amateursportler „zu gemeinsamem körperlichen und geistigen Wettkampfe zusammenzuführen, um das nationale Bewusstsein, den vaterländischen Sinn zu stärken"[6]. Schon bei der ersten Austragung 1899 waren 30.000 bis 40.000 Besucher im Stadtwald zugegen. Auch Frauen nahmen an den Wettkämpfen teil, allerdings in erster Linie in für Frauen „ziemlichen" Sportarten wie dem „Radkorso" oder „Stilrudern".[7]

Vor allem die Festspiele von 1913 entwickelten sich aufgrund des Kaiserjubiläums zu einem besonderen Volksfest. Im Juli 1914 wurden die Festspiele im Stadtwald, dann auf den Poller Wiesen und im Stadion der Werkbund-Ausstellung abgehalten. Rund 550 Leicht- und 40 Schwerathleten sowie 2.000 Schüler beteiligten sich an den Wettkämpfen, die aufgrund des Ersten Weltkrieges erst 1920 wieder stattfinden konnten.

Der Box-Sport war damals schon in Köln populär. Der 1906 gegründete SC Colonia 06 entwickelte sich – obwohl das Boxen in Deutschland bis 1918 offiziell verboten blieb – bis 1914 zu einem einflussreichen Verein. 1912 gewannen Mitglieder des Vereins die Westdeutsche Meisterschaft im Leicht- und Schwergewicht.

Köln war traditionell ein Zentrum des Rad- und Motorsports. Die Köln-Lindenthaler Metallwerke AG stellte vor dem Ersten Weltkrieg mit 750 Mitarbeitern rund 35.000 Fahrräder im Jahr her.

Für die Kölner Turnbewegung stellte das Jahr 1914 einen Höhepunkt dar: Waren 1900 im Sieg-Rhein-Gau – einem Zusammenschluss von Turnvereinen aus dem Gebiet zwischen Köln, Bonn, Siegburg und Mülheim/Ruhr – noch 4.078 Turner in 42 Vereinen organisiert, war die Zahl der Mitglieder 1914 auf 10.625 gestiegen (die Zahl der Vereine ist nicht überliefert).[8]

Sport im Krieg

Der Krieg veränderte in allen Bereichen sportlicher Betätigung die Ausgangslage. „Tausende und aber Tausende Angehörige Kölner Turn- und Sportvereine eilten als

sonntags von bis zu 15.000 Menschen besucht, was für die Schwimmer einen zentralen Grund für diese Ortswahl darstellte.[4]

Der Sport übernahm – zumindest in den Vereinen, in denen Frauen- und Männer-Teams bestanden – zudem auch bestimmte soziale Funktionen. Ein Zeitgenosse beschreibt es so: „Früher war der [Tanz-]Ball ein wesentlicher Liebes- und Heiratsvermittler. Der Sport hat ihn darin, wenn nicht ersetzt, so doch ergänzt."[5]

Die Zeit vor 1914 war von einer Internationalisie-

Freiwillige zu den Fahnen, ins Feld; sie wollten nicht zurückstehen, als es galt, das in friedlicher Erziehungsarbeit Erworbene in den Dienst des Vaterlandes zu stellen, ihre gestählten Körper, ihren gestählten Willen."[9] Viele Sportveranstaltungen wurden nach der Kriegserklärung am 1. August 1914 abgesagt. So fanden das geplante Dauerrudern von Rondorf nach Köln und das Radrennen am 2. August nicht mehr statt.

Die Sportvereine hatten durch die Mobilmachung einen akuten Mangel an aktiven Mitgliedern zu verzeichnen. In vielen Vereinen rückten mehr als die Hälfte der männlichen Mitglieder aus. Auch bei den Frauenriegen kamen die sportlichen Aktivitäten durch den erhöhten Arbeitseinsatz oft zum Erliegen. Zudem stellte die zunehmend schlechte Ernährungslage für die verbliebenen Sportlerinnen und Sportler ein Problem dar. Noch herber traf es Vereine, deren Spielstätten für militärische Zwecke umgenutzt wurden: So dienten viele Turnhallen als Lazarette, Lager oder zur Unterbringung von Soldaten. Der Sportplatz des KBC in Klettenberg wurde sogar in einen Schrebergarten verwandelt, um die schlechte Lebensmittelversorgung zu verbessern. Doch schon zuvor durfte etwa der Kölner Ruderverein sein Bootshaus auf Höhe der Marienburg „aus Verteidigungsrücksichten"[10] nicht bauen.

Auch die städtischen Bäder waren direkt von der Mobilmachung betroffen: So wurden am 6. August das Neptunbad und die Volksbäder in der Achterstraße, in Vingst, Sülz, Mülheim und Buchheim geschlossen. Lediglich das Strandbad und zwei Badeanstalten blieben geöffnet, in Letzteren waren aber die Schwimmbecken nicht zugänglich.[11]

Nach Kritik seitens der Presse – in Düsseldorf und Krefeld waren die Schwimmbäder nicht geschlossen

Imberg & Lefson (Druck), „Sportfest deutscher Soldaten hinter der Front", Fotopostkarte, 1916 (Stiftung Deutsches Sport & Olympia Museum Köln)

Otto Gerstenhauer, Athletischer Verein „Colonia" in der Poststraße, Fotografie, Köln, 1910–1920 (KSM)

chen und den Poller Wiesen geschaffen. Ziel dieser Angebote war es, „die Kinder für kürzere oder längere Zeit aus den vielfach engen und ungesunden großstädtischen Wohnverhältnissen heraus in die frische Landluft zu bringen"[14]. Allerdings geschah dies nicht nur aus gesundheitlichen Gründen: „Besonderes Interesse wird den Bestrebungen zur Förderung der körperlichen Ausbildung der Jugend zum Zwecke der militärischen Vorbildung entgegengebracht."[15]

So einschneidend der Kriegsbeginn für viele Vereine war, so kurios mutet eine Vereinsneugründung Ende 1915 an: Nachdem im Winter 1915/1916 Boote beschafft worden waren, hielt der Verein für Kanusport Cöln an Ostern 1916 seine erste Fahrt ab. Im Juli folgte eine Fahrt mit allen Wassersportvereinen Kölns, an der auch – als Zuschauer – Mitglieder der Gouvernements, verwundete Soldaten und Generäle teilnahmen.[16] Bei diesem Zusammengang von Ruderern und Gouvernement stand sicher auch im Hintergrund, dass die Sportler das „Rudern als eine unvergleichliche Schule für den Militärdienst"[17] ansahen.

Mit Kriegsbeginn stellten die Kölner Hersteller ihre Produktion auf den veränderten Bedarf um und verdienten gut an der Produktion von Fahrrädern für das Militär. Privatpersonen konnten im September 1916 ihre Gummireifen bei Sammelstellen verkaufen (vier Mark für Reifen in sehr gutem Zustand, 50 Pfennig für Unbrauchbare), ab dem 1. Oktober 1916 wurde die Luftbereifung enteignet.[18]

Sportliche Zeitgenossinnen

Seit 1906 war das Mädchenturnen an den Volksschulen offiziell eingeführt worden (wenn auch die Umsetzung der Vorgaben in Köln länger dauerte)[19], und seit 1903 gab es in Köln den ersten Schwimmverein für Frauen, zu dem sich bis 1914 noch drei weitere hinzugesellten.[20] Der 1908 vom Verein zur Verbesserung der Frauenkleidung vorgestellte „Kölner Turnkittel" war das erste Kleidungsstück, dessen Bewegungsfreiheit Frauen nicht nur die Teilnahme an allen Sportarten ermöglichte, sondern das – wegen des frei erhältlichen Schnittmusters – auch leicht selbst angefertigt werden konnte. Es ist bemerkenswert, dass besonders die Frauen nach 1914 in vielen Vereinen eine Vorreiterrolle einnahmen. Beim Jüdischen Turn Verein (JTV, später TuS Makkabi), der 1917 nur noch 64 Mitglieder hatte (vor 1914 etwa 100), von denen die Hälfte an der Front waren, sorgte vor allem die Damenriege für den Fortbestand des Trainings.[21]

Wenn Frauen sportlich aktiv werden wollten, mussten sie meistens eigene Vereine gründen. Viele (vor al-

worden und die Kohleversorgung war wieder ausreichend – wurden die Kölner Bäder von September bis Oktober sukzessive wieder geöffnet.[12] Die Stadt versuchte aber auch während des Krieges insbesondere für Kinder sportliche Aktivitäten zu ermöglichen. In den Herbstferien 1915 wurden täglich 450 Jungen und dreimal wöchentlich auch 400 Mädchen mit einem Sonderschiff zum Rodenkirchener Strandbad gebracht, „wo sie sich in Sonne und Wasser herumtummeln konnten"[13].

Für die älteren Schüler wurden Spiel- und Sportangebote im Blücherpark, Stadtwald, Gremberger Wäld-

lem kämpferische) Sportarten galten darüber hinaus als unweiblich und ihre Ausübung durch Frauen war verpönt. Der erste Kölner Turnverein, der Frauen zuließ, war 1905 der JTV, der bei seiner Gründung 1902 der fünfzehnte jüdische Turnverein in Europa war.[22] Der JTV stand den anderen Kölner Vereinen, was die nationalistische Grundhaltung angeht, in nichts nach. So ließ der erste Vorsitzende Julius Berger 1908 verlauten: „Gerade wir Kölner Turner stehen auf einem sehr exponierten Posten. Bilden wir doch die äußerste Wacht nach dem Westen hin."[23]

Zwischen 1915 und 1918 hielten die Frauen des Rhein-Sieg-Gaus weiterhin jährlich ihre Kreisfrauenturnfeste ab, die allerdings in Mülheim/Ruhr, Düsseldorf und Leverkusen stattfanden.

Sport und Ideologie

Der Erste Weltkrieg hemmte die Entwicklung des Sports in infrastruktureller und sportlicher Hinsicht, konnte der Begeisterung für die Leibesübungen aber keinen Abbruch tun. Noch im Krieg, aber vor allem danach entwickelte sich Köln zu einem sportlichen Zentrum, das im Reich seinesgleichen suchte.

Diesen Sport-Boom nach dem Krieg erklären Zeitgenossen mit dem „Verlust" der Wehrpflicht im Reich durch die Auflagen des Versailler Vertrags und durch die Kriegserfahrungen der Soldaten, „die in den Schützengräben den Wert der Leibesübungen am eigenen Körper verspürten" und deshalb „mit der Masse der Jugend zu den Sportvereinen" strömten.[24]

Kölner Turnerkittel (Replik), Baumwolle, 1908 (1997) (Stiftung Deutsches Sport & Olympia Museum Köln)

1   Leitfaden für den Turnunterricht in Preußischen Schulen. Berlin 1895, S. 1; zit. n. Langen, 1997, S. 14.
2   Ein Undosa-Schwimmbad. Zum Projekt des neuen Schwimmbades im Norden. Stadt-Anzeiger, 12.5.1914, Nr. 216.
3   Das neue Kölner Castans Panopticum. Stadt-Anzeiger, 23.8.1897, Nr. 380.
4   50 Jahre Kölner Schwimm-Klub 1906 e. V., 1956, S. 29.
5   Das Nachtleben in deutschen Großstädten. Betrachtungen eines alten Mannes. Kölnische Zeitung, 8.3.1914.

6   Bendix, 1924, S. 16.
7   Langen, 1997, S. 51.
8   Schwarz, 1976, S. 24.
9   Bendix, 1924, S. 120.
10 Vorstand der Kölner Rudergesellschaft 1891 e. V., 1991, S. 16.
11 Standt, 2013, S. 47.
12 Ebenda, S. 105.
13 Reuther, 1931, S. 740.
14 Ebenda, S. 738.
15 Verwaltungsbericht für die Kriegszeit bis 1.1.1917, 1906–1918, Bl. 417.
16 Standt, 2013, S. 222.

17 Aus einer Eingabe des KRV von 1905, zit. n. Vorstand der Kölner Rudergesellschaft 1891 e. V., 1991, S. 16.
18 Anweisung an die Kommunalverbände vom 17.8.1916, Bl. 25.
19 Langen, 1997, S. 21.
20 Wagner, 2013, S. 193.
21 Meyer, 2002, S. 54.
22 Ebenda, S. 41, 43.
23 Jüdische Turnzeitung 9, 1908, S. 65, zit. n. Meyer, 2002, S. 45.
24 Festschrift zum 30jährigen Jubiläum des Kölner Ballspiel-Club e. V., KBC, 1931, S. 8.

H.RECKER.

Michael Euler-Schmidt

„Dann geit et Bum Bum Bum"
Der Kölner Karneval um 1914

Die Kölner Humoristen „Münchrath u. Partner" widmeten Anfang 1914 ihr Musikstück mit dem Titel „Dann geit et Bum Bum Bum" dem Prinzen Carneval, Fritz Herrmann.[1] Bereits in Friedenszeiten dichteten die Humoristen im Sinne der allgemein vorherrschenden kriegerischen Rhetorik, ohne sich der Brisanz des tatsächlich bevorstehenden Krieges bewusst zu sein. Atmosphärisch glich dies einer Vorkriegspsychose, in der sich auch der Kölner Karneval als Spiegelbild seiner Zeit auflud. Konsequent sangen die Karnevalisten 1913 mit dem Liederheft in der Hand voller Inbrunst und Überzeugung in den Sitzungen: „[...] Mit kühnem Mut und blankem Schwert. Ob rings des Krieges Fackel loht [...] Es braust der Ruf der Narrenschar: Heil, Kaiser, dir, zum neuen Jahr [...]"[2]. Die „Kölner Bürgerwehr-Bürgergarde von 1883" ging gar mit „Lustigen Kriegs-Gesängen" und „Feldgeschrei" schon in die 1913er-Session: „Frau, bräng mer mi Gewehr, Zabel un Patrontäsch her, [...]". Die „Kölner Funken Infanterie" lud bei ihrer „Mobilmachung sämtl. Funken" mit „Auf zum Balkan!!!" ein.[3] Der „Kölner Karnevals Ulk" vom 1. Januar 1914, immerhin das „Offizielle Organ des Fest-Komitees", sah denn auch das Jahr 1913 im Rückblick: „[...] Du warst ein Jahr voll Angst und Bangen, Vernünftig war kein einz`ger Tag. 1-9-1-3, bist du vergangen, Weint man dir keine Träne nach. Aufruhr und Krieg – dein Werk war alles, Der Tod, er hat gerafft wie toll [...] Prost Neujahr!"[4]

Auch 1914 wurde vonseiten der Kölner Karnevalisten munter weiter aufgerüstet. War man den „Zabel" und die „Knabüs" von den Korpsgesellschaften traditionell gewohnt, waren es nun auch einige Komitee-Gesellschaften, die sich mit militärischer Attitüde ins Bild setzten. So gab es z. B. vom „Rosen-Montags-Divertissementchen von 1861 e. V." statt des gewohnten Elferratsfotos eine Bildcollage, die den „Kleinen Rat" mit „Gewehr bei Fuß" darstellte. Der damals prominente Kölner Büttenredner und Mundartdichter Gerhard Ebeler ging mit seiner Rede „Soldat Bummskopp" in die Bütt. Dort erzählte

er u. a.: „Jetzt komme ich auf den Krieg zu sprechen. Gesetzt den Fall, du würdest im Feldzuge in alle beiden Beinen geschossen, Bummskopp! Was passiert dann mit dir!? Dann komme ich ins Lazarett, – im Lazarett bekomme ich Rizinusöl – damit ich wieder laufen lerne."[5]

Doch trotz des „Säbelgerassels" deutete Anfang Januar 1914 nichts darauf hin, dass ab August auch viele Kölner Karnevalisten „eine der ungeheuersten Erfahrungen der Weltgeschichte" (Walter Benjamin) machen sollten.[6] Im Gegenteil, Köln machte sich gerade auf, die „Metropole im Westen" zu werden. Städtebaulich hatte man mit Straßendurchbrüchen in der Altstadt, verbunden mit dem neuen Architekturtyp großer Warenhäuser,

Heinrich Recker, Wagenentwurf für den Rosenmontagszug 1914 mit Prinz Karneval auf der Weltkugel, Aquarell, Köln, 1914 (KSM)

Montage für eine
Publikation der Gesell-
schaft Rosen-Montags-
Divertissementchen,
Postkarte, Köln, 1914
(KSM)

Prinz Fritz Herrmann
auf dem von Heinrich
Recker entworfenen
Zugwagen, Fotografie,
Köln, Rosenmontag
1914 (KSM)

Akzente gesetzt. Oper und Theater florierten. Aber auch
im „Etablissement Simplicissimus" und im „Café Palant"
auf der Hohestraße, im „Trocadero" am Neumarkt oder
in der „Apollo-Bar" in der Schildergasse, überall pul-
sierte das Kölner Leben. Schon 1912 hatte die „Sonderbund-Ausstellung" den Kölnern erstmals Werke von van
Gogh, Cézanne, Gauguin oder Munch gezeigt, und nun
stand ab dem 16. Mai 1914 die „Werkbund-Ausstellung"
vor der Tür, die einen vielfachen Aufbruch in die moderne
Architektur bringen sollte. Aber das Ereignis am Deutzer
Rheinufer gegenüber der historischen Altstadtsilhouette
stand auch bis 1927 für das vorerst letzte Kölner Rosenmontagszugsmotto.

„Die Kölner=Weltausstellung"

Damals wie heute war das Rosenmontagszugsmotto das
Maß aller Dinge für die Session im Kölner Karneval. Am
1. Januar 1914 wurde die Zugidee des Präsidenten der
„Großen Karnevals=Gesellschaft, Peter Prior" in einer
Rede zur 1. Herrensitzung der „Großen Allgemeinen
Karnevals-Gesellschaft" von Franz Chorus vorgetragen:
„Die Kölner Welt-Ausstellung!"

„Die Grundidee, wie ihr wohl wißt,
Die ‚Kölner Weltausstellung' ist.
Zuerst da stellt man klipp und klar
Mal den Reklamerummel dar.
Die Musik spielt von diesem Wagen:
‚Strömt herbei, ihr Völkerscharen!-[...]'
Vertreten ist zum Schlusse stark
Natürlich der Vergnügungspark,
Weil der bringt in die Ausstellung
Die rich´ge Kunstbegeisterung [...]"[7]

Bei genauerer Betrachtung wird deutlich, dass die Karnevalisten die „Werkbundausstellung=Welt-Ausstel-
lung"[8] nur zum Anlass nahmen, um dem Zug ein über-
greifendes Thema zu geben. Die Werkbund-Ausstellung
selbst taucht im Zugprogramm namentlich nicht als
eigener Motivwagen auf. Die Kölner machten daraus
ihre eigene Geschichte. Überhaupt, seit Beginn des
20. Jahrhunderts traten die Kölner Karnevalisten überaus selbstbewusst auf. Besucherrekorde bei den Bällen
und am Zugweg und jedes Jahr Neugründungen von
Karnevalsvereinen gaben ihnen recht. 1914 beteiligten
sich auch erstmals Sport- und Gesangsvereine am Zug.
Der Kölner Stadt-Anzeiger von 1914 berichtete: „[...]
in den Tagen vom Samstag bis einschließlich Dienstag
[sind, d. Verf.] auf dem hiesigen Hauptbahnhofe im ganzen 135.600 ankommende Fahrgäste (gegen 124.000
im Vorjahr) [...] verzeichnet worden."[9] Doch die Kölner
Rosenmontagszüge gerieten immer mehr mit ihren
negativen Begleiterscheinungen, mit Ausschweifungen
und mit der allgemeinen Diskussion über die (Un-)Sitt-
lichkeit in die öffentliche Kritik. 1912 regte deshalb der
damalige Oberbürgermeister Max Wallraf die Bildung
eines Bürgerausschusses an. Im Oktober 1912 fand im
Kölner Rathaus die erste Versammlung von honorigen
Kölner Bürgern im Beisein des Gouverneurs, des Polizeipräsidenten und des Oberlandesgerichtspräsidenten
statt.[10] Der Zug sollte nun humorvoller und gediegener
gestaltet werden, und es sollten mehrere Künstler die
Wagenentwürfe übernehmen. Wie schon 1913, bewilligte auch 1914 die Stadtverordnetenversammlung dafür

Fritz Steiger, Entwurf für das Titelblatt des Rosenmontagszug-Albums „Kölner Weltausstellung", vermutlich Gouache, 1914 (KSM)

10.000 Mark. So gab es für den 1914er-Zug eine interessante Mischung von Künstlern, die u. a. auch bei der Werkbund-Ausstellung und/oder im Kölner Karneval engagiert waren. Georg Grasegger, Kölner Bildhauer und Lehrer an der städtischen Kunstgewerbeschule, entwarf auch die Figuren auf den äußeren Stirnseiten des Haupteingangs- und Verwaltungsgebäudes auf dem Gelände der Werkbund-Ausstellung. Der Kölner Architekt Franz Brantzky zeichnete in der Mustersiedlung für das Wirtshaus „Zum Tanzdrickes" im „Niederrheinischen Dorf" verantwortlich.[11] Fritz Herrmann, der Architekt und Hobbymaler, war in seiner Doppelfunktion gleichzeitig Prinz Karneval des Jahres 1914. Die anderen Künstler, die Entwürfe für den Rosenmontagszug beisteuerten, waren der Kölner Kunstmaler Hans Waldemar Brockmann, der Kölner Bühnen- und Theatermaler der Oper und des Schauspielhauses in der Glockengasse, Rudolf Hraby, sowie die Maler Hans Schwartz, Fritz Steiger und Adolf Winkel. Hinzu kam der ehemalige „Schnellmaler" in Varietés, Heinrich Recker. Letzterer hatte seit 1904 fast alle Wagenentwürfe alleine ausgeführt. Inhaltlich erfüllten die beiden Rosenmontagszüge der Jahre 1913 und 1914 immer noch in Teilen ihre Aufgabe als histori-

scher Festzug, so wie er im letzten Drittel des 19. Jahrhunderts üblich war. Doch sie sind auch in ihrer Funktion als begleitender stabilisierender Faktor für „Kaiser" und „Reich" in der preußischen Rheinprovinz zu begreifen. Gerade die Züge 1913 und 1914 verdeutlichen mit ihren Entwürfen z. B. „Der Besuch des Torpedobootes" (1913) und „Der Armeebedarf" sowie „Flottenvermehrung" (1914) diese „patriotische" Grundtendenz des Kölner Karnevals.[12] Auch außerhalb des karnevalistischen Großereignisses „Rosenmontagszug" wurde die Werkbund-Ausstellung thematisiert. Das „Metropol-Theater" nahm z. B. mit „Die große Rheinische Revue – In Köln wird alles gemacht" von den Kölner Karnevalisten Christian Witt und Gerhard Ebeler darauf Bezug:

„[...] He Kölle wed Welstadt, zick däm dat en Düx
En Ausstellung kütt en der Trett.
Der Werkbund dä zeig et uns deutlich un fix,
Dat kein Stadt met Kölle kütt met [...]"[13]

Kriegsgedichte von Willi Ostermann

Mit Ausbruch des Ersten Weltkrieges am 1. August 1914 musste auch die am 16. Mai 1914 eröffnete Werkbund-Ausstellung frühzeitig schließen. Mehr als eine Million Besucher aus aller Welt hatten die Schau besucht. In der nun vorherrschenden Kriegseuphorie und dem durch tägliche Siegesmeldungen angefeuerten Hurra-Patriotismus im Spätsommer 1914 meldete sich Kölns – am Anfang seiner Karriere stehender – Karnevalsdichter und Sänger Willi Ostermann zu Wort. Er selbst, wohl eher ein „militärischer Blindgänger"[14], erlag der Zeitgeiststimmung und veröffentlichte im Selbstverlag ein Heft mit „Plattkölsche Kriegsgedichte über die großen Ereignisse im Jahre 1914". Ostermann schuf mit seinen Gedichten eine perfide Melange zwischen anrührendem Gefühl und kriegerischem Pathos. „En kölsche Mutter" ließ er „am Mobilmachungstag, August 1914" sagen: „Loß kumme wie et och jetz kumme mag, D`r Hergott hät gesorg, dä sorg jetz och, Kopp huh! `tschüß leeve Jung – beß noh dä Dag." Nach der Bombardierung Antwerpens durch einen in Köln stationierten Zeppelin am 25. August 1914 erklärte Ostermann: „Su eß et räch, nur öndentlich-Vun bovve dren geschmesse, Dat fremde Volk, dat fremde Pack, Zovill hät om Gewisse [...]" Oder nach der Gefangennahme russischer Soldaten: „Beß jetz han Kammerjäger-För Russe sich bewäht, Die sollen se vertilge, Mie sin se doch nit wäht."[15] Das letzte der vierzehn Ostermann'schen „Kriegsgedichte" war das „Kölsch Zaldate-Leed". Von diesem Lied war der damalige Kölner Oberbürgermeister Max Wallraf regelrecht begeistert. Sein Rathausbote Franz Matthes überbrachte deshalb das Dankesschreiben mit Datum 1. Oktober 1914 aus dem Rathaus zur Adresse Zülpicher Straße 290, II. Stock. Doch als der Bote den Brief am Freitag, den 2. Oktober zustellte, war der erhoffte schnelle Triumph über den „Erbfeind" Frankreich in der Marne-Schlacht schon verspielt worden.[16]

„Köllen en Kreegszigge"

Längst hatten nun auch viele Kölner Karnevalisten das bunte Kostüm oder die leuchtende Korpsuniform gegen das Feldgrau des deutschen Heeres eintauschen müssen. Köln, die Metropole im Westen, war nun die größte Lazarettstadt hinter der Westfront. Bereits im Herbst 1914 lagen dort bis zu 9.000 verwundete Soldaten. Ein bisher unbekanntes Heft aus dem Jahr 1916 gibt aber Auskunft über die Bekümmerung „der Seinen" im Felde. Verfasst wurde es von Wilhelm Räderscheidt alias „Ohm Will". Der Vater des Kölner Malers Anton Räderscheidt war Volks- und Mittelschullehrer und schrieb Texte und Lieder u. a. für die Zeitschrift „Jung Köln" und das „Kölner Hänneschen Theater". In seinem Beitrag „Feldpoß-breef un sönstige Schrieverei" berichtet er u. a. „wievill

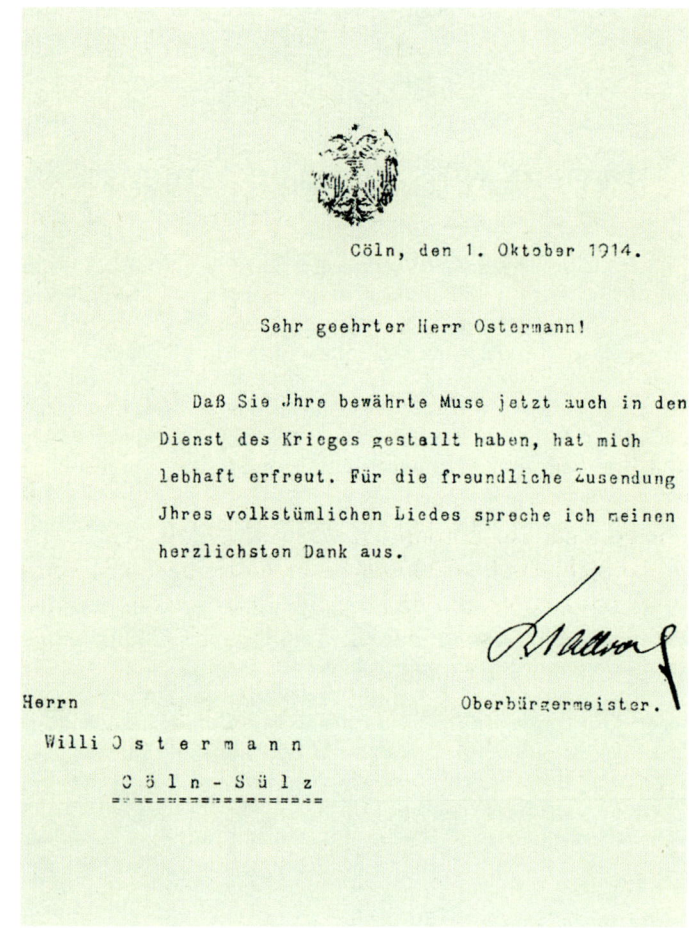

Cöln, den 1. Oktober 1914.

Sehr geehrter Herr Ostermann!

Daß Sie Ihre bewährte Muse jetzt auch in den Dienst des Krieges gestellt haben, hat mich lebhaft erfreut. Für die freundliche Zusendung Ihres volkstümlichen Liedes spreche ich meinen herzlichsten Dank aus.

Wallraf

Oberbürgermeister.

Herrn
Willi Ostermann
Cöln-Sülz

Pundpakettcher nit ankumme wöre, [...] äver wie soll einer Liebesgabe krige, dä hück bei Sedan, morgen bei Metz, dann em Ailly=un dann em Priesterwald eß [...] De Feldpoß hät mer ald vill, vill Freud gemaht: ich ha`mer sugar en ganze Sammlung vun Breef un Kahten us dem Feld angelaht [...] Doo schrieven e paar kölsche Junge vum Rhing an der Ohm för Prümmtuback: denne woht gründlich geholfe. Doo wollte kölsche Landstürmer, die en der Etapp ne Gesangsverein gegründ han, dat Leedche vun der ,Geiß, die ne lange Stätz han wollt', dat dät su schön op de Engländer un Franzose passe [...]".[17] Den größten Bestand an Feldpostkarten seiner Mitglieder halten heute noch die „Rote Funken Kölsche Funke rut-wieß vun 1823 e. V.".[18] Aber auch andere Karnevalsgesellschaften kümmerten sich um ihre Mitglieder, so z. B. die „Kölner Narren-Zunft von 1880 e. V.". In den Protokollen wurde darüber berichtet, dass man am 1. Oktober 1914 beschloss, der städtischen Verpflegungsstelle Geld zu spenden und „den im Felde stehenden Zünftlern und ihren Söhnen, sofern ihre Anschrift bekannt war, alle 14 Tage ein Liebespaket zu senden". 29 Zunftmitglieder antworteten mit Dankschreiben und Postkarten.[19]

Rosenmontag 1915

Am 11. Februar 1915 veröffentlichte der Kölner Stadt-Anzeiger die Bekanntmachung des Karnevalsverbotes vom 11. Februar bis zum 17. Februar 1915. Der Paragraf 3 der Bekanntmachung hielt fest, dass „das Tragen von Verkleidungen oder karnevalistischen Abzeichen in der Öffentlichkeit und in Vereinsräumen" verboten war und das damit auch die Umzüge gemeint waren.[20] Die Poppelsdorferin Anna Kohns notierte in ihr Tagebuch den Satz, den viele vielleicht dachten: „Wann mag das enden? Nächstes Jahr um diese Zeit wird es wohl wieder wie früher sein. So Gott will. – Fastnacht 1915".[21] Die „Rheinische Zeitung" bedauerte dagegen nicht den Ausfall des Kölner Karnevals. Unter „Zur Reform des Karnevals" konnte man im Februar-Blatt lesen: „Nun haben wir also den Rosenmontag. Viele hätten ihn vergessen, wenn nicht die begrüßungswerte Aufforderung gekommen wäre, einen Teil des sonst zu Karneval verjubelten Geldes zum Besten der Städtischen Kriegsammlung und des Roten Kreuzes herzugeben. Es ist überhaupt merkwürdig zu beobachten, wie wenig das Ausbleiben aller karnevalistischen Veranstaltungen entbehrt und bedauert wird."[22] Die sozialdemokratisch ausgerichtete Zeitung war mit ihrer Meinung nicht alleine. Georg Neuhaus, der Direktor des Statistischen Amts der Stadt Köln, kam zu dem Schluss, der Kölner Karneval habe in der „großgewordenen Stadt sehr viel von seinem früheren Reitz verloren; es ist nicht mehr ein bloßes Volksfest der Cölner geblieben, sondern – wenigstens während der letzten drei Tage – eine Gelegenheit für Vergnügungen der wohlhabenden Kreise der Rheinprovinz und der angrenzenden deutschen Gebiete [...] Vielleicht kann man sagen, dass sich der Cölner Karneval überlebt hat."[23]

Aber trotz des Verbotes und der kritischen Stimmen blieb man in Köln inoffiziell karnevalistisch aktiv. Es waren vor allem die Familiengesellschaften und kleineren

„Prinz Karneval",
Bronze, 1914 (KSM)

Vereinigungen wie die Veedelsvereine, die den Karneval in der Stadt während des Ersten Weltkrieges wachhielten.[24] Erst am 13. Januar 1927 sollte wieder eine „Bunte Kappenfahrt mit Bildern"[25] am Rosenmontag durch Köln ziehen.

1	Louis, 1986, S. 166.	9	Kuhnen, o. J., S. 52.	19	Küpper, 2004, S. 85.
2	Große Karnevals-Gesellschaft Köln, 1913, S. 17.	10	Frohn, 2000, S. 191.	20	Euler-Schmidt, Leifeld, Bd. 1, S. 160.
3	Einladung Bürgerwehr und Einladungskarte Funken, KSM.	11	Siehe Beitrag Staroste, S. 149–155.	21	Rhein-Sieg-Anzeiger, 10.7.2014.
4	Kölner Karnevals Ulk, Nr. 1, 1914.	12	Euler-Schmidt, 1991, S. 63; Klauser, 2007, S. 150.	22	Frohn, 2000, S. 304.
5	Tewes, 2010/2011, S. 44; Kölner Karnevals Ulk, Nr. 1, 1914.	13	Ebeler, 1914, o. S.	23	Neuhaus, 2007, S. 352 f.
6	Benjamin, 1961, S. 313.	14	Krupp, 1995, S. 56.	24	Euler-Schmidt, 1991, S. 64.
7	Kölner Karnevals Ulk, Nr. 3, 1914.	15	Ostermann, 1914, S. 2, 5, 6.	25	Euler-Schmidt, Leifeld, 2007, S. 179.
8	Offizielles Rosenmontagszugheft, Titelblatt, 1914, KSM.	16	Krupp, 1995, S.58 f.		
		17	Will, 1916, S. 19 f.		
		18	Siehe Beitrag Soénius, S. 189–191.		

KÖLN = am = Rhein

die Metropole des Rheinlandes. Größte und schönste Stadt Westdeutschlands.

Internationaler Verkehr. Ausgangs- und Endpunkt der Rheindampfschiffahrt, Schnellfahrten Köln—Mainz. — **Hervorragende** kirchliche und profane **Bauten,** Kölner Dom, 165 m hoch. — **Musik-, Kunst- und Kunstgewerbestadt.** — **Handels- und Verwaltungs-Hochschule, Akademie für praktische Medizin,** Maschinenbauschulen, Konservatorium der Musik, Gewerbeförderungsanstalt. — **Bedeutendster Zoologischer Garten Westdeutschlands.** — **Sportstadt.** Pferderennen, Radrennen, Ruder-, Segel- und Motorsport, Luftschiffahrt, Hockey, Golf, Lawn-Tennis. — **Schöne Umgebung:** Siebengebirge, Eifel, Bergisches Land, Westerwald. — **Wohnstadt** mit angenehmem, gesundem Klima. — **Ausstellung „Alt- und Neu-Köln" 1914.** — **Werkbund-Ausstellung 1914.** — Auskünfte, Ansiedelungsführer, Prospekte durch den **Kölner Verkehrs-Verein, E. V.,** Bischofsgartenstraße 12.

Petra Hesse

„Auch im Kriege dürfen die Musen nicht schweigen"
Die Kunst- und Museumsstadt Köln

Stadt- und Kulturmarketing anno 1914

Selbstbewusst präsentiert sich die Stadt Köln als „stolze Colonia, die Metropole des Rheinlandes, die schönste Stadt an Deutschlands schönstem Strome"[1] im Vorwort des 1914 vom Cölner Verkehrs-Verein herausgegebenen Stadtführers „Cöln in Wort und Bild" anlässlich der Deutschen Werkbund-Ausstellung und der Tagung des Bundes Deutscher Verkehrsvereine. Man ist stolz auf seine Vergangenheit, auf die Leistungen der Wissenschaft und Kunst, aber auch auf die Errungenschaften des technischen Fortschritts, der Industrialisierung und modernen Stadterweiterung. Und dies nicht ohne Grund. Denn Köln hatte sich bis 1914 zu einer der größten Städte Deutschlands mit einem beachtlichen wirtschaftlichen Wachstum und zu einer aufstrebenden Kulturmetropole mit einer Vielzahl von Museen und einer lebendigen Theater- und Musikszene[2] entwickelt. Ganz plakativ vermittelt dies eine zeitgenössische Anzeige mit dem Titel „Köln am Rhein die Metropole des Rheinlandes. Größte und schönste Stadt Westdeutschlands"[3]. In dieser Anzeige sind in Schlagworten alle Parameter aufgeführt, die eine fortschrittliche und dynamische Stadt ausmachen. Bemerkenswert ist hierbei, dass in der Anzeige Köln unter anderem als „Musik-, Kunst- und Kunstgewerbestadt" hervorgehoben und zudem auf zwei aktuelle Ausstellungen, nämlich „Alt- und Neu-Cöln 1914" und die „Werkbund-Ausstellung 1914" hingewiesen wird.

Blühende Museumslandschaft

In dem Stadtführer „Cöln in Wort und Bild"[4] sowie in zahlreichen anderen zeitgenössischen Berichten wird Köln als bedeutende Museumsstadt gewürdigt. „So zeigt sich die neue Blüte Cölns auch machtvoll und glänzend in der Pflege der Kunst und des Wissens aller Gebiete in den Museen, die in dieser Anzahl und Bedeutung kaum eine andere Stadt Deutschlands aufzuweisen vermag."[5] Unbestritten hatte die Kölner Museumslandschaft mit ihren herausragenden Sammlungen und Museumsbau-

ten zu Beginn des 20. Jahrhunderts ihre bis dahin größte Entfaltung und Bereicherung erfahren. Insgesamt elf Museen prägten die damalige Museumslandschaft, deren Gründungen bis in das 19. Jahrhundert zurückreichen: angefangen beim Diözesan-Museum (1853) und dem Wallraf-Richartz-Museum (1861) über das Kunstgewerbemuseum (1888, heute Museum für Angewandte Kunst Köln) mit der Sammlung Schnütgen (1910)[6], das Historische Museum (1888, heute Kölnisches Stadtmuseum), das Museum für Naturkunde (1892)[7], das Rautenstrauch-Joest-Museum (1906), das Prähistorische Museum (1907)[8], das Museum für Handel und Industrie (1909), das Museum für Ostasiatische Kunst (1913), das Museum für Volkshygiene (1914)[9] bis hin zum Musikhistorischen Museum von Wilhelm Heyer (1913)[10]. Der Großteil der Museumsgründungen erfolgte aufgrund

Musikhistorisches Museum, Schausammlung, Fotografie, Köln, 1915 (Stadtkonservator Köln)

von Initiativen und umfangreichen – später nie mehr in dieser Dimension erreichten – Stiftungen und Schenkungen aus dem Bürgertum vor dem Hintergrund des damaligen liberalkonservativen Bildungsverständnisses und eines ausgeprägten Geschichts- und Kunstinteresses, das eng mit der traditionsreichen Geschichte Kölns verbunden und damit in erster Linie vergangenheitsorientiert war.

Heinz Kroh, Besuch im Wallraf-Richartz-Museum, Kreide, um 1928 (KSM)

Aktives Kunstleben

Neben den Museen entwickelten sich in Köln zahlreiche Kunst-, Kunstgewerbe- und Künstlervereinigungen[11], die wesentlich zur Förderung des städtischen Kunst- und Kulturlebens beitrugen. Alleine zwischen 1903 und 1913 entstanden die „Vereinigung Cölner Künstler", die „Kölner Künstlervereinigung", der „Stil", der „Kunstbeirat", der „Kölner Künstlerbund", die „Meister Gerhard Gilde", die „Gilde", der „Gereonsklub", die „Cölner Sezession", der „Meister Wilhelm Bund", das „Künstlerhaus" und die „Rheinische Künstlervereinigung". Diese Vereinigungen organisierten vor allem im Kunstgewerbemuseum, aber auch an anderen Orten regelmäßig Ausstellungen zu unterschiedlichen Themen.

Da in Köln keine Kunstakademie existierte, war die 1879 gegründete Kunstgewerbeschule die wichtigste künstlerische Ausbildungsstätte der Stadt. Von ihr und den dort lehrenden Künstlern und Architekten gingen wichtige Impulse für das zeitgenössische Kunstgewerbe aus. Die herausragende Reputation der Schule zeigte eindrücklich die Deutsche Werkbund-Ausstellung in Köln von 1914, an der sämtliche Lehrkräfte der Kölner Kunstgewerbeschule mit Arbeiten vertreten oder zum Teil sogar als Mitglieder der verschiedenen Fachausschüsse beteiligt waren. Direktor der Kunstgewerbeschule war seit 1910 Emil Thormählen, der basierend auf seinen Erfahrungen als Leiter der Magdeburger Kunstgewerbeschule das Institut in Köln zeitgemäß im Sinne der damaligen Kunstschulbewegung ausbaute und hierfür junge Künstler und Künstlerinnen nach Köln berief. Um dieser Expansion Rechnung zu tragen, sollte in direkter Nähe des Kunstgewerbemuseums am Hansaring ein Schulneubau errichtet werden. Den ausgelobten Architektenwettbewerb gewann unter 97 Bewerbungen der Kölner Architekt Franz Brantzky, der 1900 auch den Neubau des Kunstgewerbemuseums realisiert hatte. Die Planungen für das Schulgebäude waren 1914 so weit fortgeschritten, dass auf der Werkbund-Ausstellung im „Kölner Haus" sogar das von dem Architekten Paul Bachmann entworfene zukünftige Direktorenzimmer ausgestellt wurde, das in der Presse als vorbildlicher Entwurf gelobt wurde.[12]

Eine zentrale Rolle bei der Kunstvermittlung hatte der Kölnische Kunstverein, der 1914 sein 75-jähriges Jubiläum feierte. Als Schnittstelle zwischen Künstler und Publikum lag dessen Hauptaufgabe im Ausstellungswesen und der Verlosung künstlerischer Arbeiten. Das umfangreiche Ausstellungsprogramm des Kunstvereins förderte die regionale Kunst und setzte sich intensiv mit avantgardistischen Kunstströmungen auseinander.

Trotz dieser vielfältigen Aktivitäten war Köln keine klassische Kunststadt wie Düsseldorf, München, Berlin oder Dresden, wo die ansässigen Kunstakademien maßgeblich die Kunstszene prägten, junge Künstlertalente anzogen und vor allem zeitgenössische avantgardistische Kunstströmungen hervorbrachten und diese durch Ausstellungen einer breiten Öffentlichkeit bekannt machten.[13]

Ausstellungen als kulturfördernde Maßnahmen

Die Bedeutung von Ausstellungen als zentrales Vermittlungsmedium wurde wie in anderen Städten auch in Köln bald erkannt und entsprechende Anstrengungen in diesem Bereich unternommen. Anfang des 20. Jahr-

Max Liebermann, Der barmherzige Samariter, Öl auf Leinwand, 1911 (Wallraf-Richartz-Museum & Fondation Corboud)

hunderts zählten zu den spektakulärsten und von einem breiten Publikum wahrgenommenen Ausstellungen insbesondere die „Deutsche Kunstausstellung" in der Flora im Jahr 1906, die 1911 von der neu gegründeten „Cölner Sezession" im Kunstgewerbemuseum präsentierte Ausstellung „zur Hebung und Förderung der Cölner Kunst", die Sonderbund-Ausstellung von 1912 und die Ausstellung „Alt- und Neu-Cöln"[14], die von der Stadt Köln als umfassende Leistungsschau in der Kunsthalle erstmals 1913 und wegen des großen Erfolges noch einmal 1914 präsentiert wurde. Hinzu kommt als damals ambitio-

niertestes Ereignis die Deutsche Werkbund-Ausstellung von 1914 am rechtsrheinischen Ufergelände zwischen Deutz und Mülheim.[15]

Die Folgen des Krieges

Ein schmerzlicher Einschnitt auch in das prosperierende Kunst- und Kulturleben der Stadt Köln war der Beginn des Ersten Weltkrieges. Als direkte Folge wurden umgehend die Ausstellungen „Alt- und Neu-Cöln" und die „Deutsche Werkbund-Ausstellung" geschlossen, von denen man sich große Anerkennung und wirtschaftlichen Erfolg versprochen hatte. Darüber hinaus erfolgte aus Sicherheitsgründen kurzfristig die Schließung der städtischen Museen. Allerdings konnten ab dem 7. September 1914 die Museumsbesucher wieder „ihren Kunstbetrachtungen nachgehen" und „viele auswärtige Soldaten, die vorübergehend in Köln waren, nutz[t]en die Gelegenheit, die Kunstschätze der Stadt kennenzulernen".[16] Schon im ersten Kriegsjahr wurden die Zuschüsse für Ausstellungen und die Aufwendungen für Museen gekürzt. Zudem wurden zwei Geschosse des Stapelhauses, in dem sich das Museum für Naturkunde befand, für militärische Zwecke genutzt.[17] Da die Handelshochschule ab 1914 als Lazarett diente, musste das dort untergebrachte Museum für Handel und Industrie geschlossen und konnte erst wieder nach Auslagerung des Lazaretts 1916 geöffnet werden.[18] Während der Nutzung als Lazarett erhielt die Handelshochschule als Ersatz Räume im Rautenstrauch-Joest-Museum.[19] Der Direktor des Kunstgewerbemuseums, Max Creutz, wurde zum Kriegsdienst verpflichtet, und Fritz Witte, der gerade erst sein Amt als Konservator der Sammlung Schnütgen angetreten hatte, wurde noch 1914 als Divisionsfahrer an die Front berufen, von der er erst 1917 nach Köln zurückkehrte. Problematisch stellte sich auch die Situation für das Wallraf-Richartz-Museum dar. Durch den plötzlichen Tod von Direktor Alfred Hagelstange am 2. Dezember 1914 war auch diese Stelle verwaist, was als besonders tragisch empfunden wurde, da Hagelstange mit seinem aufgeschlossenen Kunstverständnis und seiner fortschrittlichen Erwerbungspolitik den Brückenschlag in die Moderne realisiert hatte. Um die großen Verdienste Hagelstanges zu würdigen, entschied sich deshalb der Ausschuss des Kölnischen Museumsvereins noch am 4. Dezember zum Ankauf zweier Gemälde von Max Liebermann, die Hagelstange bereits im Vorjahr für das Museum akquirieren konnte.[20] Neben dem Bild „Pferd mit Reiter" war dies das Gemälde „Der barmherzige Samariter", das aufgrund seiner Darstellung in Vorausschau auf die Gräueltaten des Krieges im Nachhinein einen geradezu visionären Charakter zu haben schien.

Neben dem Schnütgen-Museum und dem Wallraf-Richartz-Museum blieb durch das Ausscheiden von Max Creutz, der nach seiner Rückkehr von der Front im Jahr 1915 aus nicht vollständig geklärten Gründen den Dienst nicht mehr antrat, auch die Direktorenstelle des Kunstgewerbemuseums vakant. Bemühungen, einen Generaldirektor zu installieren, scheiterten aus verschiedenen Gründen. Nach der Rückkehr Wittes vom Frontdienst übernahm dieser auch die Verwaltungsaufgaben für das Wallraf-Richartz-Museum und das Kunstgewerbemuseum. Neubesetzungen der vakanten Stellen erfolgten im Kunstgewerbemuseum 1919 und im Wallraf-Richartz-Museum erst 1920. Der plötzliche Tod von Adolf Fischer, dem Museumsgründer und Direktor des Museums für Ostasiatische Kunst, bei einem Aufenthalt im April 1914 in Meran führte nicht zu einer Vakanz, da dessen Frau Frieda Fischer das Amt übernahm und zu dieser Zeit noch keine Einschränkungen wie dann nach dem Kriegsausbruch bestanden.

Auch für die Kunstschaffenden in Köln bewirkte der Krieg einen Einschnitt. Viele Künstler wurden zum Kriegsdienst eingezogen oder meldeten sich als Freiwillige.[21] Dies betraf ebenso die Kunstgewerbeschule, die aber trotz ausgedünnten Lehrkörpers und mit zusammengelegten Klassen den Lehrbetrieb während des Krieges fortführen konnte.[22] Folgenreichere Auswirkungen hatte der Krieg auf die Neubaupläne der Kunstgewerbeschule. Obwohl die Genehmigung für den Neubau vom Hochbauamt bereits erteilt war und man eigentlich mit den Ausschachtungsarbeiten beginnen wollte, wurde die Maßnahme dann nach 1914 auf Eis gelegt und später auch nicht mehr realisiert. Dies führte dazu, dass der Schulleiter Thormählen 1919 resigniert sein Amt niederlegte.

In den Jahren 1915 bis 1918 mussten die städtischen Museen und der Kunstverein mit zunehmend eingeschränkten Mitteln für Erwerbungen und Unterhaltung der Sammlungen bzw. für Ausstellungen auskommen.[23] So wurden die Budgets von 1914 bis 1916 beispielsweise für das Wallraf-Richartz-Museum von rund 26.000 auf 15.000 Mark und für das Kunstgewerbemuseum von 27.000 auf 14.000 Mark gekürzt. Trotz der Kürzungen und der Personaleinschränkungen konnte der Betrieb aufrechterhalten werden. Allerdings gingen die Besucherzahlen erheblich zurück. Am stärksten machte sich dies beim Wallraf-Richartz-Museum bemerkbar. Dagegen fiel der Besucherrückgang im Naturkundemuseum und im Historischen Museum am geringsten aus. Im Kunstgewerbemuseum, das vor dem Krieg seine größte Blüte erlebte, reduzierten sich bis 1918 die Besucherzahlen mit 32.000 auf ein Viertel.[24]

Der „Fall Hodler"

Eng mit dem Wallraf-Richartz-Museum verbunden ist ein durch den Krieg hervorgerufenes Ereignis, das als „Fall Hodler" in die Geschichte eingegangen ist und eindrücklich dokumentiert, wie stark damals nationale Vorstellungen Kunstfragen bestimmten und Kunstkontroversen zunehmend politisiert wurden.

Ferdinand Hodler, Kopfstudie einer Italienerin, Öl/Tempera auf Leinwand, 1910 (Wallraf-Richartz-Museum & Fondation Corboud)

Auslöser für den „Fall Hodler" war die Veröffentlichung der „Protestation contre le bombardement de Reims" am 27. September 1914 in der „Tribune de Gèneve". Dieser von Schweizer Künstlern und Gelehrten, unter denen sich auch Ferdinand Hodler befand, unterzeichnete Aufruf prangerte die Zerstörung der Bibliothek in Löwen und der Kathedrale in Reims als „Akt der Barbarei" gegen die „gesamte Menschheit" an.[25] Die Beteiligung Hodlers an diesem Aufruf stieß in der deutschen Kunst- und Intellektuellenszene auf massive Kritik und Unverständnis. Hodler wurde vor allem Undank vorgeworfen, da er sein künstlerisches Ansehen und seinen Erfolg dem deutschen Publikum verdanke. Kritisiert wurde auch, dass er nicht als Mitglied einer feindlichen Nation, sondern als neutraler Schweizer Stellung bezogen habe, und dass seine Kunst, die ästhetisch der Moderne verpflichtet war, nicht deutsch genug sei.

Im Kölner Wallraf-Richartz-Museum führte dies dazu, dass die Museumsleitung Anfang Oktober 1914 aus der modernen Abteilung der Gemäldegalerie Hodlers Bildnis „Kopfstudie einer Italienerin" entfernte und stattdessen eine Tafel mit folgendem Inhalt anbrachte, der in verschiedenen zeitgenössischen Zeitungen und Zeitschriften veröffentlicht wurde: „An dieser Stelle hing ein Bild von Ferdinand Hodler, der sich nicht gescheut hat, einen Genfer Protest zu unterzeichnen, in dem die Rede ist von einem ungerechtfertigten Attentat der Vernichtung der Kathedrale in Reims, das nach der beabsichtigten Zerstörung historischer und wissenschaftlicher Schätze in Löwen einen neuen Akt der

Barbarei bedeute und die ganze Menschheit heraus-
fordere."[26] Aufgrund der massiven öffentlichen Kritik an
Hodler blieb die Kölner Aktion kein Einzelfall.

Kunstmarkt und Sammlungen

Der Kölner Kunstmarkt, der sich nach Einbrüchen zu
Kriegsbeginn anscheinend im Herbst 1915 wieder erholt
hatte, profitierte aufgrund der Budgetkürzungen immer
weniger von Ankäufen durch die Museen, sondern vielmehr von Privatsammlern oder von Käufern, die durch
Kriegsgewinn zu Reichtum gekommen waren.[27] Gleichzeitig kamen bedeutende Kölner Sammlungen wie die
von Albert Freiherr von Oppenheim (Gemälde), von Kommerzienrat Moritz Seligmann (Keramik) oder des Sani-
tätsrats Dr. Hölscher (Gemälde) zum Verkauf bzw. zur
Versteigerung und gingen damit aufgrund der fehlenden
Mittel und vermutlich auch aufgrund fehlender Initiativen von Entscheidungsträgern für die Kölner Museen
verloren.[28] Umso erfreulicher war deshalb die Schenkung aus dem Vermächtnis der in Berlin verstorbenen
Emmy Schnitzler sowie aus dem Legat des Rudolf vom
Rath in Höhe von insgesamt 55.000 Mark für das Wallraf-Richartz-Museum und das Kunstgewerbemuseum
sowie eine Stiftung von 50.000 Mark von Frau Geheimrat
Andreae an das Kunstgewerbemuseum.[29] Etwas kom-
plizierter gestaltete sich die Stiftung der Sammlung des
in München lebenden Malers Wilhelm Clemens, dessen
Hauptsammelgebiet alle Kunstgattungen des Mittelal-
ters und der Renaissance sowie eine höchst qualitäts-
volle Schmucksammlung von mehr als 300 Objekten
umfasste. Clemens bot bereits 1914 seine Sammlung
Oberbürgermeister Max Wallraf an. Bedingt durch den
Kriegsausbruch kam es dann erst 1919 zur Stiftung und
Übertragung der Sammlung ins Kölner Kunstgewerbemuseum.[30]

Maßnahmen zur Sicherung der Exponate in den Museen wurden in Köln erst relativ spät realisiert. Obwohl
man sich der enormen Werte und der herausragenden
Bedeutung der Sammlungsbestände bewusst war, ka-
men bis Ende 1916 aufgrund der „Erfolge unserer Waf-
fen an der Westfront [...] ernste Befürchtungen für die
Sicherheit des kostbaren Besitzstandes"[31] nicht auf.
Deshalb wurden zunächst auch nur die wertvollsten
Objekte in sicheren Tresorräumen in der Stadt unterge-
bracht.[32] Erst 1918 wurde Fritz Witte beauftragt, einen
Plan zu entwickeln, um die Bestände vor drohenden
Fliegerangriffen zu schützen. Während man Teile der
Museumsbestände, wie zum Beispiel die Exponate des
Historischen Museums, innerhalb der Stadt in bomben-
sicheren Räumen unterbrachte, wurden die bedeutends-

ten Gemälde des Wallraf-Richartz-Museums in Museen
nach Kassel und Braunschweig ausgelagert.

„Kulturelle Mobilmachung" durch Ausstellungen

Während der gesamten Kriegszeit fanden in Köln regelmäßig Ausstellungen statt. Eine besondere Rolle nahmen hier das Kunstgewerbemuseum und der Kölnische
Kunstverein ein. Aufschlussreich sind nicht nur die Anzahl der organisierten Ausstellungen, sondern auch die
behandelten Inhalte, die im Gegensatz zur Vorkriegszeit
verstärkt nationale Themen aufgriffen und den militärischen und politischen Kriegsverlauf dokumentierten.
Begleitet wurden die Ausstellungen von Verlosungen,
Sammelaktionen und Aufrufen.

So brachte der Kölnische Kunstverein bereits im November 1914 als Vereinsprämie eine Lithografie von Wilhelm Schreuer mit dem Titel „Kölner Landwehr in Laon"
heraus, 1915 gefolgt von einer Radierung des Kölner
Künstlers Paul Prött, die den Auszug der Deutzer Kürassiere ins Feld zeigte.[33]

Unter dem Titel „Kölnische Kunst zum Besten des
Roten Kreuzes" startete am 12. Dezember 1914 im
Kunstgewerbemuseum eine Ausstellung mit Werken

Paul Prött, Auszug der Deutzer Kürassiere ins Feld, Vereinsprämie des Kölnischen Kunstvereins 1915, Lithografie (KSM)

Paul Prött, Dom, Westseite mit Vorplatz, aus der Mappe „Cöln am Rhein", Radierung, 1914, ausgestellt auf der Weihnachtsausstellung 1914 im Kölner Kunstgewerbemuseum (KSM)

Kölner Künstler mit einer anschließenden Verlosung, die Not leidenden Künstlern zugutekommen sollte.[34] Insgesamt waren 115 Künstler vertreten, darunter Carl Rüdell, Wilhelm Batzem, Theo Blum, Paul Prött, Wolfgang Wallner und Josef Mangold. Den ersten Preis erhielten Georg Grasegger mit der Skulptur „Johanneskopf" und Robert Seuffert mit dem Bildnis „Alte Frau". Im Kölner Stadt-Anzeiger wurde mit dem einleitenden Satz „Auch im Kriege dürfen die Musen nicht schweigen" für die Aktion geworben und zum Loskauf aufgerufen.[35]

Ab 1915 nahm die Zahl der Ausstellungen und Veranstaltungen speziell zu kriegsbezogenen Themen zu[36]: Gezeigt wurden Arbeiten von Kriegsinvaliden, Zeichnungen von Künstlern von der Front, Kriegerdenkmale und -grabmale, Kriegskarikaturen, „Haushaltungskunst im Kriege", Wettbewerbsentwürfe einer neuen „Kriegsblusenform", „Mode, Kunstgewerbe und Krieg" oder „Luftaufnahmen des Fliegerphotographen Rupp". Signifikant sind insbesondere zwei Ausstellungen im Jahr 1916: zum einen die vom „Kölschen Boor" und dem Verein Künstlerhaus organisierte Ausstellung „Kunst im Kriege", die vorwiegend kriegsbezogene Arbeiten von Kölner Künstlern und Kunstgewerblern präsentierte, und zum anderen die „Ausstellung für Kriegsvorsorge" sowie dann 1918 zwei Ausstellungen zu den Wettbewerbsentwürfen mit Künstler-Plakaten für die 8. und 9. Kriegsanleihe.[37]

Diese Ausstellungen und Veranstaltungen dokumentieren nicht nur das Kulturleben in Köln während des Ersten Weltkrieges. Damals dienten sie vielmehr – wie in anderen deutschen Städten auch – als „Denkmal, Informationsquelle, Selbstdarstellungs-, Beruhigungs- und Propagandamedium"[38] sowie als Teil einer „kulturellen Mobilmachung", mit der der „vorgebliche Verteidigungskrieg der deutschen Kultur gegen die westliche Zivilisation"[39] legitimiert wurde.

Kunst als Mittel zur Kriegsfürsorge

Ein immer wiederkehrendes Anliegen der im Krieg organisierten Ausstellungen und Veranstaltungen war, die in Köln verbliebenen bzw. aus dem Krieg zurückgekehrten Künstler mit sinnvollen Aufträgen zu versorgen. Hierzu zählten die bereits erwähnten Ausstellungen „Kölnische Kunst zum Besten des Roten Kreuzes" oder die Präsen-

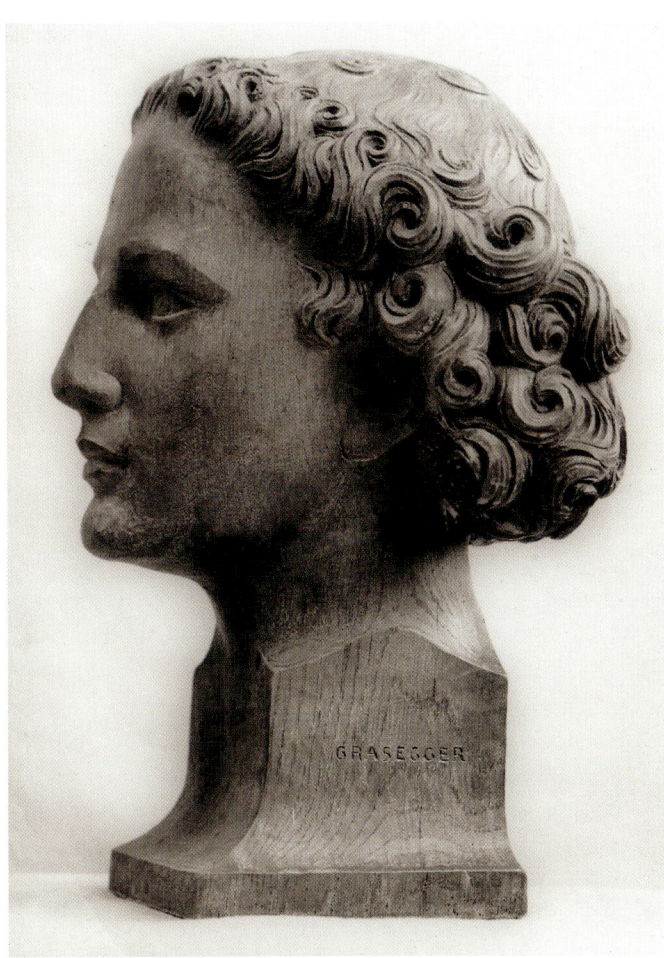

Georg Grasegger, St. Johanneskopf, Erster Preis der Weihnachtsausstellung 1914 im Kölner Kunstgewerbemuseum, 1908 (verschollen)

tation der Plakatentwürfe für Kriegsanleihen. Darüber hinaus wurden Künstler immer häufiger mit der Gestaltung von Krieger- oder Grabdenkmalen beauftragt. Der Kölner Künstler Georg Grasegger – Landsturmmann an der Ostfront – fungierte beispielsweise ab 1917 als Berater für künstlerischen Grabschmuck von Kriegsgräbern. Wichtige Aufträge für öffentliche Kunstwerke erfolgten durch die Stadt Köln. Hierzu zählt das von dem an der Kunstgewerbeschule tätigen Ernst Riegel 1919 entworfene Grabdenkmal für die gefallenen Angestellten und Arbeiter der Stadt Köln, das im Treppenraum des Stadthauses in der Gürzenichstraße eingebaut, jedoch im Zweiten Weltkrieg bei Bombenangriffen zerstört wurde.[40] Auch im Auftrag der Stadt Köln entstand 1917 nach Entwürfen von Ferdinand Nigg, der ebenfalls als Professor an der Kunstgewerbeschule lehrte, der sogenannte „Ehrenteppich der Stadt Köln", an dessen Fertigstellung man sich mit einem kleinen Beitrag beteiligen konnte, um die Kriegswohlfahrt zu unterstützen.[41] Der auf dem Teppich dargestellte Sinnspruch diente als Hinweis „auf die eiserne Zeit und kündet Zuversicht auf die Gestaltung der deutschen Zukunft"[42]. Wie der „Kölsche Boor" galt auch der „Kölner Ehrenteppich" als Symbol einer vorbildlichen Kriegsbeihilfe. Beide Objekte haben sich im Kölnischen Stadtmuseum erhalten.

Anschluss verpasst?

Die Kunst- und Museumslandschaft Kölns hatte in der Vorkriegszeit in Qualität, Vielfalt und Fortschrittlichkeit ein hohes Niveau erreicht. Diese Stellung Kölns wurde durch den Krieg stark beeinträchtigt und wirkte sich dementsprechend noch lange negativ auf das Kunst- und Kulturschaffen aus. So verwundert es nicht, dass am 24. März 1918 im Stadt-Anzeiger zur Kölnischen Zeitung in dem Beitrag „Neuordnung der Kunstverhältnisse" die aktuelle Situation in Köln stark kritisiert und der Stadt im Vergleich zu anderen Städten wie Dresden, Berlin, München und Düsseldorf während des Krieges mangelnde Förderung des künstlerischen Lebens, der „neuen Kunst" und des Kunststandortes Köln vorgeworfen wurde[43]: „Die Stadt im Westen Deutschlands, die ihrer großen und ruhmvollen künstlerischen Vergangenheit nach eine der ersten Städte im Reiche sein müßte, weist auf dem Gebiete der öffentlichen Kunstpflege so gut wie nichts auf. Führerlos hat sie alle Bewegung und Anregung an sich vorbeigehen lassen und wenn, um eine Ausnahme zu nennen, nicht der Kölnische Kunstverein gewesen wäre, der sich der ‚neueren Malerei' annahm, dann wäre auch das letzte Bindungsglied mit der Kunst des übrigen Deutschlands abgeschnitten gewesen." Des Weiteren kritisiert der Autor, „daß in einer solchen Zeit jahrelang die wichtigsten Museen ohne Leitung ein still-

Postkarte zu dem von Ferdinand Nigg 1917 entworfenen Ehrenteppich der Stadt Köln (Privatbesitz Volker Standt)

beschauliches Dasein führen, das im Kunstleben der Stadt nicht die geringste Bedeutung beanspruchen darf". Deshalb fordert er dem „Sichgehenlassen" Einhalt zu gebieten und mit „Entschlußfreudigkeit" eine Neuordnung der Kunstverhältnisse in Köln anzugehen. Hierzu kam es dann in den 1920er-Jahren in der Ära Konrad Adenauers, in der Köln auch im Bereich der Kunst und Kultur einen neuen Aufschwung erlebte.

1 Cöln in Wort und Bild, 1914, S. 6.
2 Zu Theater siehe Beitrag Wüstenbecker, S. 99–105.
3 Deutschland, 1914, S. 361–412.
4 Cöln in Wort und Bild, 1914, S. 41–53.
5 Stadt Cöln, 1915, S. 158.
6 Die Namensänderung in Schnütgen-Museum erfolgte erst im Januar 1918.
7 Wegen der im Zweiten Weltkrieg erlittenen großen Verluste wurde 1946 beschlossen, das Museum nicht mehr aufzubauen. Die verbliebenen Sammlungsobjekte wurden vom Kölner Zoo übernommen.
8 Nachfolgeinstitution des im Zweiten Weltkrieg zerstörten Museums wurde das Römisch-Germanische Museum.
9 Das Museum wurde im Zweiten Weltkrieg zerstört. 1949 erfolgte in Köln die Neugründung des Deutschen Gesundheitsmuseums, das später in Zentralinstitut für Gesundheitserziehung e. V. umbenannt wurde und heute als Bundeszentrale für gesundheitliche Aufklärung tätig ist.
10 Die Sammlung des Museums, das sich in einem Gebäude in der Worringer Straße befand, wurde versteigert und 1926 von der Universität Leipzig gekauft. Heute ist sie Teil im Grassimuseum für Musikinstrumente in Leipzig.

11 Oehlers, Euler-Schmidt, 1987, S. 13–15, 36–38.
12 Kölner Werkschulen, 1954, S. 31.
13 Siehe Beitrag Breuer, S. 139–147.
14 Siehe Beitrag Alexander, S. 157–159.
15 Siehe Beitrag Staroste, S. 149–155.
16 Reuther, 1931, 500/1, S. 201.
17 Kleinertz, 2005, S. 158.
18 Stadt-Anzeiger, 1.9.1916.
19 Kleinertz, 2005, S. 162.
20 Reuther, 1931, 500/1, S. 201 f.
21 Siehe Beitrag Breuer, S. 139–147.
22 Siehe Joppien, 1982, S. 32.
23 Zur im Folgenden beschriebenen Gesamtsituation der städtischen Museen von 1915 bis 1918 siehe Reuther, 1931, 500/4, S. 861–866; Reuther, 1931, 500/6, S. 1309–1313.
24 Dietrich, 1988, Chronik 1918 (o. S.).
25 Hettling, 1991, S. 220.
26 Reuther, 1931, 500/1, S. 202 f.; Kriegerisches aus dem Wallraf-Richartz-Museum, Stadt-Anzeiger, 11.10.1914; Kunstchronik, 1914/15, Sp. 39 f.; siehe auch: Czymmek, 1998, S. 21–26.
27 Reuther, 1931, 500/4, S. 861 f.
28 Reuther, 1931, 500/6, S. 1309–1311.
29 Ebenda, S. 1311.
30 Volk, 1971, S. 57 f.
31 Reuther, 1931, 500/4 (Abschrift), S. 862.
32 Kleinertz, 2005, S. 56.

33 Aus dem Kunstleben, Stadt-Anzeiger, 19.11.1914; Reuther, 1931, 500/4 (Abschrift), S. 861; Dörstel, Gerlach, 1989, S. 101.
34 Kunst, Wissenschaft und Leben, Stadt-Anzeiger, 22.11.1914; ders. 14.12.1914.
35 Stadt-Anzeiger, 22.11.1914.
36 Eine gute Übersicht gibt Dietrich, 1988. Chronik 1914–1918 (o. S.); zur Ausstellung des Krieges und von Kriegstrophäen siehe auch Standt, 2013, S. 139 ff.
37 Siehe hierzu Standt, 2013, S. 398 f.
38 Beil, 2005, S. 111.
39 Hirschfeld, Krumeich, 2010, S. 44.
40 Freundlicher Hinweis von Dr. Johannes Ralf Beines, KSM.
41 Siehe Standt, 2013, S. 305 f; zu weiteren Beispielen künstlerischer Arbeiten im Kontext der Kriegsfürsorge von 1914–1918 siehe Standt, 2013, S. 141–146, 302–308, 397–401.
42 Entwurf Ferdinand Nigg, Ehrenteppich der Stadt Köln, 1917, KSM, KSM 1982/431.
43 Neuordnung der Kunstverhältnisse, Stadt-Anzeiger, 24.3.1918.

Romana Breuer

„Wenn man das Wort ‚moderne Kunst' ausspricht, zucken manche die Achseln ...“

Kölner Künstlerinnen und Künstler um 1914

Am 30. April 1905 hielt der evangelische Pfarrer Carl Wilhelm Jatho in der Kölner Christuskirche ein leidenschaftliches Plädoyer für die zeitgenössische Kunstentwicklung und die Aufgabe der Künstler. Zu diesem Zeitpunkt wie auch in der folgenden Dekade teilten sich in Köln Künstler und Rezipienten in verschiedene Lager, die von „Achselzuckern" bis zu „Modernen" reichten. Der Appell Jathos lässt sich sicherlich ebenso auf die künstlerischen Auseinandersetzungen in Berlin oder München zur Anwendung bringen, spiegelt aber dennoch die spezielle Kölner Situation wider. Aufschlussreich für die örtliche Kunstszene sind die Jahresgaben des Kölnischen Kunstvereins, der seit seiner Gründung 1839 besonders durch ein reges Ausstellungswesen ein wichtiger Förderer der lokalen Künstler war, aber ebenso durch die Auswahl seiner Jahresgaben und „Nietenblätter" Einfluss auf den bürgerlichen Kunstgeschmack nahm. Um 1914 entstanden Motive (bereits) anerkannter Stile oder Blätter mit lokalen wie lokalpatriotischen Themen.[2] So wundert es nicht, dass sich in Köln neben dem nach wie vor wichtigen und einflussreichen Kunstverein seit Beginn des neuen Jahrhunderts mehr und mehr Künstlervereinigungen unterschiedlicher Zielsetzungen bildeten, die sich offensichtlich in dem (bürgerlichen) Kunstverein nicht ausreichend wiederfanden.[3] Den Anfang machte die 1904 gegründete „Kölner Künstlervereinigung Stil", die die deutsche Kunst aus ihren Traditionen heraus erneuern wollte.[4] Unter den acht Gründungsmitgliedern dieser Gruppe waren vier Architekten, aber auch Bildhauer wie Georg Grasegger und Maler wie Robert Seuffert. Der 1910 gegründete „Kölner Künstlerbund" startete mit zwei Ausstellungen, die jeweils in den Räumlichkeiten des Kölnischen Kunstvereins im Wallraf-Richartz-Museum im November/Dezember desselben Jahres stattfanden. Dieser Vereinigung gehörten u. a. auch Franz M. Jansen und Olga Oppenheimer an, die jedoch bald mit dem Künstlerbund brachen, um 1911 im Wallraf-Richartz-Museum mit einer Ausstellung die

„Kölner Sezession I" zu gründen. Zu den Gründungsmitgliedern zählten auch die Gleichgesinnten August Macke, Carlo Mense, Heinrich Nauen und Hans Thuar. Im selben Jahr wurde der „Gereonsklub" aus der Taufe gehoben, der seine Ziele noch umfassender als Schnittstelle zwischen Künstlern, Literaten und Kunstmäzenen definierte. Der „Gereonsklub" existierte nur drei Jahre, konnte aber in dieser relativ kurzen Zeit die europäische Avantgarde mit Künstlern wie Robert Delaunay, Paul Sérusier, Gustav Klimt und Pablo Picasso sowie die Künstlergruppe „Der Blaue Reiter" nach Köln holen. Der Kunsthistoriker Wilhelm Worringer, der Dichter Theodor Däubler sowie August Macke hielten Vorträge im Klub.[5]

Diese Bestrebungen der Künstlervereinigungen bis zum Ausbruch des Ersten Weltkrieges verdeutlichen die heterogene Struktur der Kölner Künstlerschaft, aber eben auch das avantgardistische Interesse und Potenzial einzelner Kreativer wie auch kleiner Gruppen Gleichgesinnter.

Carl Rüdell

Zu den Traditionalisten der Kölner Kunstszene gehörte der Architekt und Aquarellmaler Carl Rüdell, der bereits in seiner Jugend ein hervorragender Zeichner war.[6] Rüdell, der 1872 von Trier nach Köln umsiedelte, beobachtete mit scharfem Auge die Veränderungen des Stadtbilds seiner Wahlheimat und fing diese in stimmungsvollen Aquarellen ein. Mitte des 19. Jahrhunderts geboren, blieb Rüdell dem Stilempfinden dieser Epoche verhaftet. Seine Arbeiten waren deshalb beim Publikum sehr beliebt. Gerade um 1914 herum feierte er seine (auch wirtschaftlich) größten Erfolge. Kalender und Postkarten mit seinen Stadtansichten sowie die Publikation „Karl Rüdell – das malerische Köln" (1918)[7] mussten mehrfach nachgedruckt werden, um die Nachfrage zu befriedigen. Aquarelle von Carl Rüdell wurden vom Komitee der Weihnachtsverlosung zugunsten des Roten

wie Fantasie. In einer Besprechung seiner Arbeiten als Kriegsmaler heißt es, seine Bilder seien „Gebilde einer höheren Wahrheit".[9] Die Bemerkung spiegelt den durchgängig positiven Tenor des Artikels wider, der sich offensichtlich an den konservativen Kunstgeschmack richtet. Bereits im November 1914 war Schreuer mit Motiven aus den Kriegsgebieten in Köln präsent – der Kölnische Kunstverein gab als Vereinsprämie die Lithografie „Kölner Landwehr in Laon" heraus.[10]

Robert Seuffert

Im August 1912 wurde Robert Seuffert als Lehrer für Figürliche Malerei an die Kölner Kunstgewerbeschule berufen.[11] Neben historischen, religiösen und sozialen Themen erwarb der Maler sein Renommee auch mit zahlreichen Porträts. Seuffert gehörte 1904 zu den Gründungsmitglie-

Kreuzes angekauft und ab dem 14. Dezember 1914 in der dazugehörigen Ausstellung im Kunstgewerbemuseum präsentiert.[8]

Wilhelm Schreuer

Wilhelm Schreuer, der mit seinen Eltern 1872 nach Köln gezogen war, wurde 1884 an der Kunstakademie Düsseldorf aufgenommen und erhielt eine Ausbildung in Historien-, Porträt- und Freilichtmalerei. Anschließend bildete er sich als Autodidakt mit intensiven Natur- und Bewegungsstudien weiter. Das vielfältige Œuvre Schreuers umfasst Genrebilder, Landschafts- und Stadtansichten sowie Historiengemälde. Im Ersten Weltkrieg war er in Belgien und Frankreich als Kriegsmaler tätig. Die Besonderheit der dort entstandenen Gemälde liegt darin, dass Schreuer nicht allein das Gesehene und Erlebte auf die Bildfläche bannte, sondern sich die Geschehnisse auch von Kameraden schildern ließ. Die so entstandenen Kompositionen sind gleichzeitig Beobachtung

dern der „Kölner Künstlervereinigung Stil". Spätestens bei seinen Studienaufenthalten in Berlin und München wird er mit der (deutschen) Freilichtmalerei in Kontakt gekommen sein bzw. sich damit beschäftigt haben.[12] So weist das Bildnis von seinem Vater Mathias Seuffert einen aufgelockerten Pinselduktus auf und verortet den Bildhauer im lichtdurchfluteten Laub rund um einen Balkon vermutlich am gemeinsamen Haus in Köln-Lindenthal.

August Sander

Im Jahr 1910 siedelte August Sander nach Köln über, um in der Dürener Straße ein Fotoatelier aufzubauen. 1914 entstanden Bildnisfotografien wie die berühmten „Jungbauern" aus dem Westerwald, die später Eingang in sein Mappenwerk „Menschen des 20. Jahrhunderts" fanden. Im Ersten Weltkrieg diente Sander im Landsturm, seine Frau Anna hielt den Betrieb in Köln vornehmlich mit Porträtaufnahmen für Soldaten aufrecht.[13] Auch im Kriegsdienst begleitete den Fotografen stets seine Kamera. Zu Weihnachten 1915 lichtete er seine Kameraden bei einer provisorischen Feier im Feld ab. Die Porträtierten blicken

mit Ernst und Würde zum Fotografen herüber. Das Motiv stellt keinen Schnappschuss dar[14], sondern hält die Gegebenheiten, in der sich die Soldaten befanden, fest. In den 1920er- und 1930er-Jahren entstanden auch Bildnisse von Krüppeln – wie beispielsweise der „Leierkastenmann" –, darunter auch Kriegsinvaliden.

August Sander, Weihnachten, 1915, Fotografie (Die Photographische Sammlung/ SK Stiftung Kultur, Köln)

Lotte B. Prechner

Zu den wenigen Künstlerinnen in Köln um 1914 zählt Lotte B. Prechner, über deren Lebensweg nur wenig bekannt ist. Ihr ebenfalls nur lückenhaft überliefertes Œuvre umfasst Gemälde, Bildhauerarbeiten, Zeichnungen und Grafiken. Lotte Prechner wählte für ihre künstlerische Ausbildung den damals für Frauen üblichen Weg über eine der um 1900 neu gegründeten „Damenakademien"[15] zunächst in München und dann in Paris. In Köln setzte sie ihre Studien an der Kölner Kunstgewerbeschule bei Alexe Altenkirch in der 1907 gegründeten „Damenklasse" fort.[16] Ihre Arbeiten bis zum Beginn des Ersten Weltkrieges zeigen deutlich die Auseinandersetzung mit den unterschiedlichen Strömungen des Expressionismus und dessen Wiederbelebung der Drucktechniken des Holz- und Linolschnitts. Der Linolschnitt „Heimkehr" von 1912 weist bereits die typische reduzierte, flächenhafte Formensprache aus. Für Prechner gehörten die Hochdrucktechniken Holz- und Linolschnitt zu ihren bevorzugten Medien. Nachdem sie 1916 als „Kriegsmalerin" in Belgien tätig war[17], veränderten sich die Themen in Richtung einer sozial

August Sander, Leierkastenmann, Fotografie, 1930er-Jahre, Abzug 1999 (Die Photographische Sammlung/ SK Stiftung Kultur, Köln)

setzte er seine Studien in München bis 1912 fort. Sowohl in Düsseldorf wie auch in München muss Kroh in Kontakt mit der Avantgarde gekommen sein, blieb aber Individualist, der sich eher in der Tradition der Genremalerei verstand. Kleine Szenen, Begebenheiten auf der Straße, in Kneipen und Gaststätten sind typische Motive des begabten Schnellmalers, dem das Skizzieren ein Lebensinhalt war.[19] 1914 meldete er sich als Freiwilliger zum Kriegsdienst und wurde als Soldat des Roten Kreuzes im Sanitätsdienst eingesetzt. Auch an der Front hielt er die Begebenheiten in seinen Skizzenbüchern fest und schilderte den Abtransport der Gefallenen ebenso wie die Erschöpfung und Resignation seiner Kameraden. 1916 erlitt Heinz Kroh einen Nervenzusammenbruch. Das ein Jahr zuvor entstandene „Selbstbildnis in Uniform eines Rotkreuz-Soldaten" vermittelt eindrücklich das Entsetzen über die miterlebten Kriegsgräuel.

engagierten, religiös mitfühlenden Kunst, wie die Druckgrafiken „Drohender Streik", „Wartesaal vierter Klasse" oder „Ruhe auf der Flucht" (alle 1920) verraten.

Heinz Kroh

Der Maler, Radierer und Zeichner Heinz Kroh wurde bekannt als „Chronist" des Kölner Lebens, das er in Hunderten Skizzenbüchern stetig eingefangen hat.[18] Nach einem Stipendium an der Kunstakademie Düsseldorf

Heinz Kroh, Selbstbildnis in Uniform eines Rotkreuz-Soldaten, Öl auf Leinwand, Belgien, um 1915 (KSM)

Franz M. Jansen

Zu den wichtigsten Verfechtern einer Moderne in Köln gehörte der in Köln geborene Franz M. Jansen, der u. a. von 1906 bis 1910 bei Otto Wagner in Wien Architektur studierte und sich währenddessen autodidaktisch in Zeichnung und Malerei übte.[20] Nach seiner Rückkehr Ende 1909 nach Köln wurde er zu einem Motor der in kurzer Folge sich gründenden Künstlervereinigungen. Äußerlicher Anlass war 1910 seine Beteiligung an einer Ausstellung des „Kölner Künstlerbunds", bei der die „Besucher [...] leichte Lachanfälle vor unseren Bildern"[21] bekamen. 1911 trat die „Kölner Sezession I" ins Licht der Öffentlichkeit, wenig später der „Gereonsklub". In beiden Vereinigungen fungierte Jansen als Gründungsmitglied gemeinsam mit Olga Oppenheimer. Die öffentliche Reaktion auf die „Modernen" war kontrovers. Der Stadt-Anzeiger schrieb in Bezug auf Jansen, es sei ein „stilloses Gemisch moderner Verwegenheiten"[22]. Die Zeitschrift „Deutsche Kunst und Dekoration" hingegen lobte Jansen für seinen „architektonisch aufbauenden Sinn" und seine „lebensvolle[n] Wirkungen".[23]

Obwohl Jansen die bedeutenden Ausstellungen französischer Künstler, das Werk van Goghs, die Ausstellung „Der Blaue Reiter" und schließlich auch den

Franz M. Jansen,
Weggabelung im Wald,
um 1913/1914
(Kunstmuseum Bonn)

Einfluss August Mackes als Mitglied der oben genannten Künstlervereinigungen in sich aufgenommen hatte, führte dies nicht zu einem letztendlichen Schritt in die Abstraktion.[24] Das Gemälde „Weggabelung im Wald" von 1913/1914 weist in der Bildung des Buschwerks entlang des Weges Parallelen zum Cloisonismus der Schule von Pont-Aven auf und fasst die landschaftlichen Gegebenheiten summarisch zusammen, bleibt aber im Bereich des Gegenständlichen.

Wie die meisten der jungen Künstler begrüßte Franz M. Jansen den Ausbruch des Ersten Weltkrieges mit einer Art Euphorie, die sich jedoch bereits nach dem ersten Kriegsjahr schlagartig ändern sollte. Im August 1915 fiel sein Lieblingsbruder Bernhard an der Front. Jansen reagierte mit dem Antikriegszyklus „Der Krieg" (1915–1917), der neben 22 Linolschnitten auch Gedichte zeitgenössischer Poeten umfasste. Er kommentierte, er wolle „etwas von dem Grauen der Zeit und der Not der Tage" festhalten.[25]

Olga Oppenheimer

Die zweite treibende Kraft der jungen Moderne in Köln war die Künstlerin Olga Oppenheimer, deren Engagement besonders in der Zeit von 1910 bis 1914 prägend war. Die Intellektuelle aus jüdischem Elternhaus gehörte mit Jansen zum engen Zirkel avantgardistischer Kräfte, die die „Kölner Sezession I" und vor allem den

Franz M. Jansen,
Der Moloch, Blatt 18 aus
der Folge „Der Krieg",
Linolschnitt, 1915–1917
(Galerie Remmert und
Barth, Düsseldorf)

„Gereonsklub" mitbegründeten. Der „Gereonsklub", benannt nach dem Kölner Geschäftshaus in der Gereonstraße, in dem Oppenheimer auch ihre Mal- und Zeichenschule betrieb, verstand sich in erster Linie als ein Forum für moderne Strömungen in Kunst, Kunsttheorie und Literatur.[26] Als Leiterin des Klubs fungierte die Ausstellungsorganisatorin Emmy Worringer, die Schwester des Kunsthistorikers Wilhelm Worringer, dessen Dissertation „Abstraktion und Einfühlung" (1908) noch heute zu den Standardwerken der Kunstgeschichte zählt.

Olga Oppenheimer genoss eine künstlerische Ausbildung 1907 in München und Dachau, 1909 in Paris bei Paul Sérusier. Leider ist wenig aus ihrem Œuvre, das Gemälde und Grafiken umfasste, überliefert. In dem bereits erwähnten Artikel über die Ausstellung der „Kölner Sezession I" in der Zeitschrift „Deutsche Kunst und Dekoration" heißt es: „O. Oppenheimer zeigt koloristisch geschmackvolle Stilleben und ein fein empfundenes, zu flach behandeltes Frauenportrait."[27] Greifbar wird das Werk in der Qualität zudem über weitere Ausstellungsbeteiligungen: Oppenheimer war nicht nur bei der Internationalen Sonderbund-Ausstellung in Köln 1912 vertreten, sondern auch – als einzige deutsche Künstlerin – bei der hochbedeutsamen „Armory Show" in New York 1913 sowie auf deren weiteren Stationen in Chicago und Boston. Sie zeigte dort sechs 1911 entstandene Holzschnitte aus einer Serie von Illustrationen zu „Van Zantens glückliche Zeit" (1908) des dänischen Schriftstellers Laurids Bruun.[28]

Das Jahr 1916 brachte eine schicksalhafte Wendung für Olga Oppenheimer. Ein familiärer Unglücksfall, die Nachricht über den Tod ihres einzigen Bruders, und der Tod ihres Künstlerfreundes August Macke lösten eine tiefe Depression aus, von der sie sich nicht mehr erholen sollte. Nach einem Aufenthalt in einer Nervenheilanstalt stirbt Olga Oppenheimer im nationalsozialistisch besetzten Lublin (Polen) – offiziell an „Flecktyphus".[29]

Carlo Mense

Wie Jansen und Oppenheimer gehörte auch Carlo Mense zu den Gründungsmitgliedern der „Kölner Sezession I" und trat 1911 ebenfalls in den „Gereonsklub" ein. Seine künstlerische Laufbahn begann mit einer Empfehlung August Mackes, die ihn zunächst an die Kunstakademie Düsseldorf zu Peter Janssen, dann nach Berlin zu Lovis Corinth brachte. Entscheidenden Einfluss auf seine künstlerisch-geistige Entwicklung hatte zudem der Kontakt zur Lebensreformbewegung, die Mense 1908 gemeinsam mit seinem Bruder Rudolf in Ascona kennenlernte.

Der begabte junge Maler war im Rheinland bei allen entscheidenden Ausstellungen vertreten (Sonderbund 1912, Rheinische Expressionisten 1913, Werkbund-Ausstellung 1914), darüber hinaus beteiligte er sich 1913 an dem Berliner „Ersten Deutschen Kunstsalon" und entwarf Titelblätter zu expressionistischen Zeitschriften wie „Die Aktion" oder „Der Sturm".[30]

Das Gemälde „Waidmarkt" von 1910/1911 gehört zu den eher seltenen Stadtansichten und zeigt die stilistische Auseinandersetzung Menses mit den französischen Fauves.

Nachdem er im Sommer 1914 mit seinem Maler-Freund Heinrich M. Davringhausen erneut eine Reise nach Ascona zum Monte Verità unternommen hatte, forderte der Kriegsbeginn ihre Rückkehr nach Deutschland. Mense wurde eingezogen und kam als Soldat an die Front in Belgien, Polen und Russland. Seine Erlebnisse fanden kaum Niederschlag in seinem Œuvre, die Bleistiftzeichnung „Judenpogrom" von 1917 stellt eine der wenigen Ausnahmen dar. Das Blatt zeigt den für Mense in dieser Phase typischen Stil, der Elemente des Kubismus und Futurismus zu einer verschachtelten und aufgesplitterten Komposition verschmilzt. Menschen wie Gebäude scheinen in dieser Fragmentierung zu kollabieren.

Michael Brunthaler

Der junge vielversprechende Maler Michael Brunthaler, der seine Ausbildung an den Akademien in Düsseldorf und München genoss, wurde unter anderem von Josef Haubrich gefördert. Seine kurze Karriere fand ein jähes Ende, nachdem er sich im Februar 1915 als Kriegsfreiwilliger gemeldet hatte. Bereits im Oktober desselben Jahres fiel Brunthaler bei Tahure in Frankreich.[31]

Sein Selbstporträt zeigt einen selbstbewussten jungen Bohemien mit Zigarette im Mund. Brunthaler wählte

für das Bildnis einen ungewöhnlichen Anschnitt, der seine rechte Schulter ausspart. Der Maler scheint gerade ins Bild getreten zu sein.

Franz Wilhelm Seiwert

Bei Kriegsbeginn war Franz Wilhelm Seiwert gerade 20 Jahre alt. Zu diesem Zeitpunkt arbeitete er bei dem Kölner Architekten Clemens Klotz und hatte zuvor von

Franz Wilhelm Seiwert, Im Unterstand, Holzschnitt, um 1916 (KSM)

1910 bis 1913 an der Kölner Kunstgewerbeschule studiert. Aufgrund einer unheilbaren Kopfwunde war Seiwert vom Kriegsdienst befreit. Dennoch trafen ihn die

Michael Brunthaler, Selbstbildnis mit Zigarette, Öl auf Leinwand (KSM)

Kriegsgeschehnisse tief, insbesondere der „kalte Mechanismus"[32] des militärischen Apparats. Der Tod seines engen Freundes Hubert Nöthen, der an der Front gefallen war, bestärkte Seiwert in seiner Kriegsgegnerschaft. Er schloss sich jedoch bereits vorher – im Winter 1916/1917 – dem Kreis der „Kölner Dissidenten" um das Ehepaar Käthe und Carl Oskar Jatho an, Letzterer der Sohn des eingangs zitierten Carl Wilhelm Jatho. Seiwert und die Jathos verband bald eine sehr enge Freundschaft, die schließlich in die „Kalltal-Gemeinschaft"[33] mündete, der Seiwert von 1919 bis 1920 angehörte. Die Jathos besaßen ein Haus bei Simonskall in der Eifel, das zunächst als Zufluchtsort vor dem Krieg diente, dann aber zu einem Treffpunkt gleichgesinnter Künstler und Literaten wurde.

Heinrich Hoerle,
Ein Krieger, Zeichnung,
1914 (Privatbesitz
Klaus Heuser)

Der Holzschnitt „Im Unterstand" zeigt noch deutlich eine expressionistisch anmutende Formensprache mit stark bewegtem, strahlenartigem Hintergrund. Die aufgerichtete Figur eines Soldaten mit erhobenen Armen füllt die linke Blatthälfte in der Höhe komplett aus, ein weiterer Soldat kauert auf der rechten Seite. Überschrieben ist der Hochdruck mit „2. FELDKOMP. I. Pion. BATL. 16".

Heinrich Hoerle

Franz Wilhelm Seiwert und Heinrich Hoerle bildeten ab den 1920er-Jahren den impulsgebenden Kern der „Gruppe Progressiver Künstler". Sie lernten sich 1919 kennen und blieben bis zum frühen Tod Seiwerts eng miteinander befreundet. Heinrich Hoerle war als Künstler Autodidakt. Er bildete sich auf Reisen und durch sporadische Besuche der Kölner Kunstgewerbeschule weiter. Eines der frühesten Beispiele seines künstlerischen Schaffens ist das Porträt seines Jugendfreundes Heinrich Höfer, das Hoerles Auseinandersetzung insbesondere mit dem Kubismus verrät. Zur Entstehungszeit des Bildnisses trafen sich Hoerle und der Freundeskreis um Höfer in dessen Haus in Köln-Ehrenfeld. Heinrich Höfer führte von Mai 1914 bis Januar 1921 ein Gästebuch, dessen Inhalt ausgesprochen aufschlussreich für das Kriegsgeschehen ist.[34] Heinrich Hoerle ist dort mit Kommentaren, aber vor allem auch mit Zeichnungen präsent. So trug er am 2. August 1914 ein: „Mobilmachungstag! Wir wollen den Krieg (nie!) [...] Heinz Hoerle, Offizier in spe!"[35] Die dazugehörige Zeichnung mit der Überschrift „Krieg 1914" zeigt karikaturhaft einen preußischen Soldaten im Laufschritt. Vermutlich als ironischer Kommentar und entgegen seiner sonstigen Gewohnheiten signierte Hoerle das Blatt mit „Ha. Ha.".[36] Mit fortschreitendem Kriegsverlauf wurden die Eintragungen im Gästebuch schließlich weniger. Nachdem im persönlichen Umfeld immer mehr seiner Freunde einberufen worden waren und noch bevor am 3. Mai 1916 auch Heinrich Höfer eingezogen wurde, findet sich von Hoerle unter einem hageren Selbstbildnis die Bemerkung „Aus unseren schönen Augen laufen heiße Tränen!".[37] Hoerle selbst wurde kurze Zeit später ebenfalls Soldat und kam erst Ende 1918 nach Köln zurück. Als Reflexion der Kriegserlebnisse, aber auch des städtischen Nachkriegslebens erschien 1920 im Kölner Schloemilch-Verlag[38] seine „Krüppelmappe". In teilweise surreal anmutenden Schilderungen führen die Motive das Leid, die grausamen Verstümmelungen sowie die damit verbundenen Sehnsüchte nach Heilung vor Augen. Franz Wilhelm Seiwert kommentierte die „Krüppelmappe": „Seht ihr die Armen, eure Brüder, die nicht mehr leben können, aber auch nicht ganz tot sind und nun als Denkmäler eurer Schuld in den Straßen stehen? Eure Schuld, unser aller Schuld [...] Lasset euch diese Denkmäler ein fortwährender Stoß sein, der euch zum Erwachen und zum Leben bringt."[39]

Seiwert und Hoerle bilden quasi Schluss- und Aussichtspunkt der Kölner Kunstszene um 1914: Aufgewachsen in einer disparaten künstlerischen Umgebung, die von konservativ bis progressiv reichte, überführten sie die Ansätze der Avantgarde in Köln schließlich mit Gründung der „Gruppe Progressiver Künstler" in einen eigenständigen europäischen Beitrag zur Klassischen Moderne.[40]

Heinrich Hoerle, Der Vater, Blatt aus der „Krüppelmappe", Lithografie, 1920 (KSM)

1   Carl Wilhelm Jatho, Predigt „Die Herrlichkeit der Kunst", zit. n. Hübner, 1981, S. 10.
2   1909 „Ein Frühlingstag", Farbreproduktion nach einem Gemälde von Arnold Böcklin; 1910 „Pflüger im Engadin", Farbreproduktion nach einem Gemälde von Giovanni Segantini; 1911 „Rheinansicht von Köln", Originalradierung von Hermann Struck; 1912 „Mädchen mit Pelzmütze", Gravüre nach einem Gemälde von Wilhelm Leibl; 1913 „Musikstunde", Farbenlichtdruck nach einem Gemälde von Antoine Watteau; 1914 „Kölner Landwehr in Laon", Originallithografie von Wilhelm Schreuer; 1915 „Auszug der Deutzer Kürassiere", Originalradierung von Paul Prött. In: Dörstel, Gerlach, 1989, Bd. 3, S. 98 ff.
3   Ausführlich zu diesem Phänomen im Deutschen Kaiserreich siehe Mommsen, 2000, S. 56–58.
4   Schäfke, Wagner, 2006, S. 273.
5   Eine vollständige Auflistung der Künstlergruppen in Köln siehe Euler-Schmidt, Oehler, 1987, S. 13–15, 36–38.
6   Kölnisches Stadtmuseum, 1968 (o. S.).

7   Hölscher, 1918.
8   Dietrich, 1988, Chronik 1914 (o. S.); vgl. Die christliche Kunst, 1914/1915.
9   Aus der Bildermappe des Kriegsmalers Wilhelm Schreuer, in: Velhagen & Klasings Monatshefte, März 1915, S. 344.
10 Siehe Beitrag Hesse, S. 129–137.
11 Dietrich 1988, Chronik 1912 (o. S.); Schäfke, Wagner, 2006, S. 270.
12 Schäfke, Wagner, ebenda.
13 Sander, 1994, S. 253 f.
14 Ausführlich dazu siehe auch Schreier, 1994, S. 2 ff.
15 Ausführlich dazu Münster, 1993, S. 9 ff.
16 Jochimsen, Zehnder, 1998, S. 14.
17 Ebenda, S. 15.
18 Rafflenbeul-Kroh, 1978, S. 11.
19 Ebenda, S. 47.
20 Ausführlich dazu: August Macke Haus e. V., 2008, S. 20 ff.
21 Jansen, 1981, S. 67.
22 Stadt-Anzeiger, 10.1.1912.
23 Deutsche Kunst und Dekoration, 30.1912, S. 136.

24 Ausführlich dazu: August Macke Haus e. V., 2008, S. 29.
25 Merholz, 1994, S. X.
26 Ausführlich dazu: August Macke Haus e. V., Nr. 9, 1993.
27 Deutsche Kunst und Dekoration, 30.1912, S. 137.
28 Vgl. Reinhardt, 1993, S. 118.
29 Reinhardt, 1991, S. 19 f.
30 Ausführlich dazu: Drenker-Nagels, 1993, S. 12.
31 Schäfke, Wagner, 2006, S. 56.
32 Hübner, 1981, S. 10.
33 Ausführlich dazu: Bohnen, 1964, S. 11 f.
34 Ausführlich zum Gästebuch: Ganteführer-Trier, 2006, S. 155 ff.
35 Ebenda, S. 155.
36 Ebenda, S. 156.
37 Vgl. Backes, Hagspiel, Herzogenrath, 1981, S. 19.
38 Behn, 1992, S. 45.
39 Backes, Bohnen, 1978, S. 14.
40 Ausführlich dazu Roth, 2008.

DEUTSCHE WERKBUND-
AUSSTELLUNG

KUNST IN HANDWERK,
INDUSTRIE UND HANDEL ⟡ ARCHITEKTUR

MAI CÖLN 1914 OCT.

Ulrike Staroste

„Cöln rief, und Alle kamen."
Ein Streifzug über die Deutsche Werkbund-Ausstellung Köln 1914

Die Architektur der Werkbund-Ausstellung 1914 war sehr vielschichtig: Historisierende Formen waren genauso präsent wie der ausklingende Jugendstil und die beginnende Moderne. Mischformen verschiedener Epochen standen neben rheinisch regionalen Bauten und utopischen Konzepten und gaben einen Querschnitt aller architektonischen Stilformen der Zeit. Die Qualitätsschau wurde zum Wegbereiter für die Klassische Moderne mit dem Bauhaus als Avantgarde, sie brachte mit den Bauten von Henry van de Velde, Walter Gropius und Bruno Taut Pionierleistungen der modernen Architektur hervor und präsentierte Kunsthandwerk, von dem einige Stücke zu Designklassikern wurden.

Die erste Leistungsschau des Deutschen Werkbundes

Erste Pläne für eine programmatische Ausstellung des Deutschen Werkbundes gab es bereits 1911. Den bisherigen Leistungen des Bundes sollte ein publikumswirksames Forum gegeben werden. Der 1907 gegründete Deutsche Werkbund, eine Vereinigung von Künstlern, Industriellen und Kaufleuten, strebte die Entwicklung einer modernen Formgebung für handwerkliche und industrielle Produkte an. Hermann Muthesius, ein Gründungsmitglied des Bundes, sah die Aufgabe eines zeitgemäßen Kunstgewerbes darin, die Form eines Gegenstandes aus ihrem Zweck logisch abzuleiten – ein programmatischer Gestaltungsleitsatz, den Louis Sullivan bereits 1896 mit „form follows function" formuliert hatte und der von den Mitgliedern des Werkbundes nun verwirklicht wurde.

Durch die Bekundung des Kölner Baudezernenten Carl Rehorst, die Leistungsschau in Köln in den Ausstellungshallen vor dem Aachener Tor zu präsentieren – in denen bereits 1912 die Schau des Sonderbundes und 1913 die Ausstellung „Alt- und Neu-Cöln" gezeigt worden waren –, konkretisierten sich die Pläne des Werkbundes. Die Stadt Köln stellte die enorme Summe von fünf Millionen Mark zur Verfügung und war in vielerlei Hinsicht

ein idealer Austragungsort für die Ausstellung. Oberbürgermeister Max Wallraf brachte die guten Voraussetzungen der Metropole auf den Punkt: „Die Eigenart Cölns liegt in der Berührung neuzeitlicher Entwicklung mit uralter Geschichte."[2] Hinzu kam die günstige Lage der Stadt und deren Stellung innerhalb des westeuropäischen Kulturraums. Schließlich wollte der Werkbund eine Anerkennung deutscher Industrieprodukte auf dem französischen, englischen und auch US-amerikanischen Markt erreichen. Neben Wallraf waren Rehorst und Konrad Adenauer, beide Mitglieder des Werkbundes, die treibenden Kräfte im Hintergrund. Die Vorbereitungen für die Ausstellung nahmen zwei Jahre in Anspruch. Präsentiert werden sollte, wie es das Plakat von Peter Behrens zum Ausdruck brachte, „Kunst in Handwerk, Industrie und Handel [sowie] Architektur".

Der ursprüngliche Plan, die Ausstellung in den Hallen vor dem Aachener Tor zu realisieren, scheiterte an den unzureichenden Platzverhältnissen. Stattdessen wurde das rechtsrheinische Gelände nördlich der Hohenzollernbrücke für die Ausstellung erschlossen – das heutige Gebiet des Rheinparks und der Koelnmesse. Aus

Luftaufnahme der Werkbund-Ausstellung, Fotografie, Köln, 1914 (KSM)

Peter Behrens, Offizielles Plakat der Deutschen Werkbund-Ausstellung Cöln 1914, 1914 (KSM)

Bruno Taut (Entwurf), Glashaus, 1914, Modell von Arno Ebner und Alexander Gufler, 2005, Fotografie von Gerald Zugmann (Galerie für Architektenmöbel, Michael Mertens, Velbert)

militärischen Gründen durfte das ehemalige Festungsvorgelände mit dem preußischen Außenfort nicht bebaut werden und auch nach der Aufhebung des Verteidigungsringes der Stadt Köln blieb eine Besiedelung aus, da das Areal bei hohem Wasserstand des Rheins oft überflutet war. Diese weite Freifläche war ein ideales Gelände für die Werkbund-Ausstellung. In zentraler Stadtlage mit Blick auf den Dom bot sie mit 350.000 m² ausreichend Platz für die geplanten Bauten und war verkehrstechnisch gut erschlossen:[3] „Die Wahl des Geländes, die zuerst viel bekrittelt wurde, hat sich wahrhaft glorreich bewährt. [...] Die Aussicht allein lohnt überreich den Besuch der Ausstellung. Besonders schön ist das Bild am Abend, wenn die Sonne hinter der Stadt sinkt."[4]

„Spaziergänge durch die Werkbund-Ausstellung"[5]
Am 16. Mai 1914 um zwölf Uhr fand die festliche Eröffnung der Ausstellung statt. Einen Tag später wurde sie für alle Besucher geöffnet. „Schon früh füllten sich die weiten Wege und Plätze, und die einzelnen Bauten, die in ihrer äußeren Aufmachung wenigstens ein Bild des Fertigen lieferten, waren das Ziel zahlreicher Besucher und – Kritiker."[6] Die Presse vermeldete immer wieder beeindruckende Besucherzahlen von 40.000 bis 50.000 pro Tag.[7] Insgesamt besuchten mehr als eine Million Menschen die Ausstellung.

Gleich hinter dem Eingangsgebäude befand sich das Glashaus von Bruno Taut. Es war der Auftakt der Aus

stellung und doch nur auf wenigen Plänen des Geländes verzeichnet. Die Journalisten verkannten den expressionistischen Entwurf und schrieben: „Der phantastische Einfall ist sehr niedlich und klug durchgeführt, wenn auch der Vorschußlorbeerkranz vielleicht etwas weit für den Umfang des Glashauses war."[8] Für Bruno Taut hatte das Glashaus „keinen anderen Zweck, als schön zu sein. Es soll die Aufgabe eines reinen Ausstellungsbaues erfüllen und interessante Ideen in schöner Form zur Anregung für ‚dauernde' Architektur geben, nicht solche selbst."[9] In verschiedenen Räumen präsentierte Taut die zahlreichen Spielarten des Glases. Er verarbeitete Prismen, Smalten (lichtdurchlässiges Glas, welches silbern und golden glänzt), Mosaike, farbige Gläser in verschiedensten Nuancen und sogar ein Kaleidoskop. Durch verschiedene Licht- und Wassereinwirkungen erzielte er spezielle Glaseffekte. Da das Haus bis auf das Eisenbetongerüst komplett aus Glas war, brachte die Innenbeleuchtung auch eine einmalige Außenwirkung hervor, die im Dunkeln besonders effektvoll gewesen sein muss. Inspiration fand Taut in dem 1914 erschienenen Buch „Glasarchitektur" seines Freundes und Dichters Paul Scheerbart. Scheerbart beschrieb darin die Möglichkeiten des Glases u. a. zur Überwindung der Senkrechten und die variable Formgebung der Wände.[10] Das Glashaus war eine utopische Idee, die Tauts und Scheerbarts Sehnsucht nach neuen Möglichkeiten in der Architektur und damit im menschlichen Lebensraum verdeutlichte.

Die Schau des Deutschen Werkbundes bot mit über 50 Gebäuden zahlreiche Ausstellungsmöglichkeiten. Allein das Hauptgebäude hatte 242 Räume für verschiedenste Präsentationen. Hier zeigte u. a. die Firma Josef Feinhals ihre Sammlung „Die Kunst im Tabakgewerbe" mit Dekorationen von Ernst Ludwig Kirchner.[11] Fritz Helmut Ehmckes leuchtend roter Plakatentwurf für die Werkbund-Ausstellung mit einem großen W und drei Kronen, die die Heiligen Drei Könige symbolisierten, fiel beim öffentlichen Wettbewerb für das Ausstellungsplakat durch, wurde jedoch von Feinhals für die Werkbund-Zigaretten übernommen. So wurde aus dem Titel „Deutsche Werkbund Ausstellung" kurzerhand „Cigarren Werkbund Cigaretten". Ehmcke gestaltete noch weitere Verpackungen und Werbematerialien der Firma für die Ausstellung, die alle dem Konzept des Plakates entsprachen und somit einen hohen Wiedererkennungswert hatten.

Eine Besonderheit der Leistungsschau war die Abteilung der sakralen Kunst. Auf Anraten von Rehorst wurde sie dem ursprünglichen Ausstellungskonzept hinzugefügt. „Als friedliche Nachbarn liegen im hintern Teil

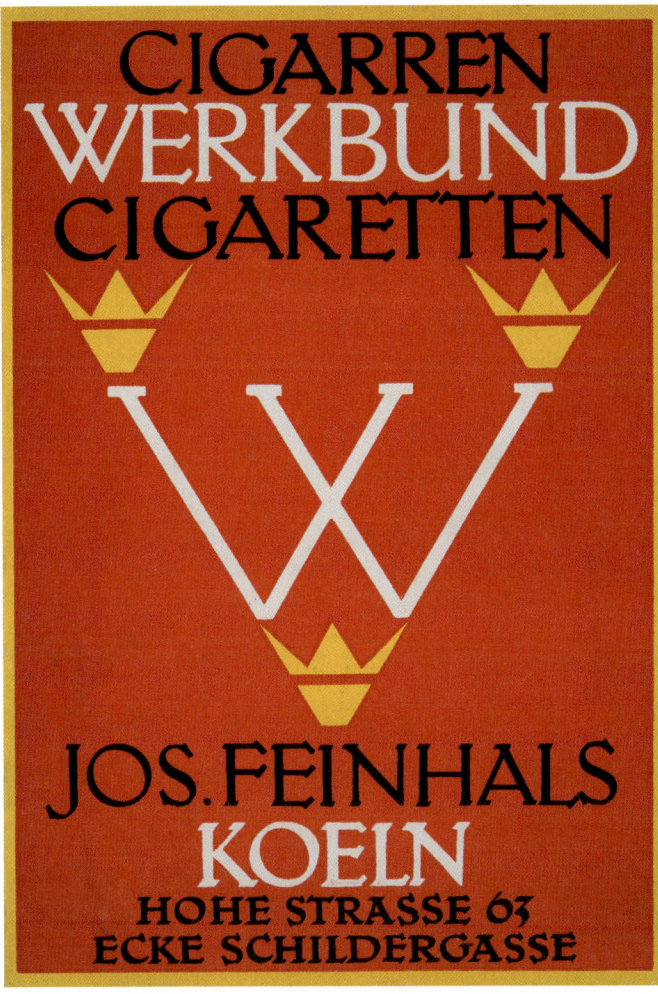

Pütz, Robert Seuffert, Georg Grasegger und Alexander Iven gehörten, waren angehalten, eine neue Formensprache zu entwickeln – ohne den Rückgriff auf historische Vorbilder. Im evangelischen Kirchenraum waren besonders herausragend und modern die Goldschmiedearbeiten von Ernst Riegel, der seit 1912 an den Kölner Werkschulen unterrichtete.[14] Während der katholische Kirchenraum wegen seiner kräftigen farbigen Ausmalung kritisiert wurde, wurde der evangelische Raum als „puristisch kahl"[15] beschrieben. Dagegen erwähnte die Presse die Einrichtung der Dorfkirche lobend: „Gera-

Fritz Helmut Ehmcke, Deckblatt einer Werbebroschüre der Firma Jos. Feinhals für die Werkbund-Ausstellung Cöln 1914, Köln, 1914 (KSM)

Heinrich Renard und Stephan Mattar, Dorfkirche des Niederrheinischen Dorfes, Fotografie, Köln, 1914

der Haupthalle ein katholischer, ein protestantischer und ein jüdischer Kirchenraum."[12] Hinzu kam die Kirche des Niederrheinischen Dorfes. Im Bereich der sakralen Kunst war die Beteiligung der Kölner Künstler besonders auffällig. So entwarf Eduard Endler für den katholischen Bereich eine Kombination aus Ausstellungshalle und Kirchenraum mit Chor und Schiff, bekrönt von einem Tonnengewölbe. Seitenschiffartige Nischen boten Raum für Vitrinen. Die Ausstattung übernahm Fritz Witte[13], der seit 1910 Konservator des Museum Schnütgen und Mitherausgeber der „Zeitschrift für Christliche Kunst" war. Während Witte den Altar, das Prunkstück des Raumes, entwarf, gestaltete Erzdiözesanbaumeister Heinrich Renard den Seitenaltar. Gemeinsam mit Stephan Mattar war Renard auch verantwortlich für den Entwurf der Dorfkirche. Kontrastiert wurde der geschlossen wirkende und geometrische Kirchenbau durch die reiche Innenausstattung, für die der Kölner Verein zur Förderung religiöser Kunst, Ars sacra, verantwortlich zeichnete. Die Künstler, zu denen unter anderem auch Wilhelm

de die Verschiedenheit des Schmucks gibt der kleinen Kirche den Charakter des allmählich Gewordenen [...]. Wenn nur gar zu banale Fabrikware vermieden wird, liegt in der bunten Mannigfaltigkeit ein eigener Stimmungsreiz."[16]

Die nationale Bedeutung der Ausstellung führte dazu, dass große Künstler wie Peter Behrens, Josef Hoffmann, Henry van de Velde oder Hermann Muthesius mit den Bauten beauftragt wurden. Den Kölner Architekten fielen daher eher kleinere Bauaufgaben zu, mit Ausnahme

von Carl Moritz, der das Verwaltungsgebäude entwarf, und Ludwig Paffendorf, der für die Entwürfe des Kölner Hauses verantwortlich war.[17] Paffendorf „gedachte, für Köln charakteristische Bauweisen in moderner Ausbildung zu einem organischen Ganzen zu verschweißen".[18] Für das Kölner Haus entwarf er eine palastartige Architektur, die mittelalterliche Formen abstrahierte und um zwei klosterartige Innenhöfe gruppiert war. Sein Entwurf wurde jedoch von der Fachpresse sehr kritisch gesehen und als nicht dem Werkbund-Gedanken entsprechend bewertet. Im Inneren des Hauses waren ebenfalls renommierte Kölner Künstler und Kunsthandwerker vertreten. Die Eingangshalle dominierten Grasegger und Riegel mit Arbeiten aus Fayence, Steinzeug, Bronze, Gold und Marmor, wie beispielsweise Graseggers trau-

ernde Eva oder Riegels kostbare Leuchter und Prunkgeschirre für das Kölner Ratssilber. Franz M. Jansen war mit Wandbildern vertreten, und Paul Bachmann entwarf das „„Konferenz- und Direktorenzimmer für den Neubau der Kunstgewerbe- und Handwerkerschule', ein schlichter würdiger solid gearbeiteter Raum in hellem grauen Holz"[19].

Das Fabrikgebäude nach Entwürfen von Walter Gropius und Adolf Meyer war als leichter Ausstellungsbau geplant, wurde jedoch massiv in Stein, Eisen und Glas ausgeführt. Erst drei Wochen nach Eröffnung war der moderne Bau fertiggestellt. Das Ensemble „entspricht in [seinen] architektonischen Bestandteilen und Abmessungen einer modernen Maschinenfabrik. [Es] gliedert sich in ein Bureauhaus, den anschließenden Hof mit Garagenbauten und die Maschinenhalle. Am Nordende schließt sich an die Halle der Sonderpavillon der Gasmotoren-Fabrik Deutz an."[20] Dass der 31-jährige Gropius dieser Herausforderung gewachsen war, hatte er bereits mit den Fagus-Werken in Alfeld (1911) bewiesen. Für das Fabrikensemble nutzte er den Werkstoff Glas in völlig neuem Maße, um lichte Räume zu schaffen. So durchzog Gropius das Bürogebäude mit einem horizontalen Glasband und gestaltete die beiden Treppenhäuser als komplett verglaste Rundtürme. Eine weitere Besonderheit war die Nutzung des Daches als Garten. Gropius schuf mit seinem Entwurf einen Prototyp moderner Architektur und machte zugleich den sozialen Gedanken des Werkbundes sichtbar: „Qualitätsarbeit ist soziale Entwicklung; ohne den unermüdlichen Kampf der Masse um Luft und Licht, höheren Lohn und kürzere Arbeitszeit als ständigen Antreiber, ohne die Hebung des Arbeiters als mitschöpferischem Qualitätshelfer und lebhaftem Verbraucher des Erzeugten schwebt der ganze Werkbundgedanke überhaupt in der Luft."[21]

In Ausstellungen und Leistungsschauen der Zeit waren häufig auch Frauen mit ihren künstlerischen Arbeiten vertreten. Für das „Haus der Frau" auf der Kölner Werkbund-Ausstellung wurde ein Wettbewerb ausgeschrieben, den die junge Künstlerin Margarete Knüppelholz-Roeser gewann. Ihr schlichter und funktionaler Entwurf hatte allerdings einen schweren Stand: „Bei einem von Frauenhand gezeichneten Bau würde man sich nicht wundern, wenn die Freude an kokettem Zierrat die Grundformen der Architektur überwucherte und verweichlichte. Das ist bei dem Haus der Frau nicht der Fall; es scheint beinahe, als habe die Schöpferin ein solches Vorurteil vermutet und deshalb mit Fleiß eine gewisse Spröde und kalte Zweckdienlichkeit walten lassen."[22] Else Oppler-Legband, die Vorsitzende des Ausstellungs-

Walter Gropius und Adolf Meyer, Büro-gebäude, Hofansicht, Fotografie, Köln, 1914 (Bildarchiv Foto Marburg)

komitees des „Hauses der Frau", umriss das Präsentationskonzept wie folgt: „Hier sollte alles gezeigt werden, was auf dem Gebiet des Kunstgewerbes im Sinne des Werkbundes von Frauen erdacht und geleistet worden ist." Und weiter: „Echt frauenhaft: das ist überhaupt die allgemeine Parole bei dem ganzen Unternehmen. Nicht als anmaßende Konkurrenz der Mannesarbeit ist dies Haus der Frau beabsichtigt, sondern als ausgleichendes Regulativ und wertvolle Ergänzung dazu."[23] Die ausgestellten Arbeiten waren vielfältig und wurden von den Journalisten wohlwollend hervorgehoben: „Viele Besucher werden überrascht sein von den fraulichen Leistungen auf dem Gebiet der Graphik, der Plakatkunst, des Buchgewerbes, der Photographie, der Goldschmiedekunst, im Entwerfen von Tapeten, Teppichen, Linoleummustern."[24] Vertreten waren auch Kölner Künstlerinnen. So wurden im Bereich der Textilkunst Batikarbeiten von Grete Alsberg und dekorative Stickereien von Fifi Kreuzer präsentiert. Alexe Altenkirch, die seit 1907 an der Kölner Kunstgewerbeschule unterrichtete und seit 1912 Mitglied des Werkbundes war, gestaltete die repräsentative Bibliothek. Die Einrichtung war aus edlem afrikanischen Zitronenholz und zeigte den Versuch, geometrische Formen miteinander zu kombinieren. Einzelne Möbelstücke, umfunktionierte Teile des Galeriegeländers und Entwürfe der Bibliothek haben sich in der Stiftung Zanders in Bergisch Gladbach erhalten.

Den Abschluss der Ausstellung bildete das Niederrheinische Dorf, eine Mustersiedlung, an der zahlreiche Kölner Architekten mitgewirkt hatten: So zeichnete Franz Brantzky für das Wirtshaus am Marktplatz verantwortlich, Otto Müller-Jena entwarf die alkoholfreie Wirtschaft

sowie das Arbeiterwohnhaus, Regierungsbaumeister Speckmann das große Gehöft, Max Stirn die Niederrheinische Weinschenke, Camillo Friedrich das Wohnhaus für einen Tagelöhner und die Architekten Emil Schreiterer und Bernhard Below die Jugendhalle. Die Siedlung war aus Stein errichtet und sollte auch nach Ende der Werkbund-Ausstellung bestehen bleiben. Der Essener Architekt Georg Metzendorf war für das Gesamtkonzept der Anlage verantwortlich. Durch gemeinsame Gestaltungsmerkmale wie dem roten Backstein als Fassadenmaterial,

Alexe Altenkirch, Entwurf für die Bibliothek im Haus der Frau, Zeichnung, 1914 (Stiftung Zanders)

übereinstimmende Giebelformen und zu bäuerlichen Gehöftanlagen zusammengefasste Siedlungsbauten wurde ein einheitliches Gesamtbild erzeugt.[25] „Das Dorf verfolgt durchaus moderne Zwecke. Heute [...] ist es dringend notwendig, die ländliche Siedlungsweise zu fördern [...] und die Arbeiter, die tagsüber zwischen stampfenden Maschinen tätig sind, aus den ungesunden, engen Stadtquartieren aufs Land zu ziehen, indem man ihnen praktische, anheimelnde Wohnstätten bietet."[26]

Die Jugendhalle der Architekten Schreiterer und Below ist das einzige Gebäude des Niederrheinischen Dorfes, das noch heute existiert. Sie wurde nach der Ausstellung im Essener Stadtteil Schonnebeck wieder aufgebaut und steht seit 2001 unter Denkmalschutz. Das aus den regionalen Siedlungsformen entwickelte Niederrheinische Dorf wurde zum Vorbild für verschiedene Werkswohnsiedlungen der 1920er-Jahre.

Das plötzliche Ende

Wenige Tage nach Kriegsbeginn wurde die Werkbund-Ausstellung geschlossen. Es erschien noch ein letzter Bericht über die Schau in der Kölnischen Zeitung am 6. August: „Die Ausstellung machte den gleichen festlich-freundlichen Eindruck wie auch sonst. [...] Mit einer gewissen Beruhigung bemerkte ich, daß man noch

immer an der Vervollständigung der Ausstellung arbeitete. [...] [Und doch] es war zu Ende mit der Herrlichkeit hier. All die ästhetischen Fragen, die künstlerischen Neuerungen, die Stilprobleme, die uns in den letzten Monaten beschäftigt hatten, wurden bedeutungslos."[27] Berichte über die Schließung finden sich nicht. Das vorzeitige Aus bedeutete für die Leitung ein finanzielles Fiasko, und die Aussteller wurden von heute auf morgen aufgefordert, die Exponate und Bauten auf eigene Kosten von dem Gelände zu entfernen. Diese Maßnahme erschien unverhältnismäßig, doch sie hatte nichts mit dem plötzlichen Ende der Ausstellung oder dem Beginn des Krieges zu tun, sondern war von Anfang an vertraglich so vereinbart worden. Interessanterweise regelten die „Allgemeinen Ausstellungsbedingungen" die Umstände einer frühzeitigen Schließung: „Sollte die Ausstellung aus irgendwelchen Gründen, wie z. B. Krieg, Landestrauer, Seuche, Feuersbrunst oder dergleichen, nicht oder später stattfinden oder vorzeitig geschlossen werden, so hat der Aussteller das Recht, die ihm gehörigen Gegenstände von dem Ausstellungsplatz wieder zu entfernen. Andere Ansprüche stehen ihm gegen die Ausstellungsleitung nicht zu."[28] Zahlreiche Gebäude wurden zerstört, für militärische Zwecke oder, wie die Festhalle von Behrens, als Stellplatz für Vieh genutzt. Andere Bau-

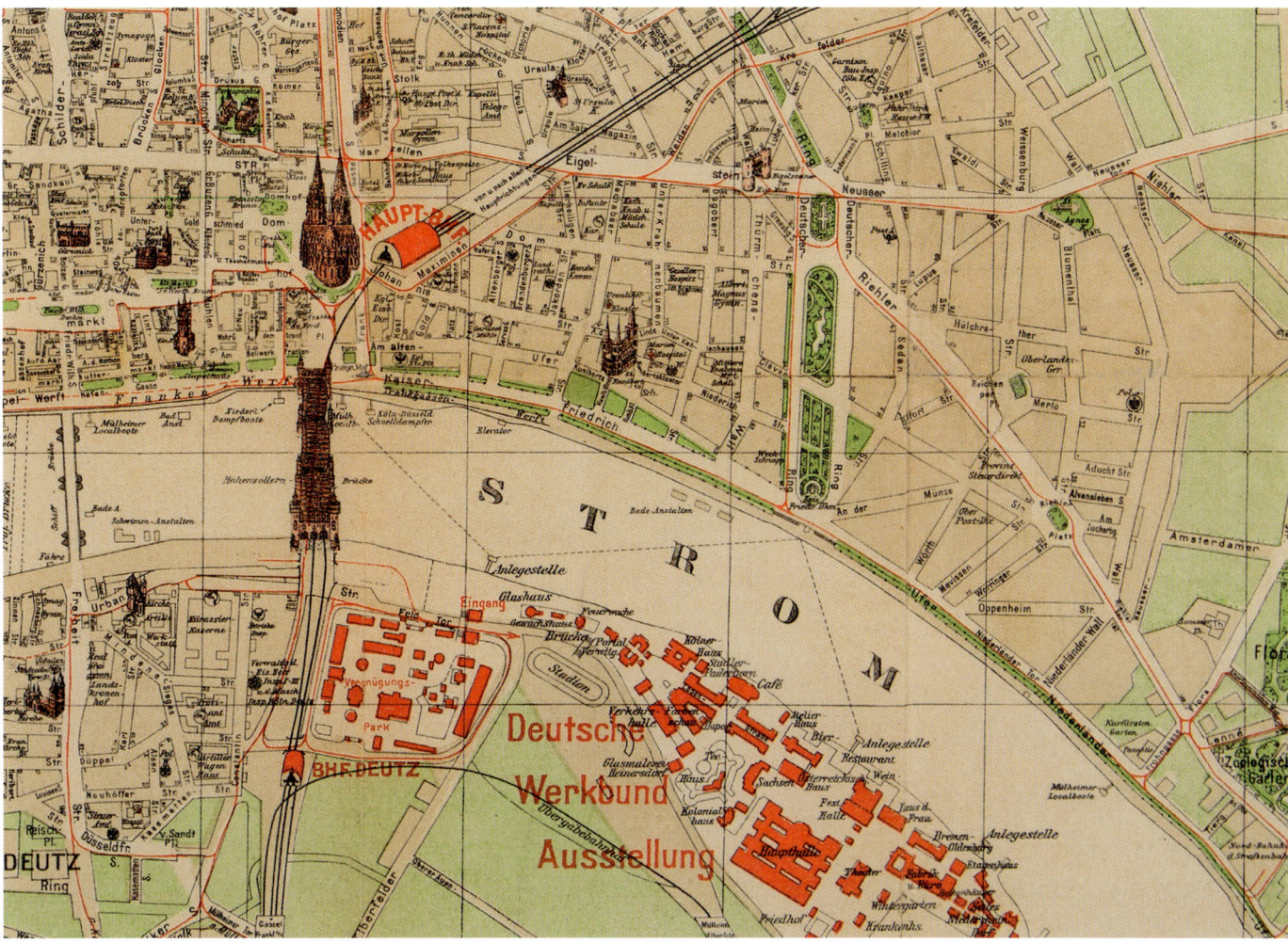

Stadtplan von Köln mit dem Werkbund-Gelände, Köln, 1914 (KSM)

ten, wie der Pavillon der Deutschen Glasindustrie und Tauts Glashaus, wurden Anfang 1915 gesprengt, da man die Abrisskosten nicht aufbringen konnte.[29]

Trotz ihres plötzlichen Endes blieb die Kölner Werkbund-Ausstellung nicht folgenlos. Im Gegenteil: Nur wenige Jahre später, in der noch jungen Weimarer Republik, sollte vieles, was der Deutsche Werkbund in Architektur und Produktdesign angeregt hatte, zum Allgemeingut werden.

Titelzitat: Coerper, 1914, S. 1.

2   Amtlicher Führer der Deutschen Werkbund Ausstellung Cöln 1914, 1914, S. 10.

3   Vgl. Hagspiel, 1981, S. 37.

4   Spaziergänge durch die Werkbund-Ausstellung I, Kölnische Zeitung, 20.5.1914, Nr. 586.

5   Neunteilige Artikelreihe der Kölnischen Zeitung, Teil eins erschien am 20.5.1914, Nr. 586.

6   Die Eröffnung der Werkbund-Ausstellung, Kölnische Zeitung, 17.5.1914, Nr. 571.

7   Vgl. Kölnische Zeitung, 22.6.1914, Nr. 718; 6.7.1914, Nr. 775; 13.7.1914, Nr. 801.

8   Spaziergänge durch die Werkbund-Ausstellung VI, Kölnische Zeitung, 13.6.1914, Nr. 681.

9   Taut, 1981, S. 286 ff.

10 Scheerbart, 1914, Abschnitt XL und XLI.

11 Vgl. Hagspiel, 1981, S. 40.

12 Spaziergänge durch die Werkbund-Ausstellung IX, Kölnische Zeitung, 24.7.1914, Nr. 843.

13 Dr. Fritz Witte begründete 1919 das Institut für religiöse Kunst in Köln.

14 Vgl. Kraus, 1984, S. 293 ff.

15 Spaziergänge durch die Werkbund-Ausstellung IX, Kölnische Zeitung, 24.7.1914, Nr. 843.

16 Ebenda.

17 Vgl. Hagspiel, 1981, S. 41.

18 Spaziergänge durch die Werkbund-Ausstellung II, Kölnische Zeitung, 25.5.1914, Nr. 604.

19 Spaziergänge durch die Werkbund-Ausstellung V, Kölnische Zeitung, 7.6.1914, Nr. 657.

20 Offizieller Katalog der Deutschen Werkbund Ausstellung Cöln 1914, 1914, S. 217.

21 Der soziale Werkbund-Gedanke, Rheinische Zeitung, 3.6.1914, Nr. 126.

22 Spaziergänge durch die Werkbund-Ausstellung III, Kölnische Zeitung, 28.5.1914, Nr. 618.

23 Illustrierte Zeitung, 1914, S. 18.

24 Spaziergänge durch die Werkbund-Ausstellung V, Kölnische Zeitung, 7.6.1914, Nr. 657.

25 Vgl. Hagspiel, 1984, S. 189.

26 Spaziergänge durch die Werkbund-Ausstellung III, Kölnische Zeitung, 28.5.1914, Nr. 618.

27 Ein letzter Besuch der Werkbund-Ausstellung, Kölnische Zeitung, 6.8.1914, Nr. 888.

28 Allgemeine Ausstellungsbedingungen, 1914, §2, S. 3.

29 Vgl. Teuber, 1981, S. 183.

Perpetuum panopticum

Alt- und Neu-Cöln 1913/1914 auf dem Weg zur Dauerausstellung

Beatrix Alexander

Mit dem Erwerb und der Schleifung der linksrheinischen Festungsrayons hatte Köln neue zentrumsnahe Baugebiete gewonnen, die zur Planung nutzbar wurden. Im Oktober 1911 beschloss der Stadtrat aufgrund fehlender Räumlichkeiten einen Bau für die Realisierung größerer Ausstellungsprojekte.[1] Man erwog den Kauf einer „Kultushalle", die im Auftrag des Deutschen Reichs für die Weltausstellung (wahrscheinlich 1910) in Brüssel gebaut wurde und mittlerweile demontiert bei der Brückenbauanstalt Flender in Düsseldorf-Benrath lagerte. Ihre Maße von 95 Metern Länge und 40 Metern Breite ergaben den beträchtlichen Nutzraum von gut 4.000 Quadratmetern, eine Größe, die der eines Fußballfeldes entspricht. Im Dezember verständigte sich der Rat darauf, die entstehende Halle von Juni bis einschließlich Oktober 1912 der zukünftigen Sonderbund-Ausstellung zu überlassen. Des Weiteren wurde ein Teil der Räume für eine Ausstellung von Betriebsmaschinen für die Seifenproduktion im Juni/Juli 1912 untervermietet. Auch eine weitere Maschinenausstellung – diesmal der Kleineisenindustrie – fand während der Sonderbund-Ausstellung ihr Unterkommen.[2] Darüber hinaus plante die Stadt eine Ausstellung mit ureigenem Anliegen: „Es soll durch sie gezeigt werden, was die Stadt Cöln in den letzten Jahrzehnten geleistet hat. Es soll all das Große und Vorzügliche, was wir geschaffen haben, weiten Kreisen vorgeführt werden", formulierte der Beigeordnete Walter Laué selbstbewusst das Unterfangen.[3] Bereits vorher wurden die Dienststellen aufgefordert, sich zu der „lokalpatriotischen Ausstellung in Cöln 1913", die mittlerweile den prägnanteren Titel „Alt- und Neu-Cöln" erhalten hatte, mit möglichst detaillierten Vorschlägen zu Art und entstehenden Kosten ihrer Beteiligung zu äußern.[4]

Natürlich war auch das Historische Museum aufgerufen, seinen Beitrag zur städtischen Selbstdarstellung zu leisten, und zwölf Tage später versuchte Museums- und Archivdirektor Joseph Hansen in seinem Antrag, die Gunst der Stunde zu nutzen: „Dagegen glaube ich, daß

diese Ausstellung sich besonders gut zur Verwirklichung eines Planes eignet, den ich bisher mit Rücksicht auf die engen Räume des Historischen Museums habe zurückstellen müssen. Das Material zur historischen Topographie unserer Stadt, das in den beiden letzten Jahrzehnten durch das Historische Archiv und das Historische Museum gesammelt und wissenschaftlich verarbeitet worden ist, legt es nahe, ein großes plastisches Modell der Stadt in der Epoche ihres mittelalterlichen Glanzes (um das Jahr 1500) zu bearbeiten. Als Muster für ein solches Modell schwebt mir das Modell der Stadt München um das Jahr 1830 vor, das auf Veranlassung Königs Ludwig I. von Bayern bearbeitet worden ist und sich heute im Münchener Nationalmuseum befindet."[5] Anscheinend erwiesen sich die bei zwei Kölner Modellbaufirmen eingeholten Angebote als zu teuer, und Hansen – weder um gute Einfälle verlegen noch an vielseitigen Mitarbeitern arm – schlug vor, den Archivdiener Gerhard Fischer mit der Anfertigung des Modells zu beauftragen. Offenbar war die Verwaltung mit dem

Gerhard Fischer (Ausführung), Modell der Stadt Köln im Jahr 1571, Holz, Kottmasse, Farbfassung, Köln, 1913, Detail (KSM)

Aussstellungshalle am Aachener Tor, Köln, Fotografie, 1913/1914

fremder privater und öffentlicher Hand. Sein Bemühen, die Porträts von Johann von Aich (Bürgermeister um 1515) und Arnold von Siegen (Bürgermeister um 1540) auszuleihen, blieb ohne Erfolg. Die Ausstellung bereicherten lediglich fotografische Reproduktionen der Gemälde.[7]

Zudem kamen Modelle älterer Rheinschiffe (Oberländer, Niederländer u. a.) zur Anschauung. Womöglich in dem Bemühen, Laués Wunsch nach einer Leistungsschau zu entsprechen, stellte Hansen in chronologischer Folge sämtliche Veröffentlichungen des Historischen Archivs vor. Beeindruckende 92 Nummern umfasste die Liste.

Wohl wegen des großen Erfolges wurde die Ausstellung „Alt- und Neu-Cöln" 1914 in leicht geänderter und erweiterter Form neu aufgelegt. Wiederum präsentierte man die Schiffsmodelle und mittlerweile sogar 95 Bürgermeister-Porträts (davon 35 als Fotografien), verlangte jedoch mit 14 Schaukästen voll Archivalien – darunter Privilegien, Verträge, Bündnisse, Fehdebriefe, Schreinsakten und Briefe bedeutender Personen des 19. Jahrhunderts – ein gehöriges Maß an Bildungsbegeisterung seitens der Ausstellungsbesucher. Andererseits gilt dies ebenso für die bereits 1913 ausgestellten Bebauungspläne des Vermessungsamts, die von der Baupolizei gezeigte Entwicklung der Bebauungsordnung wie auch für die Darstellung des Steuerwesens durch die Finanzverwaltung; im Katalog auf immerhin 35 Seiten dokumentiert, die insgesamt ein mehr als kursorisches Interesse vom Betrachter erwarteten.

Eine ergötzlichere Ergänzung erfuhr die Ausstellung „Alt- und Neu-Cöln" in der Wiederholung von 1914 durch die Besinnung auf das wichtigste aller vaterstädtischen Feste, den Kölner Karneval. Wahrscheinlich initiiert durch das Ansinnen des „Bürgerausschusses zur Hebung des Carnevals", dem neben Oberbürgermeister Max Wallraf, Laué, diversen Stadtverordneten und dem Präsidenten der Handelskammer offenbar ein Gutteil der besseren Kölner Gesellschaft angehörte[8], eine Karnevalsabteilung in die Ausstellung zu integrieren, kam hierfür die stattliche Anzahl von 265 Exponaten zusammen.

Mit Kriegsbeginn wurde die Ausstellung geschlossen, und Ende November 1914 war die Kunsthalle von Ausstellungsgegenständen geräumt.[9]

Wie 1913 widmete die Ausstellung dem Prähistorischen Museum, dem Rautenstrauch-Joest-Museum, dem Kunstgewerbe-Museum mit einer Abteilung des Schnütgen-Museums und dem Wallraf-Richartz-Museum eigene kleine Abteilungen. 1914 kam das Museum für Industrie und Handel hinzu.

Für die Kölner Museen stellte sich bereits im August 1914 erstmals die Frage möglicher Evakuierung. „Von den

Graphische Kunstanstalt Julius Fröbus (Druck), der Bürgermeister-Saal mit den alten Stadtbannern, Fotografie, Köln, 1913

Graphische Kunstanstalt Julius Fröbus (Druck), Rhein-Kriegsschiffe und Rhein-Handelsschiffe, Fotografie, Köln, 1913

Vorschlag einverstanden, und nach dem Plan des Arnold Mercator von 1571 entstand ein monumentales Modell Kölns[6], das auch heute noch im Kölnischen Stadtmuseum seinen Zweck erfüllt, ein plastisches Bild der spätmittelalterlichen Stadt wiederzugeben.

Noch ambitionierter war Hansens Plan, die Ausstellung um eine möglichst vollständige Folge von Bürgermeisterporträts des 15. bis 20. Jahrhunderts zu bereichern. Leider befand sich der größte Teil der 1913 im Katalog aufgeführten 93 Bürgermeister-Porträts in

Graphische Kunstanstalt Julius Fröbus (Druck), Ratssilber der Stadt Köln, Fotografie, Köln, 1913

im Historischen Museum aufbewahrten Gegenständen würden im Notfall diejenigen zuerst gerettet und geschützt werden müssen, die aus Silber oder Gold bestehen. Die übrigen Gegenstände haben wohl historischen Wert, aber dieser Wert ist in der Kriegszeit nicht realisierbar, so daß sie als weniger gefährdet zu betrachten sind."

Die Ausstellung „Alt- und Neu-Cöln" sollte der Kern einer neu konzipierten Dauerausstellung des Historischen Museums werden. Hierzu aber kam es erst gut ein Jahrzehnt später. Aber das ist eine andere Geschichte.

Gabriel Hermeling (Goldschmied), Kaiser-Pokal aus dem Ratssilber der Stadt Köln, Köln, 1890 (KSM)

---

1   Vgl. Verhandlungen 19.10.1911, S. 393; Möller, 1977, S. 20–23, sowie PHARUSPLAN Cöln, Kriegsausgabe, Berlin 1915; Schumacher in: Plan für das Umlegungsgebiet des ehemaligen Festungsrayons der Stadt Köln, 1923.

2   Verhandlungen 21.3.1912, S. 124.

3   Verhandlungen 15.8.1912, S. 313.

4   HAStK, Best. 611/26, Bl. 4, 12.1.1912.

5   Vgl. Keussen, 1910, 1918; HAStK, Best. 611/26, Bl. 5, 24.1.1912; zum Stadtmodell München vgl. Stangl, 2006, S. 464 f.

6   Wahrlich: 400 x 320 Zentimeter, aus sechs Teilen zusammengesetzt, Maßstab 1:750, HM 1914/242.

7   Wie bereits zuvor geriet das Historische Museum in der Folge auch in den Besitz einer Kopie des Johannes von Aich: HM 1914/517; außerdem heißt es im Katalog Alt- und Neu-Cöln 1914 auf Seite 37 f. vielversprechend: „Die Anfertigung von Kopien der in Privatbesitz befindlichen Bilder für die Stadt Cöln ist im Werke", wofür die Stadtverordnetenver-

sammlung die Summe von 12.500 Mark für 307 Kopien von Bürgermeisterporträts in nicht städtischem Besitz bewilligt. Verhandlungen, 23.4.1914, S. 157.

8   Vgl. Der Bürgerausschuss zur Förderung des Cölner Rosenmontagszuges, 4.1.1913.

9   Vgl. HAStK, Best. 611/26, Bl. 272v, 287.

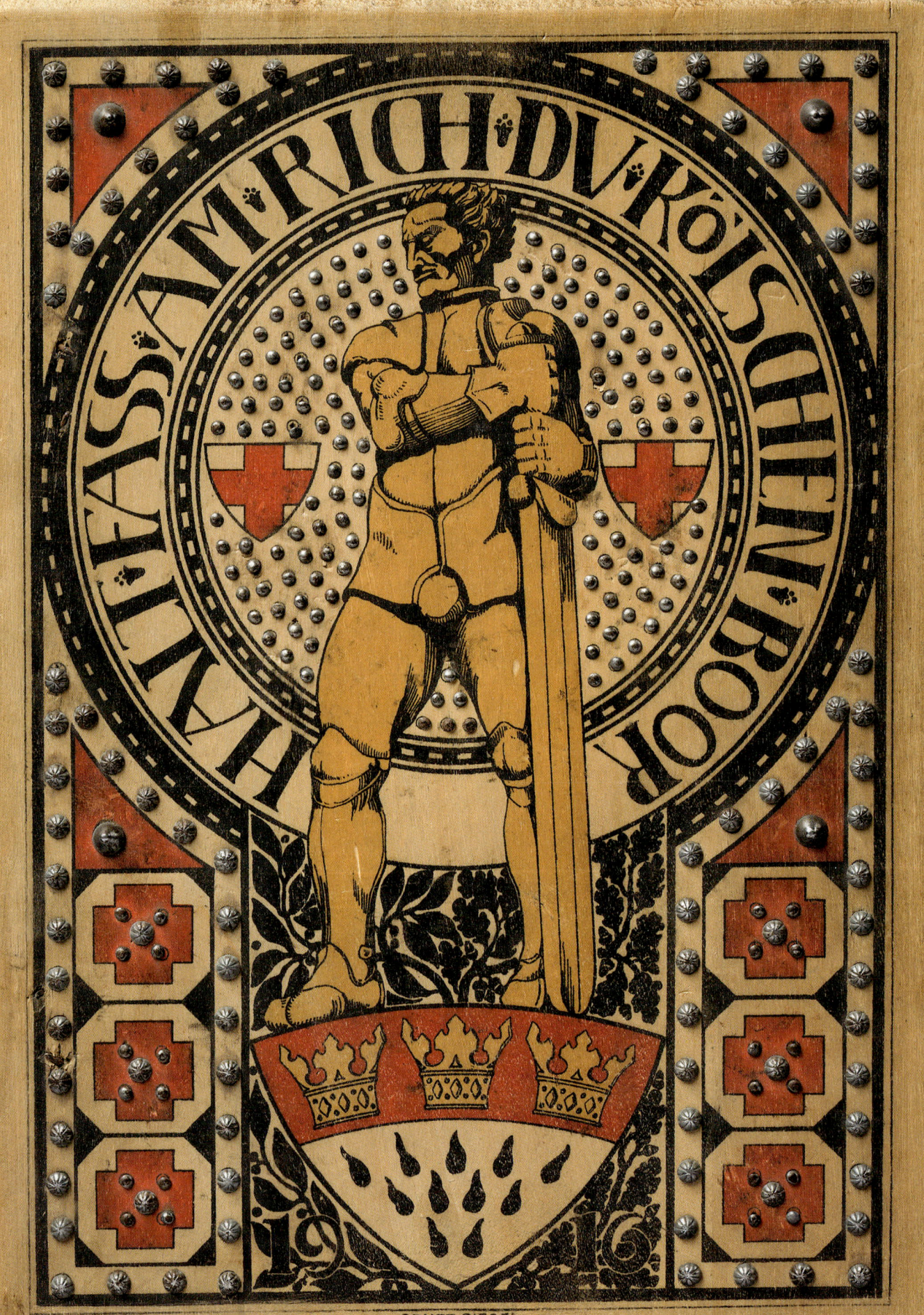

WAT FASS AM RICH DU KOLSCHEN BOOK

ERNST RIEGEL.

Johannes Ralf Beines und Beatrix Alexander

Der Kölsche Boor en Iser
Stationen eines Kriegsstandbilds

Die Anfänge 1914/1915

Anfang November 1914 organisierte der „Wohltätigkeitsstammtisch Prinz Eugenius" in der Gaststätte Sternengasse 30 die erste Nagelaktion in Köln in Form der Nagelung einer Holzplatte, an der sich auch Oberbürgermeister Max Wallraf beteiligte. Sie brachte 1.530 Mark ein. Die Idee, eine überlebensgroße Statue zur Rekrutierung von Geldmitteln einzusetzen, ging von Wien aus, wo bereits am 6. März 1915 ein „Ritter" aus Lindenholz zum Benageln aufgestellt wurde. Danach verbreite-

te sich dieses damals neue Genre der plastischen Aktionskunst wie ein Lauffeuer in Österreich-Ungarn und im Deutschen Reich. Die gesammelten Beiträge flossen in Einzelfällen direkt der Rüstungsindustrie zu, meist waren sie aber zur Unterstützung von Kriegerwitwen und Kriegswaisen vorgesehen.

Häufig stellten die Kriegswahrzeichen Ritter wie z. B. den „Roland" dar. So auch in Köln, wo der Kölner Bauer als Symbolfigur gewählt wurde. Stifter der Figur des „Kölschen Boor" war der Kölner Unternehmer Max von Guilleaume. Am 20. Juni 1915 wurde das teilweise vergoldete Standbild aus Lindenholz von Oberbürgermeister Wallraf im Beisein der Schwester von Kaiser Wilhelm II., Victoria Prinzessin von Schaumburg-Lippe, der Kölner Bevölkerung übergeben. Aufgestellt wurde es auf der Südseite des Gürzenichs in einem kuppelüberwölbten Pavillon mit einer apsidenartigen Ausbuchtung an der Rückseite. Über den drei rundbogigen Öffnungen war im Putz die Inschrift „HALT FASS AM RICH DO / KÖLSCHEN BOOR MAG ET / FALLE SOESS OV SOOR" eingeritzt. Auf der Südseite des Pavillons fand sich die Signatur des entwerfenden Architekten „F"(ranz) „B"(rantzky). Auch die im Kölnischen Stadtmuseum erhaltene Figur ist auf der Vorderseite des Sockels signiert mit dem Namen des Bildhauers Wolfgang „WALLNER". Beide Künstler waren zum Zeitpunkt der Errichtung des Bauern in Köln viel beschäftigt und hoch angesehen.

Sammeltätigkeit und Propaganda für den Krieg

Ab einer Spende von einer Mark wurde ein eiserner Nagel, gegen erheblich höhere Beträge eine Plakette mit Nennung der/des Stifter/s angebracht. Abschließend konnte man sich in ein (nicht mehr vorhandenes) Buch eintragen, und für Stiftergruppen bestand die Möglichkeit, sich zum Andenken ablichten zu lassen. Der Goldschmied und Bildhauer Ernst Riegel entwarf ein heute im Kölnischen Stadtmuseum befindliches Objekt: eine hölzerne Schatulle mit Messingschloss, die zur Aufnah-

August Kreyenkamp (Fotograf), „Der Kölsche Boor" im Atelier von Wolfgang Wallner, Köln, 1915 (RBA)

Ernst Riegel (Entwurf), Schatulle mit eingeschlagenen Nägeln und Darstellung des „Kölschen Boor", Holz, Eisen, Papier, Köln, 1915 (KSM)

durch Ablieferungen von Gold und Silber der Kölner Bevölkerung an die Reichsbank im Wert von sechs Millionen Mark.

Den „Kölschen Boor" gab es als Reduktionen in
Gusseisen und als Relief auf zahlreichen Plaketten in
den Größen von 3,2 bis 45 cm; ferner stellte die „Kriegs-
Andenken-Gesellschaft m.b.H." mit Sitz im Kölner
Deichmannhaus Dosen aus „Kriegsstahl-Onyx" mit dem
Relief des Boors für Wiederverkäufer her.

me von (kleinen) Geldspenden diente und auf der Innen-
seite eine Liste mit den Namen der Spender birgt. Auf
dem Deckel findet sich die Darstellung des Bauern, der
mit Nägeln „gespickt" wurde.

Sogar der kölsche Krätzchensänger Willi Ostermann
appellierte 1915 mit dem Lied „Dä Kölschen Boor en
Iser" zu Ehren des Kriegsstandbildes an die Opferbe-
reitschaft der Kölner Bevölkerung. Darin heißt es: „Es
ist nicht jedem gegeben, mit vorne an der Front zu sein,
doch jeder, der daheim geblieben, gibt was er kann mit
Freuden hin."

Zur weiteren Spendenanimation wurde das „Ge-
schäftslokal des Kölschen Boor" mit Sitz im Stadthaus
gegründet, wo Goldmünzen gegen Papiergeld einge-
tauscht und Schmuck aus Edelmetall zur Unterstützung
der Kriegswirtschaft angekauft wurden. Nach einem
Jahr verbuchte man dort mit 707.000 Mark den höchsten
Prokopf-Spendenanteil von allen Kriegswahrzeichen in
Deutschland. Bis Ende des Krieges hatte die Benagelung
ca. 1,5 Millionen Mark eingebracht. Dies wurde ergänzt

Vom „Monument des Massenzeitgeistes" zum Zeitdokument

Am Ende des Krieges hatte der etwa 3,25 Meter hohe
stolze Recke ausgedient. Mittlerweile ein wenig rampo-
niert, wurde er am 28. Januar 1919 in den Börsensaal
des Gürzenichs in Sicherheit gebracht und der Pavillon
abgebrochen. 1925 anlässlich der Jahrtausendausstel-
lung im Ehrenhof des Messegeländes Deutz neu aufgestellt, wanderte er danach ins Rheinische Museum. Im
August 1934 war er kurzfristig in der Eingangshalle des
Gürzenichs installiert und gelangte dann in das „Haus
der Rheinischen Heimat" nach Deutz. Im Oktober 1936
wurde er erneut vor dem Gürzenich als Werbung für
die Propaganda-Ausstellung „Kampf um 1,5 Milliarden"

Plakat zum „Kölschen Boor", Köln, 1915–1918 (KSM)

aufgestellt, entschwand danach in Depots und überlebte dort den Zweiten Weltkrieg.

1949 wurde er auf der „Rheinischen Landwirtschaftsschau" gezeigt, danach erregte er 1955 anlässlich einer Franz Marc gewidmeten Ausstellung den Unmut des Schriftstellers und engagierten Kriegsgegners Carl Oskar Jatho[1], als er in der Urbanstraße in Deutz, wo sich die gemeinsame nachkriegsbedingte Unterkunft von Historischem und Rheinischem Museum sowie dem Wallraf-Richartz-Museum befand: „Jeder Besucher muß, bevor er die Säle betritt, an einer überlebensgroßen, im Krieg 14–18 benagelten, d. h. von einigen hunderttausend Kriegsanleihenägeln über und über gespickten Holzfigur [...] vorbei, einem beschämenden Monument jenes Massenungeistes, dem Franz Marc [...] und viele edelste Geister damals zum Opfer fielen."[2] Für die Stadt antwortete der Leiter des Nachrichtenamtes, Hans Schmitt-Rost, der Jatho konzedierte: „Die Figur ist eine Scheußlichkeit. Sie ist auch zweifellos noch nicht alt genug, daß man sie an so repräsentativer Stelle gleichsam als historisches Dokument hinnehmen könnte. Wer diese Zeit erlebt hat, der erkennt in der Figur sofort die gesamten Phrasen von Gewaltsamkeit, Drohung und Nationalismus, die uns zweimal ins Elend geführt haben."[3]

Danach wurde die Figur abgebaut. Ab etwa 1970 befand sie sich im Depot des Kölnischen Stadtmuseums. Um 1982 endete ihr Dornröschendasein. Sie wurde aus der Versenkung geholt und als zwiespältiges und aussagekräftiges Dokument der Zeit des Ersten Weltkrieges in der Dauerausstellung des Stadtmuseums aufgestellt.

August Kreyenkamp (Fotograf), Abbau des „Kölschen Boor", Köln, 1919 (KSM)

---

1 Siehe Beitrag Breuer, S. 139–147.
2 Rheinische Post, 10.5.1955, Nr. 108.
3 Stellungnahme Schmitt-Rost, Nachrichtenamt, 20.6.1955.

CÖLN AUGUST SEPTMBR. 1916

AUSSTELLUNG FÜR Kriegsfürsorge

Kriegsbeschädigten-Fürsorge
Berufs-Ausbildung·u·Umbildung

Ulrich S. Soénius

Fürsorge und Schützengraben
Die Kriegsausstellung in Köln 1916

Im August 1916 war der Krieg zwei Jahre alt – auch wenn sich Soldaten und Zivilisten nichts sehnlicher wünschten als eine Beendigung der Kämpfe, so waren die Menschen in den nicht direkt betroffenen Gebieten doch weit weg von Verwundung, Tod, psychischen Belastungen und Verwüstung. Der Krieg in der Ferne war präsent, aber nicht unmittelbar spürbar. Dies änderte zum Teil eine Ausstellung, die nach dem Willen der Verantwortlichen „dem Besucher die Schwere der noch tobenden Kämpfe näher" rücken und „ein Dankgefühl denen gegenüber" wecken sollte, „die die sichtbaren Schrecken des Krieges von unserem Lande ferngehalten haben".[1] Veranstaltet wurde diese Ausstellung anlässlich der Hauptversammlung der „Deutschen Gesellschaft für Krüppelfürsorge", die im Sommer 1916 in Köln tagte.[2] Bereits im ersten Quartal 1916 gab es in Berlin eine Kriegsausstellung, die fast 500.000 Menschen sahen.[3] Der Gedanke, in Köln eine ähnliche zu veranstalten, wurde im März 1916 in der Stadtverordnetenversammlung von dem Beigeordneten Dr. Peter Krautwig eingebracht und dort beschlossen.[4] Der Stadtverordnete Dietrich Brügelmann sagte spontan zu, den leer stehenden Neubau der Firma F. W. Brügelmann Söhne dafür zur Verfügung zu stellen.[5] Der Krieg verhinderte den Umzug des Textilunternehmens in den von Juni 1914 bis November 1915 errichteten Neubau. Obwohl nur viereinhalb Monate Zeit war, konnte am 19. August 1916 eine Ausstellung eröffnet werden, die auf vier Etagen und einem großen Außengelände bis zu ihrem Ende nach Verlängerung am 1. November über 350.000 Besucher anzog. Aussteller aus dem ganzen Reich, u. a. die Kriegsministerien Preußens, Bayerns und Sachsens, präsentierten sich. Wie andernorts diente die Ausstellung der Propaganda.[6]

Zur Organisation der „Ausstellung für Kriegsfürsorge Cöln 1916" wurde eine Vielzahl von Gremien berufen.[7] An der Spitze stand ein „Ehrenausschuss", dem 56 Personen angehörten. Das Präsidium bestand aus Erzbischof, Festungsgouverneur, Regierungspräsident und Ober-

Brügelmannhaus in Köln-Deutz, Fotopostkarte, verschickt am 30.6.1917 (Privatbesitz Bernd von der Felsen)

bürgermeister. Die eigentliche Arbeit übernahm der „Geschäftsführende Ausschuss" unter Leitung von Oberbürgermeister Max Wallraf. Die Organisation lag vornehmlich bei dem genannten Beigeordneten für das Gesundheitswesen Krautwig und Dr. Heinrich Wagner, Verkehrsdirektor der Stadt Köln. Die Öffentlichkeitsarbeit wurde koordiniert von einem „Propaganda-Ausschuss" unter Leitung des Stadtverordneten Bernhard Falk.

Die Ausstellung bestand aus vier Abteilungen, für die jeweils ein Ausschuss und mehrere Unterausschüsse zuständig waren. Ca. 250 Personen arbeiteten in den Gremien mit. Die erste Abteilung galt der „Kriegsbeschädigtenfürsorge", mit der Versorgung der Kriegsverletzten sowie den Ersatz- und Hilfsmitteln. So wurden von der Kölner Firma J. Verhagen & Cie. an der Hohe Straße „Uhren für Kriegsbeschädigte, insbesondere für Blinde" gezeigt, und die Rheinisch-Westfälische Sprengstoff AG stellte den Kautschukersatzstoff „Celon" vor, der zur Herstellung von Prothesen benutzt wurde. Bei den Hilfsmitteln für „Arm- und Beinverletzte" wa-

Führer durch die Ausstellung, 1916 (Privatbesitz Ulrich S. Soénius)

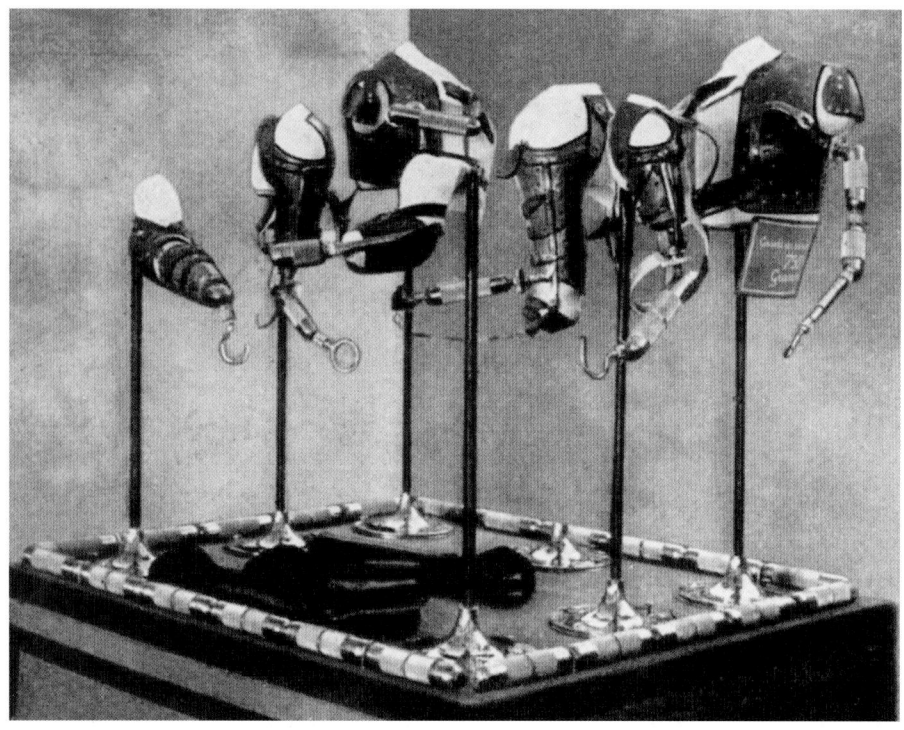

Prothesen aus Aachen: Rota-Arme, Fotografie, Köln, 1916

Kriegsbeschädigte bei der Arbeit in den Ausstellungsräumen, Fotografie, Köln, 1916

tigkeit des Truppenarztes zu dokumentieren, wurde ein polnisches Bauernhaus als Truppenverbandsplatz nachgebaut.

Die zweite Abteilung befasste sich mit der Wiedereingliederung der „Kriegsbeschädigten" in den Arbeitsprozess. Die Veranstalter gingen davon aus, dass der geheilte Soldat aufgrund seiner „Verstümmelung" oder der „Behinderung, die durch das gelähmte Glied herbeigeführt" wurde, nicht in seinem Vorkriegsberuf arbeiten könne. Daher galt der Anspruch der Fürsorge der Weiterbildung im angestammten Beruf oder der Vermittlung eines neuen Berufes. So waren die Herstellung von Prothesen, die im industriellen Arbeitsprozess dienlich sein konnten, die Ausrichtung der Arbeitsplätze auf die Invaliden, die Weiterbildung und die Einrichtung von Vermittlungsstellen, um die Arbeiter wieder an die Werkbank zu bringen, Leitthemen. Die Firma Alfred H. Schütte, Köln-Deutz, stellte Maschinen aus, die von Kriegsbeschädigten mit „Rota-Armen", Prothesen einer Aachener Firma, bedient wurden. „Zwei Blinde kontrollieren die Arbeiten der Kriegsbeschädigten [...]." Die Versehrten wollten aber mehrheitlich Arbeitsplätze in Handel und Verkehr. Daher wurden den kaufmännischen Fortbildungsschulen spezielle „Kriegsbeschädigtenschulen" angegliedert. Der Unterricht und die Unterrichtsmaterialien wurden in der Ausstellung thematisiert. Dies galt auch für die Landwirtschaft und deren Ausbildungsmöglichkeiten.

Die „Kriegswohlfahrtspflege", insbesondere die „Verwundetenfürsorge", war das Thema der dritten Abteilung. Gezeigt wurden Sanitätseinrichtungen und medizinische Utensilien. Das Waggonunternehmen van der Zypen & Charlier aus Deutz präsentierte den Längsschnitt eines Krankenwaggons im Maßstab 1:1. Der Vaterländische Frauenverein stellte eine „Einkochküche" und die Obstsammlung vor, es gab „Badeeinrichtungen", Schützengrabenbüchereien und Statistiken vom Spendenwesen zu sehen. Sehr klein dagegen fiel die „Gefangenenfürsorge" aus, hier waren neben Fotografien und Handarbeiten nur Musterpakete und Post ausgestellt. Der Nachkriegszeit widmete sich der Teil „Siedlungswesen". Da für die Friedenszeit Wohnungsmangel vermutet wurde, wollten die Ausstellungsmacher den Siedlungsbau ankurbeln und stellten hierfür Beispiele vor, u. a. eine Häusergruppe der Aktienbaugesellschaft für Kleinwohnungsbau aus der Siedlung Köln-Bickendorf. Der Vermeidung von Krankheiten und Seuchen diente die „Gesundheitspflege im Felde". Das Rote Kreuz stellte Beutestücke von Kriegsgegnern und Geschenke von befreundeten Staaten in großer Anzahl aus: leichte und schwere Waffen, Uniformen, Ausrüstung, aber auch

ren „Behelfskunstbeine", „Apparate für versteifte Gelenke" und „Schmuckarme" zu sehen. Es präsentierten sich Fürsorgeinstitutionen und staatliche Einrichtungen wie Lazarette und Ärzte, die etwa die „Behandlung von Kieferschußbrüchen" oder die „Lagebestimmung von Fremdkörpern im Körperinnern mit Röntgenstrahlen" zeigten. Des Weiteren waren Modelle von Latrinen und Proben von Läuseschutzmitteln zu sehen. Um die Tä-

Die Ausstellung war nicht nur vom Zuspruch her, sondern auch wirtschaftlich ein Erfolg. Die Stadtverordneten hatten im März einen verlorenen Zuschuss von 60.000 Mark bewilligt – am Ende konnten Mehreinnahmen von 33.000 Mark erzielt werden.[11] Mit der Ausstellung zum Krieg, der Besichtigung von Beutewaffen und dem Spaziergang durch den Schützengraben wurde der Schrecken an der Front thematisiert, aber zugleich auch verharmlost. Der Krieg als solcher wurde nicht hinterfragt oder kritisch gesehen. Dabei war die Realität eine völlig andere.

Ausstellungsraum mit der Abteilung „Kriegsbeschädigtenfürsorge", Fotografie, Köln, 1916

„erbeutete Militärmusikinstrumente". Ohne Hemmung wurden „Sprengstücke" und Granaten verkauft: Kleine Panzergranaten kosteten 20, größere 30 Mark.[8] Auf dem Außengelände war neben Baracken und Siedlungsbauten ein von Pionieren errichteter Nachbau einer 2.000 Besucher fassenden Schützengrabenanlage zu besichtigen, die den Besuchern einen realistischen Eindruck des Krieges vermitteln sollte.[9] Sie war ein „Hauptanziehungspunkt für die kriegslustige Jugend, aber auch für behäbige Bürgersleute"[10].

Schützengräben und Drahtverhaue auf dem Außengelände, Fotografie, Köln, 1916

Erbeutete Geschütze auf dem Außengelände, Fotografie, Köln, 1916

---

1   Amtlicher Katalog der Ausstellung für Kriegsfürsorge Cöln 1916, 1916, S. 96. Im Folgenden zit. als „Ausstellungskatalog".
2   Rüther, Martinsdorf, 1998, S. 184 f.
3   Lange, 2003, S. 34–44. Auf S. 43 das falsche Datum für Köln. Die Kölner Ausstellung fehlt bei Bruendel, 2014, S. 404–415. Auf S. 410 ist Köln als Ort der Berliner Wanderausstellung genannt. Die Kölner Ausstellung war jedoch eine eigenständige.
4   Reuther, 1931, 500/3, S. 669.
5   Kriegs-Chronik der Firma F. W. Brügelmann, 10, 1916, S. 8.
6   Lange, 2003, S. 35 f., Datum bei Standt, 2013, S. 290.
7   Aufzählung der Mitglieder der verschiedenen Gremien s. Ausstellungskatalog, S. 7–26.
8   Siehe zu den Abteilungen und Gruppen Ausstellungskatalog, S. 27–112.
9   Rüther, Martinsdorf, 1998, S. 185.
10   Reuther, 1931, 500/3, S. 673.
11   Ebenda, S. 674.

Stefan Lewejohann

Hinter Steinen und Stahl
Die Festungsstadt Köln 1914

Stadtbefestigung: Die mächtigste Festung Preußens

Schon seit der römischen Zeit bestimmte die Stadtbefestigung Kölns Charakter. Immer wieder musste die um 1200 entstandene mittelalterliche Stadtmauer aufgrund neuer Entwicklungen der Waffentechnik verstärkt und erweitert werden, um die Verteidigung Kölns zu gewährleisten: in der Frühen Neuzeit durch vorgelagerte Bastionen,[1] in der preußischen Zeit durch umfangreiche Baumaßnahmen. Nach 1815 wurde Köln „zu einer der stärksten Festungen des preußischen Westens"[2] ausgebaut, um von hier aus die Grenze gegenüber Frankreich zu sichern. Im Abstand von rund 500 Metern zur mittelalterlichen Mauer erhielt Köln einen Kranz von Forts und Zwischenwerken (Lünetten), nun auch unter Einbeziehung des rechtsrheinischen Deutz. Doch die Entwicklung neuer gezogener Geschütze mit höherer Reichweite und Treffsicherheit führte dazu, dass auch diese Forts bald nicht mehr ausreichten.

So entstand ab 1872/1873 ein weiterer Festungsring. Mit seinem Gesamtumfang von 42 Kilometern umschloss er auch zahlreiche vor Köln gelegene Ortschaften und Industrieanlagen. Zwölf größere Forts (entgegen dem Uhrzeigersinn nummeriert mit I–XII), 23 Zwischenwerke und 24 Infanteriestützpunkte sorgten von nun an für den Schutz der Stadt, der Industriestandorte und des Eisenbahnknotenpunktes.[3] Verbunden wurden die Festungswerke durch eine befestigte Verkehrsstraße, die heutige Militärringstraße.[4] Der neue Festungsring reichte auf beiden Ufern bis an den Rhein heran. Die Rheinbrücken wurden gegen Treibladungen, Minen und Angriffe vom Wasser her gesichert.[5]

Zur Verteidigung teilte man das Gebiet innerhalb des Festungsgürtels in vier Abschnitte. Der erste Abschnitt umfasste das Terrain nördlich der Venloer Straße mit den dicht besiedelten Vororten Nippes, Riehl und Ehrenfeld, mit Industrieanlagen und dem Fluggelände am Butzweilerhof. Der zweite Abschnitt umfasste das Gebiet südlich der Venloer Straße bis hinunter zum Rhein, der

dritte die rechtsrheinischen Orte Deutz, Kalk und Mülheim. Der vierte Abschnitt war die dicht bebaute Innenstadt einschließlich der Ringe und der Neustadt.

Ende des 19. Jahrhunderts machte die Entwicklung der Brisanzgranate abermals Umbauten notwendig:

Die gewaltige Steigerung der Sprengkraft erforderte die Verstärkung älterer Befestigungsanlagen, neuere Bauwerke erhielten ab 1887 Betonauflagen und Sandpolster.[6] Innerhalb kürzester Zeit war Köln zur mächtigsten Festung Preußens geworden.[7]

Der Fußartillerie-Schießplatz in Wahn war Teil der preußischen Militärverwaltung. Postkarte (Privatbesitz Irene Franken)

Militärische Planungen: Von der Frontstadt zur rückwärtigen Sicherung

Entscheidend hierfür waren die Planungen des Generalstabs für einen möglichen Zweifrontenkrieg gegen Frankreich und Russland. Seit 1888 sah der Plan von Helmuth Karl Bernhard von Moltke (d. Ä.) vor, zunächst gegen Russland vorzugehen, während ein französischer Angriff im Westen an den starken Festungen entlang des

Der industrielle Krieg veränderte auch die Helmformen (im Uhrzeigersinn, links oben beginnend): preußische Pickelhaube des 8. Kürassierregimentes „Graf Geßler" (Deutzer Kürassiere), 1867; Pickelhaube, ohne Tarnkappe und mit Tarnkappe, genutzt bis 1916; Stahlhelm, genutzt ab 1916 (alle KSM)

Rheins – somit auch vor der Festung Köln – aufgehalten werden sollte.

Moltkes Nachfolger Generalfeldmarschall Alfred Graf von Schlieffen jedoch kehrte 1904/1905 diese Strategie um: Sein „Schlieffen-Plan" war 1914 die verbindliche Doktrin. Demnach wollte man zuerst Frankreich, dann Russland besiegen. Die Hauptmacht des Heeres sollte durch Luxemburg und Belgien marschieren, um mit einer großen Zangenbewegung zwischen Paris und Lothringen die Franzosen einzukesseln und zu schlagen. Dann erst sollte sich das Heer mit ganzer Kraft gegen Russland richten. Der Plan barg enorme Risiken: Die Verletzung der belgischen Neutralität beschwor als zusätzlichen Feind Großbritannien herauf, und der Zeitplan war extrem knapp, denn nur wenn im Westen alles in kürzester Zeit gelang, konnten danach die Russen aufgehalten werden.[8]

Der Schlieffen-Plan änderte die Rolle der Festung Köln. Statt zur Frontstadt zu werden, sollte Köln nun den Übergang über den Rhein mit den wichtigen Eisenbahnbrücken sichern und damit den Aufmarsch nach Westen. Nur im Falle eines Scheiterns sollte Köln den Rückzug der Feldarmee decken, einen feindlichen Vorstoß von Aachen und über die Eifel abwehren sowie gemeinsam mit der Festung Wesel den Weg zum Ruhrgebiet blockieren. Daher beschränkte man sich in Köln 1909–1914 darauf, den Verteidigungsring für 11.567.000 Mark zu modernisieren.[9] Ein weiterer Ausbau der Festung Köln jedoch entfiel.

Allgegenwärtiges Militär: Garnisonsstadt Köln

Doch nicht nur durch den Festungsgürtel prägte das Militär das Stadtbild. Man schuf große Exerzierplätze für militärische Manöver, zudem musste Köln für die Unterbringung vieler Soldaten sorgen. So entstanden über die gesamte Stadt verteilt 25 Kasernen für verschiedenste Truppenteile und Waffengattungen.[10] Deren Befehlshaber saßen nicht in Köln, sondern teils beim VII. Armee-Korps in Münster, teils beim VIII. Armee-Korps in Koblenz. Ende Juli 1914 – unmittelbar vor Kriegsbeginn – waren in Köln stationiert: das Westfälische Infanterieregiment Nr. 16 (Inf.-Rgt. Freiherr von Sparr, auch „Hacketäuer" genannt), das 5. Westfälische Infanterieregiment Nr. 53, das 5. Rheinische Infanterieregiment Nr. 65, das Infanterieregiment Nr. 161, das Kürassierregiment Graf Geßler (Rheinisches) Nr. 8, das Bergische Feldartillerieregiment Nr. 59, das Westfälische Fußartillerieregiment Nr. 7, das Schleswig-Holsteinische Fußartillerieregiment Nr. 9, das 1. Westfälische Pionierbataillon Nr. 7, das 2. Westfälische Pionierbataillon Nr. 24, das Luft-

schifferbataillon Nr. 3, die Festungsfernsprecher-Kompagnie Nr. 6, die Festungsmaschinengewehr-Abteilung Nr. 7 und das Fliegerbataillon Nr. 3.[11]

1914 war das Militär für die Kölner allgegenwärtig. Einerseits profitierte die Stadt von der Anwesenheit der Soldaten, denn „sie brachten den Geschäften in der Stadt, den Betreibern von Gastwirtschaften und auch der Bauwirtschaft zusätzliche Einnahmen und Gewinne"[12]. Andererseits musste dem Militär bei öffentlichen Bauprojekten ein Mitspracherecht eingeräumt werden, um den Festungscharakter der Stadt zu wahren. So wurde Kölns Straßen- und Stadtbild auch von militärstrategischen Überlegungen beeinflusst.

Kriegsbeginn: Herrschaft des Militärs, Armierung und Versorgung

Mit Kriegsbeginn sollte das Militär gänzlich das Sagen haben. In Köln ging mit der Erklärung des Kriegszustands am 31. Juli 1914 die vollziehende Gewalt an den kommandierenden General des VIII. Armeekorps, General Erich Franz Tülff von Tschepe und Weidenbach über. Alle Verwaltungs- und Gemeindebehörden waren ihm unterstellt, Stadtverwaltung und auch der Regierungspräsident hatten sich ihm bzw. in dessen Vertretung dem Festungskommandanten Oberst Lindemann zu fügen. Die Polizei unterstand von nun an dem Gouverneur der Festung, Generalleutnant Franz Gustav von Wandel. Mit der Erklärung zur Festung wurde die Stadt unter dem Diktat des Militärs in einen verteidigungsbereiten Zustand versetzt.[13]

Mit Beginn der Mobilmachung erfolgte die „Armierung" der Festung Köln und der 104 Werke ihrer Verteidigungsanlagen, das heißt deren „Versetzung in den Verteidigungszustand"[14]: Das vorgelagerte „Gerippe von Befestigungsanlagen"[15] musste rasch ergänzt und

Kölner Armierungsbataillon, Fotopostkarte, verschickt am 3.5.1915 (Privatbesitz Bernd von der Felsen)

verstärkt werden. So wurden zwischen Forts und Zwischenwerken 10.600 Meter Schützengräben und 25.000 Meter Verbindungsgräben ausgehoben, Unterstände mit Annäherungswegen gebaut, 28 Artillerieräume eingerichtet und vor den Verteidigungsanlagen 500.000 Quadratmeter Drahthindernisse angelegt.[16] Für die Artillerie wurden 31 Batterien mit 168 Geschützen, 11 Vorfeldstreichen, 15 Flankierungsbatterien, 7 Grabenstreichen

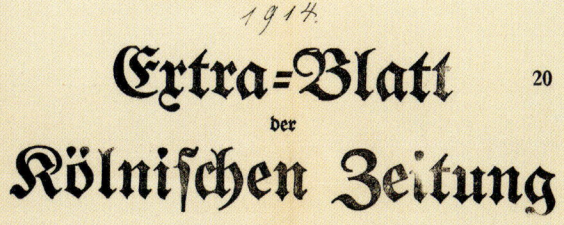

1914.

Extra-Blatt der Kölnischen Zeitung

20

Druck von M. DuMont Schauberg in Köln.

Mobil.

Berlin, 1. Aug. (Telegr.) Der Kaiser hat die Mobilmachung des Heeres und der Flotte befohlen.

Der erste Tag der Mobilmachung ist der 2. August.

Aufruf zur Mobilmachung, Extra-Blatt der Kölnischen Zeitung, 1.8.1914 (KSM)

Gebrüder Haeckel (Fotografen), Armierungssoldaten beim Bau eines Schützengrabens, Fotopostkarte, 1914/1915 (Privatbesitz Bernd von der Felsen)

und 11 Beobachtungswarten eingefügt.[17] 73 von 115 zusätzlichen Armierungsbauwerken entstanden im August 1914.[18] Im linksrheinischen Köln entlang der Militärringstraße richtete man eine rund 20 Kilometer lange Armierungsbahn ein.

Bis hinein in das Vorgebirge erstreckten sich diese Maßnahmen. Hier baute man vorgeschobene Stellungen aus. Im Verteidigungsfall sollte die Erft zwischen Bedburg und Lommersum angestaut werden, um das Gebiet unter Wasser zu setzen und unpassierbar zu machen.[19]

Die weitreichenden und schnell auszuführenden Arbeiten erforderten enorm viel Personal. Bis Ende August arbeiteten 17.300 Mann an der Armierung der Fortlinie und 2.200 Mann an der Armierung der vorgelagerten Fortlinie. Zunächst setzte man freiwillige Arbeiter ein, die später durch Armierungsbataillone ersetzt wurden.[20]

Gleichzeitig beriet man über die Sicherstellung der Ernährung.[21] Eine Lebensmittelkommission war für die „Verproviantierung" verantwortlich. In gewaltigen Mengen wurden Mehl, Linsen, Reis, Schmalz und Erbsen gekauft und in große Lager am Rheinauhafen verbracht.[22] Die Vorräte hatten im Belagerungsfall für die Kölner Bevölkerung, aber auch für die etwa 60.000 Mann starke Garnison auszureichen.

Aufmarsch im Westen: Durchgangsstadt und Einquartierungen

Der Aufmarsch im Westen machte Köln zur „Durchgangsstadt".[23] Köln war innerhalb der wie ein Uhrwerk ablaufenden Mobilmachung das entscheidende (und verwundbarste) Nadelöhr für den Truppentransport nach Belgien und Nordfrankreich sowie für Nachschub und Versorgung. Zu den hier stationierten Truppen kamen Heerscharen von Soldaten aus ganz Deutschland, um ihren Einheiten zugeführt und weitertransportiert zu werden. Alle zehn Minuten rollte ein Zug voller Soldaten über die Hohenzollernbrücke in Richtung Front, in den ersten Kriegsmonaten passierten täglich bis zu 30.000 Soldaten diesen Engpass, zwischen dem 2. und dem 18. August 2.150 Züge mit je 54 Waggons.[24] In der Hochphase des Aufmarschs wurde der private Personenverkehr in Köln völlig unterbunden – Vorrang hatten Truppentransporte. Auch die Militärringstraße wurde für den privaten Verkehr gesperrt.[25]

Das am 2. August 1914 eingerichtete Einquartierungsamt versuchte, in der Stadt vorhandene Räumlichkeiten als Unterkünfte für Soldaten ausfindig zu machen. Auch die Bevölkerung war aufgerufen und verpflichtet, Soldaten einzuquartieren: Hatte man vor dem Krieg noch

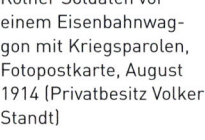

Kölner Soldaten vor einem Eisenbahnwaggon mit Kriegsparolen, Fotopostkarte, August 1914 (Privatbesitz Volker Standt)

mit 60.000 gerechnet, waren es nun mehr als 100.000.[26] Auch die für den Standort Köln bestimmten Truppenteile trafen ein, 52.237 Mann und 6.022 Pferde zählte die Festungsbesatzung.[27] Sie wurden teils in Kasernen, teils in Schulen und Wirtshäusern untergebracht.

Gleichzeitig hatte die Stadt einen Gegenstrom von Flüchtlingen und Auswanderern zu bewältigen.[28] Die Kapazitäten waren auf das Äußerste angespannt. Hinzu kam nach den ersten großen Schlachten der nicht abreißende Strom von Verwundeten von der Front, zahlreiche Hilfslazarette ergänzten die 5.541 vor dem Krieg vorhandenen Betten auf 13.350.[29]

Nach 1918: Von der Festung zum Grüngürtel

Nach dem verlorenen Krieg mussten Köln und andere rheinische Städte entfestigt werden. 1920 handelten Vertreter der Stadt Köln und des Deutschen Reiches

**Soldaten!
Laßt Euch nicht ausfragen!**
Seid vorsichtig bei Euren Unterhaltungen!

Spione und Spioninnen

treiben sich allerorts auf den Bahnhöfen, in den Zügen und in öffentlichen Lokalen umher. Sie knüpfen mit Euch, besonders mit Verwundeten, Unterhaltungen an, bewirten Euch und suchen Truppenstellungen, Truppenverschiebungen, Neuformationen und militärische Einrichtungen und Maßnahmen zu erfahren.

In verdächtigen Fällen laßt sie durch Wachen festnehmen und achtet während des Transportes darauf, daß sie nichts fortwerfen oder zerreißen.

Warnung vor Spionen, Plakat, 1914–1918 (KSM)

aus, dass die Stadt das gesamte Fortifikationsgelände kaufen könne. Die Kasernen wurden von den britischen Besatzungstruppen genutzt, die nicht benötigten an die Stadt vermietet. Nach dem Abzug der Briten 1926 gingen alle Gebäude wieder an die Stadt zurück, die sie für zivile Zwecke umbaute. So entstand beispielsweise in den Kasernen in Riehl ein Altenheim – die Riehler Heimstätten.

Das Gelände des alten Fortgürtels konnte unter Oberbürgermeister Konrad Adenauer zum Grüngürtel umgestaltet werden. Vielen Kölnerinnen und Kölnern, die dieses Naherholungsgebiet bis heute nutzen, ist kaum bewusst, dass hier 1914 Stahl und Beton regierten.

Köln Riehl. Auf dem Scheibenstand.

Der Scheibenstand in Köln-Riehl, Fotopostkarte (Privatbesitz Bernd von der Felsen)

1	Vgl. Wagner, 2014, S. 32 f.; vgl. Kupka, 2010, S. 31.	12	Standt, 2013, S. 25.	24	Vgl. Reuther, 1931, 500/3, S. 601; Hirschfeld, Krumeich, 2013, S. 71; Münkler, 2013, S. 110; Keegan, 2013, S. 116; Schwarz, 1986, S. 151.
2	Herres, 2012, S. 3.	13	Ebenda, S. 34 f.		
3	Vgl. Zander, 1941, S. 34.	14	Zander, 1941, S. 35.		
4	Meynen, 2010.	15	Ebenda.		
5	Vgl. Voigtländer-Tetzner, 1990, S. 22.	16	Ebenda.	25	Standt, 2013, S. 42.
6	Vgl. ebenda, S. 25.	17	Ebenda.	26	Oepen-Domschky, 2010, S. 139.
7	Vgl. von der Felsen, 2010, S. 133.	18	Vgl. Voigtländer-Tetzner, 1990, S. 54.	27	Vgl. Zander, 1941, S. 83.
8	Vgl. Voigtländer-Tetzner, 1990, S. 18 ff.; zum Schlieffen-Plan ausführlich: Ritter, 1956.	19	Vgl. Zander, 1941, S. 35; Voigtländer-Tetzner, 1990, S. 59.	28	Standt, 2013, S. 40.
9	Vgl. Voigtländer-Tetzner, 1990, S. 19 f.	20	Vgl. Zander, 1941, S. 35.	29	Ebenda, S. 43; siehe Beitrag Wagner, S. 207–211.
10	Vgl. Rohde, 2008, S. 2.	21	Standt, 2013, S. 31.		
11	Zander, 1941, S. 80 f.	22	Ebenda, S. 48.		
		23	Ebenda, S. 51.		

Mario Kramp

Traum vom Fliegen – Traum vom Siegen
Köln und der Beginn des Bombenkrieges in Europa

„Im stolzen Luftkreuzer": Begeisterung und Pioniere

In ihrem Ballon „Köln" war die mit dem Sohn des Verlegers Greven vermählte Französin Claire Ledosquet 1910 die „höchstgefahrene Frau der Welt"[1]. Der Traum vom Fliegen, von Geschwindigkeit und Technik, der Aufbruch von Frauen aus althergebrachten Rollen: Alles schien möglich. Auch in Köln.

Die Luftfahrt wurde zur Massenattraktion. Bei der Merheimer Flugwoche 1909 war Louis Blériot, der als Erster den Ärmelkanal überquert hatte, „Held des Tages"[2], und erstmals flog eine Frau in einem Flugzeug. Zehntausende bejubelten im gleichen Jahr ein Luftschiffmanöver über dem Rhein und den Grafen Zeppelin

im „stolzen Luftkreuzer"[3]: Symbol des Nationalstolzes, aber auch Ideal des völkerverbindenden Fortschritts. Köln wurde „Reichsluftschiffhafen"[4], die Bickendorfer Luftschiffhalle zur Touristenattraktion. 1911 gründete Bruno Werntgen mit seiner Mutter eine Flugschule in der Merheimer Heide und produzierte eigene Flugzeuge. In der Gumprechtstraße baute Jean Hugot Flugmaschinen, 1912 organisierte er den ersten Großflugtag auf dem Butzweilerhof mit 100.000 Zuschauern. 1914 hatte der „Cölner Club für Luftschiffart" etwa tausend Mitglieder, darunter die Familien Greven, Bachem, Stollwerck und Clouth, deren Gummiwarenfabrik in Nippes auch Ballone und Luftschiffe produzierte, preisgekrönt auf der Brüsseler Weltausstellung. Noch war die Luftfahrt vorwiegend zivil, volksfesthaft und international. Dies sollte sich rasch ändern.

„Et hätt noch emmer, emmer, emmer jot jejange": Militarisierung

1911 waren beim „Großen Schaufliegen"[5] in Merheim nur noch Deutsche zugelassen. Seinen Zeppelin hatte der Graf dem Kölner Militär übergeben – zu den Klängen des „Karnevalsmarsches": „Et hätt noch emmer, emmer, emmer jot jejange, und et jeht noch emmer jot!"[6] Bedeutend für die militärische Luftfahrt wurden in Köln fünf Standorte: der Flugplatz Butzweilerhof, der Luftschiffhafen Bickendorf, die Luftschiffer-Kaserne in Ossendorf, die Gasanstalt in Ehrenfeld sowie Schießplatz und Fliegerstation in der Wahner Heide.

Führend im Flugzeugbau war Frankreich. Deshalb wollte das Reich aufholen. 1913 erbrachte eine Spendenaktion allein in Köln 100.000 Mark. Davon kaufte der Kaiser für die „kaiserliche Fliegerstation"[7] Butzweilerhof fünf „Albatros-Taube"-Flugzeuge mit den Namen „Cöln I" bis „Cöln V".[8] Noch nahmen an den „Prinz Heinrich-Flügen" 1913 und 1914 zivile Flugbegeisterte teil, aber die Regeln bestimmten bereits die Militärs. Da nun auch der Butzweilerhof von ihnen genutzt wurde, sollte

Von Köln aus griff das Luftschiff „Sachsen" im August 1914 Antwerpen an. Werbepostkarte für den „Deutschen Luftflotten-Verein", nach einem Gemälde von Themistokles von Eckenbrecher, Zeppelin über Antwerpen, Berlin (KSM)

Les dirigeables PARCEVAL et GROSS en manoeuvre à COLOGNE

Marguerite Montaut, gen. Gamy (Entwurf), Mabileau & Cie (Druck): Die Luftschiffe „Zeppelin", „Parceval" und „Groß" über Köln, Lithografie, Paris, 1909 (KSM)

Einbringung eines Zeppelins in die Luftschiffhalle in Bickendorf, Fotopostkarte, Köln, 1909 (KSM)

1914 ein ziviler, städtischer Luftboothafen den Wasserflugzeug-Verkehr zwischen Köln und Mainz aufnehmen. Am 28. Juli 1914 war der Beginn des Krieges absehbar, und das Unternehmen wurde eingestellt.

„Spionageverdächtige Ausländer": Feindbilder
Als im April 1913 der britische Flugpionier Gustav Hamel von Dover kommend trotz Verbots auf dem Butzweilerhof landete, überführten ihn Offiziere in das Dom-Hotel.

Original-Naturaufnahme des Zeppelin II am 5. August 1909, Cöln a. Rh.
Einbringung in die Halle

Er musste mitsamt zerlegtem Flugapparat den Heimweg mit der Bahn antreten.

Weil er mit drei Begleitern in Bickendorf einer Zeppelin-Landung zusah, verhaftete die Polizei im Mai 1914 den international bekannten Flugpionier und Industriellen Gustave Adolphe Clément-Bayard. Ein Skandal: Der „Zeppelin de la France"[9] saß 36 Stunden im Klingelpütz. Da seine „Zeichnungen über Luftschiffhallen" völlig „unbedenklich"[10] waren, ließ man die „spionageverdächtige[n] Ausländer" wieder frei.[11]

Der französische Außenminister beschwerte sich in Berlin, die Pariser Presse tobte: Die Kölner Polizei sei „in höchstem Maße kindisch"[12], die Luftschiffhalle seit Jahren bekannt. Tatsächlich war die Halle „aus Eisen" 1911 ausführlich beschrieben und deren Pläne 1912/1913 veröffentlicht worden.[13]

„Bombenwurfprobende Luftschiffe": Zeppelin-Angst
Den ersten Luftangriff führte 1911 ein italienischer Pilot gegen osmanische Truppen in Libyen. Die Friedensnobelpreisträgerin Bertha von Suttner, verspottet von männlichen Nationalisten, warnte 1914: die „Orchestermusik [...] der bombenwurfprobenden Luftschiffe"[14] begleite die Aggressivität der Politik. Noch betrachtete man Flugzeuge als verlängerten Arm der Kavallerie für die Aufklärung. Die meisten waren 1914 unbewaffnet, Granaten oder Fliegerpfeile wurden von Hand geworfen.

Für Angriffe im feindlichen Hinterland waren Reichweite und Traglast zu gering. Luftschiffe jedoch stiegen höher und weiter und konnten zudem viele Bomben transportierten. Die meisten Luftschiffe besaß Deutschland. Deren Einsatz wurde „mit lebhaftem Interesse verfolgt"[15], in Köln 1914 mit Begeisterung. In Paris und London mit Sorge.

Kriegsminister Lord Haldane und Innenminister Winston Churchill erfuhren von geheimen Versuchen mit Bombenabwürfen beim Luftschiffmanöver 1909 „in Köln und dem Rheintal"[16] und dass die Ehrenfelder Gasanstalt das Traggas lieferte. Kein Wunder, dass sich Churchill, 1914 Erster Lord der Admiralität, der Bekämpfung deutscher Luftschiffe annahm – und dass Köln als „Ausgangspunkt für Angriffe auf England"[17] im Fokus blieb.

„Das Stadtinnere sollte beworfen werden": Lüttich

Der Beginn der Eskalation des Bombenkrieges lässt sich exakt bestimmen, zuerst und deutlich auf deutscher Seite, verbunden mit dem Luftschiff, dessen Name für den Ausgangspunkt der Aggression stand: „Cöln".

Den Einsatzbefehl gab der Große Generalstab mit dem Kaiser an der Spitze, dem die „Cöln" unterstand: Nicht Brücken oder Forts, sondern das „Stadtinnere sollte beworfen werden", der „Zweck der Fahrt" war, „die Bevölkerung Lüttichs mürbe zu machen".[18] Aus Bickendorf startete die „Cöln" unter Major von Dücker zum Angriff auf Lüttich – am 5. August um 22 Uhr, auf den Tag genau fünf Jahre, nachdem der Graf seinen Zeppelin dem Kölner Militär übergeben hatte. Gegen 2.30 Uhr warf man die tödliche Last ab. Es gab Tote und Verletzte.[19] Von Abwehrfeuer getroffen, aber noch manövrierfähig, gelang die Rückfahrt. Um 4.30 Uhr musste die „Cöln" bei Walberberg notlanden.[20]

„Hurra Zeppelin!": Propaganda und Eskalation

Die Kölner Presse jubelte: Der Unteroffizier, der die Bomben abwarf, sei von „tausenden" mit „begeisterten Ovationen"[21] begrüßt worden – in Wirklichkeit wurde die gestrandete Besatzung von einem benachbarten Kloster mit Kaffee und Kuchen versorgt. Dann wurden die Reste

Fliegerpfeil, Metall, Federn, Großbritannien, um 1914/1915 (KSM)

des Luftschiffs verschrottet. Die Luftschiffer erhielten das Eiserne Kreuz. Die Propaganda verharmloste den Angriff des „braven Zeppelin", als habe er die Lütticher Forts und nicht die Innenstadt bombardiert. „Das Lied vom Zeppelin" besang die vermeintliche Heldentat: „Hurra Zeppelin!"[22]

Als Ersatz für die „Cöln" kam das Luftschiff „Sachsen" nach Bickendorf. Der Kommandant beauftragte „eine große Munitionsfabrik bei Köln mit der Herstellung von Bomben"[23] und probte in Wahn deren Abwurf. In der Nacht vom 24. auf den 25. August 1914 griff die „Sachsen" Antwerpen an. Man traf ein Krankenhaus, hinterließ Trümmer, Panik, etwa zehn Tote und vierzig Verletzte. Weitere Angriffe folgten. Eine Augenzeugin beschrieb die „Furcht vor diesen Luftschiffen": „Oh, es war schrecklich, wenn sie kamen."[24] Antwerpen, wohin auch der belgische König geflüchtet war, sollte nun erobert werden. Die Briten kamen mit Marinesoldaten und Marinefliegern zu Hilfe.

„To attack Zeppelins on the Rhine": Erster Luftangriff auf Köln

Churchill befahl seinen Piloten, die Zeppeline in ihren Hangars „am Rhein" anzugreifen.[25] Bis nach Köln konnte man fliegen, aber für den Rückweg mussten belgische Soldaten einen Zwischenstopp organisieren. Zum ersten Luftangriff auf Köln starteten am 22. September Leutnant Spenser Douglas Adair Grey und sein Begleiter – ausgerechnet in jenem Flugzeug, mit dem der flugbegeisterte Erste Seelord einst selbst geflogen war und das daher „Churchill"[26] hieß. Doch über Köln lag dichter Nebel, man musste umkehren.

Durch den Luftangriff zerstörte Häuser am Quai des Pêcheurs in Lüttich (heute: Quai Edouard Van Beneden), Fotopostkarte, Belgien, verschickt am 11.11.1914 (Museum der Belgischen Streitkräfte in Deutschland, Soest)

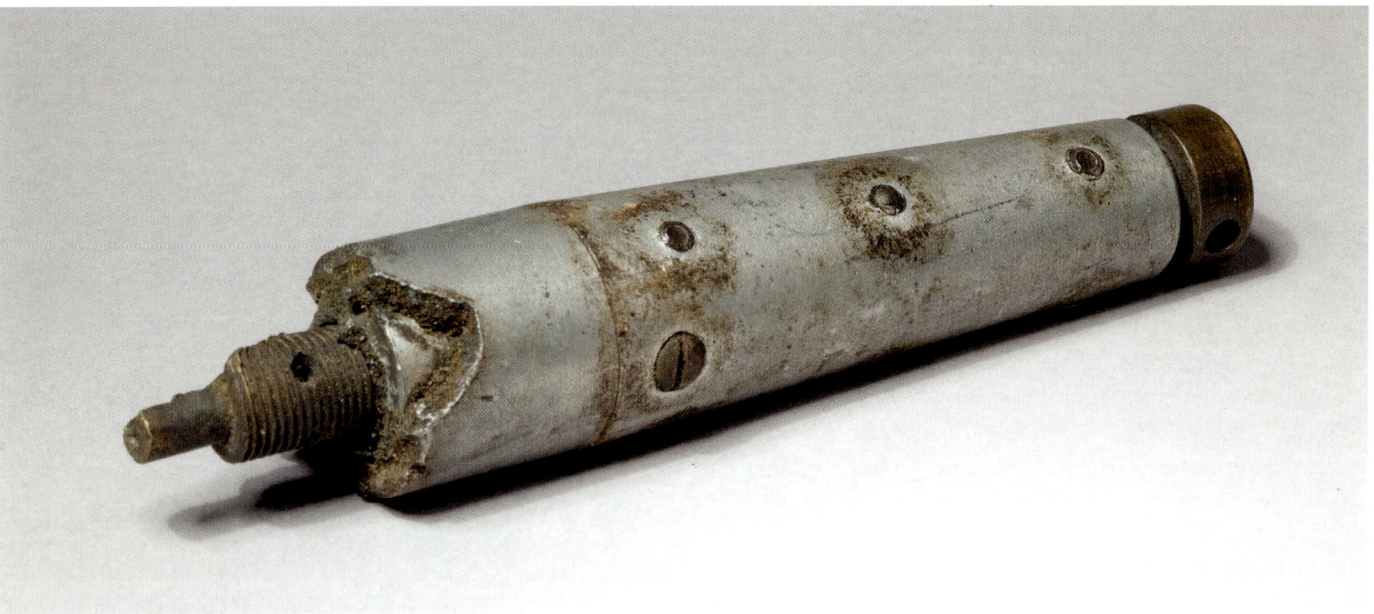

In Antwerpen spitzte sich die Lage zu, der König bereitete die Flucht vor. Die Flugzeuge erhielten Zusatztanks und nur je zwei Bomben, Zwischenstopps waren nicht mehr möglich. Im Hotel Saint-Antoine redete Grey auf Churchill ein, es dennoch zu wagen. „W.C." (Winston Churchill) „zog sich dann auf das WC zurück"[27] und soll durch die verschlossene Toilettentür dem Angriff zugestimmt haben, um den eifrigen Piloten loszuwerden und selbst aus Antwerpen zu flüchten.

„In schneller Fahrt über Ehrenfeld": Erste Bomben auf Köln

Am 8. Oktober bot sich die letzte Gelegenheit. Leutnant Reginald Marix flog nach Düsseldorf, wo er zufällig die neue Halle in Lohausen fand, das dorthin verlegte Luftschiff Z IX zerstörte und drei Soldaten und einen Zivilisten tötete – wohl das erste zivile deutsche Opfer eines Luftangriffs.

Über Köln war Grey weniger erfolgreich. Er hatte unterschiedliche Angaben zum Standort der Luftschiffhalle: im Nordwesten (wie tatsächlich) oder im Süden – ein Indiz für den improvisierten Charakter des Angriffs – kannte man doch in London definitiv die Lage der Halle. Er aber habe sie, so Grey, nicht gefunden und stattdessen, unter sich Züge auf Gleisen sehend, den Hauptbahnhof bombardiert als „das beste Angriffsziel [...] inmitten der Stadt".[28]

Die Wirklichkeit sah anders aus: Augenzeugen erblickten an diesem Donnerstag gegen 16 Uhr einen „Flieger", der „in schneller Fahrt über Ehrenfeld vorbeistrich".[29] In „der Nähe der Gasanstalt [...] fiel ein

schwarzer Punkt heraus, der in ganz schwachem Bogen zur Erde ging"[30]. Die Bombe detonierte „am Zaune des Eisenbahngleises"[31], zerstörte aber nur „Fabrikfenster"[32]. Grey suchte nun im Süden die Luftschiffhalle und erschien danach erneut „über Braunsfeld".[33]

In Richtung Aachen entschwindend, warf er über Großkönigsdorf seine zweite Bombe ab. Sie bohrte sich nördlich der Gleise in einen „Kleeacker"[34], ohne zu explodieren, wurde von einer beherzten Bäuerin „mit dem Kartoffelkarst"[35] aus dem Boden geholt und von herbeigerufenen „Fliegerhandwerkern"[36] gesprengt.

Von der in Ehrenfeld detonierten Bombe hatte man „die Zündschnur aufgefunden"[37]. Diesen Zünder verkaufte der Kölner Händler Alfred Werther sieben Monate später dem Historischen Museum – Museums- und Archivdirektor Joseph Hansen ahnte die historische Bedeutung des Fragments der ersten Bombe, die auf Köln fiel.[38]

„Eine kühne Tat": Propaganda und Ruf nach Vergeltung

Grey und Marix gelang der Rückflug nach Antwerpen und die Flucht nach Ostende „gerade noch rechtzeitig"[39]: Am Abend zerstörten die Deutschen den Flugplatz. Briten und Franzosen bejubelten den „Fortschritt im Krieg"[40]: Mit diesem Flug „weit über feindliches Terrain"[41] war gelungen, was unmöglich schien: Ziele im Hinterland des Feindes zu treffen und zurückzukehren.

Die deutschen Kriegsdepeschen verharmlosten den Angriff auf Düsseldorf und verschwiegen den auf Köln. In Berlin witterte man Spionage und nahm „die englischen Angestellten der US-Botschaft fest"[42], denen man jedoch nichts nachweisen konnte. Die Kölner Presse würdigte das „Bravourstück" als „kühne Tat, vor der man Achtung haben muß"[43] – so wirkte der Mythos vom Luftkrieg als Kampf ritterlicher Helden. Man hoffte, „es möchte ein englischer Flieger gewesen sein"[44], er solle berichten, dass in Köln „Handel und Wandel" ihren Gang gingen[45] und „die Visite [...] erwidert werden wird"[46]. Die Drohung mit Vergeltung verkehrte Ursache und Wirkung: Man ahnte, dass der „unbekannte Flieger" zum „englischen Expeditionskorps" in Antwerpen gehörte. Es sei verständlich, „wenn die in der bombardierten Stadt liegenden Engländer und Belgier den Wunsch gehabt hätten, einen der Nacht für Nacht Tod und Verderben speienden Luftriesen unschädlich zu machen"[47].

„Frauen, Kinder und Nicht-Kombattanten": Luftkrieg 1914

Grey traf nur Gleise nahe der Gasanstalt, erklärte aber, den Hauptbahnhof bombardiert zu haben. Die britische Admiralität sprach von einer – in Köln nicht existierenden – „military railway station"[48]. Gasanstalt und Hauptbahnhof wären lohnende Ziele gewesen. Doch das Ziel des Angriffs von 1914 war einzig die Luftschiffhalle und nicht die Innenstadt oder die Zivilbevölkerung. Die Bombardierung von Zivilpersonen setzten die Briten erst später im Rahmen des strategischen Bombenkrieges ein. Die Deutschen dagegen machten bereits 1914, so hieß es, „wahllosen Gebrauch von ihren Bomben", sodass „Frauen, Kinder und Nicht-Kombattanten in nicht-militärischen Einrichtungen getötet oder verletzt wurden".[49] Zielgerichtete Lufteinsätze ohne zivile Opfer waren schon damals eine Fiktion – die Beurteilung des deutschen Vorgehens jedoch entsprach den Tatsachen. Seit 1915 konnten die Deutschen von der belgischen

Bei „Fliegeralarm" sollten sich die Kölner in Gebäude flüchten, auch in die Museen. Hinweisschild der Stadt Köln, um 1917/1918 (KSM)

Küste aus britische und französische Städte angreifen. Am Ende des Krieges verfügten alle Seiten über große Bombenflugzeuge – bereit, diese bedenkenlos einzusetzen.[50]

„Mordereien hinter der Front": Opfer und Debatten

Die ersten zivilen Opfer in Köln forderten die eigenen Zeppeline: am 12. Januar 1916 in einer vom Luftschiffer-Bataillon als Testgelände genutzten Kiesgrube bei Pesch, wo zehn Kinder beim Spielen mit „einer vergessenen Fliegerbombe"[51] zerfetzt wurden.

Über Köln erschienen erst am 7. Juli 1917 wieder „feindliche Flieger".[52] Zu den 41 Toten nach dem britischen Luftangriff zu Pfingsten 1918 erklärte Oberbürgermeister Konrad Adenauer: „auch sie sind gestorben für Deutschland."[53] Einzig der Sozialdemokrat August Haas appellierte vergeblich, nicht Vergeltung zu fordern, sondern wie der „Gemeinderat der Stadt Paris" eine Initiative gegen „derartige Mordereien hinter der Front" zu ergreifen.[54] Nur durch den Waffenstillstand vom 11. November 1918 blieb Köln verschont: 1919 wollten die Alliierten mit Großflugzeugen Städte an Rhein und Ruhr bombardieren.[55]

„Köln in Schutt und Asche": Die Büchse der Pandora

Doch es waren die Deutschen, die von Köln aus die Büchse der Pandora öffneten. Vollmundig erklärte 1914 ein Kommentar in der Kölnischen Zeitung, der britische Pilot könne „seinen Landsleuten erzählen, daß Köln

nicht, [...] wie es schon in die Welt hinausgeschrien worden war, außer dem Dom in Schutt und Asche liegt"[56].

Als die deutsche Luftwaffe im Zweiten Weltkrieg London bombardierte, war jener Churchill, der 1914 von Antwerpen aus die Einsätze befohlen hatte, entscheidend am Beschluss beteiligt, nun den Bombenkrieg gegen Deutschland zu führen – bis 1945 tatsächlich auch „Köln außer dem Dom in Schutt und Asche" lag.

1 Langen, 1997, S. 36–39; zu Technik und Be-
schleunigung vor 1914 vgl. Hilger, 2014,
S. 240–249.

2 Dreher, Mayer, Rinz, 2006, S. 14.

3 Klinker, 1911, S. 68.

4 Rohde, 2010, S. 364–365; zur Symbolik der
Zeppeline vgl. Haude, 2007.

5 Dreher, Mayer, Rinz, 2006, S. 15–17.

6 Hacker, 1936, S. 185; vgl. Heribert Suntrop:
Die Chronik der Kölner Luftfahrt, Homepage
des Historischen Luftfahrtarchivs Köln, http://
www.koelner-luftfahrt.de (20.3.2014).

7 Rohde, 2010, S. 366; Kramp, 2014.

8 Dreher, Mayer, Rinz, 2006, S. 20.

9 Le Figaro, 28.5.1914, S. 2; gleichlautend:
Le Temps, 29.5.1914, S. 4.

10 Kriminal-Inspektor Wiedemann an den Kölner
Polizeipräsidenten, Landesarchiv NRW, Abteilung Rheinland, Best. BR 9, Nr. 7576: Geheimsachen der Polizei, Bd. 9, Bl. 1372.

11 Brief des Kölner Polizeipräsidenten an den
Kölner Regierungspräsidenten, 25.5.1914,
Landesarchiv NRW, Abteilung Rheinland, Best.
BR 9, Nr. 7576: Geheimsachen der Polizei, Bd.
9, Bl. 1372; zu dieser Affäre vgl. Kramp, 2014.

12 „puérile au plus haut point", Le Petit Parisien,
27.5.1914, Titelseite.

13 Klinker, 1911, S. 68; vgl. Rohde, 2010, S. 264 f.

14 Suttner, 1917, S. 538; vgl. Cohen, 2014.

15 Kölnische Zeitung, 17.2.1914, Mittags-Ausgabe.

16 Bericht des britischen Kriegsrats 1910, zit. n.
Gollin, 1989, S. 99.

17 „With regard to the importance given to Cologne as an airship station, it is noted that this
town is almost the nearest point to England.",
Bericht des britischen Kriegsrats 1910, zit. n.
Gollin, 1989, S. 101.

18 Gefechtsbericht des Zeppelins „Cöln" zum
Kampf über Lüttich vom 5. zum 6.8.1914,
Deutschland, Bundesarchiv, Abt. Militärarchiv
Freiburg: BArch RH 18/1877, S. 1.

19 Die Angaben zu den Opfern schwanken, die
Rede ist von sechs oder neun Toten, nach
letztem Forschungsstand von 13 Toten im dicht
bevölkerten Stadtteil Outremeuse, freundliche
Mitteilung von Prof. Francis Balace, Université
de Liège (23.7.2014).

20 Vgl. Gefechtsbericht des Zeppelins „Cöln"
zum Kampf über Lüttich vom 5. zum 6.8.1914,
Deutschland, Bundesarchiv, Abt. Militärarchiv
Freiburg: BArch RH 18/1877; Heinrichs, 1939.

21 Kölnische Zeitung, 10.8.1914, unter Berufung
auf Meldungen der Kölnischen Volkszeitung.

22 Heribert Suntrop: Die Chronik der Kölner Luftfahrt, Homepage des Historischen Luftfahrtarchivs Köln, http://www.koelner-luftfahrt.de (20.
3. 2014).

23 Lehmann, 1936, S. 48.

24 „It was the dread of these airships that was the
worst thing to bear. Oh, it was horrible when
they came. To be in the cellars and hear the
guns of the forts firing shot after shot at the
things – I cannot tell you what it was like. I don't
think we hit any.", Nottingham Daily Express,
9.10.1914.

25 „The duty of these areoplanes will be to attack
Zeppelins which approach the city, or, better
still, in their homes on the Rhine.", zit. n.
Bridget Pollard: The Royal Naval Air Service in
Antwerp, September-October 1914, in: Mars &
Clio. Newsletter of the British Commission for
Military History, S. 1–15, http://www.bcmh.org.
uk/archive/articles/RNASAntwerpPollard.pdf
(16.3.2014), S. 8; vgl. Curchill, 1929, Bd. 1,
S. 312 f.; Geinitz, 2000, S. 209.

26 Sturtivant, Page, 1992, S. 39.

27 „W.C. then retired to the w.c.", Lea, 1994, S. 26.

28 „The best point to attack would be the main
station in the middle of the town.", Bericht
Grey, CAB 37/121/127. Die beiden Angriffe auf
Köln werden erwähnt von Castle, 2011, S. 14 f.,
21–29; Raleigh, 1922, S. 389; Bridget Pollard:
he Royal Naval Air Service in Antwerp, September-October 1914, in: Mars & Clio. Newsletter
of the British Commission for Military History,
S. 1–15, http://www.bcmh.org.uk/archive/ar-
ticles/RNASAntwerpPollard.pdf (16. 3. 2014),
S. 10 f.; Jones, 1973, S. 57; Morrow, 1993, S. 81;
Lawson, 1997, S. 46–48; Standt, 2013, S. 128
(mit der fälschlichen Angabe, es habe sich um
einen „französischen Doppeldecker" gehan-
delt).

29 Stadt-Anzeiger, 9.10.1914, Abend-Ausgabe,
Zweites Blatt; gleichlautend: Kölnische Zeitung,
9.10.1914, Abend-Ausgabe, Titelseite.

30 Ebenda.

31 Ebenda. Heute befindet sich hier die „Live-
Music-Hall".

32 Ebenda.

33 Stadt-Anzeiger, 9.10.1914, Abend-Ausgabe,
Zweites Blatt.

34 Ebenda.

35 Stadt-Anzeiger, 9.10.1914, Abend-Ausgabe,
Zweites Blatt; gleichlautend: Kölner Tageblatt,
10.10.1914, Morgen-Ausgabe, Titelseite.

36 Ebenda.

37 Stadt-Anzeiger, 9.10.1914, Abend-Ausgabe,
Zweites Blatt; gleichlautend: Kölnische Zeitung,
9.10.1914, Abend-Ausgabe, Titelseite.

38 „Zünder der von einem feindlichen Flugzeug
in Cöln-E'feld am .. ten.. 191... abgeworfenen
Bombe", Inventarbuch, KSM, Zugangsverzeich-
nis des Historischen Museums der Stadt Köln
1909–1918, 1915, Nr. 84–86, Kramp, 2013. Das
Datum ist unleserlich.

39 „It seems that I had returned just in time.", Lea,
1994, S. 30.

40 „Progress in the War", Evening Post,
25.11.1914, S. 8 (allerdings mit der falschen
Datierung „23rd September").

41 „L'exploit de ces officiers est très remarquable,
étant donné la distance qu'ils ont dû parcourir
sur terrain hostile, et aussi la surveillance,
étroite des ennemis, déjà mis en garde par une
attaque précédente.", Le Temps, 11.10.1914,
Titelseite.

42 „As a result the Germans seized the English
Clerks at the American Embassy, believing
that they had informed us.", Großbritannien:
The National Archives, Kew, AIR 1/2549 (Raid
on Dusseldorf and Cologne 1914 Oct., Vermerk
für Sir Murry Fraser Sueter, Director of the
Admiralty Air Department).

43 Stadt-Anzeiger, 9.10.1914, Morgen-Ausgabe,
Zweites Blatt; gleichlautend: Kölnische Zeitung,
9.10.1914, Erste Morgen-Ausgabe, Titelseite.

44 Ebenda.

45 Stadt-Anzeiger, 9.10.1914, Morgen-Ausgabe,
Zweites Blatt.

46 Ebenda.

47 Kölnische Zeitung, 11.10.1914, Erste Morgen-Ausgabe, Titelseite (Leitartikel), gleichlautend: Kölner Local-Anzeiger, 12.10.1914,
Titelseite.

48 Memorandum, London Gazette, 11.10.1914.

49 „The German aviators made such promiscuous
use of their bombs that women, children,
and non-combatants were killed or injured
in non-military locations.", Evening Post,
25.11.1914, S. 8.

50 Vgl. Kuropka, 1980; Jones, 1973; Geinitz, 2000;
Jones, 2013; Neitzel, 2014; Kennett, 1991;
Morrow, 1993; Martel, 1939.

51 Stadt-Anzeiger, 17.1.1916. Der Verf. dankt
Johannes Ralf Beines für diesen Hinweis, vgl.
Beines, 2007, S. 19–21.

52 Stadt-Anzeiger, 7.7.1917, Abend-Ausgabe,
Zweites Blatt; vgl. Standt, 2013, S. 295.

53 Verhandlungen der Stadtverordneten-Versammlung zu Cöln, 31.5.1918, S. 233; zu den
Luftangriffen 1918 vgl. Oepen-Domschky, 2010.

54 Verhandlungen der Stadtverordneten-Versammlung zu Cöln, 31.5.1918, S. 238.

55 Vgl. Kuropka, 1980; Jones, 1973; Gollin, 1989;
Geinitz, 2000; Jones, 2013; Neitzel, 2014, S. 80.

56 Stadt-Anzeiger, 9.10.1914, Morgen-Ausgabe,
Zweites Blatt.

Sascha Pries

Biografische Spuren
Kölnerinnen und Kölner im Krieg

Der General

Artur Bilse[1] wurde 1861 im schlesischen Liegnitz geboren. Sein Vater war ein bekannter Dirigent, Hofmusikdirektor und Initiator der „Bilse-Konzerte". Um 1896 zog Artur Bilse nach Köln in die Eifelstraße 76. Der ehrgeizige Offizier machte Karriere und wurde 1899 Compagnie-Chef im Westfälischen Fußartillerie-Regiment Nr. 7. Ab 1901 war er Mitglied der Deutschen Kolonialgesellschaft Abteilung Köln, in deren Vorstand namhafte Kölner wie Simon Alfred von Oppenheim, Arnold von Guilleaume, Domkapitular Franz Karl Hespers und der Landtagsabgeordnete Dr. Victor Schnitzler tätig waren.

Nach weiteren Stationen in Jüterbog, Ulm und Thorn[2] kehrte Bilse 1911 nach Köln zurück und wohnte in der Moltkestraße 10. 1912 wurde er Kommandeur des Westfälischen Fußartillerie-Regiments Nr. 7 und zum Oberst befördert.[3]

Mit der Mobilmachung wurde sein Regiment nach Trier verlegt und erhielt am 18. August den Befehl, durch Luxemburg nach Belgien und später nach Frankreich zu ziehen. Zunächst war das Regiment noch an Kämpfen im Bewegungskrieg beteiligt, so Ende August an der Besetzung des Forts von Les Ayvelles. Dann wurde die Artillerie zur beherrschenden Waffengattung des Stellungskrieges. Als Stellvertretender General der Fußartillerie kam Bilse am 25. Mai 1915 zum Armee-Oberkommando Strantz (V. Armee-Korps) und wurde zum Generalmajor befördert. Als artilleristischer Berater sorgte er zwischen Verdun und der Mosel für Erkundungen, Ballon-Abwehr und die Täuschung der feindlichen Flugaufklärung.

Artillerieflieger hatten eine große Bedeutung für die Fußartillerie, deren riesige Geschütze eine große Reichweite hatten, weshalb die Ziele vom Boden aus meist nicht zu sehen waren. So war es nicht ungewöhnlich, dass Generalmajor Bilse am 1. Januar 1916 mit dem Piloten Kurt Joost zum Erkundungsflug mit einem Flugzeug der Feldfliegerabteilung 70 aufbrach: „Am 2. Januar erreichte das Regiment die traurige Nachricht, daß

[...] Generalmajor Bilse [...] am Neujahrstage aus einem Flugzeuge [...] tödlich abgestürzt sei."[4] Was hier klingt, als ob Bilse aus dem Flugzeug gefallen sei, war kein Unfall: Bilse und sein Pilot wurden am 1. Januar 1916 bei Les Baraques in Frankreich abgeschossen.[5]

In Köln erschienen am 3. Januar gleich drei Todesanzeigen: von seiner Frau Elisabeth, von seinem früheren Kölner Regiment und von seinem Divisionskommandeur Freiherr Georg von Gayl, der Bilse würdigte: „In der Schlacht ein Held, im Dienst vorbildlich, pflichtgetreu und energisch, im Kameradenkreise fröhlich und stets hilfsbereit sorgte er unablässig für das Wohl aller seiner

Artur Bilse in Generalsuniform; ein halbes Jahr später stürzte er in Frankreich ab. Fotografie, 1915 (KSM)

Feldgraue Generalsuniform von Artur Bilse, Textil, Köln, 1912–1915 (KSM)

Untergebenen."[6] Einen Tag später hieß es in der Kölnischen Zeitung, die Nachricht von Bilses Tod werde „besonders in Köln mit großer Trauer aufgenommen", da er „von 1911 bis 1915 an der Spitze des Fußartillerie Regiments Nr. 7 gestanden" habe, „bei dem so viele Kölner ihrer Militärpflicht genügten".[7] Am 5. Januar 1916 wurde Bilse auf Melaten beigesetzt.

Seine Witwe, die zu dieser Zeit in Hennef lebte, übergab dem Historischen Museum der Stadt Köln 1926 ein Porträt, den Waffenrock und die Pickelhaube ihres verstorbenen Mannes. Die Ordensspange des Generalmajors mit seinen Auszeichnungen befindet sich in Privatbesitz.

Der Artillerist

Im gleichen Westfälischen Fußartillerieregiment Nr. 7, das General Bilse kommandierte, absolvierte Hubert Kramp aus Mechernich 1900–1902 seinen Militärdienst. Das Erinnerungsfoto an seine „Dienstzeit" beim „Regiment, das sich mit Stolz das 7. nennt"[8], zeigt ihn mit seinen Kameraden der 1. Companie, mit Kanonen und Haubitzen vor der Kulisse Kölns.

Die Fußartillerie bediente im Gegensatz zur beweglicheren Feldartillerie schwere Geschütze, zunächst gedacht für die Verteidigung der Festung Köln. Anfang August 1914 wurden u. a. mithilfe dieses Regiments, das seine schwere Artillerie nach Belgien transportierte, die modernen Forts der Festung Lüttich zerstört.[9] Auch Hubert Kramp zog von Köln aus in den Krieg. Mehrfach wechselten die Einheiten und wurden im Stellungskrieg anderen Frontabschnitten zugeteilt. 1915 diente Kramp in der Parkkompanie des „Landwehr-Fussartillerie-Bataillons Nr. 9".[10] Als Kanonier war er wie Generalmajor Bilse beteiligt an den Kämpfen in Lothringen zwischen Maas und Mosel.

Das Grab für Hubert Kramp und P. Eberle, Fotografie, Frankreich, 1915 (Privatbesitz Ralf Kramp)

Hier starb der Obergefreite Kramp am 6. April 1915 „den Heldentod"[11], wohl infolge einer Explosion bei der Inspektion eines französischen Beutegeschützes. Für ihn und einen weiteren getöteten Kameraden errichtete man ein steinernes Grabmal auf einem deutschen Soldatenfriedhof hinter der Front.

Kramp war der erste gefallene Soldat der Gemeinde Mechernich. Als sein Vater, selbst stolzer Veteran des Deutsch-Französischen Krieges von 1870/1871, vom Tod des Sohnes erfuhr, rannte er wahnsinnig vor Verzweiflung mit einer Fahne durch den Ort. Seine Frau konnte den Tod ihres Mannes nie verwinden und starb wenige Jahre später. Sie hinterließ sieben Waisenkinder, die bei Familienmitgliedern unterkamen.

Hubert Kramps Grabkreuz fanden die beiden Enkel später auf dem Soldatenfriedhof von Thiaucourt-Regniéville südöstlich von Verdun – unter 35.000 Gräbern von Soldaten aller Nationalitäten, die im Ersten Weltkrieg ihr Leben gelassen hatten.

Der Gärtner

„Ihr Sohn Ludwig Macherey an schwerer Handgranatenverletzung heute nachm. 5.35 Uhr verstorben aufrichtiges Beileid Brief folgt Kriegslaz Franziskanerkloster Lokeren b Gent"[12]. Das Telegramm ohne Punkt und Komma war gerichtet an den Küfer Sigismund Macherey und seine Frau Maria, die so am 8. April 1918 über den Tod ihres einzigen Sohnes in Flandern informiert wurden.

Der am 17. Juni 1899 in Köln, Im Ferkulum 22, geborene Johann Ludwig Macherey arbeitete als gelernter Gärtner in der Ehrenfelder Gärtnerei von Alfred Jahn. Ein Zeugnis der städtischen Gartenverwaltung zeichnete ihn 1913 als fleißigen, wenn auch eher mittelmäßigen Schüler aus. Er lebte mit seinen Eltern und seiner Schwester in der Vogelsanger Straße 51 in Ehrenfeld und war Trompeter im Musikverein „Einigkeit". In der nahe gelegenen Kirche St. Mechtern wurden am 26. April 1918 die Exequien abgehalten, doch das eigentliche Begräbnis fand bereits am 13. April auf dem Gemeindefriedhof in Lokeren nahe der belgischen Stadt Gent statt.

Doch Ludwig Macherey starb nicht wie so andere junge Männer in den Schützengräben von Flandern. Als er am 8. April im Lazarett seinen Wunden erlag, war er rund 100 Kilometer vom Kriegsschauplatz in Ypern entfernt. Als Musketier gehörte er zum Landsturm der 2. Kompagnie des Feldrekrutendepots der 15. Infanterie-Division. Die Soldaten des Landsturms waren größtenteils sehr junge Männer ohne Kampferfahrung und ordentliche militärische Ausbildung. Auf dem Übungsplatz in Waasmunster wurden seit Anfang 1918 junge Rekruten

Ludwig Macherey als Gärtner, Fotografie, Köln, um 1913 (KSM)

Ludwig Macherey als Soldat, Fotografie, Köln, 1917/1918 (KSM)

auf die große deutsche Frühjahrsoffensive (auch: Kaiserschlacht) vorbereitet. Ludwig kam bei einer der dort stattfindenden Übungen ums Leben und wurde wohl Opfer menschlichen Versagens. Im Beileidsbrief an seine Eltern hieß es, Ludwig sei „mit mehrfacher schwerer Handgranatenverletzung in das Lazarett eingeliefert" worden.[13]

Nach zwei Umbettungen befindet sich sein Grab seit Ende der 1950er-Jahre auf dem deutschen Soldatenfriedhof in Vladslo (Westflandern). Dort haben er und über 25.000 weitere in Belgien gefallene Soldaten ihre letzte Ruhestätte gefunden.

Zwei jüdische Krankenschwestern

Irma Ransenberg und Rosa Rauner waren Krankenschwestern im Israelitischen Asyl, das seit 1869 in Köln bestand. Die beiden Jüdinnen erlebten den Ersten Weltkrieg von einer seiner schlimmsten Seiten, waren sie doch täglich mit der Versorgung der von der Front heimkehrenden verletzten und teilweise bis zur Unkenntlichkeit entstellten Soldaten konfrontiert. Die 150 bis

200 Betten des zum Lazarett umgenutzten Asyls waren dabei überwiegend mit Soldaten christlicher Konfession belegt, da bei den Zuteilungen der Verwundeten die Konfession nicht berücksichtigt wurde.

Die 1893 in Neuwied geborene Irma Ransenberg arbeitete zwischen 1912 und 1919 als Schwester im Israelitischen Asyl und ging anschließend nach Essen. Rosa

Die Krankenschwestern des Israelitischen Asyls Rosa Rauner (l.) und Irma Ransenberg, Fotografie, um 1915 (NS-Dokumentationszentrum der Stadt Köln)

Die Brosche des Kölner Vereins für Jüdische Krankenpflegerinnen gehörte Rosa Rauner (NS-Dokumentationszentrum der Stadt Köln)

Walter Graffke (Mitte) mit zwei unbekannten Kameraden bei einem Sonntagsbummel am 2.6.1918, Fotografie (KSM)

Rauner wurde 1889 in Hargesheim geboren, begann dort 1911/1912 ihre Ausbildung und war dann als Putzarbeiterin und Putzverkäuferin tätig. Im August 1917 erhielt sie für ihre Leistungen die Rote Kreuz Medaille III. Klasse. 1929 wurde sie leitende Operationsschwester.

Dem NS-Regime entkam Rosa Rauner 1939 zunächst nach England. 1947 zog sie in die USA, in New York arbeitete sie erneut als Krankenschwester. Nach ihrer Pensionierung 1956 siedelte sie nach Israel über, wo sie im November 1972 starb.

Ihre ehemalige Kollegin Irma Ransenberg ereilte ein grausames Schicksal: Als Altenpflegerin in einem Essener Gettohaus wurde sie mit 37 Bewohnern am 21. Juli 1942 in das Lager Theresienstadt und von dort am 15. Oktober 1944 nach Auschwitz deportiert. Seitdem gilt sie als verschollen und wurde Opfer der nationalsozialistischen Gewaltherrschaft.[14]

Das Liebespaar

„Liebes Käthche!", „Beste Freundin!", „Mei liabs Schatzerl", „Mein liebes Herzblättchen!": Walter Graffke, geboren am 16. März 1885 in Bielefeld, war verliebt. Dies geht eindeutig aus seinen Postkarten an die in Köln am 6. Mai 1895 geborene Katharina Berresheim hervor. Käthe und der zehn Jahre ältere Wälti – diesen Spitznamen scheint er von ihr bekommen zu haben – waren ein Kriegspärchen, zwei junge Menschen, die sich in den Kriegswirren kennenlernten.

Die erste der 40 erhaltenen Postkarten ist datiert vom 8. August 1914, sieben Tage nach Kriegsbeginn. In der Korrespondenz der beiden ging es meistens um Verabredungen. Käthe wohnte mit ihrem Vater, dem Fuhrmann Lucas Berresheim, ihrer Mutter Margarete (geb. Klutsch) und ihrer Schwester Agnes Im Ferkulum 18 in der Kölner Südstadt. Sie und Walter trafen sich meist sonntags, an der Severinskirche oder auf dem Alter

Markt. Sie machten Spaziergänge, gingen ins Kino oder zum Strandbad in Langel. Es schien wie eine typische Großstadtbeziehung, nur der Krieg war im Hintergrund stets präsent.

So berichtete Walter von seinem Freund Philipp, der sich in der ersten Woche nach der Kriegserklärung vergeblich um eine Anstellung im Heer bemühte.[15] Willi, ein anderer Freund Walters, wurde im Frühjahr 1915 eingezogen. Die erste Nachricht seines Freundes erreichte Walter aus dem lothringischen Bitche. Er berichtete Käthe: „Die Garnison haben wir ihm nicht gewünscht, es wird dort gerade nicht angenehm sein. Habe ihm gleich ein Paket Cigaretten fertig gemacht, damit er sich an den Feiertagen wenigstens diesem Genuß hingeben kann."[16]

In Köln schien vom Krieg 1915 nur wenig zu spüren gewesen zu sein: „Gestern Abend machte ich einen Studiengang am Rhein entlang. Jesses, war da ein Betrieb und da kam ich auf die Ide [sic]: Wenn zwei – hmt – keine Falle hab'n / Gehn sie an' schönen Rhein; / Erst recht wenn's Krieg und dunkel ist / Da – hmt – (liebt) sich da sehr fein."[17] Offenbar war es für Käthe und Walter nicht

Walter Graffke schrieb seiner Geliebten Käthe diese Karte als Erinnerung an seine Tage „im Herzog Bernhardt Lager" im Mai 1917. Graffke sitzt in der ersten Reihe, 3. v. l. (KSM)

leicht, sich körperlich näher zu kommen. Er lud sie zwar mehrfach zu sich nach Hause ein, es gibt jedoch Hinweise darauf, dass ihre Mutter dies nicht erlaubte. Das dunkle Rheinufer bot sich – wenigstens aus Walters Sicht – als mögliche Alternative an.

Mit der Zeit wählte Walter immer öfter Bildpostkarten mit kriegsbezogenen Motiven: Soldaten, Abschieds- und Schlachtszenen, aber auch Soldaten mit ihren Frauen und Krieg spielende Kinder. Noch am 8. April 1916 äußerte Walter: „Immer näher rückt unsere schöne Osterreise. Glaube nun selbst nicht mehr, daß ich bis dahin noch eingezogen werde."[18] Nur elf Tage später lag seine Einberufung für den 2. Mai 1916 vor. Die ersehnte Reise konnte er aber noch antreten.

Walters Feldpostkarten, die er bis 1918 vor allem aus St. Maurice in Frankreich schrieb, zeichneten ein eher ruhiges Bild vom Krieg. Er berichtete auch nicht von

Kämpfen oder Leid und beklagte sich nicht. Im Gegenteil, der Krieg wurde eher noch ironisiert: Eine Karte zeigt den Einschlag einer schweren Mine, und er schrieb dazu: „Umstehend ein Bild, wie die Brocken gewöhnlich so fliegen, unverschämt, wat? ‚Wie leicht kann sowat mal in's Auge gehen.'"[19] Lediglich die regelmäßig geäußerte „Hoffnung, daß wir uns gesund wiedersehen" erinnert daran, dass Walter sich im Krieg und in Lebensgefahr befand.

Walter Graffke hat den Krieg überlebt, geriet aber in Kriegsgefangenschaft, aus der er erst am 3. November 1919 zurückkehrte. In seiner Heimatstadt Bielefeld arbeitete er als Friseur. Aus Köln folgte ihm Käthe im Oktober 1920. Am 23. Juli 1921 heirateten sie. Die beiden lebten bis 1972 in Bielefeld und verbrachten dann in einem Pflegeheim in Schloß Holte-Stukenbrock gemeinsam ihren Lebensabend.[20]

1 Wilhelm Bernhard Artur Bilse.

2 Vgl. hierzu: Ranglisten der Königlich-Preußischen Armee der Jahre 1901–1912.

3 Ehren-Rangliste, 1926, S. 543.

4 Das Westfälische Fuß-Artillerie-Regiment Nr. 7 im Weltkriege 1914/18, 1932, S. 23.

5 Bundesarchiv-Militärarchiv, Best. MSg 109/6214, biographischer Auszug.

6 Kölnische Zeitung, 3.1.1916, Nr. 3, Abend-Ausgabe.

7 Kölnische Zeitung, 4.1.1916, Nr. 7, Erste Morgen-Ausgabe.

8 Erinnerungsfotografie an die Dienstzeit von Hubert Kramp, Peter Haak, Photographisches Atelier, Cöln, 1902, Privatbesitz Anneliese und Bert Kramp.

9 Das Westfälische Fuß-Artillerie-Regiment Nr. 7

10 im Weltkriege 1914/18, 1932, S. 293–295.

Fotografie des Grabs für Hubert Kramp und P. Eberle, Frankreich 1915, Privatbesitz Ralf Kramp.

11 Ebenda.

12 Telegramm an Sigismund Macherey. KSM/Grafische Sammlung, KSM 1987/65-2.

13 Beileidsbrief an den Vater Sigismund Macherey und Auflistung des Nachlasses von Ludwig Macherey aus dem Kriegslazarett. 9.4.1918. KSM/Grafische Sammlung, KSM 1987/65-5.

14 Für das gesamte Kapitel: vgl. Becker-Jákli, 2004, S. 212–219, 421 f.

15 Postkarte von Walter Graffke an Käthe Berresheim, 8.8.1914. KSM/Grafische Sammlung, o. Nr.

16 Postkarte von Walter Graffke an Käthe Berres-

heim, 21.5.1915. KSM/Grafische Sammlung, o. Nr.

17 Postkarte von Walter Graffke an Käthe Berresheim, 2.6.1915. KSM/Grafische Sammlung, o. Nr.

18 Postkarte von Walter Graffke an Käthe Berresheim, 8.4.1916. KSM/Grafische Sammlung, o. Nr.

19 Postkarte von Walter Graffke an Käthe Berresheim, 2.11.1917. KSM/Grafische Sammlung, o. Nr.

20 Alle Personenstandsangaben aus: Stadtarchiv Bielefeld, Best. 104,3/Einwohnermeldeamt Nr. 18, Nr. 21; Best. 104,2.20/Standesamt, Personenstandsregister; Best. 104,2.22/Standesamt, Sammelakten.

Armeebedarf.
(Kölner Funkeninfanterie)

Ulrich S. Soénius

„Wir sahen Elend und Grauen"

Die Roten Funken im Krieg

Im November 1914 schrieb Hans Huhnen, im Zivilberuf Großhändler für Bürobedarf, aus dem Lazarett in Ehrenbreitstein an den Präsidenten der „Kölner Funken-Infanterie", so der damalige Name der allgemein als „Rote Funken" bekannten Karnevalsgarde, dass dort vier aktive Funken untergebracht seien.[1] Neun Monate zuvor, am

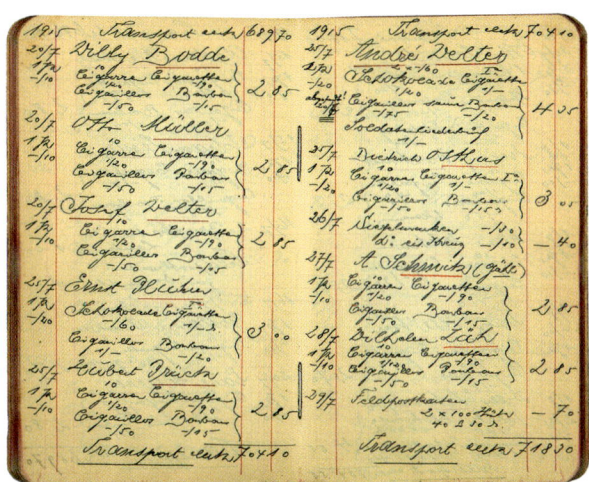

23. Februar, marschierten die Funken gemeinsam im Rosenmontagszug, einen Persiflagewagen begleitend, der den Titel „Ausstellung für Armeebedarf" trug. „Mutter Colonia", eine Großfigur auf dem Wagen, wog an ihrem Busen fünf Rekruten, umgeben von Lebensmitteln und Getränken.[2] Der Entwurf stammte von dem Kunstmaler Hans Waldemar Brockmann, der sich wohl von den Geschehnissen in den vorherigen Jahren hatte inspirieren lassen, und griff auf, was viele vermuteten – aus Spaß werde bald bitterer Ernst. Auch der Karneval des Jahres 1914 verdrängte nicht die Gewissheit, dass eine militärische Auseinandersetzung bevorstand. Als im Sommer Mobilmachung und Kriegserklärung folgten, wurde die soldatische Persiflage zur Realität. Während des Ersten Weltkrieges mussten 51 Rote Funken von der rot-weißen in die feldgraue Uniform wechseln. Ihnen und den

beiden Vereinsdienern, die ebenfalls eingezogen wurden, sandte ihr damaliger Präsident Theoder Schaufuß sogenannte „Liebesgaben", Lebensmittel, Tabak, Likör und Eau de Cologne, an die Front und bat um Nachrichten, die er für die Nachwelt hinterließ. Im Archiv der Roten Funken finden sich 1.347 Feldpostkarten, die 2005 erstmals für die Forschung ausgewertet wurden. Das Besondere an dieser Sammlung ist die Geschlossenheit eines Bestandes, der Rückschlüsse auf eine bestimmte Gruppe der Stadtgesellschaft erlaubt. Zwar haben sich in mehreren Nachlässen und privaten Sammlungen solche Karten erhalten, aber sie beziehen sich meist auf nur wenige Personen, etwa innerhalb einer Familie. Die Karten unterlagen der Militärzensur: Es durften weder Truppenteil noch Aufenthaltsort angegeben werden, und es gab nur begrenzt Platz für eigene Texte.

Gemeinsame Realität statt Persiflage

Als die Funken mit den anderen Soldaten in den Krieg zogen, mussten sie alsbald feststellen, dass die bisherige Persiflage des Soldatentums nichts mit der Reali-

Liebesgaben für die Funken an der Front: Auszug aus dem Kassenbuch des Präsidenten Schaufuß (Archiv der Kölsche Funke rut-wieß vun 1823 e. V.)

„Köl´sche Junge im Feld", Fotopostkarte aus Frankreich von Funk Hauf, verschickt am 18.11.1915 (Archiv der Kölsche Funke rut-wieß vun 1823 e. V.)

Die Kol'sche Junge im Feld.

Auf dem Rosenmontagszug 1914 sorgt sich Mutter Colonia um Nachwuchs für die Kriegsfront.
Hans Waldemar Brockmann, Blatt aus einem Leporello zum Rosenmontagszug 1914, Köln, 1914 (KSM)

Gruß aus dem Quartier Thouront, Fotografie, Januar 1915 (Archiv der Kölsche Funke rut-wieß vun 1823 e. V.)

Weihnachtsgeschenk, oder ein Soldat, der sich neben Räucherschinken ablichten ließ. Dabei hatten die Absender bereits in den ersten Kriegsmonaten die Folgen der militärischen Auseinandersetzungen zu spüren bekommen. Ob angesichts der Zensur oder der Überzeugung, dass eine Dankeskarte keine negativen Erlebnisse widerspiegeln sollte, waren anfangs Berichte über Strapazen, Verwundungen oder Sterbefälle selten. 118 Stunden ununterbrochene Zugfahrt zur russischen Front oder Dreitagemärsche und anschließend drei Tage Fahrt in einem Viehtransporter – das wurde manchem Funken im Feld abverlangt. Noch schlimmer traf es diejenigen, die Wochen oder Monate im Schützengraben verbringen mussten. Auf Schlamm, miserable hygienische Zustände, schlechtes Essen und vor allem Beschuss vom Kriegsgegner waren die Karnevalssoldaten nicht hinreichend vorbereitet und mussten es doch aushalten. Zehn Wochen, von November 1914 bis Februar 1915, war Gottfried Schnitzler, im Zivilberuf Inhaber eines Herrenwäschegeschäfts, im Schützengraben. Fünfzig Meter vor ihm lagen die Leichen von 300 gefallenen Franzosen – Angebote der deutschen an die französische Armee, die Toten ohne Beschuss zu bergen, wurden abgelehnt. Was mag da in dem Kaufmann von der Neusser Straße vorgegangen sein? Neben der Bewältigung des Alltags, der immer wieder von den Funken in den Feldpostkarten thematisiert wird, hatten viele auch Angst vor dem Tod. Zwar urteilte der Prokurist Willy Zäh, dass er noch „mit dem Schrecken" davongekommen sei, als eine Granate zwei Meter neben ihm in ein Zelt eingeschlagen sei, aber er wird sich genauso geängstigt haben wie der Nachkriegspräsident André Welter, der sich 1915 in Russland vor Luftangriffen fürchtete. Erschüttert wird Schaufuß die Nachrichten entgegengenommen haben. Erst recht wird ihn die Mitteilung von dem Tod eines Funken beschäftigt haben, der ihm kurz zuvor noch geschrieben hatte, dass die „Luft [...] stark eisenhaltig" sei, aber er hoffe, dass sein „bißchen Glück" ihn nicht verlasse. Sieben weitere Funken starben an der Front. Auch Verwundete gab es immer wieder zu beklagen. Der Metzger Hans Urbach wurde im August 1916 an der Somme durch eine Handgranate am rechten Arm und im Gesicht verletzt. Die Soldaten litten nicht nur physisch, sondern standen auch unter einem enormen psychischen Druck. „Wir sehen Elend und Grauen, wofür es kein Wort gibt", schrieb 1916 der Kaufmann Max Kleesattel.

Heimweh nach Köln

Die Sehnsucht nach der Heimat wurde mit fortwährender Kriegsdauer immer stärker. Der Fotograf Hubert Brück

tät zu tun hatte und grausame Verletzungen oder sogar der Tod drohten. Anfangs machte sich noch in den Texten eine gewisse Lockerheit bemerkbar. Auf Fotopostkarten wurde eine „heile Welt" vermittelt: gemeinsame Weihnachtsfeier mit einer französischen Familie, bei der die Soldaten einquartiert waren, der Sohn erhielt eine „Knabüs" – das Holzgewehr der Roten Funken – als

wollte schon im Februar 1915 nach Hause, „denn meine Frau sehnt sich nach ihrem Ühm", und schrieb drei Jahre später, dass er bereits seit dem 7. August 1914 Soldat war. Manche Funken wurden von der West- an die Ostfront verlegt – nach zwei Jahren und ohne Heimaturlaub. Bei allen Widrigkeiten – den rheinischen Optimismus verloren nur wenige. Köln und die Heimat waren Ziel ihrer Sehnsüchte. Besonders an den Karnevalstagen weilten die Gedanken in Köln und bei den Funken. Mancher haderte mit dem „Elften im Elften". Rosenmontag 1915 wurde Wilhelm Zäh einberufen – traurig dachte er an die vergangenen Jahre, in denen er sich an diesem Festtag im Gürzenich mit den Funken getroffen hatte. Im selben Jahr träumte André Welter am 11. November von Köln. Dafür, dass sie Karneval nicht in Köln verbringen konnten, haben einige der Funken – soweit die militärischen Auseinandersetzungen dies zuließen – an der Front Karneval gefeiert. Auf einer Fotokarte sind vier Soldaten mit „Stippeföttche" abgebildet. Manch einer verkleidete sich sogar an der Front. Der Funk Wilhelm Bodde hoffte 1916, dass „aus diesem grausigen Krieg recht bald wieder unser lustiger Krieg" werde. Anlässlich der Geburtstagsfeier für den Kaiser hielt er „eine humoristische Rede auf Kölsch", die er im Offizierskasino wiederholen musste.

Wie alle anderen Soldaten erlebten die Kölner Roten Funken den Krieg als eine Bedrohung für ihr Leben, es zehrten mit zunehmendem Kriegsverlauf die Einschränkungen an ihnen und das „Heimweh noh Kölle" war immens. Andererseits verstärkte sich im Kriegsalltag das Zugehörigkeitsgefühl zu der Freizeitgruppe, die durch die regelmäßigen „Liebesgaben" des Präsidenten, der den Friedensschluss nur um wenige Tage überlebte, mit Nachrichten aus Köln verstärkt wurde. Obwohl kein Karneval in den Kriegsjahren stattfand, war er im Bewusstsein der Soldaten immanent.w

Funken in Feldgrau beim „Stippeföttche", Fotopostkarte von Emil Kühnen aus Belgien, verschickt im März 1915 (Archiv der Kölsche Funke rut-wieß vun 1823 e. V.)

---

1 Der Beitrag beruht weitgehend auf Soénius, 2005, S. 227–245. Dort auch Einzelnachweise. Der „Kölsche Funke rut-wieß vun 1823 e. V."

hat in jüngster Zeit die Ansichtskarten digitalisiert und wird diese im Internet zugänglich machen.

2 Abbildung siehe ebenda, S. 230 f.

Stefan Lewejohann

„Cöln kommt"

Die Kreuzer Cöln im Ersten Weltkrieg

Der Kleine Kreuzer Cöln (I)

Mit der von 1901 bis 1903 entwickelten „Bremen"-Klasse wurde es Brauch, den „Kleinen geschützten Kreuzern" der Kaiserlichen Marine Städtenamen zu geben. Als 1909/1910 die „Kolberg"-Klasse, eine Reihe „Kleiner Kreuzer" mit Turbinenantrieb, in Dienst gestellt wurde, wurde eines der Schiffe auch nach der Stadt Köln benannt. Insgesamt umfasste die „Kolberg"-Klasse vier Schiffe – neben der „Cöln" die „Augsburg", die „Mainz" und die „Kolberg". Die „Cöln" wurde 1908–1911 in der Kieler Germania-Werft gebaut, sie war 130 Meter lang und 14 Meter breit und kostete 8.356.000 Mark. Bewaffnet war der Kreuzer mit zwölf Kaliber 10,5 cm Schnellladekanonen, vier mit Kaliber 5,2 cm sowie zwei Torpedorohren mit je fünf Torpedos. Für den Kölner Oberbürgermeister Max Wallraf war es eine Ehre, am 5. Juni 1909 als Taufpate den Kreuzer beim Stapellauf in Kiel auf den Namen „S.M.S. Cöln"[1] zu taufen.

Nach mehreren Probefahrten wurde die „Cöln" ab September 1911 offiziell in Betrieb genommen und vom Sommer 1912 an im Verband der Aufklärungsschiffe eingesetzt. Gemeinsam mit ihrem Schwesterschiff „Mainz" fuhr sie im April 1913 vorübergehend in einem Lehrgeschwader. Zwischen November 1912 und Mai 1914 begleitete auch Prinz Adalbert von Preußen, der Sohn des Kaisers, als Navigationsoffizier die „Cöln". Nach mehreren Fahrten, u. a. ins schwedische Malmö, nahm der Kreuzer 1914 an der Kieler Woche teil.

Alles sah nach einer friedlichen Veranstaltung aus: Der Kaiser war mit seiner Yacht „Hohenzollern" genauso vor Ort wie das zweite britische Schlachtgeschwader der Royal Navy unter Vizeadmiral Sir George Warrander. Mitten in den Feierlichkeiten erreichte die Nachricht von der Ermordung des österreichisch-ungarischen Thronfolgers Erzherzog Franz Ferdinand und seiner Frau am 28. Juni 1914 Kiel. Die Kieler Woche wurde abgebrochen, der Kaiser reiste nach Potsdam ab. Die britischen Schiffe liefen am 30. Juni unter dem

Die Taufe der „Cöln" am 5.6.1909 in Kiel, aus einem Fotoalbum zum Kreuzer Cöln, 1911–1914 (KSM)

Abschiedssignal „friends today, friends in past, friends for ever" aus – das „Freunde für immer" sollte genau 35 Tage währen.

Kriegsbeginn 1914

Die „Cöln" indes steuerte im Anschluss an die Kieler Woche, ebenso wie bald darauf der Kaiser, Norwegen an, wo die Mannschaft sich erholen sollte. Von dieser Fahrt berichtet auch der Oberheizer Adolf Neumann in seinen nach dem Zweiten Weltkrieg niedergeschriebenen Erinnerungen.[2] Bereits 1922 hatte Neumann einen Bericht über seine Erlebnisse auf hoher See in einer Sammlung von Erfahrungsberichten deutscher Seeleute im Krieg veröffentlicht.[3] Adolf Neumann wurde am 24. Januar 1891 in Altwasser (heute: Stary Zdrój) im Kreis Waldenburg in Schlesien geboren. 1910 zog es ihn mit 19 Jahren nach Meiderich-Hamborn, denn hier „sollte man doch

Die „Cöln" bei der Meilenfahrt am 26.7.1911, aus einem Fotoalbum zum Kreuzer Cöln, 1911–1914 (KSM)

angeblich so viel Geld verdienen können"[4]. Ein Jahr später zog er nach Herten in Westfalen, wo auch sein Bruder und seine Schwester wohnten. Neumann arbeitete hier als Bergmann, bis er im Bergbau verunglückte.[5] Im Herbst 1913 wurde er zur Marine in die II. Werftdivision nach Wilhelmshaven einberufen. Nach seiner sechswöchigen Ausbildung in Kiel-Friedrichsort wurde er der „Cöln" zugeteilt.

In Norwegen erreichte die „Cöln" die Nachricht vom Kriegsbeginn. Nachdem der Kommandant, Fregattenkapitän Hans Meidinger, gemeinsam mit Konteradmiral Leberecht Maaß die an Deck versammelte Mannschaft davon informiert hatte, kehrte man umgehend nach Kiel zurück – während der Überfahrt wurde die Munition scharf gemacht.[6] Neumann berichtet von der Stimmung an Bord: „Wie ein Schlag aus heiterem Himmel traf uns diese Nachricht. Nun wussten wir, dass die Besteigung der norwegischen Berge in das Reich der Träume versetzt werden musste. Nicht ausruhen hieß es, sondern seine ganze Kraft einsetzen für unser deutsches Vaterland. Nun galt es doch zu zeigen, was wir gelernt hatten."[7] Bevor die „Cöln" nach Wilhelmshaven, dem Stützpunkt der Aufklärungsstreitkräfte, übersetzte, ließ sich ein Teil der Obermaate und Maate im Hafen mit ihren Frauen kriegstrauen.[8] Von Wilhelmshaven unternahm die „Cöln" Aufklärungsfahrten – jedoch ohne zunächst Feindberührung zu erleben.

Seegefecht und Untergang

Als die „Cöln" am 28. August 1914 auf der Rückkehr in den Hafen kurz vor der Schleuse war, erhielt sie den Befehl, den Kreuzern „Stettin" und „Frauenlob" zu Hilfe zu

Das letzte Foto des Kreuzers Cöln vor seinem Untergang im Gefecht bei Helgoland im August 1914, aufgenommen von einem begleitenden Torpedoboot

kommen, die im Vorpostendienst im Abwehrkampf gegen den Einbruch englischer Flotteneinheiten standen. Mit dem Funkspruch „Cöln kommt" kündigte sie um 9.30 Uhr Unterstützung an. Mit höchster Fahrt verließ sie den Jadebusen und folgte der vorausgefahrenen „Straßburg".[9] Die in Bereitschaft liegenden Schlachtkreuzer konnten zu diesem Zeitpunkt wegen des zu niedrigen Wasserstandes die Barre der Außenjade nicht passieren – das war erst nach 13.00 Uhr möglich.[10] Auf der „Cöln" war dieser Umstand allerdings nicht bekannt: „Wir fuhren an vielen großen, deutschen Kriegsschiffen vorbei, die ja alle unter Dampf lagen. Das bestärkte unseren Mut noch mehr, denn wir glaubten doch, dass sie uns sofort folgen würden. Wir sollten uns jedoch arg getäuscht haben."[11]

Die „Cöln" eilte ihrem Schwesterschiff „Mainz" zu Hilfe, das sich im Feuergefecht mit dem britischen Kreuzer „Arethusa" und acht Zerstörern befand. Dann tauchten weitere englische Schlachtkreuzer auf, die die beiden Kreuzer unter Beschuss nahmen. Um 14 Uhr sank die „Mainz". Der Besatzung der „Cöln" wurde befohlen, an Deck anzutreten. Von den Offizieren lebten zu diesem Zeitpunkt nur noch Stabsingenieur Siepmann, Oberzahlmeister Gelbke und die beiden Leutnants Steinhauer und Mania. Fregattenkapitän Meidinger und Konteradmiral Maaß waren bereits tot, von der ursprünglichen Besatzung lebten noch ungefähr 150.[12] Bevor Stabsingenieur Siepmann den Befehl „Alle Mann von Bord!" gab, stimmte man das Flaggenlied an. Nachdem Stabsingenieur Siepmann, so berichtet Neumann 1922[13], jedem die Hand gedrückt hatte, gingen die Soldaten über Bord – Siepmann blieb an Bord der „Cöln" zurück, die gegen 14:30 Uhr sank.

Nun begann für die teils schwer verletzten Seeleute der Überlebenskampf auf See. Denn die britischen Kreuzer begannen nicht, wie erwartet, mit der Rettung der deutschen Seeleute, sondern drehten ab. Dies wurde auf englischer Seite damit begründet, dass man ein deutsches U-Boot in den Gewässern gesichtet habe – was sich als Irrtum erwies.[14] Zwei Tage später, am 30. August 1914, wurden 17 Tote der „Mainz" und der „Cöln" auf Sylt angespült und in einem gemeinsamen Grab bestattet.[15]

In seinen Aufzeichnungen von 1922 und nach dem Zweiten Weltkrieg schildert Neumann seinen dreitägigen Überlebenskampf auf dem Meer. Am letzten Tag in Seenot wurde er von Oberzahlmeister Gelbke und einem Maschinistenmaat, die sich auf einen halb zerschossenen Kutter retten konnten, aufgegriffen. Hinzu kamen noch zwei weitere Kameraden, nun trieb man zu fünft

schiffbrüchig auf See – mit den Kräften am Ende. Von den fünf Seeleuten überlebte nur Neumann, der das Bewusstsein verlor und kurze Zeit darauf vom Torpedoboot „S 144" gerettet und nach Helgoland gebracht wurde – nach 76 Stunden auf hoher See. Auf Helgoland wurde er in einem Lazarett behandelt.

Adolf Neumann im Alter von 40 Jahren, Fotografie, 1931

Empfang in Köln

Neumann erhielt am 4. Oktober 1914 das Eiserne Kreuz II. Klasse. Im anschließenden Erholungsurlaub besuchte er auch die Stadt Köln. „Während meines Urlaubs war ich auch in Köln am Rhein, der Patenstadt unserer Cöln, als Gast bei dem Herrn Oberbürgermeister Dr. Wallraf. Hier wurde ich sehr freundlich aufgenommen. In der

Begleitung meiner Gastgeber ging es im Auto durch viele Straßen der Stadt, wo mir alle Sehenswürdigkeiten gezeigt wurden. Das waren damals die schönsten Tage meines Lebens, die mir meine lieben Gastgeber bereitet hatten. Im Kölner Stadthaus wurde ich allen Stadtverordneten vorgestellt. Anschließend bekam ich ein schö-

nes Geldgeschenk und konnte mich in das goldene Buch der Stadt eintragen."[16] Nach seiner Genesung kehrte er in seine Heimatstadt Herten zurück. Erst am 27. Juni 1918, also kurz vor Ende des Ersten Weltkrieges, zog er mit der Familie nach Köln in die Sülzburgstraße 56.[17] Dies widerspricht der heute noch verbreiteten Meinung, dass der einzige Überlebende der „S.M.S. Cöln" auch Kölner gewesen sei. Die Beziehung zu Köln blieb für Neumann auch in seinem weiteren Leben eine besondere. So wandte er sich später an den Kölner Oberbürgermeister Konrad Adenauer, als er keine Kriegsrente bekam und wegen eines Rheumaleidens nicht arbeiten konnte[18] – dieser „hatte ein gutes Herz und stand mir einige Male hilfreich zur Seite"[19].

Das Kutterwrack in Köln

Das Kutterwrack, aus dem Neumann gerettet wurde, wurde am 10. September 1914 auf Norderney angespült. Der Inselkommandant, Arnold Freiherr von Solemacher-Antweiler, erwarb das Wrack vom Finder und schenkte es der Stadt Köln. Einige Tage später wurde es in einem Hofraum des Stadthauses am Elogiusplatz aufgestellt und mit Flaggen und Girlanden verziert. Viele Kölnerinnen und Kölner kamen, um sich das Wrack anzusehen, und zahlten dabei ein Eintrittsgeld von 10 Pfennig, das dem Roten Kreuz zugutekam.

Später wurde das Wrack als patriotisches und nationalistisches Kriegerdenkmal in den Durchgang der Eigelsteintorburg gehängt, 1926 dann in die Konche der Torburg mitsamt steinerner Gedenktafel. Hier ist es heute noch zu sehen – als Mahnmal im Gedenken der Opfer von Krieg und Gewalt.

Wrack des Kutters v. Kreuzer Köln,

das nach dem Seegefecht bei Helgoland an Land getrieben, und bei Norderney gefunden wurden.

Das Wrack des Kutters vom Kreuzer Cöln in der Konche der Eigelsteintorburg in Köln, wo es 1926 aufgehängt wurde. Fotografie, Köln, 2011 (RBA)

Der Kleine Kreuzer Cöln (II)

Als Ersatz für die mit der „Cöln" vor Helgoland gesunkene „Ariadne" wurde am 14. April 1915 ein Kleiner Kreuzer ebenfalls mit dem Namen „Cöln" in Auftrag gegeben. Bedingt durch Materialknappheit infolge der Seeblockade kam der Kreuzer erst 1918 und dann auch nur für einzelne Minensuchfahrten zum Einsatz. Während des Matrosenaufstandes, der am 9. November 1918 die Revolution einläutete, war die „Cöln" eines der wenigen Schiffe, deren Besatzung nicht meuterte, sondern zum Kampf gegen die britische Marine auslief. Am 21. Juni 1919 wurde die zweite „Cöln" dann auf Befehl des Konteradmirals von Reuter mit den übrigen Schiffen der Kaiserlichen Hochseeflotte bei Scapa Flow versenkt.

Rettungsring der zweiten „Cöln", Kork, Segeltuch, 1915 (KSM)

1 S.M.S. steht für Seiner Majestät Schiff.
2 Das unpublizierte Manuskript befindet sich im Historischen Archiv der Stadt Köln: HAStK, Best. 7030, A 519, S.M.S. Kreuzer „Cöln" – Aus dem Tagebuch des einzigen Überlebenden des Kreuzer „Cöln". Durch ihren zeitlichen Abstand zum Geschehen sind die Beschreibungen jedoch kritisch zu betrachten.
3 Vgl. Neumann, 1922, S. 277–285.
4 HAStK, Best. 7030, A 519, Tagebuch, S. 2.
5 Stadtarchiv Herten, StA Herten EMK Herten (vor 1945), Karton 66.
6 HAStK, Best. 7030, A 519, Tagebuch, S. 11.
7 Ebenda, S. 10.
8 Ebenda, S. 14.
9 Vgl. Mantey, 1922, S. 173.
10 Vgl. Baum, Dollhoff, 1988, S. 20.
11 HAStK, Best. 7030, A 519, Tagebuch, S. 17.
12 Die Zahlen gehen bei Neumann auseinander. Vgl. Neumann, 1922, S. 279: Hier spricht er von ungefähr 150 Mann. In seinen nach dem Krieg verfassten Erinnerungen spricht er von 120–140 Männern; vgl. Neumann, Manuskript, S. 32. Auch die Zahl der ursprünglichen Besatzungsmitglieder weicht ab: So sind es bei Neumann, 1922, S. 279: 470, in den Erinnerungen hingegen: 506 (S. 32).
13 Vgl. Neumann, 1922, S. 280.
14 Vgl. Baum, Dollhoff, 1988, S. 24.
15 Zeitungsartikel: „Den Feind bekamen sie auf Sylt nie zu Gesicht", http://www.shz.de/lokales/sylter-rundschau/den-feind-bekamen-sie-auf-sylt-nie-zu-gesicht-id7293786.html (3.8.2014).
16 HAStK Best. 7030, A 519, Tagebuch, S. 83 f.
17 Grevens Adressbuch für Köln, 1918, 1922.
18 In Grevens Adressbuch wird Neumann als beschäftigungslos bezeichnet.
19 HAStK Best. 7030, A 519, Tagebuch, S. 86.

Liebesgaben
1914

Inga Bernhard

„Liebestätigkeiten und Volkswohl"
Kriegsfürsorge und Versorgung

Der Krieg stellte die Stadtverwaltung Kölns vor Aufgaben, die weit über ihre traditionelle Fürsorgepflicht hinausgingen. Im Unterschied zum Krieg von 1870/1871, als die Stadt einen Großteil der Fürsorgemaßnahmen den privaten Vereinigungen überließ, arbeitete sie jetzt unter ihrer Regie eng mit diesen zusammen, allen voran mit den Vereinigten Vereinen des Roten Kreuzes, zu denen sich der Vaterländische Frauenverein Köln und der Kölner Zweigverein des Roten Kreuzes zusammengeschlossen hatten. Ein Beispiel für die gemeinsame Wohltätigkeit ist die Städtische Kriegssammlung, ein Hilfsfonds von breiter bürgerlicher Basis, den die Stadt mit Kriegsbeginn ins Leben rief.[1] In der ersten Kriegszeit gingen hier neben Naturalien und Sachspenden beinahe täglich beachtliche Geldspenden aus der Bevölkerung ein. So waren nach den ersten sechs Wochen bereits mehr als eine halbe Million Mark zusammengekommen.[2] Diese Hilfsbereitschaft riss den gesamten Krieg über nicht ab. Mit Wohltätigkeitsveranstaltungen, Spenden- und Sammelaktionen sowie „freiwilliger Liebestätigkeit" trugen auch die Bürger in nicht unerheblichem Maße zur Kriegsfürsorge bei. In besonderem Maße stellten sich zudem die städtischen Schulen in den Dienst der Sache, z. B. fertigten Schüler Kleidung für die Soldaten an.[3]

Liebesgaben für die Front
Naturgemäß galt die erste Sorge bei Kriegsausbruch den Eingezogenen und speziell denen, die im zivilen Leben im Dienste der Stadt standen. Die städtischen Beamten, Lehrer und Angestellten bekamen von Gesetzes wegen weiterhin ihr Gehalt, und auch für die städtischen Arbeiter einigten sich die Stadtverordneten auf Lohnfortzahlung. Den Kölner Truppen an der Front und später auch den Kriegsgefangenen und Verwundeten in den Lazaretten ließen Stadt und Rotes Kreuz regelmäßig „Liebesgaben" zukommen, denn, so der damalige Oberbürgermeister Max Wallraf, „wenn etwas geeignet ist,

Blick in eine Liebesgaben-Sammelstelle des Kölner Roten Kreuzes, 1914/1915 (RBA)

die Herzen der im Felde stehenden Soldaten zu erheben und opferfroh zu halten, so ist es die Gewißheit, daß ihrer zu hause in sorgender Liebe gedacht wird".[4] Meist waren es Lebensmittel, Rauchwaren, Alkohol, Eau de Cologne oder Kleidung, die von den Sammelstellen am Klingelpütz oder am Elogiusplatz aus zu den Frontsoldaten geschickt wurden, und dank der unermüdlichen Spendenbereitschaft aus der Bevölkerung gab es von allem immer genügend Nachschub. Allein die Firma Stollwerck stiftete bis April 1915 über 400.000 Tafeln Schokolade.[5]

Das Rote Kreuz im Dienste der Stadt
Die Fürsorge für die verwundeten und gefangenen Soldaten übernahmen die Vereinigten Vereine des Roten Kreuzes, die während des Krieges von einem Ausschuss unter Leitung des städtischen Dezernenten für

Liebesgabenstelle in der Mittelschule Niederichstraße, Fotopostkarte, Köln, 1914 (Privatbesitz Bernd von der Felsen)

Krankenhaus- und Gesundheitswesen, Dr. Peter Krautwig, verwaltet wurden. Erste Vorkehrungen bezüglich
der medizinischen Versorgung im Krieg trafen Stadt
und Rotes Kreuz bereits in den letzten Tagen vor Kriegsbeginn. Die einzelnen Krankenanstalten wurden mit
einem großen Vorrat an Lebensmitteln, Verbandsma-
terialien und Desinfektionsmitteln versehen. Der Betten-
bestand in den Hospitälern wurde erhöht und die Gebäude städtischer Anstalten und Schulen vielfach zu
Lazaretten umfunktioniert. Um das Pflegepersonal
des Roten Kreuzes aufzustocken, bekamen zahlreiche Frauen Kurse in Krankenpflege.[6] Direkt nach der
Mobilmachung war es die erste Aufgabe der Vereinigten Vereine, Verpflegungsstationen auf allen Kölner
Bahnhöfen und später auch an der Front einzurichten.
So konnten ehrenamtliche Helfer die ersten Truppen
schon auf ihrem Weg an die Westfront mit Nahrung und
anderen Bedarfsartikeln versorgen.[7]

Ab Herbst 1914 wurden dann die Bahnhöfe in erster
Linie zu Versorgungsstellen für verwundete und gefangene Soldaten, die hier jeden Tag scharenweise ankamen
und von ehrenamtlichen Ärzten und Helferinnen sowie den Deutzer Franziskanerinnen rund um die Uhr
versorgt wurden. Gefangenen- und kleinere Verwundetentransporte hielten am Hauptbahnhof, wo zwei Bahn-
steige den Verwundeten als Liegehallen dienten. Große
Transporte mit oft mehr als 2.000 Mann an Bord fuhren
indessen zum Deutzer Bahnhof weiter. Nach der Erst-
versorgung wurden die Schwerverwundeten dann von
dort aus mit den städtischen Krankenwagen oder den eigens für Großtransporte umgerüsteten Straßenbahnen
in eines der Lazarette gebracht, die Leichtverwundeten

fuhren selbstständig dorthin. Damit die Transporte ohne
Umwege abgewickelt werden konnten, waren sämtliche Lazarette an das Straßenbahnnetz angeschlossen.[8]
Großzügige Spenden aus der Kölner Bürgerschaft halfen
bei der Finanzierung der Transportmittel.[9] Der Unternehmer Theodor von Guilleaume beispielsweise stiftete
im Oktober 1914 eine halbe Million Mark für den Bau eines Lazarettzuges.[10]

Breite Unterstützung für die Kölner Bevölkerung

Neben der Fürsorge für die Kriegsteilnehmer selbst
war die Versorgung der restlichen Kölner Bevölkerung
ebenso dringlich. Den Soldatenfamilien, die durch den
Wegfall des Ernährers häufig in Not geraten waren,
stand bei nachgewiesener Bedürftigkeit Reichskriegsunterstützung zu, die bei der städtischen Verwaltung
beantragt werden konnte. Dabei zeigte sich in Köln wie
auch andernorts, dass die vom Reich zu Kriegsbeginn
festgelegte Unterstützung von monatlich zwölf Mark für
die Ehefrau eines Kriegsteilnehmers und sechs Mark für
Kinder unter 15 Jahren bei Weitem nicht zur Bestreitung
der Unterhaltungskosten ausreichte. Bereits kurz nach
Kriegsbeginn bewilligten die Stadtverordneten daher,
die Reichskriegsunterstützung mit städtischen Mitteln
um hundert Prozent aufzustocken.[11] Den Familien der
städtischen Arbeiter wurde zusätzlich eine Betriebsun-
terstützung gezahlt, die sich nach dem letzten Lohn des
Eingezogenen bemaß.[12] An diesen Richtlinien hielt die
Stadt während des gesamten Krieges fest, allein die Art
und die Höhe der Unterstützung musste stets den aktuellen Gegebenheiten angepasst werden. Ferner konnten die aus dem Krieg zurückgekehrten städtischen Be-
diensteten nach ärztlicher Bescheinigung ihre frühere
Arbeit wiederaufnehmen, andernfalls wurden sie kostenlos umgeschult. In den Fällen, in denen Männer und
Väter aus dem Krieg nicht heimkehrten, stand den Hin-
terbliebenen Kriegswitwen- bzw. Kriegswaisengeld zu.

Vor allem die Fürsorge für die Kriegswaisen lag den Kölnern am Herzen. Zur Beschaffung der hierfür erforderlichen Mittel wurde im März 1915 unter Vorsitz von Oberbürgermeister Wallraf und dem Geheimen Kommerzienrat Max von Guilleaume eigens ein Bürgerausschuss gebildet, der innerhalb von zwei Jahren über eine Million Mark an Spenden einnahm.[13] Dieses Geld wurde für die Ausbildung der Kinder verwendet, für Erholungsfahrten oder für die Kriegswaisenbescherung zu Weihnachten, die die Stadt unter Mitwirkung des „Kölschen Boor" im Gürzenich ausrichtete.

Unter dieser enormen Anteilnahme für Kriegswaisen litt die Fürsorge für andere Kinder aber keinesfalls. Auch sie sollten die Nöte des Krieges so wenig wie möglich zu spüren bekommen. Weil immer mehr Mütter einer Erwerbstätigkeit nachgingen, stieg allgemein der Bedarf an Kinderbetreuung und damit auch die Anzahl an Krippen, Bewahranstalten und Horten. Ende 1915 gab es bereits fast hundert solcher Einrichtungen in Köln. Ferner wurde das Stillgeld und der Bezug der städtischen Säuglingsmilch erhöht, das städtische Schulfrühstück nicht mehr nur im Winter ausgeteilt, und ab Sommer 1916 bekam jedes Kind zusätzlich ein tägliches Mittagessen, das zunächst aus Spenden, später aus städtischen Geldern finanziert wurde.[14]

Die städtische Kriegsfürsorge war aber noch weitaus umfassender: Die Vorschusskasse, die Rechtsbeihilfe, das Mieteinigungs- und das Hypothekeneinigungsamt sowie die Kriegsarbeitszentrale nahmen sich der Nöte der Bürger an.[15]

Versorgung mit Lebensmitteln

Eine besonders große Aufgabe erwuchs der Stadt zweifellos in der Versorgung der Kölner Zivilbevölkerung mit Lebensmitteln und wichtigen Bedarfsgegenständen. Beispielsweise fanden regelmäßig Altkleidersammlungen statt, Unterstützungsbedürftige erhielten Gut-

scheine für Briketts, der Anschluss an das Gas- und Elektrizitätswerk wurde erleichtert, und auf Anregung der nationalen Frauengemeinschaft wurden sogenannte Wärmestuben eingerichtet, die mehrere Stunden am Tag den Bürgern offen standen, um in den Wohnungen Beleuchtungs- und Heizmittel einzusparen.

Was die Lebensmittelversorgung betraf, so war Köln zu Kriegsbeginn außerordentlich gut aufgestellt. Beunruhigt durch die Julikrise, war die Stadtverwaltung diesbezüglich früh mit Vertretern aus Handel und Verkehr in Verhandlung getreten. Bereits einen Tag nach deutschem Kriegseintritt konstituierte sich die Versammlung zur ständigen Lebensmittelkommission, die für die Dauer des Krieges über geeignete Maßnahmen in dieser Sache entscheiden sollte.[16] Konrad Adenauer, der in seiner Funktion als Finanzdezernent von Anfang an bei den Verhandlungen zugegen war, übernahm den Vorsitz und

Die Brotnot im Kriegsjahr 1915.

In der Verkaufsstelle Im Ferkulum der Konsumgenossenschaft „Hoffnung", Köln, drängten sich in der Zeit vom 14. bis 28. März 1915 in den Vormittagsstunden Hunderte von Frauen und Kindern, um einen Laib Kriegsbrot zu erhaschen. Obige Aufnahme erfolgte am 17. März. Die Uhr war ¼ vor 11, der Brotwagen fuhr um ½12 Uhr an. Viele von den zusammengedrängten Menschen warteten schon seit 9 Uhr.

Fritz Geus (Fotograf), „Die Brotnot im Kriegs-jahr 1915", Köln (KSM)

wurde damit zur Schlüsselfigur bei der Lebensmittelver-sorgung in Köln.

In den Tagen vor und nach dem Kriegseintritt Deutsch-lands war die Versammlung bzw. die Kommission vor allem damit beschäftigt, einen Lebensmittelvorrat für mehrere Monate anzulegen. Für den reibungslosen Ab-lauf des Einkaufs, der Lagerung und Haltbarmachung der Lebensmittel wurde bereits Ende Juli 1914 das Ein-

Türschilder der städtischen Kriegs-wirtschaftsstellen, Eisen, emailliert, Köln, 1914–1918 (KSM)

kaufsamt ins Leben gerufen – bis 1917 die Schaltzentrale Adenauers bei der Lebensmittelversorgung.[17]

Rationierung und Adenauerbrot gegen die Hungersnot

Als mit Beginn des Stellungskrieges im November 1914 die Hoffnung auf ein schnelles Ende des Krieges schwand und die britische Seeblockade zu bedrohli-chem Rohstoffmangel und Lebensmittelknappheit im Deutschen Reich führte, wurde der städtische Vorrat durch weitere „Hamsterkäufe" noch mal beachtlich er-weitert. Darüber hinausgehend regte Adenauer die Ein-wohner zur Selbstversorgung an. Pächter städtischer Hofgüter verpflichtete er zum verstärkten Gemüsean-bau, und sämtliche verfügbaren Flächen innerhalb des Stadtbezirks wurden für die Bevölkerung zum Eigenan-bau ausgewiesen.[18]

Die Festsetzung von Höchstpreisen, wie sie die Reichs-regierung schon früh forderte, fand Adenauer jedoch höchst fragwürdig, weil er darin einen Anreiz für weitere Preissteigerungen sah und die Verdrängung bestimmter Waren vom Markt befürchtete.[19] Er kam notgedrungen

zu der Erkenntnis, dass eine ausreichende Lebensmittelversorgung in erster Linie durch Rationierung lebensnotwendiger Güter gewährleistet werden könne. Jedoch gingen ihm dahingehende Verordnungen der Regierung nicht immer weit genug. Bezüglich der Getreiderationierung forderte Adenauer beispielsweise die Einführung eines Einheitsbrotes, das für ihn die einzige „Maßregel, die allein die Verschwendung steuern kann"[20], war, und setzte dies auch durch. Sein besonderes Verdienst aber war das aus Mais-, Gersten- und Reismehl gebackene „Cölner Brot", auch unter dem Namen „Adenauerbrot" bekannt, dass er 1915 gemeinsam mit den Brüdern Jean und Josef Oebel von der Rheinischen Brotfabrik auf den Markt brachte. Der entscheidende Vorteil bei diesem Brot: Bis zu seiner Einstellung ein Jahr später war es keiner Rationierung unterworfen.[21]

Die im Januar 1915 erlassene Verordnung, alle Brot- und Mehlvorräte zum Zweck der Bestandsaufnahme und des geregelten Verbrauchs zu beschlagnahmen, bejahte Adenauer hingegen sofort. Ohnehin verlagerte sich der Lebensmittelverkauf im Laufe der Zeit immer mehr auf städtische Verkaufsstellen. Eine Entwicklung, die Adenauer damit rechtfertigte, dass sie dem Wohl der Allgemeinheit diene, wohingegen die Kleinhändler seiner Meinung nach vor allem ihre eigenen Interessen im Sinn hätten.[22]

Weitere Maßnahmen bei der Lebensmittelversorgung in Köln waren, etwas verkürzt dargestellt, unter anderem der Ankauf von Magervieh, das in Norddeutschland aufgefüttert wurde, regelmäßige Milchlieferungen von Betrieben der Abmelkwirtschaft, die im Gegensatz dazu mit einem aus Küchenabfällen hergestellten Futtermittel

Stadtkölnischer Kartoffelverkauf im Kriegsjahr 1915.
Aufgenommen am Donnerstag den 25. März.

versorgt wurden, der Ankauf von 750 Milchkühen im Frühjahr 1916, wodurch die Milchversorgung der Säuglinge sichergestellt werden sollte, die Errichtung einer städtischen Wurstfabrik Ende 1916 oder auch die Einführung einer Kundenliste zur genauen Kontrolle der Fleischausgabe.[23]

Steckrübenwinter 1916/1917

In Anbetracht der mit fortschreitender Kriegsdauer immer größer werdenden Not betrieb Adenauer die Lebensmittelversorgung zunehmend unter dem Gesichtspunkt der sparsamen Bewirtschaftung und weniger unter sozialpolitischen Aspekten. So wurde beispielsweise die Massenspeisung im Juni 1916 deshalb von den Stadtverordneten beschlossen,[24] weil sie weitaus einfacher

und billiger durchzuführen war als die Essensverteilung über Volksküchen oder über die sogenannten „Gulaschkanonen".[25] Die anfangs noch stärkere Berücksichtigung ärmerer Bevölkerungsschichten bei der Zuteilung von Lebensmitteln oder andere Erleichterungen waren mit Rücksicht auf die städtischen Finanzen nicht mehr möglich.[26]

Ihren dramatischen Höhepunkt erreichte die Lebensmittelsituation reichsweit im sogenannten „Steckrübenwinter" 1916/1917. Die Folgen der anhaltenden Seeblockade und extrem schlechte Ernten waren der Grund. So lag die Kartoffelernte bei nur 50 Prozent, ebenso schlecht fiel die Getreideernte im darauffolgenden Frühjahr aus. Als Ersatz für die Kartoffeln wurden Steckrüben in rationierter Menge ausgegeben. Auch

Adenauer orderte im November 1916 600.000 Zentner hiervon, da die für den Winterbedarf kalkulierte Menge an Kartoffeln nicht geliefert wurde und mit den Kartoffeln aus städtischem Anbau keine ausreichende Versorgung sichergestellt werden konnte.[27] Zu diesem Zeitpunkt hatte die Lebensmittelversorgung auch in Köln ihren Tiefpunkt erreicht.

Der Krieg war damit auch in Köln gänzlich bei den Menschen an der Heimatfront angekommen. Entbehrungen und materielle Not bestimmten hier von Kriegsbeginn an das zivile Leben. Die Verringerung der finanziellen Ressourcen bei weiten Kreisen der Bevölkerung führte dazu, dass die private Fürsorgetätigkeit zunehmend an ihre Grenzen stieß und gleichzeitig die öffentliche Hand stärker in die Pflicht genommen wurde. Diese Weiterentwicklung der Fürsorge im Ersten Weltkrieg geriet zum Vorboten des Wohlfahrtsstaates.[28]

Werkstatt Gabriel Hermeling, Anstecknadel als Verdienstabzeichen, mit der Muttergottes und dem Kölner Stadtwappen, Metall, Köln, um 1918 (KSM)

1 Stadtverordneten-Versammlung, 6.8.1914, S. 248.
2 Stadtverordneten-Versammlung, 17.9.1914, S. 267.
3 Neuhaus, 1916, S. 43–53.
4 Stadtverordneten-Versammlung, 17.9.1914, S. 268.
5 Reuther, 1931, 500/1, S. 32.
6 Neuhaus, 1916, S. 34 f.
7 Ebenda, S. 36.
8 Reuther, 1931, 500/1, S. 25 ff.
9 Ebenda, S. 41 f.; siehe Beitrag Wagner, S. 207–211.
10 Ebenda, S. 38 ff.

11 Stadtverordneten-Versammlung, 20.8.1914, S. 256.
12 Neuhaus, 1916, S. 6.
13 Reuther, 1931, 500/4, S. 723 ff.
14 Ebenda, S. 728 ff.
15 Neuhaus, 1916, S. 11 ff.
16 Stadtverordneten-Versammlung, 2.8.1914, S. 246.
17 Kleinertz, 1976, S. 63.
18 Neuhaus, 1916, S. 42.
19 Kleinertz, 1976, S. 63.
20 Ist unsere Ernährung sichergestellt?, Kölnische Zeitung, 29.1.1915, Nr. 104.
21 Kleinertz, 1976, S. 66.

22 Ebenda.
23 Ebenda, S. 68 f.
24 Stadtverordneten-Versammlung, 8.6.1916, S. 122 f.
25 Reuther, 1931, 500/3, S. 542 ff.
26 Kleinertz, 1976, S. 74.
27 Ebenda, S. 72.
28 Vgl. Geyer, 1983, S. 230–277.

Rita Wagner

„The Unreturning Army That Was Youth"
Köln – Hauptstadt des verwundeten Deutschland

Köln wurde in preußischer Zeit zur Festung mit der besonderen Aufgabe, den von Westen heranbrausenden Feindesscharen Widerstand zu leisten. Allerdings war es schließlich genau andersherum – über Köln strömten die deutschen Truppen ab August 1914 in die neutralen Staaten Belgien und Luxemburg, um von dort Frankreich angreifen zu können. Damit hatte sich die Rolle Kölns gewandelt: Die Stadt sollte nun als Sammel- und Umschlagplatz für Hunderttausende deutscher Soldaten dienen, die auf dem schnellsten Wege an die Front gebracht werden mussten. Der Verkehrsknotenpunkt Köln erfüllte seine seit Langem geplante militärische Funktion vorbildlich.

Verwundetentransporte nach Köln

Allerdings passierte nicht nur das zukünftige Kanonenfutter die Stadt, auch die Opfer kamen auf dem Rückweg wieder hindurch. Leichter Verletzte wurden in Köln von ehrenamtlich tätigen Frauen und Samaritern vor der Weiterfahrt verpflegt und gegebenenfalls neu verbunden, schwerer Verwundete mussten jedoch in Köln versorgt werden. Der Anblick Kriegsversehrter war in der Stadt so alltäglich geworden, dass der englische Journalist E. J. Hollander den Begriff „the Capital of Wounded Germany"[1] benutzte. Bis November 1914 waren auf allen Kölner Bahnhöfen 780 große Verwundetentransporte angekommen, die mitunter mehr als 2.000 Personen umfassten. Von den Bahnhöfen wurden sie mit Krankenwagen, privat gestifteten Krankenautos und der Straßenbahn, die über speziell dafür umgebaute Züge verfügte, in die Lazarette gefahren.

Auch dies hatten die Kriegsplaner bestens vorbereitet. Am 1. August 1914 „wurde das große und doch so feine Uhrräderwerk, das wir unter dem Namen ‚Mobilmachung' kennen, in Bewegung gesetzt. Nur die wenigsten wußten, welche ungeheure Arbeit dazu gehört hatte, den fehlerlosen Lauf dieser Maschine zu gewährleisten".[2] Mit dem Kriegszustand übernahm das Militär das Regi-

ment, die Stadtverwaltung hatte nur noch ausführende Funktionen, wurde aber durch den Staat ausreichend finanziert. Im Unterschied zu all den jungen Männern, die begeistert an die Front eilten, den Feind im Handumdre-

Lazarett- und Militärzelt als Spielzeug, Textil, Holz, um 1916 (KSM)

hen niederzuwerfen, wussten die Berufssoldaten, dass es viele Tote und Verwundete geben, ein ausgefeiltes Lazarettwesen also unabdingbar sein würde. Dr. Peter Krautwig, als Beigeordneter der Stadt Köln für das Gesundheitswesen zuständig, formulierte: „So unbeugsam auch der Wille ist, den Gegner zu vernichten, allen Kulturvölkern ist doch der aufrichtige Wunsch, die Wunden, die der Krieg geschlagen, bald wieder zu heilen"[3] – nicht zuletzt, um die Genesenen wieder an die Front schicken zu können.

Kölner Geschwisterpaar als Offizier und Krankenschwester, Fotografie, Mai 1915 (KSM)

Lazarette

Zu den ersten Anordnungen gehörte darum die Einrichtung neuer Lazarette in Köln. Man hatte dafür Gebäude mit großen Hallen, besonders Schulgebäude, ausgesucht. Insgesamt gab es in Köln zwischen 1914 und 1918 neben den beiden Festungslazaretten 54 Lazarette, von denen neun nur vorübergehend bestanden.

Das älteste Festungslazarett (Festungslazarett I) war in den Gebäuden der ehemaligen Kölner Kartause untergebracht. Es verfügte 1914 über 217 Betten. 1879 wurde in Deutz zwischen Tempelwallstraße und Siegburgerstraße ein neues Festungslazarett mit großzügiger Gartenanlage für 134 Patienten errichtet.

Die Stadt verfügte am Vorabend des Krieges neben verschiedenen kleineren Einrichtungen in kommunaler Trägerschaft mit dem Bürgerhospital, der Krankenanstalt Lindenburg und dem Augustahospital über drei

Das Festungslazarett in der Kölner Kartause, Fotografie, 1909 (KSM)

große städtische Krankenhäuser mit 2.240 Betten. Die Planungen für ein großes Krankenhaus in Poll konnten wegen des kriegsbedingten Baustopps nicht weiter verfolgt werden. Neben den städtischen Hospitälern gab es noch eine Vielzahl privater, vornehmlich konfessioneller Krankenanstalten mit 2.949 Betten. Alles in allem gab es 1914 in ganz Köln 5.541 Betten.

Mit Kriegsbeginn gelang es den Behörden, 13.350 Betten für Militär- und Zivilpatienten zur Verfügung zu haben. Zu diesem Zweck wurden weitere Betten in den vorhandenen Krankenhäusern aufgestellt. Das Israelitische Asyl beschloss noch in der ersten Kriegswoche, auf eigene Kosten zwei Baracken errichten zu lassen, die Kinderklinik der Lindenburg wurde zugunsten Verwundeter geräumt. Da mehr Betten für das Militär reserviert waren, als tatsächlich in Anspruch genommen wurden, war die stationäre Versorgungssituation der Zivilbevölkerung prekär. Bis November 1914 musste eine größere Anzahl Frauen und Kinder aus den städtischen Kliniken entlassen werden „um die nötigen Plätze für Männer, insbesondere für unsere Soldaten, zu gewinnen"[4]. Erwähnt wurde dies in der Stadtverordnetenversammlung nur deswegen, weil der Rat eine größere Geldausgabe zur Herstellung geeigneter Hemden für die männlichen Patienten genehmigen sollte. Im Frühjahr 1915 berücksichtigten die Kölner Ratsherren beim Erweiterungsbau an das „Krüppelheim Dr. Dormagen" bereits die zu erwartende Zunahme an „Kriegskrüppeln" und schufen die neue Stiftung Dr. Dormagen-Guffanti.

Lazarette gab es jedoch nicht nur in den vorhandenen Krankenanstalten. Schulen, insbesondere Volksschulen, wurden ebenso umgewidmet wie das Kolpinghaus, das Volksgartenrestaurant oder das Brügelmannhaus in Deutz. Gymnasien waren mit Ausnahme der neuen Kaiserin-Augusta-Schule am Kartäuserwall, eines von nur drei städtischen Mädchengymnasien, nicht betroffen. Für die nächsten fünf Jahre mussten sich die Schülerinnen den Neubau der Volksschule Stolzestraße mit den dortigen Schülern im Schichtunterricht teilen. Jungengymnasien wurden in diesem Maße nicht zweckentfremdet – die Vermutung liegt nahe, dass dort die nächste militärische Offiziersgeneration herangebildet werden sollte. Und Akademiker waren dringend vonnöten: Gleich mit Kriegsbeginn war ein Drittel der Kölner Ärzte eingezogen worden. Die als Spanische Grippe bekannte Epidemie im Herbst 1918 ließ den Ärztemangel überdeutlich werden. Die Reaktion der Stadtverordneten reichte damals von „Soldaten haben Vorrang" bis zu „man solle sich nicht so anstellen" und gipfelte in der Empfehlung, „die Grippe gar nicht erst [zu] bekommen".

Erinnerung an das Lazarett im Kolping-haus, Fotopostkarte, Köln, 27.9.1914 (KSM)

Diese Empfehlung kam jedoch für die 324 allein in der Woche vom 14. bis 23. Oktober 1918 Verstorbenen leider zu spät.[5]

Lazarettzüge

Die Organisation vornehmlich der Verwundetenversorgung an den Bahnhöfen wie des Krankentransportes lag in Händen der ehrenamtlich Tätigen, federführend waren dabei die Vereinigten Vereine vom Roten Kreuz der Stadt Cöln, in denen sich die städtische Oberschicht tat- und finanzkräftig engagierte. Schon bald kam aus diesen Kreisen der Wunsch, sich auch an der Versorgung der deutschen und verbündeten Frontsoldaten zu beteiligen. Oberbürgermeister Max Wallraf konstatierte eine „nationale Pflicht, der sich gerade eine rheinische Großstadt nicht entziehen kann, zur Linderung der Not auch auf dem Kriegsschauplatze in dem benachbarten Belgien hilfreich einzugreifen!"[6]. Möglicherweise spielte die Nähe zu den westlichen Kriegsschauplätzen eine Rolle, denn Köln war aufgrund seiner grenznahen Lage früh mit dem Kriegselend konfrontiert worden. Neben der Finanzierung der vom Kölner Roten Kreuz betriebenen Verbands- und Verpflegungsstationen in Belgien sind hier besonders die Lazarettzüge zu nennen. Der In-

dustrielle Theodor von Guilleaume stiftete am 1. Oktober 1914 durch Vermittlung der Stadt Köln 500.000 Mark für den „Vereinslazarettzug Z der Cölner Vereinigten Vereine vom Roten Kreuz". Die Wagen kamen von der Eisen-

Lazarettzug G 2 der Vereinigten Vereine vom Roten Kreuz, Stiftung Melanie von Mevissen, Fotografie, 1914–1918 (AEK, Bildsammlung)

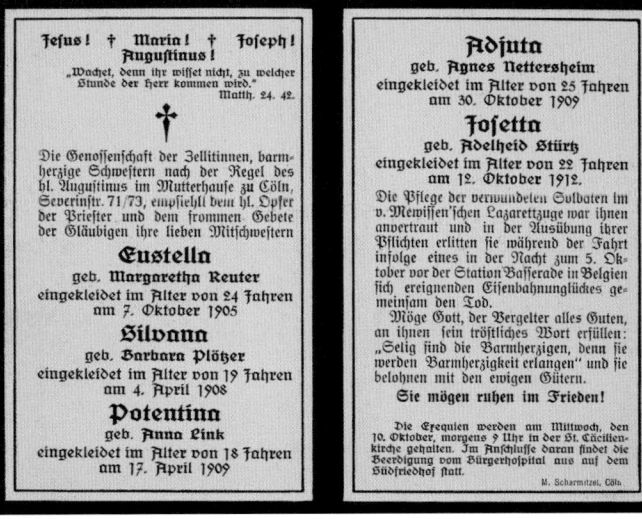

Der OP-Saal in einem Lazarettzug, Fotografie, um 1915 (RBA)

bahn, den Umbau in ein „fahrendes Hospital" führte die Eisenbahnwagen- und Maschinenfabrik van der Zypen & Charlier in Deutz in nur achtzehn Tagen durch, die Krankenpflege übernahmen die Kölner Augustinerinnen, und am 1. November konnte die erste Fahrt nach Gent durchgeführt werden, nachdem zuvor die Schwester des Kaisers den Zug besichtigt hatte. Ihr zu Ehren erhielt er den Namen „Prinzessin-Viktoria-Lazarett-Zug Cöln".[7] Zwei Wochen später konnte Oberbürgermeister Wallraf verkünden, dass die Schwestern Mathilde und Melanie von Mevissen 150.000 Mark für einen weiteren Zug mit dem Namen „Stadt Cöln. Lazarettzug Mevissen" zur Verfügung stellten, der der militärischen Führung ihres Neffen Oberleutnant Johann Heinrich von Stein unterstehen sollte. Im Sommer 1918 unternahm der Guilleaume'sche Zug seine 100. Fahrt,[8] allerdings hatte es bereits bei der dritten am 16. November 1914 einen schweren Unfall gegeben, bei dem Schwester Salesia ums Leben kam. Der Mevissen-Zug verunglückte nach 71 Fahrten am 5. Oktober 1917 bei Basserade in Belgien, hier starben fünf Schwestern der Cellitinnen.[9] „In einem Begräbniszug von so ergreifender Art, wie ihn Köln wohl selten gesehen hat, wurden sie mit allen militärischen Ehren [...] auf dem Südfriedhof bestattet."[10] Auch van der Zypen

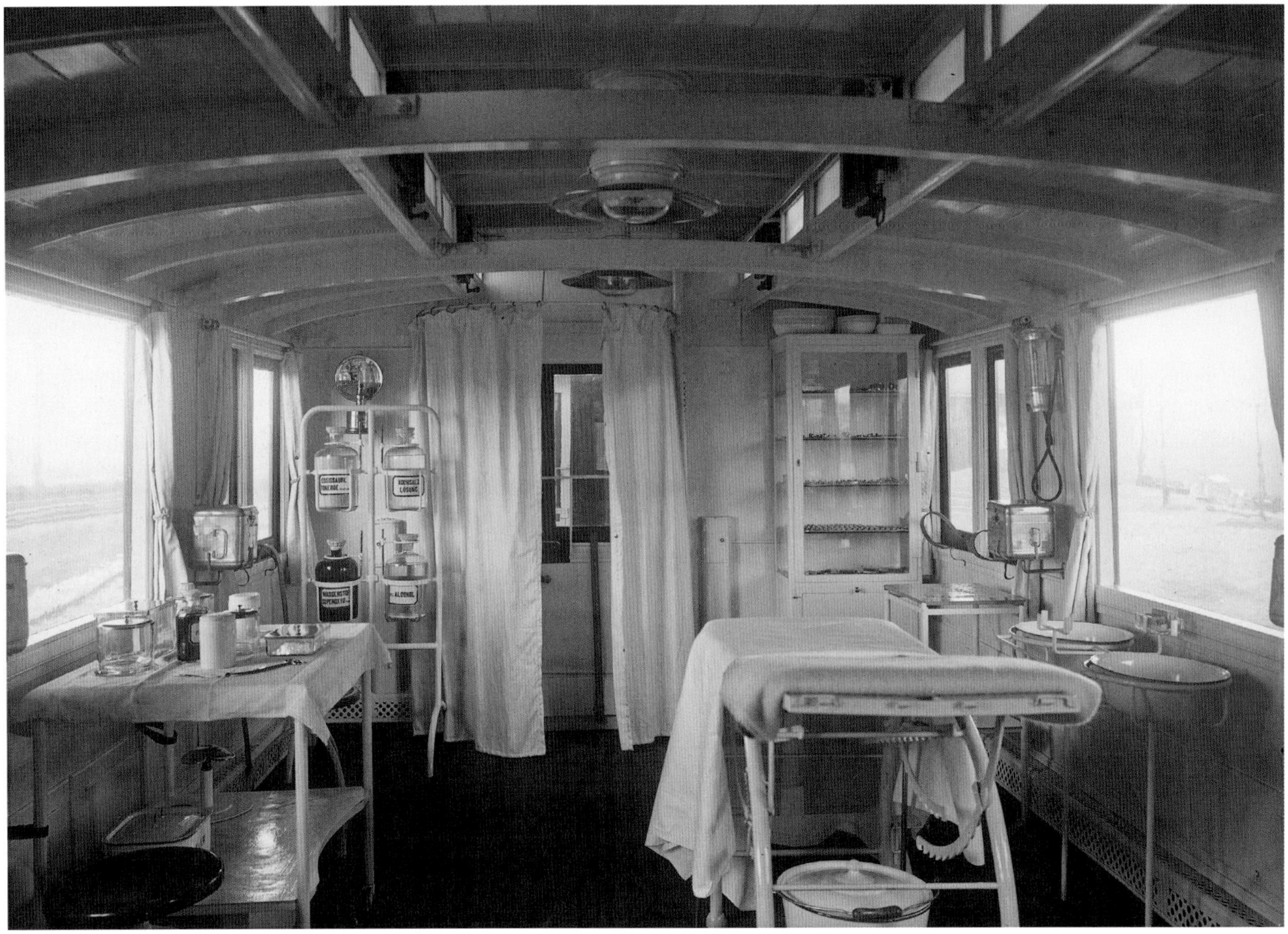

Totenzettel der fünf Schwestern, die bei dem Unfall eines Lazarettzuges am 5.10.1917 ums Leben kamen (KSM)

Jesus! † Maria! † Joseph!
Augustinus!

„Wachet, denn ihr wisset nicht, zu welcher Stunde der Herr kommen wird."
Matth. 24. 42.

Die Genossenschaft der Zellitinnen, barmherzige Schwestern nach der Regel des hl. Augustinus im Mutterhause zu Cöln, Severinstr. 71/73, empfiehlt dem hl. Opfer der Priester und dem frommen Gebete der Gläubigen ihre lieben Mitschwestern

Eustella
geb. Margaretha Reuter
eingekleidet im Alter von 24 Jahren
am 7. Oktober 1905

Silvana
geb. Barbara Plötzer
eingekleidet im Alter von 19 Jahren
am 4. April 1908

Potentina
geb. Anna Link
eingekleidet im Alter von 18 Jahren
am 17. April 1909

Adjuta
geb. Agnes Nettersheim
eingekleidet im Alter von 25 Jahren
am 30. Oktober 1909

Josetta
geb. Adelheid Stürtz
eingekleidet im Alter von 22 Jahren
am 12. Oktober 1912.

Die Pflege der verwundeten Soldaten im v. Mewissen'schen Lazarettzuge war ihnen anvertraut und in der Ausübung ihrer Pflichten erlitten sie während der Fahrt infolge eines in der Nacht zum 5. Oktober vor der Station Basserade in Belgien sich ereignenden Eisenbahnunglückes gemeinsam den Tod.

Möge Gott, der Vergelter alles Guten, an ihnen sein tröstliches Wort erfüllen: „Selig sind die Barmherzigen, denn sie werden Barmherzigkeit erlangen" und sie belohnen mit den ewigen Gütern.

Sie mögen ruhen im Frieden!

Die Exequien werden am Mittwoch, den 10. Oktober, morgens 9 Uhr in der St. Cäcilienkirche gehalten. Im Anschlusse daran findet die Beerdigung vom Bürgerhospital aus auf dem Südfriedhof statt.

M. Scharmitzel, Cöln

& Charlier finanzierten einen Zug, der bis Kriegsende 27.000 Verwundete und Kranke transportierte und der auch regelmäßig beim Austausch schwerverwundeter britischer und deutscher Soldaten eingesetzt wurde. Um die Patienten vom Schlachtfeld zu den Zügen zu bringen, setzte man Automobile ein. Mit Spenden aus der Kölner Oberschicht in Höhe von 200.000 Mark konnten bis November 1914 fünfzehn Krankenautomobile gebaut werden. „Den Massentransport für längere Strecken muß[te] aber die Eisenbahn übernehmen."[11]

Kriegsbegräbnisse und Ehrenfriedhöfe

Noch während des Krieges verkündeten die Verantwortlichen nicht ohne Stolz, dass bis 1914 in der Regel mehr Soldaten durch Krankheiten als durch das eigentliche Kriegsgeschehen gestorben seien. „Dass sich dieser Zusammenhang im bis dato größten und schrecklichsten Krieg umgekehrt hat, ist [...] als die große medizinische und organisatorische Leistung des Krieges betont worden."[12] Für die, die trotz dieser Leistungen nicht überlebten, richtete die Stadt Köln auf allen großen Friedhöfen Ehrenfriedhöfe her und bestattete die Gefallenen oder im Lazarett Verstorbenen mit Kriegsbegräbnissen. Mitunter gab es mehr als zehn davon an einem Tag, „begleitet von verwundeten Lazarettgenossen [...], die selbst auf ihren Stock gestützt, mühsam einherhumpelten", und Abordnungen der Kölner Kriegervereine sowie einer Militärkapelle, die zur Ehrensalve „Ich hatt' einen Kameraden" spielte. Natürlich fehlte auch die Geistlichkeit nicht.[13] „Auf den Ehrenfriedhöfen der Stadt Köln ruhen 3.641 in den Kölner Lazaretten [...] gestorbene deutsche und verbündete Soldaten."[14] Von den Kölner Soldaten bzw. den hier stationierten kehrten alleine im ersten Kriegsjahr 4.516 nie wieder zurück.[15] – „Die Armee, die nicht zurückkehrte und die die Jugend war"[16], war unendlich viel größer.

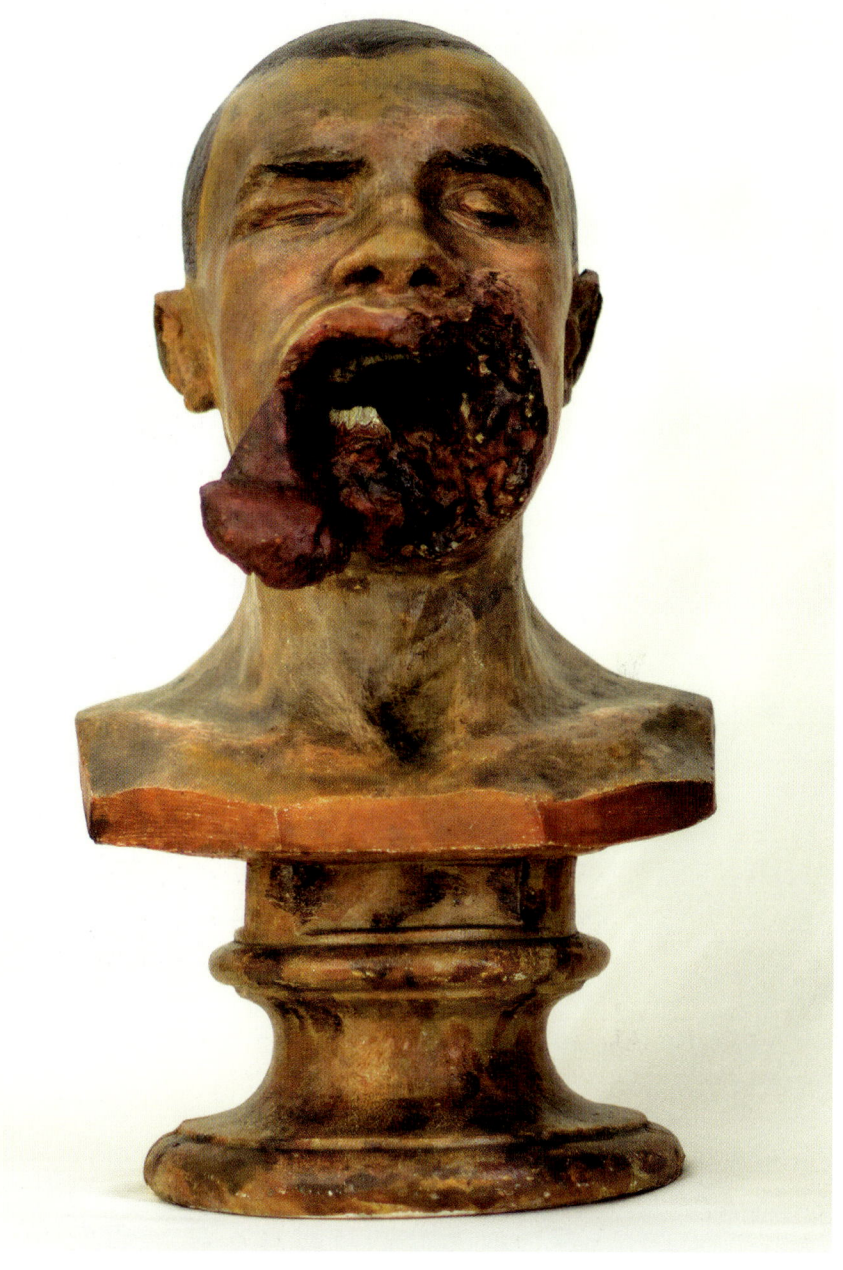

Juljan Zilz (Arzt), Gipsmoulage einer schweren Gesichtsverletzung, 1916 (Zahnmuseum, Wien)

1   Zit. n. Kölnische Zeitung, 18.11.1914, Morgen-Ausgabe, Zweites Blatt.
2   Zander, 1941, S. 81; vgl. auch Reuther, 1931, S. 158.
3   Krautwig, 1914, S. 2.
4   Verhandlungen der Stadtverordneten-Versammlung zu Cöln, 1914, 12.11.1914, S. 293.
5   Hieronimus, 2005, S.207–209.
6   Verhandlungen der Stadtverordneten-Versammlung zu Cöln, 1914, 1.10.1914, S. 275; vgl. auch Reuther, 1931, S. 632.
7   Krautwig, 1914, S. 18.
8   Vgl. Reuther, 1931, S. 1141.
9   Bericht über den Stand und die Verwaltung der Gemeinde-Angelegenheiten der Stadt Köln für das Rechnungsjahr 1919, 1921, S. XI; Totenzettel, KSM.
10   Reuther, 1931, S. 633.
11   Krautwig, 1914, S. 4.
12   Hieronimus, 2005, S. 212.
13   Reuther, 1931, S. 194.
14   Zander, 1941, S. 91.
15   Vgl. Standt, 2013, S. 127.
16   „The unreturning army that was youth", Siegfried Sassoon, Prelude: The Troops, 1918, zit. n. www.readbookonline.net/readOnLine/4283/ (4.8.2014).

Gefangene Schottländer
Kriegsjahr 1914-15

Stefan Lewejohann

Kriegsgefangene in Köln
Das Kriegsgefangenenlager in Wahn und die Kriegslazarette

Massentransporte: Ankunft der Kriegsgefangenen in der Wahner Heide

Schon bald nach Kriegsbeginn trafen die ersten Kriegsgefangenen auf dem Truppenübungsplatz in der Wahner Heide ein, wo bereits im Deutsch-Französischen Kriege 1870/1871 französische Gefangene interniert worden waren.

Das Hauptproblem bestand im August und September 1914 darin, dass man in Deutschland und auch in Köln auf derartige Massen von Kriegsgefangenen als Folge des Bewegungskrieges im Osten und Westen kaum vorbereitet war. So blieb es keineswegs bei den neun Engländern, von denen das Porz-Urbacher Volksblatt am 3. September 1914 berichtete.[1] Ihnen folgten Belgier, Franzosen und auch für die Kolonialmächte kämpfende Senegalesen, Algerier, Tunesier oder Inder. Bald kam eine stetig wachsende Zahl von Russen hinzu. Täglich trafen Transporte ein. Im Oktober 1914 befanden sich bereits 4.100 Kriegsgefangene in Wahn.[2] Zunächst waren sie in Baracken oder Zelten untergebracht, 1915/1916 wurde aus Platzmangel der Bau eines separaten Kriegsgefangenenlagers notwendig. Die 75 Baracken des so entstandenen Nordlagers sollten 10.000 Gefangene fassen. Bei der Unterbringung wurde auf eine strikte Trennung nach Nationalitäten geachtet.

Belgische Gefangene welche bei der Fahrt durch Cöln den Dom sehen, welcher nach Angabe der Franzosen längst niedergeschossen ist, verhauen, wütend über den Betrug, ihre französische Mitgefangenen.

Die Völkerschlacht auf dem Cölner Bahnhof!

Belgische und französische Kriegsgefangene bekämpfen sich auf einer Karikatur in der „Völkerschlacht auf dem Cölner Bahnhof", Bildpostkarte (Privatbesitz Volker Standt)

„Gefangene Schottländer", Kriegsgefangene im Lager Wahn, Fotopostkarte, Köln, verschickt am 25.10.1915 (Privatbesitz Bernd von der Felsen)

Kriegsgefangene in Wahn.

Vor der Küche. Im Vordergrund „Zouaves tirailleurs" (Araber).

Kriegsgefangene in Wahn vor der Küche, im Vordergrund „Zouaves tirailleurs" (Araber), Fotopostkarte, Köln, 1915 (KSM)

Laut Haager Landkriegsordnung mussten Kriegsgefangene menschlich behandelt und ausreichend versorgt werden. Britischen und französischen Gefangenen ging es meist besser als russischen, weil diese aus ihrer Heimat mit Hilfspaketen versorgt wurden. Trotz massiver Vorurteile gegen Russen oder Afrikaner sollten diese nicht schlechter behandelt werden. Daran haben sich 1914 bis 1918 die Deutschen – ganz im Gegensatz zum Zweiten Weltkrieg – gehalten. 1914 musste man mit der Unterbringung und Regelung noch improvisieren, schrittweise entwickelte man Organisation und Logistik.[3]

Bereits am 19. August 1914 jedoch verfügte das Innenministerium, dass gefangene Offiziere und Mannschaften einer Einheit nicht in derselben Stadt untergebracht werden – wohl um die Organisation möglicher Aufstände zu verhindern. Gleichzeitig regelte man, welche Fläche die einzelnen Dienstgrade erhielten. So standen jedem Gefangenen mindestens 2,5 m^2 in den Baracken zu – mit Strohsack, Kissen, Wolldecke, Sitzgelegenheit sowie

Essnapf, Löffel, Messer und Gabel. Offiziere waren mit 12 m^2 wesentlich besser gestellt, Stabsoffiziere erhielten 18 m^2 und Generäle sogar regelrechte Wohnungen mit Wohn- und Schlafzimmer von je 18 m^2.[4]

Neugier und Exotik: Das Kriegsgefangenenlager als Attraktion

Bei den Kölnern weckte das Kriegsgefangenenlager reges Interesse und große Neugier. Viele unternahmen an freien Sonntagen Ausflüge nach Wahn, um sich das Lager anzusehen. Am 11. Oktober 1914, einem besonders schönen Sonntag, war der Andrang so groß, dass sich die Militärverwaltung „bei der großen Menge von Neugierigen bald genötigt [sah], in einer ziemlichen Entfernung vom Lager den Zugang durch Soldaten abzusperren"[5]. Besonders die als „exotisch" empfundenen Kriegsgefangenen zogen die Aufmerksamkeit auf sich: Von den fremd wirkenden Indern oder afrikanischen Gefangenen wurden Fotos angefertigt, die man als Postkarten verkaufte und verschickte.[6] So produzierte die Firma Karl

Emil Lichius (Fotograf),
Gruppenaufnahme von
Kriegsgefangenen in
Wahn aus einem Album
mit 14 Fotografien, Köln,
1914–1916 (KSM)

Rudolf Bremer & Co eine Postkartenserie mit Motiven des Lagers, die sich in kurzer Zeit etwa 80.000 Mal verkaufte.[7]

Offenbar weckten die Gefangenen auch das Interesse von Frauen, weshalb in einem Schreiben des Ministers des Innern vom 25. August 1914 erbeten wurde „dafür zu sorgen, dass unverwundeten Kriegsgefangenen – gleichgültig ob Offizieren oder Mannschaften – freiwillige Liebesgaben unter keinen Umständen gegeben werden", zumal „auch Damen um Postkartenunterschriften und Überlassung von Andenken gebeten" hatten.[8] Auch für Köln wird dies der Fall gewesen sein.

Die Anwesenheit von Kriegsgefangenen unterschiedlicher Nationalitäten machte sich der Staat für „kulturanthropologische" Studien zunutze. So wurden zwischen 1915 und 1918 Gesänge von vier russischen, einem ukrainischen, drei deutsch-russischen und zwei französischen Gefangenen aufgenommen. Die Königlich Preußische Phonographische Kommission dokumen-

tierte anhand dieser Aufnahmen die Sprache und Musik der Kriegsgefangenen.[9]

Gegen die Monotonie: Alltag im Lager

1916 sollen sich bereits 50.000 Kriegsgefangene in Wahn aufgehalten haben.[10] Eine solch hohe Konzentration führte in allen Krieg führenden Nationen zur berüchtigten „Stacheldrahtkrankheit"[11] – einen solchen Lagerkoller und mögliche Aufstände galt es zu vermeiden. Daher wurden auch in Wahn gegen die drohende Monotonie des Lagerlebens Möglichkeiten der Zerstreuung geboten: Eine Konzert- und Theaterhalle, wohl auch mit einer Lagerkapelle musizierender Kriegsgefangener, diente der Unterhaltung, es konnte Billard oder Fußball gespielt werden, und sogar ein Kinosaal war in Planung.[12] Auch für die Seelsorge der Gefangenen wurde gesorgt. Eine umgewandelte Baracke diente als Kirchenraum für alle Konfessionen und Nationen. Die Seelsorge fand in der jeweiligen Muttersprache statt – auch Juden und Moslems mussten an Gottesdiensten teilnehmen.[13] Den Familien-

angehörigen der Gefangenen wurde in regelmäßigen Abständen Auskunft und „Gelegenheit zur gegenseitigen Aussprache gegeben".[14] Der Briefwechsel der Gefangenen in Wahn mit ihren Familien war rege, was sogar in der Pariser Presse 1914 erwähnt wurde.[15]

Not am Mann: Kriegsgefangene als Arbeitskräfte

Entgegen der Haager Landkriegsordnung wurden Kriegsgefangene auf allen Seiten auch zu Schwerstarbeit und sogar Einsätzen in Frontnähe eingesetzt.[16] Bereits im August 1914 wies das Innenministerium das Oberpräsidium der Rheinprovinz an, die Kriegsgefangenen mit Ausnahme der Offiziere mit Arbeit – welcher Form auch immer – „dauernd und anstrengend" zu beschäftigen.[17]

Im Regierungsbezirk Köln setzte man die Gefangenen in der Landwirtschaft und der Industrie ein, da dort der höchste Arbeitskräftemangel herrschte – 1917 arbeiteten hier 26.000 Kriegsgefangene.[18] Aus Wahn kamen besonders Russen in der Landwirtschaft der umliegenden Gemeinden zum Einsatz. Meist betraute man sie mit Rodungen, Drainagearbeiten oder sie bearbeiteten Agrarflächen, um diese landwirtschaftlich nutzbar zu machen. Die Militärverwaltung hatte für die Bewachung und Unterbringung der Gefangenen während der Arbeit zu sorgen. Der Weg von der jeweiligen Unterkunft bis zur Arbeit durfte nicht mehr als sechs Kilometer betragen.[19]

Spätestens 1917 wurde das Kriegsgefangenenlager nach Limburg an der Lahn verlegt, doch blieben ca.

1.500 überwiegend russische Kriegsgefangene in Wahn zurück, die für verschiedene Arbeiten auf dem Truppenübungsplatz eingesetzt wurden.

Krankheit und Tod: Kriegsgefangenen-Lazarette in Köln

Um Epidemien vorzubeugen, sollten die Internierten regelmäßig gegen Typhus, Diphterie, Cholera und Ruhr geimpft werden.[20] Verwundete Gefangene wurden in eigens dafür eingerichteten Lazaretten in der Kölner Innenstadt versorgt. Eines davon befand sich in der Kaiserin-Augusta-Schule am Kartäuserwall, ein weiteres in der Maschinenbauschule am Ubierring.[21] Mehrfach besuchten ausländische Ärzte und Berichterstatter die Lazarette, um sich ein Bild davon zu machen, wie Gefangene in deutschen Lazaretten behandelt wurden. Positive Berichte waren willkommen. Sie halfen 1914, nach der Zerstörung der Bibliothek von Löwen, den Gräueltaten in Belgien und der Beschießung der Kathedrale von Reims, im Ausland das Bild der Deutschen als Unmenschen zu korrigieren. So erklärte der Schweizer Arzt Dr. Keller-Huguenin nach seinem Besuch in der Maschinenbauschule im Kölnischen Tageblatt 1914, man kümmere sich in Köln vorbildlich um die Genesung verwundeter Kriegsgefangener.[22]

Wie im Gefangenenlager in Wahn legte man auch in den Lazaretten Wert auf die Seelsorge der Verwundeten. Es fanden Gottesdienste für alle Nationen und Konfessionen statt, bei denen häufig auch ein eigener, größtenteils aus Franzosen und Belgiern bestehender Kirchenchor sang. Die im Lazarett tätigen Seelsorger besuchten alle Kranken mindestens einmal wöchentlich. Im Todesfall fand eine feierliche Andacht in der Kapelle des Lazaretts statt. Anschließend setzte man die in den Lazaretten Verstorbenen auf dem Südfriedhof bei.[23] 59 in Wahn verstorbene Gefangene wurden dort auf einem eigenen Friedhof bestattet.[24] Auf Bestreben des Garnisonspfarramtes durften 60 kriegsgefangene Briten, Franzosen, Belgier, Russen und Inder am 3. November 1915, einem Tag nach Allerseelen, an der Einsegnung der Gräber ihrer verstorbenen Kameraden auf dem Südfriedhof teilnehmen. Ihnen zu Ehren legten sie vier Kränze nieder. Eine Kölnerin, deren Sohn selbst im Krieg gefallen war, hatte die Kränze gestiftet, auf deren Schleifen in verschiedenen Sprachen der Satz „Von einer deutschen Mutter" geschrieben stand.[25]

Das Garnisonspfarramt sammelte Bücher, um für jede Nation, mit Ausnahme der Nichteuropäer und Russen, eine kleine Bibliothek mit muttersprachlicher Literatur anlegen zu können. Viele Bücher kamen über die Zentralstelle des Borromäusvereins, vom Herder Verlag

Kriegsgefangene französische Artilleristen in Wahn.
„Beim Holzsägen".

Kriegsgefangene französische Artilleristen in Wahn beim Holzsägen, Fotopostkarte, Köln, 1914 (KSM)

in Freiburg, aber auch aus der Königlichen Bibliothek zu Berlin. Zusätzlich lieferte das Rote Kreuz wöchentlich 250 Freiexemplare der französischsprachigen Kriegsgefangenen-Zeitung „Nouvelles Hebdomadaires".[26] Diese Zeitung wurde in Köln herausgegeben und hatte auch propagandistische Zwecke, um die „Verleumdungen Deutschlands und den Verhetzungsversuchen der feindlichen Presse entgegenzutreten, die Gefangenen über

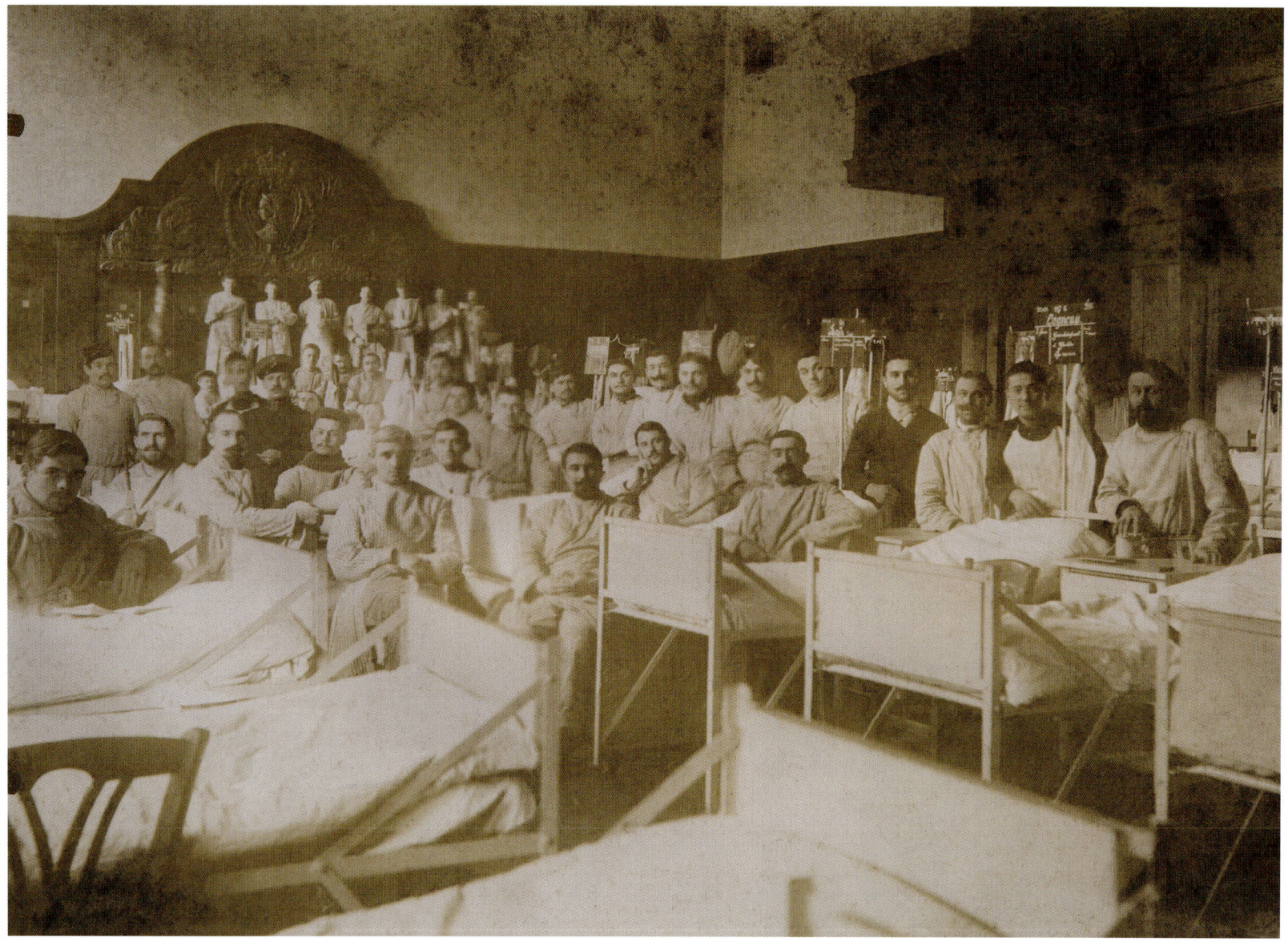

die deutschen Kulturzustände und über den Kriegsverlauf zu unterrichten und ihr herbes Geschick zu mil-
dern"[27]. Vom 1. November 1914 bis zum 11. November
1918 erschienen 211 Ausgaben bei der Kölner Verlags-
anstalt, die an 40 Gefangenenlager und etwa hundert
Arbeitskommandos in Deutschland geliefert wurden.
In den „Nouvelles Hebdomadaires" konnten zudem regelmäßig die ungekürzten deutschen und französischen
Heeresberichte gelesen werden, zudem vermittelten sie
in Leitartikeln und Übersetzungen Eindrücke von der
militärischen und politischen Lage und enthielten Stim-
mungsbilder sowie kleine Erzählungen.[28]

1918 befanden sich 1,4 Millionen Russen und eine
halbe Million Franzosen in deutscher Kriegsgefangenschaft, hinzu kamen britische, belgische, italienische,

serbische, rumänische, US-amerikanische und sogar
japanische Gefangene. Die Sterblichkeitsrate war bei
Russen und Rumänen mit 29 Prozent am höchsten.[29]
In Köln starben während des Ersten Weltkrieges 1.033
Kriegsgefangene, die meisten – 409 – an Lungentu-
berkulose, gefolgt von 308, die an den Folgen ihrer
Kriegsverletzungen starben.[30] Einer der Ersten war der
Korporal André Lerolle, Bruder eines Abgeordneten der
französischen Nationalversammlung. Seine Verletzung
und Gefangennahme bei Kämpfen an der Somme und
seinen Tod „als Internierter in Köln"[31] gab die Pariser
Presse im November 1914 bekannt. Er hinterließ acht
Halbwaisen. Die auf dem Friedhof in Wahn 1914–1918
beigesetzten französischen Soldaten wurden 1926 auf
den Nationalfriedhof in Straßburg überführt.

Folgen des Rassismus: Nach dem Krieg

Nach kurzer kanadischer und anschließender britischer Besatzung kamen am 12. Februar 1920 erneut Franzosen mit ihren afrikanischen Kolonialsoldaten nach Wahn – nun als Besatzer. Waren die aus Afrika stammenden französischen Kolonialsoldaten in Köln als Kriegsgefangene noch wie exotische Attraktionen bestaunt worden, so boten sie als Besatzer nun Anlass für eine aggressive rassistische Propaganda mit Berichten über Vergewaltigungen, Schikanen und Drangsalierungen. Dennoch kam es in der Besatzungszeit immer wieder auch zu Liebesbeziehungen zwischen deutschen Frauen und afrikanischen Soldaten.[32] Bereits 1933 verlangte Hermann Göring nach Statistiken über die von farbigen Besatzungstruppen und deutschen Frauen gezeugten Kinder – sie wurden vom NS-Regime 1937 als „Rheinlandbastarde" zwangssterilisiert.[33]

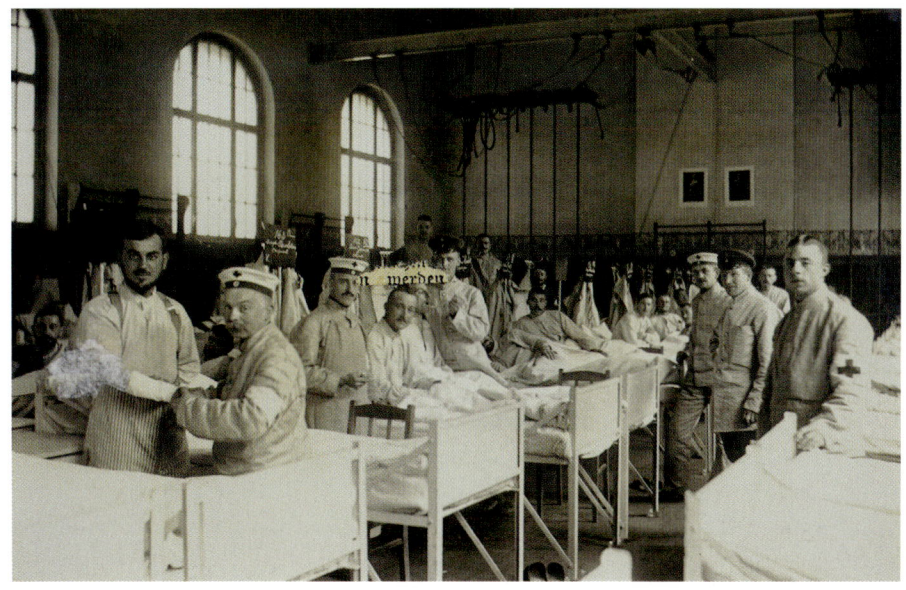

Kriegsgefangenen-Lazarett in der Mainzer Straße, Fotografie aus einem Album, Köln, 1914–1918 (KSM)

1 Porz-Urbacher Volksblatt, 16. Jg., Nr. 99, 3.9.1914.

2 Vgl. Huck, 1969, S. 49; Schleweit, 2000, S. 32.

3 Vgl. Hinz, 2006; Hinz, 2014.

4 LHAKo, Best. 403: Oberpräsidium der Rheinprovinz, Nr. 12891: Unterbringung und Beschäftigung von Kriegsgefangenen.

5 Stadt-Anzeiger, 13.10.1914, Abend-Ausgabe, Zweites Blatt.

6 Vgl. Bechhaus-Gerst, 2013, S. 179.

7 Vgl. Standt, 2013, S. 157.

8 LHAKo, Best. 403: Oberpräsidium der Rheinprovinz, Nr. 12891: Unterbringung und Beschäftigung von Kriegsgefangenen.

9 Vgl. Rother, 2004, S. 172.

10 Huck, 1969, S. 49.

11 Hinz, 2014, S. 150.

12 Vgl. Huck, 1969, S. 51.

13 Vgl. ebenda, S. 58.

14 Verwaltungsbericht für die Kriegszeit bis 1.2.1917, LHAKo, Best. 403, Nr. 9046: Die Zeitungsberichte des Regierungspräsidenten zu Coeln, 1906–1918, Bl. 417.

15 Le Petit Parisien, 2.11.1914, S. 2.

16 Vgl. Hinz, 2006; Hinz, 2014.

17 LHAKo, Best. 403: Oberpräsidium der Rheinprovinz, Nr. 12891: Unterbringung und Beschäftigung von Kriegsgefangenen.

18 Verwaltungsbericht für die Kriegszeit bis 1.2.1917. LHAKo, Best. 403, Nr. 9046: Die Zeitungsberichte des Regierungspräsidenten zu Coeln, 1906–1918, Bl. 394.

19 LHAKo, Best. 403: Oberpräsidium der Rheinprovinz, Nr. 12647: Beschäftigung von Kriegsgefangenen, 1914–1915.

20 LHAKo, Best. 403: Oberpräsidium der Rheinprovinz, Nr. 12891: Unterbringung und Beschäftigung von Kriegsgefangenen.

21 Reuther, 1931, S. 640.

22 Kölnisches Tageblatt, 11.12.1914, Nr. 824.

23 Kölnische Volkszeitung, 6.11.1915, Nr. 908.

24 Vgl. Schleweit, 2000, S. 33.

25 Eine seltsame Vergünstigung, Kölnische Volkszeitung, 5.11.1915.

26 Die Seelsorge in den Kriegsgefangenenlazaretten der Festung Köln, Kölnische Volkszeitung, 6.11.1915.

27 Reuther, 1931, S. 644.

28 Ebenda, S. 644 f.

29 Vgl. Hinz, 2014, S. 149.

30 Statistisches Jahrbuch der Stadt Köln, 1920, S. 137.

31 „Il est mort des suites de ses blessures, à Cologne, où il avait été interné", Le Petit Parisien, 6.11.1914, S. 2.

32 Vgl. Bechhaus-Gerst, 2013, S. 182; Huck, 1969, S. 68.

33 Bechhaus-Gerst, 2013, S. 182.

Das erste Kapellenauto, erbaut aus der Sammlung der Kölnischen Volkszeitung,
bei der Uebergabe an Kardinal von Hartmann im Hofe des Erzbischöflichen Palais am 22. Dez. 1914.

Gabriele Oepen-Domschky

Schöne neue Welt
Die Kölner Kapellenautos von 1914/1915

Ein Mitglied der Steyler Gesellschaft des Göttlichen Worts, Pater Josef Impekoven aus St. Wendel im Saarland, kann für sich in Anspruch nehmen, als Erster für den Bau von Kapellenautomobilen geworben zu haben. Er regte am 6. November 1914 in der Kölnischen Volkszeitung eine Sammlung an, aus deren Mitteln der Bau eines solchen Fahrzeugs bestritten werden konnte. Etwa 10.000 Mark wurden dafür benötigt. Der Aufruf richtete sich an die katholischen Laien, um den im Feld stehenden Soldaten zu Weihnachten die Feier der Eucharistie möglich zu machen.[1] Die Idee dazu kam aus der neuen Welt: Ursprünglich waren um die Jahrhundertwende in den Gebieten Nordamerikas, in denen den Gemeinden zur Feier des Gottesdienstes kein Kirchengebäude zur Verfügung stand, große „möbelwagenartige Vehikel" im Einsatz. Ein Teil der Gemeinde konnte sich vor dem im Lastwagen befindlichen Altar sogar niederknien.

Bis zur Schließung der Sammlung Mitte Dezember 1914 kamen 102.906 Mark zusammen,[2] die sich überwiegend aus Sachspenden sowie Kleinst- und Kleinspenden in Höhe von 50 Pfennig bis zu etwa 300 Mark zusammensetzten – so verzeichnete die Spendenliste am 14. November beispielsweise: „Aus Lottchen's Sparbüchse: 1,05 M".[3]

Der Kölner Erzbischof Felix Kardinal von Hartmann veranlasste nur wenige Tage nach dem Aufruf Impekovens am 11. November ebenfalls die Sammlung von Geldern unter den Kölner Geistlichen zum Bau eines Kapellenautos. Diese Sammlung erbrachte rund 37.500 Mark.[4] Weitere Gelder konnten die Mitglieder des Bonifatiusvereins zusammentragen, sodass bis Mai 1915 insgesamt sechs Kapellenautos produziert wurden: eines durch die Sammlung Hartmanns, drei durch den Aufruf Impekovens über die Kölnische Volkszeitung und zwei durch den Bonifatiusverein. Das aus der Sammlung Hartmanns stammende Auto war mit dem Pfarrer von St. Maria Lyskirchen, Msgr. Graf Spee, besetzt. Die drei Wagen der Kölnischen Volkszeitung wurden durch Impe-

koven, den Jesuitenpater Seiler und den Pfarrer Heinrich Weinand (zugleich Generalsekretär des Bonifatiusvereins in Paderborn) begleitet.[5] Die vier Männer, deren

Abendmahlskelch für den Feldgottesdienst, zerlegbar, mit Futteral, Metall, Silber, Leder, Samt, 1914–1918 (KSM)

Biografien nicht mehr eindeutig zu klären sind, waren alle zu Feldgeistlichen bestellt. Die Feldgeistlichen, die mit den Wagen des Bonifatiusvereins die Front befuhren, sind unbekannt.

Am Tag vor Heiligabend 1914 brach Impekoven zu seiner ersten Fahrt westlich von Lille auf: „Mittwoch, den 23. Dezember, verließen wir das heilige Köln. Über Aachen gings nach Westen, fröhlich mit Gott in die dunkle Nacht hinaus. Ein lang erprobter Fahrer, kriegsfreiwilliger Unteroffizier L. Blees, sitzt am Steuer, ihm zur Seite als kundiger Maschinenschlosser und gleichfalls Kriegsfreiwilliger der Missionszögling Griese, als dritter der Bemannung im heimeligen Autostübchen der feld-

Inspektion des ersten Kapellenautos aus der Sammlung der Kölnischen Volkszeitung im Hof des erzbischöflichen Palais, mit Pater Josef Impekoven, Erzbischof Felix Kardinal von Hartmann, Karl Hoeber (Redakteur), Robert Bachem (Verleger) sowie Heinrich Krings (v. l. n. r.), Postkarte, 1914 (J.P. Bachem-Archiv)

Abbildung aus der »Kölnischen Volkszeitung« vom 22. Dezember 1914

»Kölnische Volkszeitung« vom 22. Dezember 1914

Rück- und Seitenansicht des Kapellenautos E1, Zeichnungen, Kölnische Volkszeitung, 22.12.1914

graue Schreiber. Schon gegen 2 Uhr morgens leuchteten die Lichter Lüttichs vor uns auf."[6]

Der Kölner Architekt Heinrich Krings hatte die Kapellenautos entworfen. Die Chassis stammten von Opel und Mercedes Benz, die von der Rheinischen Karosserie-Werk und Wagenfabrik mbh, vorm. Franz Papler & Sohn in Nippes, sowie von J. H. Körnig Sohn in Ehrenfeld umgebaut wurden. Die Fahrzeuge wurden feldgrau ge-

strichen und auf dem Dach sowie den Seiten mit dem Roten Kreuz versehen. Im vorderen Bereich des Wagens befand sich hinter dem Fahrersitz der Aufenthaltsbereich für den Geistlichen mit zwei zu einem Ruhelager auszuziehenden Ledersitzen. Ein eingebauter Schrank diente der Aufbewahrung der Messgewänder und anderer Wäsche. Auf zwei ausklappbaren Krankenbahren konnten überdies Verwundete transportiert werden. Neben der zweckmäßigen Ausstattung gab es im Wageninneren zudem eine Dynamoanlage für die elektrische Beleuchtung und eine Heizung.

Peter Kürten, ehemals Mitarbeiter des am Kölner Dom tätigen Bildhauers Peter Fuchs und Mitglied der „Vereinigung Kölner Bildhauer"[7], hatte den an der Rückseite des Wagens befindlichen Altar in neoromanischem Stil entworfen. Nach Öffnung der Hecktüren zeigte sich ein ca. 50 cm tiefer Altarraum. Eine 1,30 m breite und 55 cm tiefe Schublade in Höhe des Wagenbodens bildete beim Herausziehen den Altartisch. In der Schublade ließen sich weitere Gewänder und Altarwäsche verstauen. Dahinter befand sich eine Leuchterbank, deren Schubladen Kerzen enthielten. Rechts und links der Leuchterbank waren Schränkchen zur Aufbewahrung der Messgeräte angebracht. Auf dem Expositionsthron stand ein Bronzekruzifix, rechts und links davon Kerzenleuchter. Hinter dem Bronzekruzifix befand sich das mit Kruppstahl gepanzerte Tabernakel. Die Innenseiten der Hecktüren bildeten die Altarflügel. Beim ersten Kölner Kapellenauto waren der heilige Michael (Patron der Soldaten) und der heilige Gereon (Soldat christlichen Glaubens der thebäischen Legion und Kölner Märtyrer des 4. Jahrhunderts) abgebildet. Bei den anderen zeigten die Flügel den heiligen Mauritius (Anführer christlichen Glaubens der thebäischen Legion und Märtyrer des 4. Jahrhunderts sowie Schutzpatron der Infanterie) und die heilige Barbara (Patronin der Artillerie) oder auch Engel und Leidenswerkzeuge. Ein Klappdach und ein anzuhängendes Zelt schützten den Geistlichen vor schlechtem Wetter. Das erste Auto erhielt den Namen „Emanuel" (E I), was im Matthäus-Evangelium auf die Geburt Christi verweist und „Gott sei mit uns" bedeutet.[8]

Wie Impekoven schrieb, wurde sein Auto am 24. Dezember 1914 zum ersten Mal benutzt: „Weihnachtsvorabend. Ganz in der Stimmung der großen Erwartung, die diesem Tage eigen [ist], richteten wir schon um die siebente Stunde alles zur hl. Messe ein. Bereitwilligst war die Erlaubnis gegeben worden, an der Landungsstelle des Wagens dieselbe zu feiern, auf großem freien Platz angesichts des wuchtig abschließenden Regierungsgebäudes [...] Mit dieser hl. Messe nahm auch der

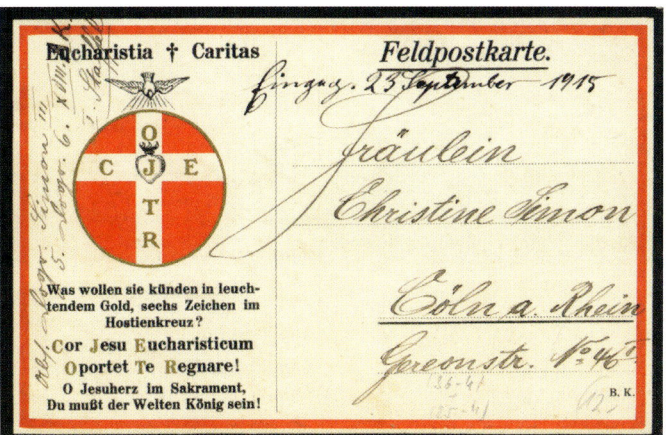

Das Kapellenauto Emmanuel I, finanziert aus der Sammlung des Erzbischofs Felix Kardinal von Hartmann, Postkarte, Vorder- und Rückseite, verschickt am 23.9.1915 (AEK, Bildsammlung)

eucharistische König dauernden Besitz von seinem Galawagen [...] Gegen 10 Uhr sah E I mit Freuden auch den Bruderwagen für eine Weile neben sich, Msgr. Graf Spee, der mit seinem Kapellenauto auf der Reise nach Brügge [war], hielt zu kurzem Aufenthalt an. 11 Uhr: Weiter nach Westen: Richtung Namur! [...] In Namur erquickte uns am Bahnhof das Rote Kreuz, indes E I von einer Menge Schaulustiger besichtigt wurde."[9]

Überwiegend waren die Kapellenautos an der Westfront im Einsatz. An der Ostfront waren die Straßenverhältnisse schlechter, doch auch dort sollten zwei Kapellenautos genutzt werden. Durch die Hoffnung auf eine

Kurzbericht zu den Kölner Kapellenautos, The illustrated war news, 3.2.1915 (KSM)

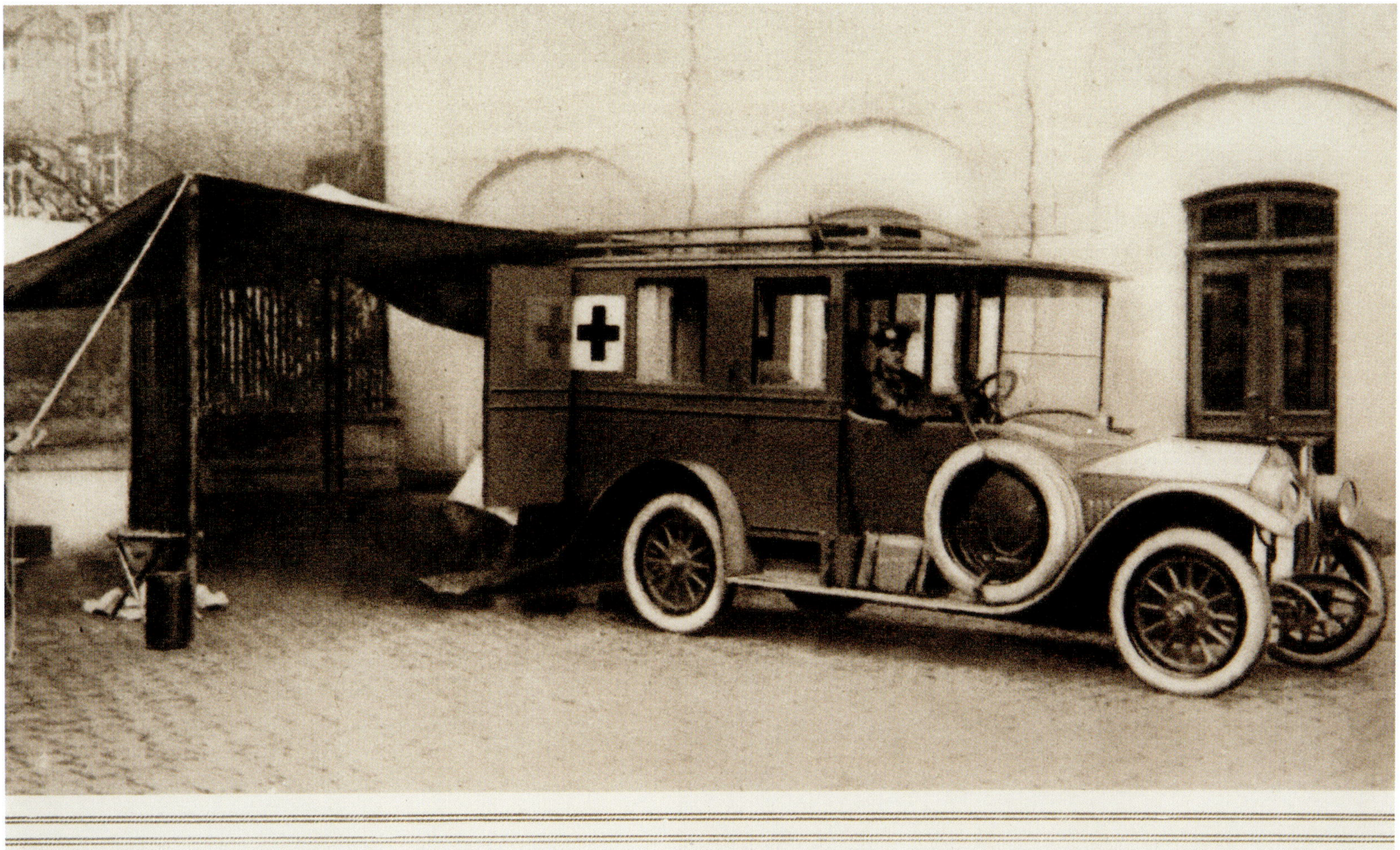

AN AUTOMOBILE ALTAR: A CAR-CHURCH FOR GERMAN SOLDIERS IN THE FIELD—ALTAR FACING THE TENT.

Feldgottesdienst mit Kölner Kapellen=Auto (Marke Opel) in Nordfrankreich Kriegsjahr 1915

Feldgottesdienst mit einem Kölner Kapellenauto der Firma Opel, Fotopostkarte, verschickt am 11.8.1915 (Privatbesitz Bernd von der Felsen)

Anton Heinen (Autor), Gebetsbuch für die Front, Mönchengladbach, 1914 (KSM)

kurze Kriegsdauer war eine Weiterverwendung in der deutschen Diaspora geplant.[10] Die Wagen scheinen aber über die gesamte Dauer des Krieges genutzt worden zu sein: Erzbischof Hartmann wurde noch während seines Besuchs der Westfront im April 1916 mit den Kapellenautos Nr. 3 und 4 zu den Gottesdienstorten in Lille und Laon gefahren.[11] Entlang der Front fand die Feier der Gottesdienste in den Kirchen der besetzten Gebiete, auf dem freien Feld oder als selbst organisierte Andacht im Schützengraben statt, wie ein unbekannter Soldat aus der Eifel berichtete: „Nun hatten wir uns ein kleines Häuschen in die Erde gebaut und ein spitzes Dach von Baumstämmen gemacht; ich sagte, das soll unsre Kirche sein, und die andern stimmten zu. Ich machte ein Kreuz aus Holz und schrieb auf das Querstück die Worte ‚Gelobt sei Jesus Christus' und hing dann einen Rosenkranz darauf. Das stellte ich vorn auf und ein brennendes Licht davor. Dann begann der Gottesdienst."[12]

Der Einsatz der Kapellenautos war dagegen der Versuch einer von Köln aus zentral organisierten Initiative,

Rheinische Wachs-
Industrie Otto Jos.
Menden, zwei Kriegs-
ersatzkerzen, „zu
kirchlichen Zwecken",
Wachs, Köln, 1914–1918
(KSM)

die angesichts der Wirklichkeit an allen Fronten in keiner Weise ausreichend war. Die Kapellenautos wurden unmittelbar Teil des liturgischen Lebens an der Front und nahmen der Seelsorge durch die Begleitung der Feldgeistlichen den improvisierten Charakter. Sie sprachen durch das Bildprogramm zielgerichtet das soldatische Leben an und erinnerten an die Heimat. Die Altäre waren in ihren Kunstformen traditionell gestaltet und gingen keinesfalls über die seit 1912 im Erzbistum Köln verbindliche Festschreibung von neogotischen und neoromanischen Stilen hinaus.[13] Idee und Technik hingegen waren überaus fortschrittlich: ein mobiler Altar, gekleidet in modernste Autotechnik. Leider wurde diese moderne Kölner Autotechnik vermutlich gegen Ende des Krieges demontiert.

1   Kölnische Volkszeitung, 27.10.1914, Nr. 928, S. 2.
2   Stadt-Anzeiger, 20.12.1914, Nr. 576; Kölnische Volkszeitung, 13.12.1914, Nr. 1068, S. 3.
3   Kölnische Volkszeitung, 14.11.1914, Nr. 952, S. 2.
4   Kölnische Volkszeitung, 17.1.1915, Nr. 49, S. 2.
5   Die katholische Welt, Mai 1915, Nr. 8, S. 384; Die Wochenschau, 1915, Nr. 2, S. 36.
6   Kölnische Volkszeitung Nr. 8, 3.1.1915, S. 2.
7   Freundlicher Hinweis von Herrn Johannes Ralf Beines.
8   Scheidgen, 1991, S. 137; Johann, 1968, S. 86; Stadt-Anzeiger, 20.12.1914, Nr. 576; Kölnische Volkszeitung, 20.12.1914, Nr. 1090, S. 1.
9   Kölnische Volkszeitung, 3.1.1915, Nr. 8, S. 2.
10 Die katholische Welt, Mai 1915, Nr. 8, S. 384; Kölnische Volkszeitung, 27.10.1914, Nr. 928, S. 2.
11 Ein Kirchenfürst im Felde, o. J., S. 4, 5, 13.
12 Kölnische Volkszeitung, 21.11.1914, Nr. 1002, S. 3, zit. auch bei Lätzel, 2014, S. 136.
13 Hegel, 1987, S. 328.

Weihnachten im Felde

Rüdiger Müller

„Sie alle sollen ihren Christbaum haben!"

Kölner Kriegsweihnacht 1914

„Der Kaiser rief und Alle, Alle kamen!"[1] Euphorisch und siegesgewiss waren die Massen im August 1914 in den Großen Krieg gezogen. Die meisten rechneten damit, dass Weihnachten alles vorüber und man zum Fest wieder bei den Liebsten daheim sei. Mit den Schrecken des Krieges, den täglich länger und länger werdenden Verlustlisten in der Tagespresse und den unzähligen Verwundeten in den Lazaretten schwand die Hoffnung auf einen raschen Frieden. Und auf ein friedvolles Fest.

„Jetzt stecken sie daheim die Lichter an [...]": Weihnachtsstimmung 1914

„Es ist vielen nicht nach Weihnachten zumute dieses Jahr", schrieb der Stadt-Anzeiger vor den Feiertagen. „Sie möchten keinen Baum brennen sehen, während draußen der Krieg wütet. Sie fühlen zu handgreiflich den Widerspruch: Weihnachten und Krieg. Weihnachten ist ganz und gar das Friedensfest. Und so empfinden wir es als Hohn, die Lichter am Baum anzustecken, oder es zerreißt uns das Herz. Aber trotzdem werden wir es tun [...] Es ist nicht für uns, sondern für die da draußen. Sie denken: Jetzt stecken sie daheim die Lichter an. Und sie sollen sich nicht täuschen."[2]

Damit brachte der Stadt-Anzeiger die Sorge und Trauer um die Angehörigen an der Front und in den Hospitälern zum Ausdruck. Zudem stand gerade vor dem Fest übergroß die Frage im Raum: Wie sollte es weitergehen, wenn der Krieg noch länger dauerte, die Zeiten härter würden? „Seid sparsam mit den Weihnachtsbäckereien!", forderte ein hoher General per Bekanntmachung. Und der Kölner Regierungspräsident mahnte zur „Einschränkung der üblichen Neujahrsbäckereien, zu denen hauptsächlich Weizenmehl verbraucht wird" – schließlich sei „dem größten Teil der Bevölkerung der Ernst der [...] Lage noch bei weitem nicht genügend zum Bewusstsein gebracht worden [...]."[3]

Andererseits ging die Kölner Presse mit einer „falschen Sparsamkeit" zum Weihnachtsgeschäft ins Ge-

richt: „Es ist soziale Pflicht in der Zeit dieses Krieges, in der unsere Volkswirtschaft ganz auf sich gestellt ist, das Geld unter die Leute zu bringen. Es zeugt von Kleinmut und wenig vaterländischer Gesinnung, wenn Leute, die es nicht nötig haben, sich die größten Einschränkungen auferlegen, nur um ihren Strumpf gefüllt zu haben, wenn schlechtere Tage kommen sollten."[4] Noch litt niemand Not an der „Heimatfront". So versuchten die Kölnerinnen und Kölner so weit wie möglich ein Stück

Heinz Kroh, Entwurfszeichnung für das Motiv „Weihnachten im Felde", später als Plakat und Postkarte aufgelegt, aus einem Skizzenbuch, Kohle auf Papier, Köln, 1914 (KSM)

Heinz Kroh (Entwurf), Bildpostkarte mit dem Motiv „Weihnachten im Felde", Köln, 1914–1917 (KSM)

Aufzeichnung der in der Hauptsache
zur Front beförderten Liebesgaben
Weihnachten 1914
1 Waggon enthaltend 200 Centner Liebesgaben
Weihnachten 1915
2 Waggon enthaltend 400 Centner Liebesgaben
für 10.000 Soldaten
Vollständige Einrichtung zweier Soldatenheime
ferner wurden versandt in Einzelpacketen

102000 Packete Tabak	105000 Cigarren
60000 Cigaretten	50000 Platten Chokolade
1200 Regenmäntel	1000 Taschenlampen
1200 Tabakpfeifen	6000 Entlausungsmittel
4000 Taschentücher	3000 Leibbinden
3000 Wolljacken	2000 Hosenträger
1000 Hemden	1000 Taschenmesser
5000 Westen aus Wolle	500 Rasieraparate

1000 paar Stauchen, alsdann, Lungenschützer Ohren
Wärmer, Kniewärmer Nähzeuge, Musikinstrumente, etc.

festtägliche Normalität zu wahren: „Beim Bäcker am
Finster Weckemänncher / Un Printe en jeder Kundit-
terschtkaaß / Beim Bärbche de Thek voll Stuche und
Händche / Beim Tietz staatsen Baumschmuck und Käz-
cher vun Maaß."[5] So war es in Köln immer gewesen.

„Die Mutter Colonia ihren Söhnen": Feldpost und Liebesgaben

Aber so würde es laut „Creßdag 1914" des Kölner Mund-
artdichters Wilhelm Schneider-Clauß nicht mehr sein,
sein Christkind macht sich auf in Richtung Front: „Ob Auto
un Feldpoß noh Westen un Oste / Trick stramm et erns
em Chreßbaumsching / Un sök, wo sing Kölsche Junge
stonn Poste, / För't Vaterland halden de Wach am Rhing.
// Et brängk Üch, leev löstige kölsche Helde, / Vill häz-
lige Größ met un Chreßdagszüg, / Och jet for ze schmo-
re, und dat soll et melde: ‚Ganz Kölle dat dank Üch un
denk an Üch!'"[6]
Dass man an die „Kölsche Junge" an der Front dachte,
bewiesen vor allem die sogenannten „Liebesgaben".

Nach Empfehlung der Obersten Heeresleitung sollten
jene Zuwendungen die Feldgrauen einen kurzen Augenblick vergessen lassen, „daß sie auf fremder Erde kämpfen, daß sie fern sind von den Lieben in der Heimat"[7].
Unterschieden wurde nach Liebesgaben „für einzelne"
und für „bestimmte Truppenteile und Heeresverbände
sowie Liebesgaben für die Allgemeinheit".[8] Schon Ende
Oktober 1914 stellte der Rat der Stadt Köln einen Be-
trag von 30.000 Mark zur Verfügung, sodass erste Gaben
unter „fachkundiger und energischer Leitung"[9] einiger
Herren aus der Bürgerschaft an die Front transportiert
werden konnten. Die Organisation oblag vor allem wohl-
tätigen Institutionen wie dem Kölner Roten Kreuz, das
verschiedene Liebesgaben-Sammelstellen betrieb, unter anderem im Klingelpütz- und Gereonsviertel – zentrale Warenlager, gut gefüllt mit Wolldecken, Zigaretten,
Kaffee, Kaiserbildern, Briefpapieren, Musikinstrumen-
ten und Likören. In der Kölner Presse rief man auch zu
Geldspenden auf: „[...] Mitbürger! Ihr könnt den Dank,
den Ihr unsern tapferen Soldaten schuldet, nicht besser
abstatten, als daß Ihr dem Roten Kreuz gerade auch in
der Weihnachtszeit besonders reiche Mittel zuwendet,
damit wir unsere großen Aufgaben erfüllen können."[10]
Die Welle der Hilfs- und Spendenbereitschaft in den ersten Kriegsmonaten erfasste auch die Kunstschaffenden

der Stadt. So stellten Maler, Bildhauer und Kunstgewerbler eigene Werke im Wert von über 35.000 Mark für eine Weihnachtsverlosung im Kunstgewerbemuseum zugunsten des Roten Kreuzes zur Verfügung.[11]

Am 15. Dezember 1914 verließ um 13.09 Uhr unter großem Beifall und im Beisein der Stadtspitze der offizielle „Weihnachtszug" der Stadt Köln den Central Güter-Bahnhof Gereon in Richtung Westfront. „Der Zug war in den deutschen und stadtkölnischen Farben sowie mit kleinen Weihnachtsbäumen und Tannengirlanden reich geschmückt."[12] Seine Fracht: hauptsächlich Geschenkpakete, aber auch – besonders gefragt und beliebt – alles, was vor Kälte und Nässe schützte, 2.000 Weihnachtsbäume und auf Spezialwaggons Automobile, die den Transport vom französischen Zielbahnhof St. Quentin zur Frontlinie bewerkstelligten. Auch der Weihnachtswunsch des Kölner Oberbürgermeisters Max Wallraf durfte nicht fehlen: „Als ein Zeichen treuen Gedenkens schickt die Mutter Colonia ihren Söhnen heute den Weihnachtsgruß. Und unter dem Tannenbaum bewegt uns alle, ob fern oder nah, ein gemeinsames Hoffen: Möchten zum nächsten Christfest die Glocken eines glücklichen Friedens uns läuten."[13]

Tatsächlich verankerte der Erste Weltkrieg die Tradition des geschmückten Lichterbaums – vorher nur regional verbreitet – als wichtigstes Requisit der „Deutschen Weihnacht": „[...] die blauen Jungen auf der wilden Flut / der letzte Krieger fern im Schützengraben / der jüngste Flieger, jedes deutsche Blut / Sie alle sollen ihren Christbaum haben!"[14] – so das Motto, unter dem Dr. Herzfeld & Co. mit Sitz in Köln-Sülz schließlich für seine „naturpräparierten, zusammenlegbaren Weihnachtsbäume, Höhe ca. 30 cm, mit 6 Kerzen und Ständer in Feldpostbrief"[15] die Werbetrommel rührte. Per Feldpost gingen aber auch andere Festtagsüberraschungen an die Soldaten in den mörderischen Schützengräben: Fläschchenweise „4711 Kölnisch Wasser" („Sehr nützlich und unentbehrlich im Feld!"[16]) oder „Kriegs-Erfrischungen" aus dem Hause Stollwerck der Marken „Kriegs-Gold" und „Kriegs-Silber", einem Sortiment aus Schokoladen und Eucalyptus-Menthol-Bonbons sowie Spezialitäten wie „Kronprinzen-Kugeln" und „Hindenburg-Schnitten".[17]

Eine wichtige moralisch unterstützende Funktion übernahmen – gerade zum Fest – die Feldpostbriefe, die den persönlichen Austausch und die Verbundenheit zwischen Front und Heimat zelebrierten. Weihnachtsgrüße wurden auf Postkarten mit patriotischen oder sentimentalen Motiven verschickt: „schwarz-weiß-rot" bekränzte Kanonen und Granaten oder Soldaten in geselliger Runde um den Christbaum, die der Lieben daheim – als

Felix Schwormstädt (Illustrator), Durchreisende Truppen erhalten im Kölner Hauptbahnhof Verpflegung und weihnachtliche Liebesgaben, 1914 (Landeshauptarchiv Koblenz)

bildlich über ihnen schwebende „Vision" – gedenken. Ab Anfang 1915 zudem ein beliebtes Motiv: der einsam patrouillierende Soldat im Winterwald, dem am Horizont die Figur des „Kölschen Boor" erscheint. Auch die Kirchen, die den Waffendienst für das Vaterland durchweg als Christenpflicht verklärten, wussten um die Wirkung solcher Sendungen: Sie verschickten massenhaft Broschüren mit Predigten und Gebeten als Trost und Erbauung an die Soldaten im Feld: „[...] barmherziger Gott! Herr der Heerscharen!", ließ der Kölner Erzbischof Kardinal Felix von Hartmann beten. „Wir bitten Dich in Demut um Deinen allmächtigen Beistand für unser deutsches Vaterland. Segne die gesamte deutsche Kriegsmacht. Führe uns zum Siege [...]."[18] Der Heilige Vater empfahl zudem an den Feiertagen „zu Gott um Frieden zu beten unter Vermittlung der heiligsten Jungfrau"[19].

„Herr Jesus auf dem Schlachtfelde": Weihnachten in Köln

„Als am Heiligabend die tiefen Töne der Kaiserglocke vom Dom das Fest einläuteten, da gab es bei vielen an Stelle der sonst frohen Stimmung Tränen in Erinnerung schöner Feiertage in frühern Jahren. [...] In den Straßen der Stadt [...] war es stiller, ernster geworden. [...] Das Fest war aus einem ganz andern Ton als sonst gestimmt, aber es wurde doch in der üblichen Weise in Stadt und Land durch gegenseitiges Beschenken gefeiert", so berichtete die Kölnische Zeitung.[20] Sehr wahrscheinlich, dass dort auch manche Weise aus dem in Köln verlegten „Weihnachtsalbum" mit „50 Liedern für Mittelstimme und leichte Klavierbegleitung"[21] zum Vortrag kam, darin ein populäres Lied von Hoffmann von Fallersleben in der

Deutscher Christbaumschmuck mit Flaggen der Verbündeten des Kaiserreiches, Kunstfaser, 1914/1915 (KSM)

Geschenkkarton „Weihnachten im Felde", 1914 (KSM)

Textfassung von 1835: „Morgen kommt der Weihnachtsmann / kommt mit seinen Gaben / Trommel, Pfeifen und Gewehr, / Fahn' und Säbel und noch mehr, / ja, ein ganzes Kriegesheer / möcht' ich gerne haben!" So gab man sich auch in der Programmfolge der Weihnachtsfeier des Evangelischen Bürgervereins Köln-Ehrenfeld im großen Börsensaal des städtischen Schlachthofes nicht allein „besinnlich": Neben der „Petersburger Schlittenfahrt" lauschten die Gäste dem „Preußenmarsch" und Vorträgen wie „Die Heldenmutter" oder „Unser Herr Jesus auf dem Schlachtfelde". Zum Abschluss der Veranstaltung sang man inbrünstig „Deutschland, über alles".[22]

Festtagsstimmung herrschte auch in den Hospitälern der Stadt – im Festungslazarett der Schule Frankstraße sorgte der Kölner Männer-Gesang-Verein für Ablenkung, im Ehrenfelder St. Franziskus-Hospital gab die Konzertsängerin Klara Liertz für die verwundeten Soldaten weihnachtliche Weisen zum Besten. Im Israelitischen Asyl, Kölns jüdischem Krankenhaus, wo vor allem christliche Soldaten behandelt wurden, feierte man mit Christkind und Knecht Ruprecht.[23] Für die Pänz kam im Kölner Schauspielhaus ein Weihnachtsmärchen namens „Peterchens Kriegsreise" zur Aufführung: Das Schicksal des frontverwundeten Vaters beschert dem Jungen in der Weihnachtsnacht einen reichlich ausstaffierten Traum, in dem ihm vom Weihnachtsmann bis zur Christfee auch viel bekanntes Märchenpersonal im Dienste tapferer Krieger begegnet: „Frau Holle bringt federreiche, weiche Betten, Rotkäppchen Kuchen und Wein [...]". Auch ein Aufmarsch siegreicher deutscher Zinnsoldaten gegen unterlegene Franzosen, Russen und Engländer fehlte in der Aufführung nicht. Die Begeisterung der Presse hielt sich in Grenzen: „Was uns besonders stört, sind die eingefügten billigen Couplets, die allzusehr ans Tingeltangel erinnern."[24]

Eine „furchtbare Weihnachtsmusik": Heiligabend im Felde

In der kollektiven Erinnerung steht für die Kriegsweihnacht 1914 heute der sogenannte „Weihnachtsfrieden", jener Akt spontaner Verbrüderung feindlicher Soldaten, vor allem an der Westfront: als Franzosen, Deutsche und Briten den Krieg sein ließen und im Niemandsland gemeinsam Weihnachtslieder sangen, tranken, sich beschenkten und Fußball spielten. Mit hoher Wahrscheinlichkeit befanden sich unter jenen, die das Gemetzel für einige Stunden sabotierten, auch Soldaten Kölner Herkunft. Der Generalität war ein solches Verhalten als wehrkraftzersetzend ein Dorn im Auge, man wusste es in den Folgejahren zu unterbinden.

An der Front wurde die Heilige Nacht schlicht, aber feierlich und wenn möglich in Anwesenheit eines Feldgeistlichen begangen – an einigen Orten unter Einsatz von „Kapellenautos"[25], die – durch Kölner Spendenaktionen finanziert – mit ihren mobilen Altären für eine würdige und festliche Atmosphäre sorgten. Man sang und beschenkte sich mit kleinen Aufmerksamkeiten.

Für viele hielt der weihnachtliche Friede nicht lange. So berichtete Peter Völsgen, gedient im Bergischen Feld-Artillerie Regiment No. 59 in Köln-Riehl, „Am 24. hl. Abend" von heftigen Angriffen der Franzosen und am „Am 2.ten Weihnachtstage [von] 2 Tote[n] durch Streufeuer [...]".[26] Der Gefreite Franz Odenthal, Geschäftsmann aus Köln-Riehl, fiel am Heiligabend 1914 an der Ostfront bei „Inowlodz/P" (Polen)[27]. Auch Ludwig Finke berichtete gemeinsam mit den rheinischen Kameraden von einem alles andere als friedvollen Fest: „Mit dem heiligen Abend gingen zwei furchtbare Tage zu Ende. Achtundvierzig Stunden hatten wir da des Schrecklichen hinter uns. Ich habe manche Minute, die Hände um das Gewehr gefaltet, ein Gebet zu den Sternen hinaufgeschickt. Dass wir

Weihnachten im Lazarett in der Mainzer Straße, Fotografie aus einem Album, Köln, 1914–1918 (KSM)

Weihnachten an der Front, Fotopostkarte, 1915 (KSM)

heimkommen würden, glaubte keiner mehr. Ich wurde am 23. zum Essenholen kommandiert. Wie ich wiederkam, hatte ein Volltreffer meine Deckung zerschlagen. Mein Sitzkamerad Henn, bis an die Hüfte im Regenwasser, war tot; der Schädel durch und ein Splitter im Rücken. Er saß noch wie eine Viertelstunde vorher, als ich ihn verließ, das Gewehr im Arm. [...] Den ganzen 24. lagen wir in Deckung. Dann kam die sternklare, heilige Nacht. Das Schreien der Verwundeten, das Pfeifen der Gewehrkugeln, das Platzen der Granaten – eine furchtbare Weihnachtsmusik. [...] Und morgen geht's wieder vor. Leb' wohl, ich danke Dir für alles."[28] Es sollte das letzte Weihnachtsfest des damals 22-Jährigen sein. Finke fiel im Mai 1915 bei Nieuwpoort in Belgien.

1   Textaufdruck von im Ersten Weltkrieg populären Bildpostkarten.

2   Stadt-Anzeiger, 24.12.1914, Abend-Ausgabe, Zweites Blatt, zit. n. Standt, 2014, S. 160.

3   LHAKo, Best. 403, Nr. 5375, Blatt 627, Blatt 739 f.

4   Kölner Local-Anzeiger, 18.12.1914, zit. n. Reuther, 1931, S. 231 f.

5   Wilhelm Schneider-Clauß: „Chreßdag 1914", Gedicht.

6   Ebenda.

7   Kölnische Zeitung, 25.11.1914, Zweite Morgen-Ausgabe, Erstes Blatt.

8   Ebenda.

9   Verhandlungen der Stadtverordneten-Versammlung zu Cöln, 29.10.1914, S. 25.

10 Spendenaufruf des Roten Kreuzes, Kölnische Zeitung, 15.12.1914, Erste Morgen-Ausgabe, Viertes Blatt.

11 Siehe Beitrag Hesse, S. 129–137.

12 Kölnische Zeitung, 15.12.1914, Abend-Ausgabe, Zweites Blatt.

13 Grußbotschaft des Kölner Oberbürgermeisters Max Wallraf, Postkarte 1914/1915, KSM, Graphische Sammlung, siehe S. 53.

14 Theodor Herold: „Sie alle sollen ihren Christbaum haben!", Kölnische Zeitung, 17.11.1914, Erste Morgen-Ausgabe, Erstes Blatt.

15 Werbeanzeige, Kölnische Zeitung, 4.12.1914, Erste Morgen-Ausgabe, Viertes Blatt.

16 Werbeanzeige, Kölnische Zeitung, 14.12.1914, Mittags-Ausgabe, Viertes Blatt.

17 Werbeanzeige, Kölnische Zeitung, 12.12.1914, 4-Uhr-Ausgabe, Viertes Blatt.

18 Stadt-Anzeiger, 8.8.1914, Abend-Ausgabe, Zweites Blatt, zit. n. Standt, 2014, S. 59.

19 Kölnische Zeitung, 17.11.1914, Zweite Morgen-Ausgabe, Zweites Blatt.

20 Stadt-Anzeiger, 28.12.1914, Abend-Ausgabe, Zweites Blatt, zit. n. Standt, 2014, S. 160.

21 Grütter, Hauser, 2014, S. 111.

22 Programmzettel zur Weihnachtsfeier des Ev. Bürgervereins Köln-Ehrenfeld, Köln 1914, KSM, Graphische Sammlung.

23 Becker-Jákli, 2004, S. 213–216.

24 Kölnische Zeitung, 21.12.1914, Mittags-Ausgabe, Zweites Blatt.

25 Siehe Beitrag Oepen-Domschky, S. 221–225.

26 HAStK, Best. 7030, Nr. 639, ca. 100 Bl.

27 Totenzettel des Franz Odenthal, 1914, KSM, Graphische Sammlung.

28 Witkop, 1928, S. 67 f., zit. n. Breuer, 2000, S. 35.

Volker Standt, Petra Hesse und Mario Kramp

Chronik 1914

Januar 1914

1. Januar

Das Jahr 1913 beschreibt der „Kölner Karnevals Ulk", das offizielle Organ des Festkomitees, im Rückblick: „[...] Du warst ein Jahr voll Angst und Bangen, Vernünftig war kein einz`ger Tag. 1-9-1-3, bist du vergangen, Weint man dir keine Träne nach. Aufruhr und Krieg – dein Werk war alles, Der Tod, er hat gerafft wie toll [...] Prost Neujahr!"

Der Präsident der „Großen Karnevals=Gesellschaft" Peter Prior stellt auf der 1. Herrensitzung der „Großen Allgemeinen Karnevals-Gesellschaft" von Franz Chorus „Die Kölner Welt-Ausstellung!" als Idee für das Motto des Rosenmontagszugs vor.

27. Januar

Kaisergeburtstag: Festgottesdienste in den Kirchen und Synagogen der Stadt, patriotische Feiern und eine Parade auf dem Neumarkt, Salut und Glockengeläut zu Ehren des Kaisers. Im Gürzenich hält der Kölner Garnisonsälteste eine markige Rede. Über die lange Zeit des Friedens dürfe man nicht vergessen, dass der Kaiser auch Soldat sei, „Feldherr an der Spitze von Heer und Flotte, die mit Gott für Kaiser und Reich zu sterben bereit sind". Das Kriegerische gelte es nun aufzufrischen.

Februar 1914

21. Februar

Am Karnevalssamstag übernimmt das Dreigestirn in Köln die Herrschaft. Prinz Karneval ist Fritz Herrmann. Mit ihm regieren Bauer Theodor Preuß und Jungfrau Engelbert Klein. Was damals niemand ahnte: Erst 1925 wird es wieder ein Dreigestirn geben.

„Was bietet Köln im Karneval", Programmheft, Köln, 1914 (KSM)

Ludwig Noster, Bildnis Kaiser Wilhelms II. für die Kölner Handelskammer, Öl auf Leinwand, Berlin, um 1900 (KSM)

23. Februar

Unter dem Motto „Weltausstellung in Köln" zieht der Rosenmontagszug durch die Stadt. Mit 74 Zugnummern ist er einer der längsten Anfang des 20. Jahrhunderts. Der Menschenandrang ist enorm, allein am Hauptbahnhof werden 135.600 Besucher gezählt.

März 1914

19. März

Als letzter vor dem Krieg vollendeter Kölner Sakralbau wird St. Bonifatius in Nippes geweiht – errichtet nach den Plänen von Adolf Nöcker.

April 1914

1. April

Die Stadt Mülheim und die Bürgermeisterei Merheim (Brück, Buchheim, Dellbrück, Dünnwald, Flittard, der nördliche Teil von Höhenberg, Höhenhaus, Holweide, Merheim, Ostheim, Rath und Stammheim) werden nach Köln eingemeindet.

3. April

Der Kölnische Kunstverein feiert sein 75-jähriges Bestehen.

8. April

Zwei Neubauten Kölner Kaufhäuser präsentieren sich am gleichen Tag der Öffentlichkeit: das Kaufhaus Carl Peters und das Kaufhaus Leonhard Tietz nach Plänen von Wilhelm Kreis.

April 1914

Adolf Fischer, Museumsgründer und Direktor des Museums für Ostasiatische Kunst, stirbt bei einem Aufenthalt in Meran. Die Direktorenstelle übernimmt dessen Frau Frieda Fischer.

Mai 1914

1. Mai

Die Ausstellung „Alt- und Neu-Cöln" wird nach ihrem Erfolg 1913 zum zweiten Mal, nun in erweiterter Form, präsentiert. Mit Bildern und Modellen wird in der Ausstellungshalle am Aachener Weiher die Geschichte der Stadt erläutert.

3. und 10. Mai

Grundsteinlegung für die Kirchen St. Pius in Zollstock und St. Maternus in der Südstadt. Während des Krieges verlangsamen sich die Bauarbeiten.

16. Mai

In Köln-Deutz findet die feierliche Eröffnung der Werkbund-Ausstellung statt. Sie wird einen Tag später für die Öffentlichkeit freigegeben.

25. Mai

Der Kölner Erzbischof Felix von Hartmann wird in Rom zum Kardinal erhoben.

Der amerikanische Vergnügungspark in Köln-Riehl, auch 1914 noch eine Attraktion, Fotopostkarte, Köln, um 1910 (Privatbesitz Joachim Brokmeier)

Die Deutsche Werkbund-Ausstellung eröffnet am 16.5.1914. Fotopostkarte, 1914 (Privatbesitz Volker Standt)

22. Mai

Der international bekannte Flugpionier und Industrielle Gustave Adolphe Clément-Bayard und drei seiner Begleiter werden verhaftet, weil sie in Bickendorf einer Zeppelin-Landung zusahen und man sie als Ausländer der Spionage verdächtigte. Der Skandal führt zu diplomatischen Verwicklungen.

Mai 1914

Die Kölner Stadtverordneten beschließen den Bau eines Wellenbades am Neusser Wall für 1,2 Millionen Mark.

Juni 1914

18. Juni

Festliche Eröffnung des von Henry van de Velde erbauten Theaters auf der Werkbund-Ausstellung mit Goethes „Faust I", einem Gastspiel des Berliner Lessing-Theaters unter Leitung von Victor Barnowsky.

28. Juni

Ermordung des österreichisch-ungarischen Thronfolgers Erzherzog Franz Ferdinand und seiner Frau in Sarajevo.

Juni 1914

Der Neubau des Fabrikgebäudes der Firma F. W. Brügelmann Söhne wird begonnen, kann aber nach der Fertigstellung 1915 wegen des Krieges nicht bezogen werden.

Ende Juni 1914

Der Kreuzer „Cöln" nimmt an der Kieler Woche teil, die nach der Bekanntgabe der Ermordung des österreichisch-ungarischen Thronfolgerpaars abgebrochen wird.

Juli 1914

7.–12. Juli

Im Stadtwald, auf den Poller Wiesen und im Stadion der Werkbund-Ausstellung werden unter Beteiligung von rund 550 Leicht- und 40 Schwerathleten sowie 2.000 Schülern die Vaterländischen Festspiele ausgetragen, die bedingt durch den Kriegsausbruch dann erst wieder 1920 stattfinden.

13. Juli

Feier des „Rheinländertags" inklusive „fröhlichen Beisammenseins" im Gürzenich, Rheinfahrt nach Remagen und Gründung des „Rheinländerbunds" mit Sitz in Köln unter Vorsitz des Kölner Oberbürgermeisters.

15. Juli

Obwohl politische Krisenstimmung herrscht, feiert die Lack- und Farbenfabrik Court & Baur ihr 50-jähriges Jubiläum. In diesem Jahr hatten bereits das Mülheimer Samt- und Seidenunternehmen Christoph Andreae sein 200-jähriges (3. Juli) und die Gasmotorenfabrik Deutz ebenfalls ihr 50-jähriges Jubiläum (31. März) begangen.

Svend Gade, Bühnenbildentwurf für „Faust I", Köln, 1914 (Theaterwissenschaftliche Sammlung der Universität zu Köln)

Der Kronprinz in Köln, 9.–11.6.1914, Fotografie (Achim Konejung/Archiv der Konejung Stiftung: Kultur)

26. Juli

Teilmobilmachung Österreich-Ungarns. Wehrpflichtige dieses Landes verlassen Köln. Deutsche Offiziere müssen in ihre Standortquartiere zurückkehren, Soldaten bewachen schon seit einem Tag die Rheinbrücken.

28. Juli

Kriegserklärung Österreich-Ungarns an Serbien. In Köln wird eine Lebensmittelkommission unter Oberbürgermeister Max Wallraf eingerichtet. In der Stadt sind in zwölf Gewerkschaften 23.099 Mitglieder organisiert. An einer Massenkundgebung der Kölner SPD gegen den Krieg nehmen 10.000 Menschen teil.

30. Juli

Die Kölner reagieren auf den drohenden Krieg mit Hamsterkäufen, die Preise für Lebensmittel steigen.

31. Juli

Im Deutschen Reich wird der Kriegszustand ausgerufen, die Grundrechte werden eingeschränkt. Köln wird zur „Festung" erklärt und unter dem Diktat des Militärs in einen verteidigungsbereiten Zustand versetzt. Die vollziehende Gewalt geht an den kommandierenden General des VIII. Armeekorps, General Erich Franz Tülff von Tschepe und Weidenbach, über. Verwaltungs- und Gemeindebehörden sind ihm unterstellt, Stadtverwaltung und Regierungspräsident haben sich ihm bzw. in dessen Vertretung dem Festungskommandanten Oberst Lindemann zu fügen. Die Polizei untersteht nun dem Gouverneur der Festung, Generalleutnant Franz Gustav von Wandel.

Ende Juli 1914

Das Militär prägt das Stadtbild. In insgesamt 25 Kasernen sind in Köln acht Regimenter, vier Bataillone, eine Maschinengewehrabteilung und eine Kompanie stationiert. Für den reibungslosen Ablauf des Einkaufs, der Lagerung und Haltbarmachung der Lebensmittel ruft die Kölner Stadtverwaltung das Einkaufsamt ins Leben, bis 1917 die Schaltzentrale Konrad Adenauers bei der Lebensmittelversorgung.

August 1914

1. August

Deutsche Kriegserklärung an Russland. Der Verkehr über die Rheinbrücken wird eingeschränkt, Theater und Museen werden geschlossen und Sportveranstaltungen abgesagt. Der Post-, Telegrafen- und Fernsprechverkehr wird eingeschränkt. Pferde und Autos müssen dem Militär zur Verfügung gestellt werden.

Auszug der Truppen an die Westfront, im Hintergrund die Deutzer Brücke im Bau, Fotografie, Köln, August 1914

Parade der Kölner Garnison auf dem Neumarkt, Fotografie, Köln, 1914 (KSM)

2. August

Erster Mobilmachungstag. Die Soldaten finden sich bis zum sechsten Mobilmachungstag an ihren Gestellungsorten ein. 60 militärische Formationen ziehen durch Köln. Das Rote Kreuz versorgt die durchziehenden Truppen, und die Stadt Köln richtet ein Einquartierungsamt ein. Während der Mobilisierung werden mehr als 100.000 Soldaten, oftmals bei Privatpersonen, einquartiert.

Mit der Einrichtung des Einquartierungsamtes versucht man in der Stadt vorhandene Räumlichkeiten als Unterkünfte ausfindig zu machen. Auch die Bevölkerung ist aufgerufen und verpflichtet, Soldaten aufzunehmen.

Heinrich Hoerle kommentiert die Mobilmachung im Gästebuch von Heinrich Höfer aus Köln-Ehrenfeld mit einer karikaturhaften Zeichnung eines Soldaten im Laufschritt und der Notiz „Mobilmachungstag! Wir wollen den Krieg (nie!) [...] Heinz Hoerle, Offizier in spe" „Ha. Ha."

3. August

Verfrüht beginnen für die Kölner Schüler die Herbstferien. Die Straßenreinigung schränkt ihren Dienst ein, der Hausmüll wird nur noch zweimal wöchentlich abgeholt.

5. August

Außerordentlicher allgemeiner Bettag: Bestimmt durch eine Order des (protestantischen) Kaisers wird der „Bettag" nicht nur in sämtlichen protestantischen Gemeinden begangen, sondern auch in allen katholischen Kirchen Kölns unter Aussetzung des Allerheiligsten ein Hochamt gehalten.

5./6. August

Von der Luftschiffhalle Bickendorf aus unternimmt der Zeppelin Z VI „Cöln" (LZ 21) den ersten Luftangriff der europäischen Geschichte auf die Zivilbevölkerung. Nach dem Abwurf von Bomben auf Lüttich strandet das Luftschiff bei der Rückkehr bei Walberberg und wird abgewrackt.

6. August

Das Neptunbad und die Volksbäder in der Achterstraße, in Vingst, Sülz, Mülheim und Buchheim werden geschlossen.

Die Werkbund-Ausstellung schließt. In der Kölnischen Zeitung erscheint der Bericht: „Ein letzter Besuch der Werkbund-Ausstellung". Die endgültige Schließung wird nicht mehr erwähnt.

7. August

Zeitungen berichten, dass schon ein Drittel der Kölner Ärzte eingezogen worden sei. In Köln wird bekannt, dass die belgische Stadt Lüttich eingenommen worden ist. In anderen Städten werden Fahnen als Zeichen des Sieges herausgehängt. Bürger beklagen sich, dass in Köln weder an öffentlichen noch privaten Gebäuden Fahnen zu sehen sind.

Suppenteller mit Eisernem Kreuz, „Weltkrieg 1914", Steingut, 1914 (KSM)

Vor dem Haus der „Kölnischen Zeitung" warten die Menschen auf Neuigkeiten vom Kriegsausbruch. Fotografie, Köln, August 1914

8. August

Siebter Mobilmachungstag. Landsturm und Landwehr müssen sich bis zum 14. Mobilmachungstag zu ihren Sammelorten begeben.

Die Firma Stollwerck inseriert in der Abendausgabe der Kölnischen Zeitung „Kriegs-Erfrischungen für unsere Söhne und Brüder im Feldzuge, zugleich unübertroffene Nähr- und Kräftigungsmittel, sind gute Schokoladen, Pfeffermünz-Pastillen usw."

Der Kölner Erzbischof veröffentlicht sein Gebet: „Barmherziger Gott! (…) Wir bitten Dich in Demut um Deinen allmächtigen Beistand für unser deutsches Vaterland. Segne die gesamte deutsche Kriegsmacht. Führe uns zum Siege."

10. August

Im redaktionellen Teil der Kölnischen Zeitung erscheint die „Verlustliste Nr. 1" mit Gefallenen aus dem Reich.

12. August

Gartendirektor Friedrich Encke rät, dass die Bürger selbst Gemüse anbauen sollen, um einem Gemüsemangel entgegenzuwirken.

Der private Reiseverkehr wird wieder aufgenommen, nachdem mit der Mobilmachung zunächst der reguläre Eisenbahnverkehr komplett eingestellt war.

13. August

Die Stadt Köln beginnt mit dem Verkauf von Kartoffeln unter Marktpreis, um den gestiegenen Kartoffelpreisen entgegenzuwirken. Die erste Todesanzeige eines im Krieg verstorbenen Kölners erscheint im Stadt-Anzeiger: Heinrich Mohwinkel war am 6. August 1914 vor Lüttich gefallen.

15. August

Einem Aufruf folgend, werden auf dem Neumarkt alle privaten Automobile auf Tauglichkeit für den Heeresdienst geprüft und gegebenenfalls eingezogen.

19. August

Von den Kölner Bahnhöfen fahren wieder die ersten Fernzüge ab. Ein Zug mit 1.500 Kriegsgefangenen fährt durch Köln. Bis zum 15. September 1914 werden rund 83.000 Gefangene über den Kölner Hauptbahnhof befördert.

Das Innenministerium regelt in einer Verfügung die Unterbringung der Gefangenen: Wohnfläche und Ausstattung sind nach Dienstgrad festgelegt. Um mögliche Aufstände zu verhindern, dürfen Offiziere und Mannschaften einer Einheit nicht in derselben Stadt untergebracht werden.

24./25. August

Von Bickendorf aus greift das Luftschiff „Sachsen" in einer Nachtfahrt Antwerpen an. Die Bomben treffen ein Krankenhaus, wobei etwa zehn Personen verletzt und vier getötet werden.

Werbegrafik der Firma Stollwerck, 1916 (RWWA)

Der Kölner Hauptbahnhof, Fotopostkarte, um 1914 (Archiv des Straßenbahn-Museums Thielenbruch, Köln)

25. August

Der liberale Stadtverordnete Joseph Bardenheuer stirbt im Alter von 78 Jahren in Köln. Die Ersatzwahl findet unter der Vereinbarung des „Burgfriedens" im Januar 1915 statt.

Ein Schreiben des Ministers des Innern versucht zu unterbinden, dass den Kriegsgefangenen in Wahn von Kölnerinnen Liebesgaben übergeben werden.

27. August

Die Gartenverwaltung der Stadt Köln gibt bekannt, dass Grundstücke zum Anbau von Gemüse kostenlos abgegeben werden.

28. August

Vor Helgoland sinkt der Kleine Kreuzer S.M.S Cöln nach einem Gefecht. 505 Marinesoldaten sterben, nur der Heizer Adolf Neumann überlebt.

31. August

Der General der Infanterie Louis von Held wird zum Gouverneur der Festung Köln ernannt. Sein Vorgänger, Generalleutnant Franz Gustav von Wandel, hat schon Ende August 1914 Köln verlassen, weil er zum stellvertretenden Kriegsminister ernannt worden ist.

August 1914

Direkt nach der Mobilmachung erfolgen erste Anordnungen zur Einrichtung neuer Lazarette in Köln. Zwischen 1914 und 1918 befinden sich in Köln insgesamt 54 Lazarette. Mit Kriegsbeginn stellen die Behörden 13.350 Betten für Militär- und Zivilpersonen zur Verfügung. Gleichzeitig wird aber ein Drittel der Ärzte zum Kriegsdienst eingezogen.

Zur Regelung der sich aus dem Krieg ergebenden besonderen Aufgaben der Fürsorge erfolgt Anfang August ein Gründungsaufruf des „Verbandes der Kölner Frauenvereine" zur Schaffung einer „Nationalen Frauengemeinschaft" (NFG). Unter dem repräsentierenden Vorsitz von Anna Wallraf, der Gattin des Oberbürgermeisters, vereinigen sich in der NFG 40 lokale Frauenvereine.

Die Festung Köln wird armiert. Dazu werden die Räume zwischen den Forts und Zwischenwerken mit Hindernissen ausgefüllt.

Die Kölner beginnen, französische und englische Begriffe abzulehnen. Es finden Umbenennungen wie die des „Café Piccadilly" in „Kaffeehaus Germania" statt.

In Köln kommt es zu einer erhöhten Arbeitslosigkeit.

Mitte August 1914 werden die ersten Verwundeten in Köln gesehen.

Krankenschwestern des Israelitischen Asyls mit verwundeten Soldaten, Fotografie, Köln, um 1915 (NS-Dokumentationszentrum der Stadt Köln)

Heinz Kroh, Hohe Straße, Öl auf Leinwand, Köln, um 1914 (Privatbesitz)

Der Kölner Hauptbahnhof mit der Hohenzollernbrücke ist das entscheidende Nadelöhr in der Logistik des deutschen Aufmarsches zur Westfront, für Truppentransporte wie für Versorgung und Nachschub. Täglich passieren in den ersten Kriegsmonaten bis zu 30.000 Soldaten diesen Engpass, in Zügen im Zehnminutentakt.

Bis Kriegsbeginn ist das öffentliche Verkehrsnetz mit insgesamt 20 Linien auf 85,4 km ausgebaut, auf denen elektrische Straßenbahnen fahren. Zum Fuhrpark der Straßenbahnen zählen 451 Motorwagen und 511 Anhängerwagen mit insgesamt 31.536 Steh- und Sitzplätzen.

In den ersten Kriegsmonaten finden mit den Kölner Straßenbahnen vier Millionen Fahrten von Soldaten statt. Zudem wird mit den städtischen Bahnen Material, v. a. Munition, transportiert sowie ab 1915 Kartoffeln und später auch Briketts.

Der Erzbischof erteilt Dispense für Mischehen, von Fastengeboten und für sonntägliche Feldarbeiten. Schnell folgen etwa Einschränkungen für Wallfahrten, Rationierungen für Kerzen und Öl sowie Abgaben von Glocken und Orgelpfeifen.

Der Innenminister weist den Regierungspräsidenten in Köln an, die Prostitution stärker zu überwachen. Von den 102 bekannten Dirnenhäusern in Köln werden 46 geschlossen und die darin wohnhaften 219 Prostituierten aus der Festung ausgewiesen.

Die Zahl der Gewerkschaftsmitglieder in Köln sinkt auf 16.999.

September 1914

1. September

Auf dem Neumarkt werden der Bevölkerung acht eroberte französische Geschütze und ein Munitionswagen präsentiert. Sie werden am 14. September 1914 wieder abtransportiert. Der Beginn der neuen Theatersaison in Köln wird vom 1. auf den 15. September verschoben. Gleichzeitig werden die Eintrittspreise und die Gagen (um bis zu 50 Prozent) gesenkt.

7. September

Die städtischen Museen öffnen wieder.

10. September

Die Schule beginnt wieder. Wegen der vielen einberufenen Lehrer müssen die verbliebenen Lehrer mehr Stunden unterrichten, Referendare erteilen eigenständig Unterricht, und pensionierte Lehrer werden reaktiviert. Die Stundentafel wird gekürzt, und der Krieg wird im Unterricht thematisiert. Einige Schulen werden weiterhin als Lazarette benötigt.

Das Kutterwrack des Kreuzers „Cöln" wird auf Norderney angespült. Der Inselkommandant, Arnold Freiherr von Solemacher-Antweiler, erwirbt das Wrack und schenkt es der Stadt Köln.

12. September

Das Hohenstaufenbad und das Volksbad Fleischmengergasse sind wieder geöffnet.

Eroberte Geschütze, aufgestellt am 1.9.1914 auf dem Neumarkt, Fotopostkarte, Köln, 1914 (Privatbesitz Volker Standt)

Das Hohenstaufenbad, wiedereröffnet am 12.9.1914, Fotopostkarte, Köln, um 1914 (Privatbesitz Volker Standt)

13. September

Als erstes Opfer des Krieges aus Köln-Mülheim wird Peter Wehner beerdigt. Auf den anderen Kölner Friedhöfen finden ebenfalls Beerdigungen gefallener Soldaten statt.

15. September

Die Preise für Lebensmittel müssen deutlich sichtbar innerhalb und außerhalb der Geschäfte angebracht werden.

Das städtische Theater beginnt die neue Spielzeit. Zugunsten des Roten Kreuzes und der Städtischen Kriegssammlung kommt Heinrich von Kleists „Prinz Friedrich von Homburg", das Lieblingsschauspiel des Kaisers, im Opernhaus zur Aufführung.

16. September

Die Oper eröffnet die neue Spielzeit.

17. September

Zur Linderung der finanziellen Not der Familien, die von Arbeitslosigkeit betroffen sind, führt die Stadt Köln eine Arbeitslosenunterstützung ein.

18. September

Die Beschränkungen des Straßenbahnverkehrs über die Hohenzollernbrücke werden wieder aufgehoben.

Der „Köln-Nippeser Fußballklub Britannia" benennt sich um und heißt nun „Köln-Nippeser Fußballklub Fortuna".

20. September

Das Kutterwrack des großen Beiboots des Kleinen Kreuzers Cöln wird mit Flaggen und Girlanden geschmückt im Hof des neuen Rathauses am Elogiusplatz präsentiert.

22. September

Zwei britische Piloten starten mit dem Flugzeug „Churchill" den ersten Luftangriff auf Köln. Wegen dichten Nebels müssen Leutnant Spenser Douglas Adair Grey und sein Begleiter umkehren.

25. September

Erstmals seit Kriegsbeginn wird wieder eine Getreidebörse in Köln abgehalten. In Köln-Deutz findet eine erste Versteigerung „kriegsunbrauchbarer Pferde" statt. Nur Landwirte dürfen bieten.

26. September

In Ehrenfeld öffnet wieder das Neptunbad.

30. September

Der Kommandant der Festung Köln, Oberst Lindemann, wird an die Front versetzt. Sein Nachfolger wird Oberst Scholl.

September 1914

Die Sparkasse Köln zeichnet ca. 26 Millionen Mark für die erste Kriegsanleihe.

Nur zwei Monate nach Kriegsbeginn befinden sich im Lager in Wahn bereits 4.100 Kriegsgefangene.

Titel eines Heftes „Kriegserinnerungen", mit eingeklebter Fotopostkarte, 1914 (KSM)

Emil Lichius (Fotograf), Gruppenaufnahme von russischen Kriegsgefangenen in Wahn aus einem Album mit 14 Fotografien, Köln, 1914–1916 (KSM)

Oktober 1914

1. Oktober

Der Industrielle Theodor von Guilleaume stiftet durch Vermittlung der Stadt Köln 500.000 Mark für den Bau des „Vereinslazarettzug[es] Z der Cölner Vereinigten Vereine vom Roten Kreuz".

4. Oktober

Der vormilitärische Unterricht beginnt. 1.480 Jungen melden sich und werden von 80 ehemaligen Heeresangehörigen angeleitet. Die linksrheinischen Kölner Fußballligavereine beginnen wieder mit einem geregelten Spielbetrieb.

5. Oktober

Das Volksbad Vingst öffnet wieder.

7. Oktober

Die Südbrücke darf wieder von Fußgängern überquert werden.

8. Oktober

Zum ersten Mal fallen Bomben auf Köln. Als Reaktion auf die Luftangriffe mit Zeppelinen aus Köln soll ein britischer Pilot im Auftrag Winston Churchills die Luftschiffhalle Bickendorf bombardieren, findet diese nicht und wirft stattdessen über Ehrenfeld und Großkönigsdorf Bomben ab. Es entsteht nur Sachschaden. Der Pilot gibt an, als Ersatzziel den Hauptbahnhof bombardiert zu haben – trifft aber nur Gleise in der Nähe der Ehrenfelder Gasanstalt.

Das Reichshallentheater beginnt wieder mit Vorstellungen. Der Krieg kommt als Thema auf die Bühne mit dem Stück „Weltbrand" von Adolf Steinmann.

9. Oktober

Das Volkstheater Millowitsch öffnet wieder – mit dem Stück „Unsere grauen Jungen".

11. Oktober

Der Andrang von neugierigen Besuchern am Gefangenenlager Wahn ist so groß, dass die Militärverwaltung das Lager von Soldaten weiträumig absperren lassen muss.

28. Oktober

Die ersten reichsweit festgelegten Höchstpreise gelten für Roggen, Weizen und Gerste.

29. Oktober

Oberbürgermeister Max Wallraf teilt der Stadtverordneten-Versammlung mit, dass der einberufene Stadtverordnete Josef Mick von der Zentrums-Partei als im Krieg vermisst gilt.

Die britische Sopwith Sociable „Churchill", mit der am 22.9.1914 der erste Luftangriff auf Köln geflogen wurde. Erst beim zweiten Angriff am 8.10.1914 fielen die ersten Bomben. Fotografie

„Heldengräber" auf dem Friedhof in Köln-Kalk, Fotopostkarte, 1914/1915 (Privatbesitz Volker Standt)

Oktober 1914

Die Stadt Köln beginnt mit der Einrichtung von Ehrengrabfeldern für die Toten des Ersten Weltkrieges auf dem Nordfriedhof, dem Südfriedhof und Melaten.

Fall Hodler: Im Wallraf-Richartz-Museum führt Ferdinand Hodlers Beteiligung am Protest gegen die Zerstörungen in Löwen und Reims dazu, dass die Museumsleitung aus der modernen Abteilung der Gemäldegalerie Hodlers Bildnis „Kopfstudie einer Italienerin" entfernt und stattdessen eine Hinweistafel anbringt, die demonstrativ den Maler kritisiert.

Die Nationale Frauengemeinschaft Köln (NFG) richtet acht Suppenküchen für Bedürftige ein.

In Köln wird das Petroleum knapp. Da viele Wohnungen noch nicht an das Stromnetz angeschlossen sind, sind deren Bewohner darauf angewiesen. Nachrichten über Petroleumlieferungen führen zu Aufläufen vor den Geschäften.

In Köln existieren 31 eigene Lichtspielhäuser mit regelmäßigen Filmprogrammen in der Innenstadt und in den Vororten. Ab Oktober 1914 liefern die Messter- und Eiko-Wochenschauen den Kinos regelmäßig Berichte vom Kriegsgeschehen, die zuvor vom Militär kontrolliert und zensiert werden.

Das „Moderne Theater" kündigt ein „Kriegsschauspiel in 3 Akten" an: „Es braust ein Ruf wie Donnerhall", die Geschichte eines „kriegsfreiwilligen deutschen Primaners", ein Drama, „das begeisterte Vaterlandsliebe geschaffen hat zur Nacheiferung für uns alle – ein Werk, erfüllt von glühendem Patriotismus!". Außerdem im „bunten Programm": „reichhaltige, aktuelle Kriegsberichterstattung".

Willi Ostermann veröffentlicht Kriegsgedichte.

Nach dem „Wettlauf zum Meer" – dem Kampf um die Schlüsselpositionen an der belgischen Küste – erstarrt die Westfront im Stellungskrieg. Ein schneller Durchbruch und damit ein Sieg sind für keine Seite möglich. Man beginnt, sich auf eine lange Kriegsdauer vorzubereiten.

November 1914

1. November

Der durch eine Schenkung des Geheimrats und Unternehmers Theodor von Guilleaume entstandene Vereinslazarettzug Z unternimmt seine erste Fahrt nach Gent. Bereits bei seiner dritten Fahrt am 16. November verunglückt der Zug.

2. November

Beginn der britischen Seeblockade, die im Verlauf des Krieges in Deutschland zu Rohstoffmangel und Lebensmittelknappheit führt – auch in Köln, obwohl man hier durch Vorräte besser versorgt ist als in anderen deutschen Großstädten.

6. November

Pater Josef Impekoven aus St. Wendel im Saarland, Mitglied der Steyler Gesellschaft des Göttlichen Worts, wirbt als Erster für den Bau von Kapellenautomobilen, um den Soldaten an der Front zu Weihnachten die Eucharistiefeier zu ermöglichen. Ergänzt durch Initiativen des Erzbischofs von Hartmann und des Bonifatiusvereins können bis Mai 1915 sechs Kapellenautos produziert werden.

23. November

Höchstpreise für Kartoffeln werden reichsweit festgelegt.

Kriegslicht (Glühstrumpf mit Behälter), Baumwolle, Pappe, Papier, 1914–1918 (KSM)

Erst 1918 zogen die letzten Soldaten auf dem Rückzug von der Westfront durch Köln – als Verlierer des Krieges und keinesfalls siegreich triumphierend wie auf dieser Zeichnung von Hans W. Schmidt (Original), Bildpostkarte, 1918 (Privatbesitz Volker Standt)

November 1914

Anfang November 1914 organisiert der „Wohltätigkeitsstammtisch Prinz Eugenius" in der Gaststätte Sternengasse 30 die erste Nagelaktion in Köln, an der sich auch Oberbürgermeister Max Wallraf beteiligt. In eine Tischplatte in der Bierbrauerei können gegen Spende Nägel eingeschlagen werden. Die Nägel formen als Motiv ein Eisernes Kreuz, die Zahl 1914 und den Namen des Stammtischs. Die Aktion bringt 1.530 Mark ein.

Innerhalb der ersten vier Monate seit Kriegsbeginn erreichen die Kölner Bahnhöfe 780 große Verwundetentransporte mit zum Teil mehr als 2.000 Personen.

Die Schwestern Mathilde und Melanie von Mevissen stiften 150.000 Mark für einen Zug mit dem Namen „Stadt Cöln. Lazarettzug Mevissen".

Mit Spenden aus der Kölner Oberschicht in Höhe von 200.000 Mark werden bis November fünfzehn Krankenautomobile gebaut, mit denen man die Verwundeten vom Schlachtfeld zu den Zügen bringt.

Es wird verboten, Goldmünzen aus dem Bereich der Festung Köln auszuführen. Sie sollen möglichst der Reichsbank zugeführt und bei Sammelstellen umgetauscht werden.

Der Kölnische Kunstverein gibt für seine Mitglieder als Vereinsprämie eine Lithografie von Wilhelm Schreuer mit dem Titel „Kölner Landwehr in Laon" heraus.

Dezember 1914

1. Dezember

Den Kindern armer Eltern wird täglich ein Frühstück ausgeteilt, bestehend zumindest aus einem Glas Milch und einem Brötchen.

2. Dezember

Mit dem plötzlichen Tod von Alfred Hagelstange verliert das Wallraf-Richartz-Museum einen Direktor mit aufgeschlossenem Kunstverständnis, der mit seiner fortschrittlichen und weitsichtigen Erwerbungspolitik den Brückenschlag in die Moderne realisiert hat. Die Stelle wird erst 1920 wieder besetzt.

4. Dezember

Um die Verdienste Hagelstanges zu würdigen, entscheidet sich der Ausschuss des Kölnischen Museumsvereins zum Ankauf der Gemälde „Pferd mit Reiter" und „Der barmherzige Samariter" von Max Liebermann, die Hagelstange bereits im Vorjahr für das Museum akquirieren konnte.

7. Dezember

Lodz wird erobert. Das Aufziehen der Fahne am Rathaus gibt das Signal für die Bürger der Stadt, zum Zeichen des Sieges ebenfalls Fahnen herauszuhängen.

12. Dezember

Unter dem Titel „Kölnische Kunst zum Besten des Roten Kreuzes" startet im Kunstgewerbemuseum eine Ausstellung mit Werken Kölner Künstler mit einer anschließenden Verlosung, die Not leidenden Künstlern zugutekommt.

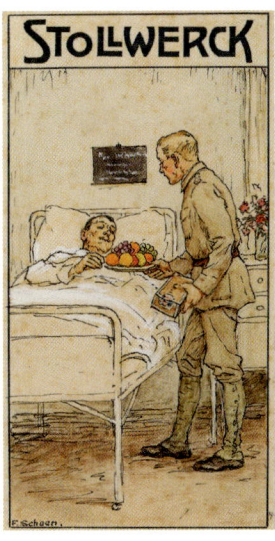

Liebesgaben im Lazarett, aus dem Sammelalbum „Jungdeutschlands Betätigung im großen Kriege" der Firma Stollwerck, Köln, 1914 (RWWA)

Biscuit- und Zwieback-Fabrik Otto Bremicker (Hersteller), Krankenzwieback, Köln, 1917 (KSM)

14. Dezember

„Seid sparsam mit den Weihnachtsbäckereien!", fordert General Paul von Ploetz, stellv. Kommandeur des VIII. Armeekorps, per Plakatanschlag die Rheinländer auf.

Das Unternehmen „4711" wirbt dafür, den Soldaten an der Front zu Weihnachten Kölnisch Wasser zu senden: „Sehr nützlich und unentbehrlich im Feld!"

15. Dezember

Der offizielle „Weihnachtszug" der Stadt Köln verlässt den Güterbahnhof Gereon in Richtung Westfront mit Geschenkpaketen und 2.000 Christbäumen.

21. Dezember

Oberbürgermeister Max Wallraf gibt bekannt, dass der verstorbene Rentner und Junggeselle Karl Edelmann der Stadt Köln ein Vermögen von fast drei Millionen Mark hinterlassen hat.

22. Dezember

Das erste Kapellenauto wird offiziell übergeben. Das durch Spenden der Kölnischen Volkszeitung finanzierte Automobil soll den Geistlichen an der Front helfen, Messen zu feiern. Die geöffneten Hecktüren sind gleichzeitig Flügel eines Altars.

23. Dezember

Pater Impekoven bricht zu seiner ersten Fahrt im Kapellenauto in Richtung Lille auf.

24. Dezember

An Heiligabend kommt das Kapellenauto der Erzdiözese Köln erstmals an der Westfront in Lille zum Einsatz, um die Heilige Messe zu feiern.

Die neue Hängebrücke über den Rhein darf erstmals von der Bevölkerung besichtigt werden. An vier Tagen kommen rund 100.000 Personen zu dem noch nicht komplett fertiggestellten Bauwerk.

Oberbürgermeister Max Wallraf erklärt: „Es ist vielen nicht nach Weihnachten zumute dieses Jahr. Sie möchten keinen Baum brennen sehen, während draußen der Krieg wütet." Dennoch ruft er dazu auf, für die Soldaten an der Front „die Lichter anzustecken".

Weihnachten 1914 erscheint die Publikation „Das malerische Köln" mit Stadtansichten des Malers Karl Rüdell, der zu den Traditionalisten der Kölner Kunstszene gehört.

Joseph Feinhals (Hersteller), Zigarrenkiste als Feldpost, Köln, 1914–1918 (KSM)

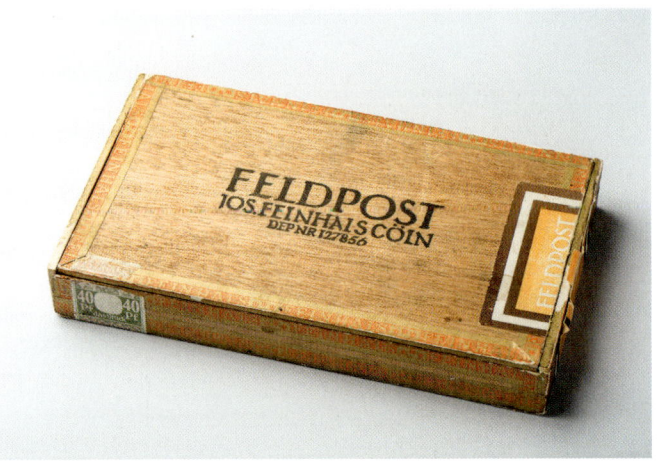

Weihnachtsgrüße des Kölner Oberbürgermeisters Max Wallraf, Feldpostkarte, Köln, Dezember 1914 (Privatbesitz Bernd von der Felsen)

Dezember 1914

Küchenabfälle werden flächendeckend eingesammelt und den Landwirten der Umgebung zur Schweinemast verkauft. In Köln wird erstmals sogenanntes Kriegsbrot verkauft. Zum Backen von Weizenbrot muss nun Roggenmehl zu einem Anteil von 30 Prozent mitverbacken und beim Backen von Roggenbrot entweder zehn Prozent Kartoffelstärkemehl oder 30 Prozent gequetschte oder geriebene Kartoffeln mitverwendet werden.

Die ersten Lazarettautos werden fertiggestellt und ausgeliefert. Diese durch Spenden finanzierten Automobile dienen dem Transport von mehreren Verwundeten auf ihren Bahren gleichzeitig.

Innerhalb von nur fünf Monaten verringert sich die Zahl der Gewerkschaftsmitglieder in Köln um fast die Hälfte auf 12.749.

1914 werden in Köln 815.722 Touristen gezählt. Ein Großteil davon kommt als Besucher der Werkbund-Ausstellung vor Kriegsbeginn, sodass trotz der international gerühmten Schau ähnlich viele Besucher in Köln sind wie 1913. 1915 wird die Zahl dann auf 528.757 sinken.

31. Dezember

Mit „Prosit Neujahr" inseriert das Kaffee- und Konzerthaus „Germania" am Jahresende 1914, illustriert mit einer kroneschwenkenden Germania und dem kleingedruckten Vermerk: „Die Silvester-Feier wird in meinem Lokale dem Ernst und der Grösse der Zeit entsprechend stattfinden."

Gasmaske, Leder, Gummi, Blech, Glas, 1914–1918 (KSM)

Werkstatt Gabriel Hermeling, Abzeichen „Kriegsweihnacht", Metall, Köln, 1914 (KSM)

Christbaumspitze mit Bildnis von Wilhelm II., Glas mit silberner Fassung, 1914 (KSM)

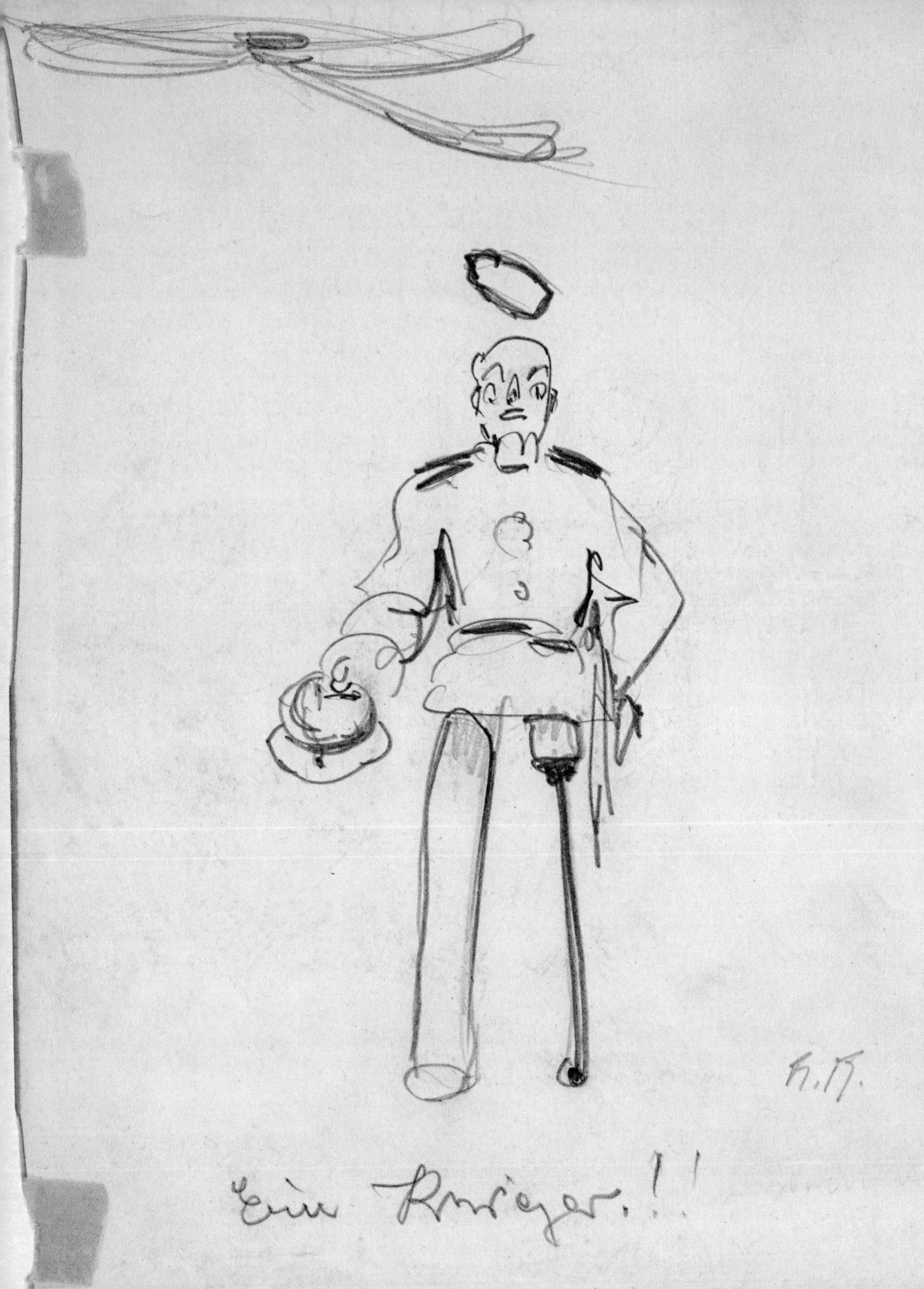

Ein Krieger.!!

Personenindex

Quellen

Bundesarchiv,
Abt. Militärarchiv Freiburg (BArch)
RH 18 Chef der Heeresarchive

Historisches Archiv der Stadt Köln (HAStK)
Bestand 401 Oberbürgermeister und Haupt-
verwaltung
Bestand 611 Historisches Museum/Stadt-
museum
Bestand 1067/9 Jahresbericht Verein Frauen-
studium 1914
Bestand 7030 Chroniken und Darstellungen

Kölner Karnevalsmuseum

Kölnisches Stadtmuseum
Grafische Sammlung

Landesarchiv NRW, Abt. Rheinland (LAV
NRW)
Bestand BR9 Bezirksregierung Köln

Landeshauptarchiv Koblenz (LHAKo)
Best. 403 Oberpräsidium der Rheinprovinz

The National Archives, Kew
AIR 1 Records created or inherited by the
Air Ministry, the Royal Air Force, and related
bodies
CAB 37 Cabinet Office: Photographic Copies
of Cabinet Papers

Stadtarchiv Bielefeld
Bestand 104,2.20/Standesamt, Personen-
standsregister
Bestand 104,2.22/Standesamt, Sammelakten
Bestand 104,3/Einwohnermeldeamt

Stiftung Bundeskanzler-Adenauer-Haus
(StBKAH)

**Stiftung Rheinisch-Westfälisches Wirt-
schaftsarchiv zu Köln** (RWWA)
Abt. 107 Deutz AG, Köln
Abt. 162 Muelhens GmbH & Co. KG, Köln
Abt. 208 Stollwerck AG, Köln

Literatur

Zeitschriften und Zeitungen

Daheim, 1914.

Deutschland. Zeitschrift für Heimatkunde
und Heimatliebe. Organ für die deutschen
Verkehrs-Interessen, H. 9, Juni 1914. Sonderheft Deutsche Werkbund-Ausstellung Cöln
1914.

Jung-Cöln, Jugendschrift, hg. im Auftrag der
Schulverwaltung der Stadt Cöln, 3. Jg.,
1914/1915.

Die katholische Welt, 1915.

Der Kinematograph, 1914–1918.

Kölner Frauenzeitung.

Kölner Tageblatt, 1912–1914.

Kölnische Theater-Rundschau.

Kölnische Theater-Rundschau, 3. Jg., 1913,
Sondernummer: Alt- und Neu-Cöln.

Kölnische Volkszeitung, 1914–1918.

Kölnische Zeitung, 1914–1918.

Kunstchronik, 1914/1915.

Lichtbild-Bühne, 1910.

Localanzeiger, 1914.

London Gazette, 1914.

Porz-Urbacher Volksblatt, 1914.

Rheinische Zeitung, 1911–1914.

Stadt-Anzeiger zur Kölnischen Zeitung,
1910–1918.

Die Wochenschau, 1915.

Monografien und Beiträge

80 Jahre. 1906–1986. SC. Colonia 06 e. V.
Köln. Köln 1986.

Werner **Adams**, Joachim **Bauer** (Hg.): Vom
Botanischen Garten zum Großstadtgrün. 200
Jahre Kölner Grün. Köln 2001.

Holger **Afflerbach** (Bearb.): Kaiser Wilhelm II.
als Oberster Kriegsherr im Ersten Weltkrieg.
Quellen aus der militärischen Umgebung des
Kaisers 1914–1918. München 2005.

AIV Köln (Hg.): Köln. Bauliche Entwicklung
1888–1927. Berlin 1927 (Nachdr. Köln 1987).

AIV Köln (Hg.): Deutschland's Städtebau.
3. Aufl., Köln 1926 (Nachdr. Köln 1994).

AIV Köln e. V. von 1875 (Hg.): Köln – seine
Bauten 1928–1988. Köln 1991.

AIV Köln (Hg.): Köln – seine Bauten 2000.
Köln 2000.

Beatrix **Alexander**: Der Kölner Bauer. Köln
1985.

Allgemeine Ausstellungsbedingungen. Hg.
von der Deutschen Werkbund Ausstellung.
Köln 1914.

Alt-Köln-Kalender 1915. Hg. vom Verein
„Alt-Köln" e. V. Red. Dr. Josef Bayer. Köln
1915.

Peter **Alter**: Einleitung. In: Ders. (Hg.): Im
Banne der Metropolen, Berlin und London in
den zwanziger Jahren. Göttingen u. a. 1993,
S. 7–20.

Elisabeth **Amling**: „Unverkürzte humanisti-
sche Gymnasialbildung auch für die Frauen".
Der Kölner Verein Mädchengymnasium. In:
Kölner Frauengeschichtsverein (Hg.): „10 Uhr
pünktlich Gürzenich", s. d., 1995, S. 37–47.

Elisabeth **Amling**: Die Begeisterung in heller
Flamme halten. Die Bürgerliche Frauenbewegung in Köln im Ersten Weltkrieg. In:
Kölner Frauengeschichtsverein (Hg.): „10 Uhr
pünktlich Gürzenich", s. d., S. 115–122.

Amtlicher Führer der Deutschen Werkbund Ausstellung Cöln 1914. Hg. von der Ausstellungsleitung. Köln u. a. 1914.

Amtlicher Katalog der Ausstellung für Kriegsfürsorge Cöln 1916. Kriegsbeschädigten-Fürsorge, Berufs-Ausbildung u. Umbildung. Hg. von der Ausstellungsleitung. Köln 1916.

Andenken an Wattlers Fischerhaus. Köln o. J.

Architektur-Forum-Rheinland e. V. (Hg.): Kölner Stadtbaumeister und die Entwicklung der städtischen Baubehörden seit 1821. Köln o. J.

Zvi **Asaria** (Hg.): Die Juden in Köln. Von den ältesten Zeiten bis zur Gegenwart. Köln 1959.

Ralf B. **Assenmacher**, Michael **Euler-Schmidt**, Werner **Schäfke**: 175 Jahre … und immer wieder Karneval. Köln 1997.

August Macke Haus e. V. (Hg.): Der Gereonsklub 1911–1913, Europas Avantgarde im Rheinland. Bonn 1993.

August Macke Haus e. V. (Hg.): Franz M. Jansen – Zwischen Symbolismus und Sachlichkeit. Bonn 2008.

August Macke Haus e. V. (Hg.): Rheinische Expressionistinnen. Bonn 1993.

Aus der Bildermappe des Kriegsmalers Wilhelm Schreuer. In: Velhagen & Klasings Monatshefte, XXIX. Jahrgang 1914/1915, S. 337 ff.

Minna **Bachem-Sieger**: Meine Welt. Gedichte und Lieder von … Köln 1916 (als Manuskript gedruckt).

Dirk **Backes**, Wolfram **Hagspiel**, Wulf **Herzogenrath** (Hg.): Heinrich Hoerle – Leben und Werk. Ausstellungskatalog, Kölnischer Kunstverein. Köln 1981.

Wilhelm **Bauer**: Die Brücken. In: Die Stadt Cöln im ersten Jahrhundert unter Preußischer Herrschaft. 1815–1915, Bd. 2, hg. von der Stadt Cöln. Köln 1915, S. 499–505.

Karl-Josef **Baum**, Josef **Dollhoff**: Fünf Schiffe Cöln/Köln. Fahrten und Erlebnisse in Krieg und Frieden. Herford 1988.

Martin **Baumeister**: Kriegstheater. Großstadt, Front und Massenkultur 1914–1918. Essen 2005.

Konrad **Baumgartner**: Die Neubesinnung auf die Pfarrei als Gemeinde nach dem Ersten Weltkrieg. In: Erwin Gatz (Hg.): Die Bistümer und ihre Pfarreien. Freiburg u. a. 1991, S. 115–122.

Marianne **Bechhaus-Gerst**: Afrikanische Kriegsgefangene und Besatzungssoldaten in Köln-Wahn. In: Dies., Anne-Kathrin Horstmann (Hg.): Köln und der deutsche Kolonialismus. Köln 2013, S. 179–182.

Tobias **Becker**, Johanna **Niedbalski**: Die Metropole der tausend Freuden. Stadt und Vergnügungskultur um 1900. In: Dies., Anna Littmann (Hg.): Die tausend Freuden der Metropole. Vergnügungskultur um 1900. Bielefeld 2011, S. 7–20.

Barbara **Becker-Jákli**: Fürchtet Gott, ehret den König. Evangelisches Leben im linksrheinischen Köln 1850–1918. Köln 1988.

Barbara **Becker-Jákli**: Das jüdische Krankenhaus in Köln. Die Geschichte des Israelitischen Asyls für Kranke und Altersschwache 1869 bis 1945. Köln 2004.

Barbara **Becker-Jákli**: Das jüdische Köln. Geschichte und Gegenwart. Ein Stadtführer. Köln 2012.

Helga **Behn**: Kölner Progressive. In: Kölner Museums-Bulletin. Sonderheft 1/2, 1992, S. 45.

Christine **Beil**: Der Ausgestellte Krieg. Präsentationen des Ersten Weltkrieges 1914–1939. Tübingen 2005.

Johannes Ralf **Beines**: Friedrich Carl Heimann (1850–1921). Stadtbaumeister und Kölns erster Stadtkonservator. In: Architektur-Forum-Rheinland (Hg.): Kölner Stadtbaumeister, s. d., S. 87–100.

Johannes Ralf **Beines**: Esch, alte Bauten, Teil 5: Der Kirchhof in Esch (Fortsetzung). In: Esch aktuell. Die Dorfgemeinschaft informiert, H. Nr. 212, Dezember 2007, S. 15–24.

S. **Bendix**: 25 Jahre Vaterländische Festspiele zu Köln. 1899–1924. Hg. von der Vereinigung der Bürger Kölns zur Förderung Vaterländischer Festspiele. Köln 1924.

Walter **Benjamin**: Erfahrung und Armut. In: Ders., Illuminationen. Ausgewählte Schriften, Frankfurt a. M. 1961, S. 313–318.

Iris **Benner**: Kölner Denkmäler 1871–1918. Aspekte bürgerlicher Kultur zwischen Kunst und Politik. Köln 2003.

Iris **Benner**: Von der „Wacht am Rhein" zum „Denkmal Wilhelms des Ausgekniffenen". Das Reiterstandbild Kaiser Wilhelms II. auf der Kölner Hohenzollernbrücke. In: Jahrbuch des Kölnischen Geschichtsvereins, 76, 2005, S. 75–100.

Iris **Benner**: Von Kaiserstandbildern, Kriegerehrungen und „der Eingemeindung Kölns durch das junge, frisch aufstrebende Mülheim". Vergleichende Anmerkungen zu den Kaiser-Wilhelm-Denkmälern in Köln und Mülheim a. Rh. In: Rechtsrheinisches Köln. Jahrbuch für Geschichte und Landeskunde, 31, 2006, S. 17–44.

Ludwig **Berg**: Ein Kirchenfürst im Felde. Seine Eminenz Felix Kardinal v. Hartmann, Erzbischof von Cöln, an der Westfront vom 6. bis 14. April 1916. Köln 1917.

Bericht über den Stand und die Verwaltung der Gemeinde-Angelegenheiten der Stadt Köln für das Rechnungsjahr 1919. Köln 1921.

Heinrich **Billstein**: Die Anlagen für Turnen und Sport in Köln. In: Städtisches Verkehrs- und Wirtschaftsamt (Hg.): Turnen – Sport – Spiel in Köln. Köln 1928, S. 1–6.

Reinhold **Billstein**: Krieg und Revolution. Die Kölner Sozialdemokratie in den Jahren 1914 bis 1918. in: Ders. (Hg.): Das andere Köln. Demokratische Traditionen seit der Französischen Revolution. Köln 1979, S. 189–223.

Uli **Bohnen**: Franz W. Seiwert 1894–1933. Leben und Werk. Ausstellungskatalog Kölnischer Kunstverein. Köln 1978.

Judith **Breuer**, Rita **Breuer**: Von wegen Heilige Nacht! Das Weihnachtsfest in der politischen Propaganda. Mülheim a. d. Ruhr 2000.

Steffen **Bruendel**: Der ausgestellte Weltkrieg. Erinnerungskultur und Erinnerungspolitik 1914 bis 2014. In: Thomas Schleper (Hg.): Aggression und Avantgarde, s. d., S. 404–415.

Oliver **Brüggen**: Kriegsbeginn in Köln Juli–September 1914. Magisterarbeit Universität zu Köln (als Typoscript gedr.). Köln 2000.

Gerhard **Brunn** (Hg.): Sozialdemokratie in Köln. Ein Beitrag zur Stadt- und Parteiengeschichte. Köln 1986.

Joan **Campbell**: Der Deutsche Werkbund 1907–1934. München 1989.

Ian **Castle**: The Zeppelin Base Raids – Germany 1914. Oxford 2011.

Winston **Churchill**: The War Crisis, Bd. 1, London 1923; dito., Bd. 4, 1929.

Gertrude **Cepl-Kaufmann**, Gerd **Krumeich**, Ulla **Sommers** (Hg.): Krieg und Utopie. Kunst, Literatur und Politik im Rheinland nach dem Ersten Weltkrieg. Ausstellungskatalog Bunkerkirche Düsseldorf. Essen 2006.

Christopher **Clark**: Wilhelm II. Die Herrschaft des letzten deutschen Kaisers, 3. Aufl., München 2009.

Christopher **Clark**: Die Schlafwandler. Wie Europa in den Ersten Weltkrieg zog. München 2013.

Fritz **Coerper**: Vorwort. In: Amtlicher Führer der Deutschen Werkbund Ausstellung Cöln 1914, s. d.

Laurie R. **Cohen**: Schlaglichter auf die deutsche und europäische Friedensbewegung vor 1914. Schwestern auf beiden Seiten des Rheins. In: Thomas Schleper (Hg.): Aggression und Avantgarde, s. d., S. 302–307.

Cöln in Wort und Bild 1914. Mit 20 Farbbildern von Theo Blum. Hg. vom Cölner Verkehrs-Verein e. V., Köln 1914.

Max **Creutz**: Die Neugestaltung des Kölner Stadtbildes. In: Die Kunst in Industrie und Handel. Jahrbuch des Deutschen Werkbundes 1913. Jena 1913, S. 79–85.

Götz **Czymmek**: Der „Fall Hodler" in Köln. In: Kölner Museumsbulletin, 1998/4, S. 21–26.

Dittmar **Dahlmann**: Das Unternehmen Otto Wolff: Vom Alteisenhandel zum Weltkonzern (1904–1929). In: Peter Danylow, Ulrich S. Soénius (Hg.): Otto Wolff. Ein Unternehmen zwischen Wirtschaft und Politik. München 2005, S. 13–97.

Wilhelm **Damberg**: Krieg, Theologie und Kriegserfahrung. In: Karl-Joseph Hummel, Christoph Kösters (Hg.): Kirchen im Krieg. Europa 1939–1945. Paderborn u. a. 2007, S. 203–215.

Georg **Dehio**: Handbuch der Deutschen Kunstdenkmäler. Nordrhein-Westfalen I, Rheinland. München u. a. 2005.

Deutscher Offiziersbund (Hg.): Ehren-Rangliste des ehemaligen Deutschen Heeres auf Grund der Ranglisten von 1914 mit den inzwischen eingetretenen Veränderungen. Berlin 1926.

Carl **Dietmar** (Hg.): Die Chronik Kölns. Dortmund 1991.

Gerhard **Dietrich**: Museum für Angewandte Kunst Köln. Chronik 1888–1988. Köln 1988.

Beate **Dorfey** und Christine **Goebel** (Bearb.): Kaiser – Koblenz – Krieg. 1914 an Rhein und Mosel, Katalog zur Ausstellung des Landeshauptarchivs Koblenz. Koblenz 2014.

Beate **Dorfey**: ..... und der Kriegsgott verteilt blutrote Lorbeeren". In: Dies. und Christine Goebel (Bearb.): Koblenz im Ersten Weltkrieg. In: Kaiser – Koblenz – Krieg. 1914 an Rhein und Mosel, Katalog zur Ausstellung des Landeshauptarchivs Koblenz. Koblenz 2014, S. 1–41.

Wilfried **Dörstel**, Peter **Gerlach** (Hg.): NietenGabenKunst. Zweihundertzwanzigtausend guter Abdrücke, Nietenblätter, Vereinsgaben und Jahresgaben von 1839 bis 1988. Bd. 1–2, Köln 1989.

Bernd **Dreher**, Edgar **Mayer**, Bodo **Rinz**: 80 Jahre zivile Luftfahrt Köln. Eine Erfolgsgeschichte. Köln 2006.

Klara **Drenker-Nagels**: Carlo Mense – Sein Leben und sein Werk von 1909 bis 1939. Ausstellungskatalog Kölnisches Stadtmuseum/Von der Heydt-Museum Wuppertal. Köln 1993.

Gerhard **Ebeler**: Kölner Karnevalslieder und Vorträge zum Mitsingen. Köln 1914.

Nora **Eckert**: Parsifal 1914. Über Heilsbringer, Volkes Wille und die Instrumentalisierung des Krieges. Hamburg 2003.

Renate **Eikelmann** und Ingolf **Bauer** (Hg.): Das Bayerische Nationalmuseum 1855–2005. München 2006.

100 Jahre Humboldt: Sonderausgabe Oktober 1956 der Werks-Rundschau der Klöckner-Humboldt-Deutz AG Köln. Köln 1956.

Rosemarie **Ellscheid**: Der Stadtverband Kölner Frauenvereine. Ein Kapitel Frauenbewegung und Zeitgeschichte 1909–1933. Köln 1983.

Angelika **Epple**: Das Unternehmen Stollwerck. Eine Mikrogeschichte der Globalisierung. Frankfurt a. M. 2010.

Michael **Euler-Schmidt**: Kölner Maskenzüge 1823–1914. Köln 1991.

Michael **Euler-Schmidt**, Marcus **Leifeld**: Der Kölner Rosenmontagszug 1823–1948. Bd. 1, Köln 2007.

Klara van **Eyll**: In Kölner Adressbüchern geblättert. Köln 1978.

Klara van **Eyll** (Bearb.): Alte Adressbücher erzählen ... Leben und Alltag in Köln. Köln 1993.

Manfred **Faust**: Krieg, Revolution, Spaltung. In: Gerhard Brunn (Hg.): Sozialdemokratie in Köln. Ein Beitrag zur Stadt- und Parteiengeschichte. Köln 1986.

Manfred **Faust**: Sozialer Burgfrieden im Ersten Weltkrieg. Sozialistische und christliche Arbeiterbewegung in Köln. Essen 1992.

Bernhard von der **Felsen**: Die große Baumaßnahme – Die Werke des äußeren Festungsgürtels. In: Henriette Meynen (Hg.): Festungsstadt Köln, s. d., S. 128–217.

Festschrift zum 30jährigen Jubiläum des Kölner Ballspiel-Club e.V. KBC, Köln 1931.

Festschrift zur 75-Jahrfeier der Kaiserin-Augusta-Schule. Köln 1977.

Fritz **Fischer**: Griff nach der Weltmacht. Die Kriegszielpolitik des kaiserlichen Deutschland 1914/18. Düsseldorf 1984.

Bruno **Fischli** (Hg.): Vom Sehen im Dunkeln. Kinogeschichten einer Stadt. Köln 1990.

Renate **Foitzik Kirchgraber**: Lebensreform und Künstlerbewegungen um 1900. Diss. Universität Basel. Zürich 2003 (Online-Veröffentlichung http://edoc.unibas.ch/671/1/DissB_6566.pdf).

Monika **Frank**, Friedrich **Moll** (Hg.): Kölner Krankenhausgeschichten. Am Anfang war Napoleon … Köln 2006.

Daniela **Franke,** Hedwig **Müller**: Ein problematisches Paar: Alice Guszalewicz und Tillmann Liszewsky. In: Elmar Buck, Daniela Franke: Köln. Die Stadt und ihr Theater. Kassel 2007, S. 131–139.

Irene **Franken:** Frauen in Köln. Köln 2008.

Sybille **Fraquelli**: Architektur und Baugeschichte der Gotteshäuser in der Kölner Neustadt. In: Joachim Oepen, Wolfgang Schaffer (Hg.): Kirche, Kanzel, Kloster, s. d., S. 44–79.

Sybille **Fraquelli**: Im Schatten des Domes. Architektur der Neugotik in Köln. Köln u. a. 2008.

Marc **Frey**: Der Erste Weltkrieg und die Niederlande. Ein neutrales Land im politischen und wirtschaftlichen Kalkül der Kriegsgegner. Berlin 1998.

Christina **Frohn**: Der organisierte Narr, Karneval in Aachen, Düsseldorf und Köln von 1823 bis 1914. Marburg 2000.

50 Jahre Kölner Schwimm-Klub 1906 e. V. Festschrift zum 50jährigen Jubeljahr. Köln 1956.

Anne **Ganteführer-Trier**: „Kriegserklärungen werden […] einstweilen nicht mehr entgegengenommen". Ein Kölner Gästebuch (Mai 1914 – Januar 1921). In: Gertrude Cepl-Kaufmann, Gerd Krumeich, Ulla Sommers (Hg.): Krieg und Utopie. Kunst, Literatur und Politik im Rheinland nach dem Ersten Weltkrieg, s. d., S. 155–158.

Die **Garnison**. In: Unser Porz. Beiträge zur Geschichte von Amt und Stadt Porz. H. 11, Porz 1969.

Christian **Gebauer**: Die Lindenburg zu Köln (1848–1965). Beispiel eines großen Klinikum-Neubaus zu Beginn des 20. Jahrhunderts. Diss. Köln 1979.

Christian **Geinitz**: The First Air War against Noncombatants. Strategic Bombing of German Cities in World War I. In: Roger Chickering, Stig Förster (Hg.): Great War, Total War. Combat and Mobilization on the Western Front. 1914–1918. Cambridge 2000.

Generaldirektion der Stiftung Preußische Schlösser und Gärten Berlin-Brandenburg (Hg.): Die Kaiser und die Macht der Medien. Begleitband zur Ausstellung in Schloss Charlottenburg, bearb. von Franziska Windt, Jürgen Luh und Carsten Dilba. Berlin 2005.

Adele **Gerhard**: Das Bild meines Lebens. 1948, in: Melitta Gerhard: Das Werk Adele Gerhards als Ausdruck einer Wendezeit. Bern u. a. 1963.

Geschichte der Kölner Luftfahrt. Homepage Historisches Luftfahrtarchiv Köln. http://www.koelnerluftfahrt.de/ (20.3.2014).

Michael **Geyer**: Ein Vorbote des Wohlfahrtsstaates. Die Kriegsopferversorgung in Frankreich, Deutschland und Großbritannien nach dem Ersten Weltkrieg. In: Geschichte und Gesellschaft, 9 (1983), S. 230–277.

Ernst **Göbel**: Das Stadtgebiet von Köln. Ein Abriß seiner Entwicklungsgeschichte von der Römerzeit bis zum Ende des 2. Weltkrieges. Köln 1947.

Walter **Görlitz** (Hg.): Regierte der Kaiser? Kriegstagebücher, Aufzeichnungen und Briefe des Chefs des Marine-Kabinetts Admiral Georg Alexander von Müller 1914–1918. Göttingen u. a. 1959.

Albert **Goldschmidt** (Hg.): Kleiner Führer für die Rhein-Reise von Cöln bis Frankfurt. Berlin 1914–1915.

Alfred M. **Gollin**: The Impact of Air Power on the British People and Their Government, 1909–1914. Stanford 1989.

Grevens Adressbuch für Köln, Köln, 1918, 1922.

Große Karnevals-Gesellschaft Köln: Lieder- und Jahrbuch des Jahres 1913. Köln 1913.

Großstadt in der Großstadt. 100 Jahre GAG in Köln, Köln 2013.

Heinrich Theodor **Grütter**, Walter **Hauser** (Hg.): 1914 – Mitten in Europa: die Rhein-Ruhr-Region und der Erste Weltkrieg. Ausstellungskatalog des LVR-Industriemuseums und des Ruhr-Museums auf der Kokerei Zollverein, 30. April bis 26. Oktober 2014, Essen 2014.

Ella von **Guilleaume**: Erinnerungen von Arnold und Ella von Guilleaume, Bd. 1, o. O. 1954.

Wolfram **Hagspiel**: Die Ausstellung des Deutschen Werkbundes in Köln, 1914. In: Wulf Herzogenrath (Hg.): Sonderbund 1912, Werkbund 1914, Pressa USSR 1928. Kommentarband zu den Nachdrucken der Ausstellungskataloge. Köln 1981, S. 37–67.

Wolfram **Hagspiel**: Das Neue Niederrheinische Dorf. In: Wulf Herzogenrath, Dirk Teuber, Angelika Thiekötter (Hg.): Der westdeutsche Impuls 1900–1914, s. d., S. 186–191.

Wolfram **Hagspiel**: Die Kölner Architektur um 1914. In: Wulf Herzogenrath, Dirk Teuber, Angelika Thiekötter (Hg.): Der westdeutsche Impuls 1900–1914, s. d., S. 42–52.

Wolfram **Hagspiel**: Die Entwicklung der stadtkölnischen Bauämter von 1821 bis 1945 und ihr Beitrag zur Baukultur. In: Architektur-Forum-Rheinland (Hg.): Kölner Stadtbaumeister, s. d., S. 37–70.

Wolfram **Hagspiel**: Köln und seine jüdischen Architekten. Köln 2010.

Lothar **Hammer**: Köln: Die Hohenzollernbrücke und die deutsche Brückenarchitektur der Kaiserzeit. Köln 1997.

Rüdiger **Haude**: Grenzflüge. Politische Symbolik der Luftfahrt vor dem Ersten Weltkrieg. Das Beispiel Aachen. Köln u. a. 2007.

Eduard **Hegel**: Das Erzbistum Köln zwischen der Restauration des 19. Jahrhunderts und der Restauration des 20. Jahrhunderts. 1815–1962. Köln 1987.

Hubert **Heinrichs**: Vor 25 Jahren. Der erste Luftschiffangriff in der Kriegsgeschichte. In: Mittelrheinische Landes-Zeitung Bonn, 05.08.1939.

Friedrich-Wilhelm **Henning**: Die Industrie- und Handelskammer zu Köln und ihr Wirtschaftsraum im Ersten Weltkrieg und in der Weimarer Republik. In: Die Geschichte der Unternehmerischen Selbstverwaltung in Köln 1914–1997. Herausgegeben aus Anlass des 200-jährigen Bestehens der Industrie- und Handelskammer zu Köln am 8. November 1997. Köln 1997, S. 7–117.

Jürgen **Herres**: Köln in preußischer Zeit. Köln 2012.

Walther **Herrmann**: Wirtschaftsgeschichte der Stadt Köln 1914–1970. In: Hermann Kellenbenz, Klara van Eyll (Hg.): Zwei Jahrtausende Kölner Wirtschaft, Bd. 2, Köln 1975, S. 359–473.

Wulf **Herzogenrath** (Hg.): Sonderbund 1912, Werkbund 1914, Pressa USSR 1928. Kommentarband zu den Nachdrucken der Ausstellungskataloge. Köln 1981.

Wulf **Herzogenrath**, Dirk **Teuber**, Angelika **Thiekötter** (Hg.): Der westdeutsche Impuls 1900–1914. Die Deutsche Werkbund-Ausstellung Cöln. Köln 1984.

Manfred **Hettling**: Die Nationalisierung von Kunst. Der „Fall Hodler" 1914. In: Ders. (Hg): Was ist Gesellschaftsgeschichte? Positionen, Themen, Analysen. München 1991, S. 215–224.

Marc **Hieronimus**: „....das Küssen möglichst vermeiden". Die Spanische Grippe in Köln. In: Thomas Deres (Hg.): krank gesund. 2000 Jahre Krankheit und Gesundheit in Köln. Köln 2005, S. 204–220.

Heribert A. **Hilgers**: Alt-Köln-Kalender 1991: Namen und Daten, an die das Jahr 1991 uns erinnert, T. 2. In: Alt-Köln. Nr. 83, 1991, S. 10–24.

Carl C. **Hiller**: Vom Quatermarkt zum Offenbachplatz. 400 Jahre Musiktheater in Köln. Köln 1986.

Uta **Hinz**: Gefangen im Großen Krieg. Kriegsgefangenschaft in Deutschland 1914–1921. Essen 2006.

Uta **Hinz**: Kriegsgefangenschaft im Zeitalter der Weltkriege. In: Ernst Piper (Hg.): Das Zeitalter der Weltkriege 1914–1945. Köln 2014, S. 148–159.

Gerhard **Hirschfeld**, Gerd **Krumeich**, Irena **Renz** (Hg.): Enzyklopädie Erster Weltkrieg. Paderborn 2003.

Gerhard **Hirschfeld**, Gerd **Krumeich**: Wozu eine „Kulturgeschichte" des Ersten Weltkriegs? In: Arnd Bauerkämper, Elise Julien (Hg.): Durchhalten! Krieg und Gesellschaft im Vergleich 1914–1918. Göttingen 2010, S. 31–53.

Gerhard **Hirschfeld**, Gerd Krumeich: Deutschland im Ersten Weltkrieg. Frankfurt a. M. 2013.

Thomas **Hübner:** Franz Wilhelm Seiwert und die Familie Jatho. Circular 31 A (Sonderheft), Bonn 1981.

Jules **Huret**: In Deutschland. T. 1. Rheinland und Westfalen. Leipzig u. a. 1907.

Illustrierte Zeitung, Werkbund Nummer, hg. in Gemeinschaft mit der Deutschen Werkbund-Ausstellung Cöln 1914, Nr. 3699, 1914.

Erwin **In het Panhuis**: Anders als die Andern. Schwule und Lesben in Köln und Umgebung 1895–1918. Köln 2006 (CD-ROM).

Jahresbericht und Mitteilungen der Handelskammer zu Cöln 1914. Köln 1915.

Franz M. **Jansen**: Von damals bis heute. Lebenserinnerungen. Bonn 1981.

Heiner **Jansen**: Köln als Festungsstadt. In: Ders. u. a.: Der historische Atlas Köln. 2000 Jahre Stadtgeschichte in Karten und Bildern. Köln 2003, S. 100–103.

Karlbernhard **Jasper**: Der Urbanisierungsprozess: dargestellt am Beispiel der Stadt Köln. Köln 1977.

Carl Oskar **Jatho**: Franz Wilhelm Seiwert. Recklinghausen 1964.

Margarethe **Jochimsen**, Frank Günter **Zehnder** (Hg.): Lotte B. Prechner. Ausstellungskatalog August Macke Haus. Bonn 1998.

Ernst **Johann** (Hg.): Innenansicht eines Krieges. Bilder, Briefe, Dokumente 1914–1918. Frankfurt 1968.

James **Joll**: Die Großstadt – Symbol des Fortschritts oder der Dekadenz? In: Peter Alter (Hg.): Im Banne der Metropolen, Berlin und London in den zwanziger Jahren. Göttingen u. a. 1993, S. 23–39.

Neville **Jones**: The Origins of strategic bombing. A study of the development of British air strategic thought and practice up to 1918. London 1973.

Rüdiger **Joppien**: Die Kölner Werkschulen 1920–1933 unter besonderer Berücksichtigung der Ära Richard Riemerschmids (1926–1931). In: Wallraf-Richartz-Jahrbuch, 43, 1982, S. 247–346.

Maria **Jünemann**: Kriegshilfe der Stadt Köln. Frankfurt a. M. o. J.

Michael **Jürgs**: Der kleine Frieden im Großen Krieg. Westfront 1914: Als Deutsche, Franzosen und Briten gemeinsam Weihnachten feierten. München 2005.

John **Keegan**: Der Erste Weltkrieg. Eine europäische Tragödie. Reinbek 2013.

Hermann **Kellenbenz**, Klara van **Eyll** (Hg.): Die Geschichte der unternehmerischen Selbstverwaltung in Köln 1797–1914. Köln 1972.

Lee **Kennett**: The First Air War 1914–1918. New York u. a. 1991.

Hermann **Keussen**: Topographie der Stadt Köln im Mittelalter. Bd. 1 und 2, Bonn 1910 und 1918.

Hiltrud **Kier**: Die Kölner Neustadt. Planung, Entstehung, Nutzung. Düsseldorf 1978.

Hiltrud **Kier**: Die Domumgebung: 20. Jahrhundert. In: Hugo Borger (Hg.): Der Kölner Dom im Jahrhundert seiner Vollendung. Bd. 1, Köln 1980, S. 126–134.

Hiltrud **Kier**, Werner **Schäfke**: Die Kölner Ringe. Geschichte und Glanz einer Straße. Köln 1987.

Marco **Kieser**: Heimatschutzarchitektur im Wiederaufbau des Rheinlandes. Köln 1998.

Helene **Klauser**: Kölner Karneval zwischen Uniform und Lebensform. Münster 2007.

Adolf **Klein**: Köln im 19. Jahrhundert. Von der Reichsstadt zur Großstadt. Köln 1992.

Dieter **Klein-Meynen**, Hiltrud **Kier**: Die städtebauliche Planung in der Kölner Neustadt. In: Joachim Oepen, Wolfgang Schaffer (Hg.): Kirche, Kanzel, Kloster, s. d., S. 12–21.

Dieter **Klein-Meynen**, Henriette **Meynen**, Alexander **Kierdorf**: Kölner Wirtschaftsarchitektur von der Gründerzeit bis zum Wiederaufbau. Köln 1996.

Everhard **Kleinertz**: Konrad Adenauer als Beigeordneter der Stadt Köln (1906–1917). In: Hugo Stehkämper (Hg.): Konrad Adenauer. Oberbürgermeister von Köln. Festgabe der Stadt Köln zum 80. Geburtstag. Köln 1976, S. 33–78.

Everhard **Kleinertz**: Einige Aspekte der Geschichte Kölns 1900–1914. In: Wulf Herzogenrath, Dirk Teuber, Angelika Thiekötter (Hg.): Der westdeutsche Impuls 1900–1914, s. d., S. 18–22.

Everhard **Kleinertz**: Akten der Kulturverwaltung der Stadt Köln 1880–1930. Bd. 1, Köln 2005.

W. **Klinker**: Heimatkunde des Stadtkreises Cöln. Köln 1911.

Gerald **Köhler**: Soiree bei Schneewittchen: die kleine Gesellschaft im Werkbund-Theater. In: Elmar Buck, Daniela Franke: Köln. Die Stadt und ihr Theater. Kassel 2007, S. 145–151.

Köln amüsiert sich. Der Führer durch das lebensfrohe Köln. Von einem Kenner. Köln 1914.

Kölner Frauengeschichtsverein (Hg.): „10 Uhr pünktlich Gürzenich". Hundert Jahre bewegte Frauen in Köln – zur Geschichte der Organisationen und Vereine. Münster 1995.

Kölner Karnevals Ulk. Offizielles Organ des Fest-Komitees, 42, Nr. 1–3, Köln 1914.

Kölner Werkschulen (Hg.): 75 Jahre Kölner Werkschulen. Köln 1954.

Kölnisches Stadtmuseum (Hg.): Zwischen Köln und Trier – Carl Rüdell – Aquarelle und Zeichnungen. Ausstellungskatalog. Köln 1968.

Martin **Kohlrausch**: Der Mann mit dem Adlerhelm. Wilhelm II. – Medienstar um 1900. In: Gerhard Paul (Hg.): Das Jahrhundert der Bilder. 1900 bis 1949. Göttingen 2009, S. 68–75.

Martin **Kohlrausch**: Kaisertum und Moderne. Wilhelm II. und das Rheinland. In: Thomas Schleper (Hg.): Aggression und Avantgarde, s. d., S. 313–322.

Achim **Konejung**: Das Rheinland und der Erste Weltkrieg. Rheinbach 2013.

Mario **Kramp** (Hg.): 125 Jahre Kölnisches Stadtmuseum. 125 mal gekauft – geschenkt – gestiftet. Katalog zur Ausstellung des Kölnischen Stadtmuseums. Köln 2013.

Mario **Kramp**: Kleiner Zünder – verheerende Folgen. In: Mario Kramp (Hg.): 125 Jahre Kölnisches Stadtmuseum, s. d., S. 70–71.

Mario **Kramp**: 1914. Vom Traum zum Albtraum. Köln und der Beginn des Bombenkriegs in Europa. Köln 2014.

Stefan **Kraus**: Die kirchliche Kunst. In: Wulf Herzogenrath, Dirk Teuber, Angelika Thiekötter (Hg.): Der westdeutsche Impuls 1900–1914, s. d., S. 293–305.

Peter **Krautwig**: Die Gesundheitsverhältnisse der Stadt Cöln. In: Die Stadt Cöln im ersten Jahrhundert unter Preußischer Herrschaft. 1815 bis 1915. Bd. 2. Die Verwaltung der Stadt Cöln seit der Reichsgründung in Einzeldarstellungen. Hg. von der Stadt Cöln. Köln 1915, S. 208–253.

Peter **Krautwig**: Der Vereinslazarettzug Z der Cölner Vereinigten Vereine vom Roten Kreuz (Stiftung Th. v. Guilleaume). Köln 1914.

Kriegschronik der Firma F. W. Brügelmann Söhne, Köln am Rhein, 10, 1916.

Ulrich **Krings**, Rudolf **Schmidt**: Hauptbahnhof Köln. Kathedrale der Mobilität und modernes Dienstleistungszentrum. Weimar 2009.

Ulrich **Krings**: Die Geschichte des Rheinauhafens. In: AIV KölnBonn von 1875 (Hg.): Köln – seine Bauten. Der Rheinauhafen. Köln 2011, S. 2–17.

Ulrich **Krings**: Köln. Der Rheinauhafen. Geschichte-Gestalt-Umnutzung. Mit einem Fazit zur Umnutzung des Hafengeländes von Ulrich Krings (Pro) und Thomas Goege (Contra). In: Walter Buschmann (Hg.): Zwischen Rhein-Ruhr und Maas. Pionierland der Industrialisierung – Werkstatt der Industriekultur. Essen 2013, S. 334–360.

Eva **Krivanec**: Kriegsbühnen. Theater im Ersten Weltkrieg: Berlin, Lissabon, Paris und Wien. Bielefeld 2012.

Eva **Krivanec**: Die Theaterstadt im Krieg. Berliner Bühnen 1914–1918. In: Zeitschrift für Germanistik, 24, 2014, S. 566–581.

Joseph **Krudewig**: Die Entwicklung der Kölner Reisebüros zwischen 1840 und 1990. Bd. 1–2, Köln 1990 (als Typoscript gedr., HAStK).

Gerd **Krumeich**: Juli 1914. Eine Bilanz. Mit einem Anhang: 50 Schlüsseldokumente zum Kriegsausbruch. Paderborn 2014.

Gerd **Krumeich**: Der Erste Weltkrieg. Die 101 wichtigsten Fragen. München 2014.

Hans W. **Krupp**: Willi Ostermann „En Kölle am Rhing…". Köln 1995.

Otto **Küpper**: 1880–2005. Chronik der Kölner Narren-Zunft von 1880 e. V. Köln 2004.

Emil **Kuhnen**: Was bietet Köln im Karneval 1914? Köln 1914.

Andreas **Kupka**: Barocke Bastionen – Die „Neue Fortification" des 17. Jahrhunderts. In: Henriette Meynen (Hg.): Festungsstadt Köln, s. d., S. 30–33.

Joachim **Kuropka**: Die britische Luftkriegskonzeption gegen Deutschland im Ersten Weltkrieg. In: Militärgeschichtliche Mitteilungen 27, 1980, H. 1, S. 7–24.

Stefan **Kutzenberger** u. a. (Hg.): Trotzdem Kunst! Österreich 1914–1918. Ausstellungskatalog Leopold Museum. Wien 2014.

Martin **Lätzel**: Die katholische Kirche im Ersten Weltkrieg. Zwischen Nationalismus und Friedenswillen. Regensburg 2014.

Eric **Lawson**, Jane **Lawson**: The First Air Campaign: August 1914 – November 1918. New York 1997.

John **Lea**: Reggie: The Life of Air Vice Marshal R. L. G. Marix. Edinburgh 1994.

Ernst A. **Lehmann**: Auf Luftpatrouille und Weltfahrt. Erlebnisse eines Zeppelinführers in Krieg und Frieden. Leipzig 1936.

Britta **Lange**: Schauplatz Kriegsausstellung. Zur Repräsentation der Repräsentation des Ersten Weltkriegs. In: Frauen, Kunst, Wissenschaft, Nr. 36, 2003, S. 34–44.

Gabi **Langen** (Hg.): Vom Handstand in den Ehestand. Frauensport im Rheinland bis 1945. Köln 1997.

Gabriele **Langen**: „Turnen für das Vaterland". Mädchenturnen an Kölner Schulen im 19. Jahrhundert. In: Dies. (Hg.): Vom Handstand in den Ehestand. Frauensport im Rheinland bis 1945. Köln 1997, S. 13–23.

Gabriele **Langen**: Sport und Stadt. Eine Partnerschaft entsteht. In: Stadt Köln. Sportamt (Hg.): Sport für Köln. Gestern, heute, morgen. Köln 2009, S. 15–26.

Stefan **Lewejohann**: Erinnerungen an einen schrecklichen Krieg, In: Mario Kramp (Hg.): 125 Jahre Kölnisches Stadtmuseum, s. d., S. 78–79.

Doris **Lindemann**: Kölner Mobilität. 125 Jahre Bahnen und Busse. Köln 2002.

Hans-Georg **Lippert**: Historismus und Kulturkritik. Der Kölner Dom 1920–1960. Köln 2001.

Reinold **Louis**: Kölnischer Liederschatz. Köln 1986.

Lambert **Macherey**: Kölner Kneipen im Wandel der Zeit (1846 bis 1921). Köln 1921 (Nachdr. Faksimile Braunschweig 1995).

René **Martel**: L'aviation française de bombardement. Paris 1939.

Peter W. **Marx**: Ein theatralisches Zeitalter. Bürgerliche Selbstinszenierungen um 1900. Tübingen u. a. 2008.

Thomas **Mergel**: Von der ummauerten zur offenen Stadt: Die Entfestigung Kölns und die Erweiterung des Stadtgebiets 1881–1914. In: Thomas Deres, Joachim Oepen, Stefan Wunsch (Hg.): Köln im Kaiserreich. Studien zum Werden einer modernen Großstadt. Köln 2010, S. 45–64.

Ulrike **Merholz**: Franz M. Jansen – Das Graphische Werk 1910–1956. Düsseldorf 1994.

Georg **Metzendorf**: Das neue niederrheinische Dorf auf der Deutschen Werkbundausstellung in Köln 1914. Berlin 1914.

Gertrud **Meye**r, Mathijs C. **Wiessing**: Die Frau mit grünen Haaren. Erinnerungen von und an G. Meyer. Hamburg 1978.

Martin **Meyer**: Vom J. T. V. 02 zum TuS Makkabi. 100 Jahre jüdischer Sport in Köln. Köln 2002.

Henriette **Meynen**: Die Kölner Grünanlagen. Die städtebauliche und gartenarchitektonische Entwicklung des Stadtgrüns und das Grünsystem Fritz Schumachers. Düsseldorf 1979.

Henriette **Meynen** (Hg.): Festungsstadt Köln. Das Bollwerk im Westen. Köln 2010.

Georg **Mölich**, Veit **Veltzke**, Bernd **Walter** (Hg.): Rheinland, Westfalen und Preußen. Eine Beziehungsgeschichte. Münster 2011.

Frank **Möller**: Zwischen Kunst und Kommerz. Bürgertheater im 19. Jahrhundert. In: Dieter Hein, Andreas Schulz (Hg.): Bürgerkultur im 19. Jahrhundert. Bildung, Kunst und Lebenswelt. München 1996, S. 19–33.

Magdalena M. **Moeller** (Hg.): August Macke und die Rheinischen Expressionisten. Ausstellungskatalog Brücke-Museum Berlin. München 2002.

Magdalene **Möller**: Eine Ausstellungshalle für Köln. In: Köln, Vierteljahresschrift für Freunde der Stadt, 2/77, S. 20–23.

Wolfgang J. **Mommsen**: Bürgerliche Kultur und politische Ordnung. Frankfurt a. M. 2000.

John H. **Morrow** Jr.: The Great War in the Air. Military Aviation from 1909 to 1921. Shrewsbury 1993.

Sven Oliver **Müller**: Das Publikum macht die Musik. Musikleben in Berlin, London und Wien im 19. Jahrhundert. Göttingen 2014.

Herfried **Münkler**: Der Große Krieg. Die Welt 1914–1918. Berlin 2013.

Anne **Münster**: Künstlerinnen in Deutschland (1900 bis 1930). In: August Macke Haus e. V. (Hg.): Rheinische Expressionistinnen. Bonn 1993, S. 9–20.

Nationale Frauen-Gemeinschaft Köln: Muster zu Strick- und Häkelarbeiten für unsere Krieger, Köln 1914.

Nationale Frauen-Gemeinschaft Cöln: Kriegshaushalt. Kleines Kochbuch. Köln 1915.

Nationale Frauengemeinschaft (Hg.): Die Beratungs- und Auskunftstelle Domhof der Nationalen Frauen-Gemeinschaft Köln, August 1914 – August 1916. Köln 1916.

M. **Neefe** (Hg.): Statistisches Jahrbuch Deutscher Städte, 21. Breslau 1916.

Sönke **Neitzel**: Der Bombenkrieg. In: Ernst Piper (Hg.): Das Zeitalter der Weltkriege. Köln 2014, S. 78–89.

Georg Leonore **Nießen-Deiters**: Kriegsbriefe einer Frau. Bonn 1915.

Georg **Neuhaus**: Übersicht über die Verfassungsgeschichte der Stadt Cöln seit der Römerzeit und über ihre Verwaltung im 20. Jahrhundert. Köln 1914.

Georg **Neuhaus**: Die Entwicklung der Stadt Cöln von der Errichtung des Deutschen Reiches bis zum Weltkriege. Köln 1916.

Georg **Neuhaus**: Stadtcölnische Kriegsfürsorge: 1.8.1914 – 31.12.1915. Im Auftrag des Oberbürgermeisters zusammengestellt. Köln 1916.

Adolf **Neumann**: Der Endkampf S. M. S. Cöln. In: Eberhard von Mantey (Hg.): Auf See unbesiegt. Erlebnisse im Seekrieg erzählt von Mitkämpfern. Bd. 1, München 1922, S. 277–285.

Thomas **Nipperdey**: Deutsche Geschichte 1866–1918. Bd. 1, München 1998.

Thomas **Nipperdey**: Religion im Umbruch. Deutschland 1870–1918. München 1988.

Christoph **Nonn**: „Die Krone des Zentrumsturms ist ausgebrochen". Die Reichstagswahlen von 1912 in Köln und der politische Katholizismus. In: Geschichte in Köln, 36, 1994, S. 83–113.

Horst **Nordmann**, Mika **Hahn**: Kölsche Zweiradgeschichten. Pioniere, Rennfahrer, Schicksale. Köln 2003.

Ulrike **Nyassi**, Helmut **Köster**: Vaterlandslose Gesellen, Sozialdemokratie und Sozialistengesetz in Köln (1878–1900). In: Reinhold Billstein (Hg.): Das andere Köln. Demokratische Traditionen seit der Französischen Revolution. Köln 1979, S. 135–155.

Adam C. **Oellers**, Michael **Euler-Schmidt**: Barthel Gilles. 1891–1977. Leben und Werk. Recklinghausen 1987.

Joachim **Oepen**: Kirchliche Heraldik im 19. und 20. Jahrhundert. Die Wappen der Kölner Weihbischöfe seit 1827. In: Kölner Domblatt, 68, 2003, S. 291–328.

Joachim **Oepen**, Wolfgang **Schaffer** (Hg.): Kirche, Kanzel, Kloster. Pfarrgründungen, Kirchenbau und Seelsorge in der Kölner Neustadt 1880–1920. Köln 2006.

Gabriele **Oepen-Domschky**: Kölner Wirtschaftsbürger im Deutschen Kaiserreich. Eugen Langen, Ludwig Stollwerck, Arnold von Guilleaume und Simon Alfred von Oppenheim. Köln 2003.

Gabriele **Oepen-Domschky**: Köln im Ersten Weltkrieg. Ein Manuskript von Heinrich Reuther. In: Thomas Deres, Joachim Oepen, Stefan Wunsch (Hg.): Köln im Kaiserreich. Studien zum Werden einer modernen Großstadt. Köln 2010, S. 131–155.

Offizieller Katalog der Deutschen Werkbund Ausstellung Cöln 1914. Hg. von der Ausstellungsleitung. Köln u. a. 1914.

Willi **Ostermann**: Plattkölsche Kriegsgedichte über die großen Ereignisse im Jahre 1914. Köln 1914.

Thomas **Parent**: Die Hohenzollern in Köln. Köln 1981.

Wolfgang **Pehnt**: Deutsche Architektur seit 1900. 2. Aufl., München 2006.

Pharusplan Cöln. Kriegsausgabe. Berlin 1915.

Manon **Pignot**: 1914–1918. Paris dans la Grande Guerre. Paris 1914.

Klaus-D. **Pohl**: Das Bild des Kaisers. Formen der Selbstdarstellung. In: Ders., Hans Wilderotter (Hg.): Der letzte Kaiser. Wilhelm II. im Exil. Begleitband zur Ausstellung im Deutschen Historischen Museum Berlin. Gütersloh 1991, S. 241–269.

Klaus-D. **Pohl**: Der Kaiser im Zeitalter seiner technischen Reproduzierbarkeit. Wilhelm II. in Fotografie und Film. In: Ebd., S. 9–18.

Klaus-D. **Pohl**: Der Erste Weltkrieg. Rechtfertigungen und Erinnerungen. In: Ebd., S. 365–378.

Bridget **Pollard**: The Royal Naval Air Service in Antwerp, September–October 1914. In: Mars & Clio. Newsletter of the British Commission for Military History. http://www.bcmh.org.uk/archive/articles/RNASAntwerpPollard.pdf (16.3.2014).

Programmheft „Kölner Bürgerwehr". Köln 1913.

Hella **Rafflenbeul-Kroh**: Heinz Kroh – Skizzen aus dem Kölner Milieu. Köln 1978.

Sir Walter **Raleigh**: The War in the Air. Bd. 1, Oxford 1922.

Eva-Christine **Raschke**: Köln: Schulbauten 1815–1964. Geschichte, Bedeutung, Dokumentation. Köln 2001.

Karl **Rehorst**: Die Deutsche Werkbund-Ausstellung Köln 1914. In: Die Kunst in Industrie und Handel. Jahrbuch des Deutschen Werkbundes 1913. Jena 1913, S. 86–96.

Heinz **Reif**: Metropolen. Geschichte, Begriffe, Methoden. CMS Working Paper Series. No. 001-2006. https://www.geschundkunstgesch.tu-berlin.de/uploads/media/001-2006_03.pdf (28.9.2014).

Hildegard **Reinhardt**: Olga Oppenheimer. In: August Macke Haus e. V. (Hg.): Rheinische Expressionistinnen. Bonn 1993, S. 113–124.

Hildegard **Reinhardt**: Olga Oppenheimer (1886–1941) – eine Kölner Malerin und Graphikerin. In: Kölner Museums-Bulletin, H. 1/1991, S. 19–32.

Reproduktionen klassischer Bildwerke aus der Kunstanstalt August Gerber GmbH Cöln am Rhein. Köln 1910.

Heinrich **Reuther**: Köln im Weltkrieg. Bde. 1–10, Köln 1931 (masch. Manuskript. HAStK, Best. 7030: Chroniken und Darstellungen, Nr. 500/1–10).

Gerhard **Ritter**: Der Schlieffen-Plan. Kritik eines Mythos. München 1956.

John C. G. **Röhl**: Wilhelm II. Bd. 3: Der Weg in den Abgrund, 1900–1941. München 2008.

John C. G. **Röhl**: Wilhelm II. In: Gerhard Hirschfeld, Gerd Krumeich, Irena Renz (Hg.): Enzyklopädie Erster Weltkrieg. Paderborn 2003, S. 968–971.

John C. G. **Röhl**: Wilhelm II. München 2013.

Wilfried **Rogasch**: „Mit Anstand untergehen...". Wilhelm II. als Oberster Kriegsherr. In: Klaus D. Pohl, Hans Wilderotter (Hg.): Der letzte Kaiser. Wilhelm II. im Exil. Begleitband zur Ausstellung im Deutschen Historischen Museum Berlin. Gütersloh 1991, S. 95–104.

Jens **Rohde**: Kasernen in Köln 1815–1914. Bonn 2008.

Jens **Rohde**: Ballone, Luftschiffe und Flugzeuge. Köln und die Entwicklung der militärischen Luftfahrt bis zum Ersten Weltkrieg. In: Henriette Meynen (Hg.): Festungsstadt Köln, s. d., S. 364–367.

Horst **Romeyk**: Die leitenden staatlichen und kommunalen Verwaltungsbeamten der Rheinprovinz 1816–1945. Düsseldorf 1994.

Wittich **Roßmann**: Vom mühsamen Weg zur Einheit: Lesebuch zur Geschichte der Kölner Metall-Gewerkschaften. Hamburg 1991.

Lynette **Roth**: Köln progressiv. 1920–33. Seiwert – Hoerle – Arntz. Köln 2008.

Rainer **Rother** (Hg.): Der Weltkrieg 1914–1918. Ereignis und Erinnerung. Hg. im Auftrag des Deutschen Historischen Museums, Berlin 2004.

Karl **Rüdell**: Das malerische Köln. Mit Text von Georg Hölscher. Köln 1918.

Martin **Rüther**, Eva Maria **Martinsdorf**: Brügelmann in Köln: Geschichte eines Familienunternehmens von 1820 bis heute. Köln 1998.

Gunther **Sander** (Hg.): August Sander, Menschen des 20. Jahrhunderts. Portraitphotographien 1892–1952. München 1994.

Barbara **Schaefer** (Hg.): 1912 – Mission Moderne. Die Jahrhundertschau des Sonderbundes. Ausstellungskatalog Wallraf-Richartz-Museum & Fondation Corboud. Köln 2012.

Christoph **Schank**: Kölsch-katholisch. Das katholische Milieu in Köln (1871–1933). Köln u. a. 2004.

Martin **Scharfe**: Menschenwerk. Erkundung über Kultur. Köln u. a. 2002.

Paul **Scheerbart**: Glasarchitektur. Berlin 1914.

Hans Carl **Scheibler**, Karl **Wülfrath** (Hg.): Westdeutsche Ahnentafeln. Bd. 1, Weimar 1939.

Hermann-Josef **Scheidgen**: Deutsche Bischöfe im Ersten Weltkrieg. Die Mitglieder der Fuldaer Bischofskonferenz und ihre Ordinariate 1914–1918. Köln u. a. 1991.

Thomas **Schleper** (Hg.): Aggression und Avantgarde: Zum Vorabend des Ersten Weltkriegs. Essen 2014.

Klaus **Schleweit**: Der Militärfriedhof Köln-Porz-Wahnheide. In: Rechtsrheinisches Köln. Jahrbuch für Geschichte und Landeskunde. Köln 2000, S. 23–78.

Franka **Schneider**: Die temporäre Verdorfung Berlins. Der Alpenball als urbane Vergnügungspraxis um 1900. In: Tobias Becker, Anna Littmann, Johanna Niedbalski (Hg.): Die tausend Freuden der Metropole. Vergnügungskultur um 1900. Bielefeld 2011, S. 197–228.

Christoph **Schreier**: Historisches Dokument und bildkünstlerisches Meisterwerk. Zu August Sanders Photographie. In: August Sander: „In der Photographie gibt es keine ungeklärten Schatten!". Ausstellungskatalog August Sander Archiv/Stiftung City Treff. Köln 1994, S. 1–7.

Günther **Schulz**: Die Arbeiter und Angestellten bei Felten und Guilleaume, Wiesbaden 1979.

Fritz **Schumacher**: Köln. Entwicklungsfragen einer Groszstadt. Plan für das Umlegungsgebiet des ehemaligen Festungsrayons der Stadt Köln. Köln 1923.

Hans-Peter **Schwarz**: Adenauer. Der Aufstieg: 1876–1952. Stuttgart 1986.

Willi **Schwarz**: 100 Jahre Turngau Köln – 160 Jahre Turnen im Kölner Raum (Ein Versuch). Köln 1976.

Paul **Seidel**: Der Kaiser und die Kunst. Berlin 1907.

Franz W. **Seiwert**: Der Schritt, der einmal getan wurde, wird nicht zurückgenommen. Schriften. Dirk Backes, Uli Bohnen (Hg.). Berlin 1978.

Ulrich S. **Soénius**: „Man hat hier manches erlebt." Die Kölner Funken-Infanterie im Ersten Weltkrieg an der Front. In: Heinz-Günther Hunold u. a. (Hg.): Vom Stadtsoldaten zum Roten Funken. Militär und Karneval in Köln. Köln 2005, S. 227–245.

Ulrich S. **Soénius**, Jürgen **Wilhelm** (Hg.): Kölner Personen Lexikon. Köln 2008.

Ulrich S. **Soénius**: Ein Unternehmen – zwei Städtenamen. Kölner und Düsseldorfer auf dem Rhein. In: Annette Fimpeler (Hg.): Düsseldorf Köln. Eine gepflegte Rivalität. Köln 2012, S. 145–165.

Ulrich S. **Soénius**: Global und national. Die rheinische Wirtschaft vor dem Ersten Weltkrieg. In: Thomas Schleper (Hg.): Aggression und Avantgarde, s. d., S. 95–106.

Die Stadt Cöln im ersten Jahrhundert unter Preußischer Herrschaft. 1815–1915. Bd II: Die Verwaltung der Stadt Cöln seit der Reichsgründung in Einzeldarstellungen. Hg. von der Stadt Cöln. Köln 1915.

Volker **Standt**: Köln im Ersten Weltkrieg. Veränderungen in der Stadt und des Lebens der Bürger 1914–1918. Diss., Universität Bonn 2013 (als Typoscript gedr.). Nach Redaktionsschluss erschienen als Buchhandelsausgabe. Göttingen 2014

Statistisches Jahrbuch für das Deutsche Reich 1914. 35. Jg., Berlin 1914.

Statistisches Jahrbuch der Stadt Köln. Köln 1915–1920.

Hugo **Stehkämper** (Bearb.): Der Nachlaß des Reichskanzlers Wilhelm Marx, 5 Bde., Bd. II (Mitteilungen aus dem Stadtarchiv von Köln, H. 56).

Robert **Steimel**: Mit Köln versippt. Bd. 1–2, Köln 1955–1956.

Robert **Steimel**: Kölner Köpfe. Köln 1958.

Ray **Sturtivant**, Gordon **Page**: Royal Navy Aircraft Serials and Units 1911–1919. Tonbridge 1992.

Bertha von **Suttner**: Die Barbarisierung der Luft. Berlin 1912.

Bruno **Taut**: Glashaus. Werkbund-Ausstellung Cöln 1914. In: Wulf Herzogenrath (Hg.): Sonderbund 1912, s. d., S. 286–292.

Klaus **Tenfelde**: Die Entfaltung des Vereinswesens während der Industriellen Revolution in Deutschland (1850–1873). In: Otto Dann (Hg.): Vereinswesen und bürgerliche Gesellschaft in Deutschland. München 1984, S. 55–114.

Dirk **Teuber**: Deutsche Werkbund-Ausstellung, 1914. In: Wulf Herzogenrath (Hg.): Sonderbund 1912, s. d., S. 176–185.

Frank **Tewes**: 150 Jahre Rosen-Montags-Divertissementchen von 1861 e. V. Köln 2010/2011.

Sven **Tode**, Marco **Hölscher**, Beate **John**: Innovation Motor. Vier Takte bestimmen die Welt. 150 Jahre Deutz AG. Köln 2014.

Norbert **Trippen**: Das Domkapitel und die Erzbischofswahlen in Köln 1821–1929. Köln u. a. 1972.

Martin **Turck**: Von Wachtgebäuden bis zur Garnisonsbäckerei – sonstige militärische Bauten. In: Henriette Meynen (Hg.), Festungsstadt Köln, s. d., S. 328–341.

Veit **Veltzke**: Rheinland und Westfalen: „Reichslande" im wilhelminischen Kaiserreich (1888–1918). In: Georg Mölich, ders., Bernd Walter (Hg.): Rheinland, s. d., S. 209–287.

Verein ehemaliger Offiziere des Westfälischen Fußartillerie-Regiments Nr. 7 Köln am Rhein (Hg.): Das Westfälische Fuß-Artillerie-Regiment Nr. 7 im Weltkriege 1914/18. Oldenburg 1932.

Verhandlungen der Stadtverordneten-Versammlung zu Cöln. Köln 1907–1918.

Der Verwundeten- und Vermißten-Nachweis der Vereinigten Vereine vom Roten Kreuz Cöln (Amtlich Auskunftsstelle) in der Zeit vom September 1914 bis zum März 1918. Köln 1918.

Gerhard **Voigtländer-Tetzner**: Die Festung Köln im August 1914. In: Festungsbau im 19. Jahrhundert: Köln, Mainz, Krakau. Wesel 1990, S. 17–92.

Peter **Volk**: Das Kunstgewerbemuseum der Stadt Köln. Erich Köllmann zum 65. Geburtstag. Köln 1971.

Vorstand der Kölner Rudergesellschaft 1891 e. V. (Hg.): 100 Jahre Kölner Rudergesellschaft 1891 e. V. Köln 1991.

Wagnis Arbeit Erfolg: 100 Jahre Clouth. Köln 1962.

Rita **Wagner** (Bearb.): Kölnischer Bildersaal. Die Gemälde im Bestand des Kölnischen Stadtmuseums einschließlich der Sammlung Porz und des Kölner Gymnasial- und Stiftungsfonds. Köln 2007.

Rita **Wagner**: Aufstand im Strandbad – Britz und Zwickelerlass. In: Mario Kramp (Hg.): 125 Jahre Kölnisches Stadtmuseum, s. d., S. 192–193.

Rita **Wagner**: Keine Experimente! Kölner Profanbauten zwischen Renaissance und Barock. In: Stefan Lewejohann (Hg.): Köln in unheiligen Zeiten. Die Stadt im Dreißigjährigen Krieg. Köln 2014, S. 31–35.

Hans Rudolf **Wahl**: Rezension zu: Arndt Weinrich: Der Weltkrieg als Erzieher. Jugend zwischen Weimarer Republik und Nationalsozialismus. Essen 2013, In: H-Soz-u-Kult, http://hsozkult.geschichte.hu-berlin.de/rezensionen/2014-1-218 (28.3.2014).

Max **Wallraf**: Aus einem rheinischen Leben, Hamburg u. a. 1926.

Karl-Peter **Wiemer**: Ein Verein im Wandel der Zeit. Der Rheinische Verein für Denkmalpflege und Heimatschutz von 1906–1970. Köln 2000.

Wilhelm II.: Ereignisse und Gestalten aus den Jahren 1878–1918. Leipzig u. a. 1922.

Ohm **Will** (W. Räderscheidt): Köllen en Kreegszigge. Köln 1916.

Franziska **Windt**: „Preußisch, aber zugleich wahrhaft deutsch". Herrscherporträts und Zeremonienbilder. In: Generaldirektion der Stiftung Preußische Schlösser und Gärten Berlin-Brandenburg (Hg.). Die Kaiser und die Macht der Medien, s. d., S. 50–61.

Heinrich August **Winkler**: Der lange Weg nach Westen. Bd. 1: Deutsche Geschichte vom Ende des Alten Reiches bis zum Untergang der Weimarer Republik. München 2000.

Carl **Wirts** (Text): Der Kölner Rosenmontagszug 1914 „Die Kölner Welt-Ausstellung". Köln, o. J.

Philipp **Witkop** (Hg.): Kriegsbriefe gefallener Studenten. München 1928.

Ernst **Zander**: Köln als befestigte Stadt und militärischer Standort. Köln 1941.

Ernst **Zander**: Befestigungs- und Militärgeschichte Kölns (einschließlich der früher selbständigen Städte Deutz und Mülheim) vom Beginn der Franzosenzeit (1794) bis zum Ende der britischen Besatzungszeit (1926). Köln 1944.

Abkürzungen

AEK Historisches Archiv des Erzbistums Köln

BArch Bundesarchiv

HAStK Historisches Archiv der Stadt Köln

KSM Kölnisches Stadtmuseum

LAV NRW Landesarchiv NRW

LHAKo Landeshauptarchiv Koblenz

MAKK Museum für Angewandte Kunst Köln

RBA Rheinisches Bildarchiv

RWWA Stiftung Rheinisch-Westfälisches Wirtschaftsarchiv zu Köln

StBKAH Stiftung Bundeskanzler-Adenauer-Haus

Abbildungsnachweis

Sofern nicht anders angegeben, je nach Objektbesitz: Kölnisches Stadtmuseum, Museum für Angewandte Kunst Köln, Stiftung Rheinisch-Westfälisches Wirtschaftsarchiv zu Köln / Foto: Rheinisches Bildarchiv, Sabrina Walz, unter Mitarbeit von Alina Cürten

Archiv der sozialen Demokratie der Friedrich-Ebert-Stiftung   S. 61 2. v. r. o. (Rechteinhaber unbekannt)

Archiv Evangelischer Kirchenverband Köln und Region   S. 69 r.

Archiv des Straßenbahn-Museums Thielenbruch, Köln   S. 82, 84 l. und r., 239 r.

Archiv Maurice Cox   S. 109

Archiv der Kölsche Funke rut-wieß vun 1823 e. V.   S. 189 l., 190, 191

August Macke Haus Bonn / Foto: LVR-LandesMuseum Bonn, Jürgen Vogel   S. 142 l. o.

J.P. Bachem-Archiv / Foto: Rheinisches Bildarchiv   S. 220

Bayer AG/Corporate History & Archives, Leverkusen / Foto: Ruhr Museum, Dieter Philberg   S. 77 o.

Bildarchiv Foto Marburg   S. 153 o.

Joachim Brokmeier   S. 112 o., 235 l.

Deutsches Filminstitut – DIF e. V., Frankfurt a. M.   S. 108 l. und r.

Deutsches Historisches Museum, Berlin   S. 35 l.

Gerhard Dietrich   S. 135 u.

Die Photographische Sammlung/SK Stiftung Kultur – August Sander Archiv, Köln/VG Bild-Kunst, Bonn, 2014   S. 10, 141 l. und r.

Werner Durth   S. 128

Bernd von der Felsen / Foto: Kölnisches Stadtmuseum   S. 29 r., 165, 171 r. o. und u., 173 u., 198, 212, 216 u., 224 o., 246 r.

Irene Franken / Foto: Rheinisches Bildarchiv   S. 60 o., 169

GALERIA Kaufhof GmbH   S. 73

Galerie Remmert und Barth, Düsseldorf   S. 143 l.

Hausarchiv des Bankhauses Sal. Oppenheim jr. & Cie., Köln   S. 24 o.

Klaus Heuser / Foto: LVR-LandesMuseum Bonn, Jürgen Vogel   S. 146, 248

Historische Bildpostkarten – Universität Osnabrück – Sammlung Prof. Dr. Sabine Giesbrecht   S. 58

Historisches Archiv der Stadt Köln, 558/Fo1   S. 88 (Rechteinhaber unbekannt)

Historisches Archiv des Erzbistums Köln, Bildsammlung   S. 209 u., 223 l. und r. o.

Kölnisches Stadtmuseum   S. 44, 48 l. und r., 78 r., 106, 116, 119, 124 u., 134, 145 r., 157, 162 l., 219, 224 o., 227, 231 l.

Kölnisches Stadtmuseum / Foto: Landeshauptarchiv Koblenz   S. 201 u., 247 r.

Kölnisches Stadtmuseum / Foto: Rheinisches Bildarchiv   S. 18, 19, 21 r., 35 r., 38, 42, 47 l. o. und r., 51, 61 2. v. l. o., 85, 92 o. und u., 97, 113, 114 r., 115, 130, 135 l., 140 l., 142 l. u. und r., 145 l., 149, 152, 159 l., 161, 163, 176 o. und u., 204, 206, 234 r., 237 r.
Foto: Rheinisches Bildarchiv, Wolfgang F. Meier   S. 20 u., 31, 41, 75, 138, 178 o.
Foto: Rheinisches Bildarchiv, Wolfgang F. Meier, Sabrina Walz, bearb. v. Alice Kaiser   S. 168
Foto: Rheinisches Bildarchiv, Britta Schlier   S. 230 l. und r., 231 r.

Konejung Stiftung: Kultur (bereits veröffentlicht in: Konejung, 2013)   S. 236 r.

Ralf Kramp / Foto: Kölnisches Stadtmuseum   S. 184

Kunstmuseum Bonn   S. 143 r.

Landeshauptarchiv Koblenz, 700,145/72   S. 229

Metropolitankapitel der Hohen Domkirche Köln / Foto: Dombauhütte Köln, Matz und Schenk   S. 66, 67 u.

Werner Müller, Historisches Luftfahrtarchiv Köln   S. 175

Museum der Belgischen Streitkräfte in Deutschland, Soest   S. 177

Horst Nordmann / Foto: Ruhr Museum, Rainer Rothenberg   S. 89

NS-Dokumentationszentrum der Stadt Köln   S. 185 r. u., 240 l.

NS-Dokumentationszentrum der Stadt Köln / Foto: Rheinisches Bildarchiv, Katharina Dalé   S. 71
Foto: Rheinisches Bildarchiv, Sabrina Walz   S. 186 l.

NS-Dokumentationszentrum der Stadt Köln / Foto: Unverdruß   S. 61 1. v. l. o.

Preußen-Museum Nordrhein-Westfalen   S. 30 u.

Privatbesitz / Rheinisches Bildarchiv   S. 240 r.

Rheinisches Bildarchiv   S. 6 (Besitz unbekannt), 68 (Besitz unbekannt), 86, 93 u., 94, 95 l. o., 99 r., 105 (Besitz unbekannt), 107, 156, 199, 200 r., 210 o.
Rheinisches Bildarchiv, Andreas Fragel   S. 196 r.

Schokoladenmuseum Köln   S. 28

Schokoladenmuseum Köln / Foto: Rheinisches Bildarchiv, Sabrina Walz   S. 30 l. o.

Schweizerische Nationalbibliothek (www.14-18.ch)   S. 40

SilviaBins   S. 69 l.

Stadtkonservator Köln   S. 93 o. (Besitz und Rechteinhaber unbekannt), 95 r. o. und u. (Repro; Rechteinhaber unbekannt), 96, 129

Volker Standt   S. 65, 136 o., 137, 172, 196 l., 213, 235 r., 241 l. und r., 243 r., 244 r.

Volker Standt / Foto: Rheinisches Bildarchiv S. 237 r.

Stiftung Bundeskanzler-Adenauer-Haus (Rechteinhaber unbekannt)   S. 54, 55, 56 l., 57 r.

Stiftung Deutsches Sport & Olympia Museum Köln, Gregor Baldrich   S. 117, 118, 119 o., 120 o. und u., 121

Stiftung Rheinisch-Westfälisches Wirtschaftsarchiv zu Köln   S. 13, 74 u., 76, 81, 83 l., 87 l. und r., 164, 239 l.

Stiftung Rheinisch-Westfälisches Wirtschaftsarchiv zu Köln / Foto: LVR-Industriemuseum, Jürgen Hoffmann   S. 27

Stiftung Zanders   S. 61 1. v. r. o. (Rechteinhaber unbekannt), S. 153 u.

Theaterwissenschaftliche Sammlung der Universität zu Köln   S. 98, 99 l., 100 l. und r., 101 l. und r., 102 l. und r., 103 l. und r., 104, 236 l.

The Brooklands Museum, Weybridge, England   S. 243 l. (Besitz unbekannt)

Universitäts- und Stadtbibliothek Köln S. 30 r. o., 228 r.

Wallraf-Richartz-Museum & Fondation Corboud / Foto: Rheinisches Bildarchiv S. 131, 133

www.winkler-postkarten.de (Verlag und Bildarchiv Sebastian Winkler, München)   S. 37 r.

Zahnmuseum Wien   S. 211

Gerald Zugmann   S. 150

Reproduktionen

Dietmar, 1991, S. 327   S. 237 l., 238 r.

Baum, Dollhoff, 1988 S. 20; S. 25   S. 194, 195

Benner, 2006, S. 83   S. 36

Berg, 1917, S. 33   S. 67 o.

Billstein, 1979, S. 190, Abb. 17   S. 47 l. u.

Brunn, 1986, Abb. 29   S. 62 l.

Castle, 2011, S. 14   S. 178 u.

Herzogenrath, Täuber, Thiekötter, 1984, S. 196   S. 152 u.

Johann, 1968, S. 87; S. 88   S. 222

Kölnische Theater-Rundschau, 3. Jg., S. 5; S. 7; S. 8   S. 158 o. und u., 159 l.

Kriegschronik der Firma F.W. Brügelmann Söhne, 1916, S. 10; S. 11; S. 12   S. 166 o. und u., 167

Krupp, 1986, S. 11   S. 126

Lindemann, 2002, S. 167 links   S. 83 r.

Louis, 1986, S. 166   S. 123

Metzendorf, 1914, S. 24, Abb. 12; S. 63, Abb. 57 / Foto: Rheinisches Bildarchiv S. 151 r., 154

Nationale Frauengemeinschaft, 1916, S. 11 S. 60 u.

Raschke, 2001, S. 71, Abb. 67   S. 23 o.

Scharfe, 2002, S. 232, Abb. 66   S. 37 l.

Wir haben uns bemüht, für alle Abbildungen die entsprechenden Inhaber der Rechte zu ermitteln. Sollten dennoch Ansprüche offen sein, bitten wir um Benachrichtigung.

Vorsatz
Stadtplan von Köln mit dem Werkbund-Gelände, Köln, 1914 (Kölnisches Stadtmuseum / Foto: Rheinisches Bildarchiv, Sabrina Walz)

Nachsatz
Patrick Sonne (Layout), Festung Köln 1914, Karte, Köln, 2014, Grundlage: Meynen, 2010, Kartenhintergrund: ESRI, DeLorme, HERE; mit Genehmigung vom Amt für Liegenschaften, Vermessung und Kataster; Text: Stefan Lewejohann

Abbildung S. 232–233
Paul Prött, Dom, Westseite mit Vorplatz, aus der Mappe „Cöln am Rhein", Radierung, 1914, ausgestellt auf der Weihnachtsausstellung 1914 im Kölner Kunstgewerbemuseum (KSM)

Abbildung S. 268–269
„Munitionstransport Cöln-Paris 1914", Fotopostkarte, Köln, 1914 (Privatbesitz Volker Standt / Foto: Rheinisches Bildarchiv)

Impressum

Bibliografische Information der Deutschen Nationalbibliothek
Die Deutsche Nationalbibliothek verzeichnet diese Publikation
in der Deutschen Nationalbiografie, detaillierte bibliografische
Daten sind über http://dnb.d-nb.de abrufbar.

Diese Publikation erscheint anlässlich der Ausstellung
„Köln 1914. Metropole im Westen"
Kölnisches Stadtmuseum, Museum für Angewandte Kunst Köln und
Stiftung Rheinisch-Westfälisches Wirtschaftsarchiv zu Köln
22. November 2014 – 19. April 2015

1. Auflage 2014
© Kölnisches Stadtmuseum, Museum für Angewandte Kunst Köln,
Stiftung Rheinisch-Westfälisches Wirtschaftsarchiv zu Köln,
J.P. Bachem Verlag und die Autoren, Köln 2014

Herausgeber
Petra Hesse, Mario Kramp, Ulrich S. Soénius

Koordination und Redaktion
Jennifer Kirchhoff, Ulrike Staroste

Autoren
Konrad Adenauer, Beatrix Alexander, Johannes Ralf Beines,
Inga Bernhard, Romana Breuer, Jost Dülffer, Michael Euler-Schmidt,
Irene Franken, Petra Hesse, Jennifer Kirchhoff, Everhard Kleinertz,
Mario Kramp, Marion Kranen, Ulrich Krings, Stefan Lewejohann,
Rüdiger Müller, Joachim Oepen, Gabriele Oepen-Domschky,
Sascha Pries, Irene Schoor, Ulrich S. Soénius, Volker Standt,
Ulrike Staroste, Rita Wagner, Tobias Wüstenbecker

Lektorat
Petra Hesse, Mario Kramp, Ulrich S. Soénius,
Inga Bernhard, Jennifer Kirchhoff, Gabriele Oepen-Domschky,
Sascha Pries, Ulrike Staroste, Ulrike Tomalla, Rita Wagner,
Tobias Wüstenbecker sowie Manuela Tiller

Objektfotografien
Rheinisches Bildarchiv: Wolfgang F. Meier, Sabrina Walz, unter
Mitarbeit von Alina Cürten

Reproduktionen
Reprowerkstatt Wargalla GmbH, Köln

Innenlayout
Nadja Fernandes, Grafik et cetera, Köln

Einbandgestaltung
Petra Drumm, Köln

Druck
Grafisches Centrum Cuno, Calbe
Printed in Germany

ISBN: 978-3-7616-2867-6

Aktuelle Programminformationen
Sowie Download-Links zu unseren
Apps finden Sie unter
www.bachem.de/verlag

Ausstellung „Köln 1914. Metropole im Westen"

Idee und Gesamtleitung
Petra Hesse, Mario Kramp, Ulrich S. Soénius

Grafikdesign für alle Ausstellungen
Bärbel Maxisch (BÜRO211)

Ausstellungsteil Kölnisches Stadtmuseum

Gesamtleitung
Mario Kramp

Kuratoren, Projektkoordination
Gabriele Oepen-Domschky, Sascha Pries

Ausstellungsorganisation
Mario Kramp, Gabriele Oepen-Domschky, Sascha Pries

Texte
Ralf Beines, Mario Kramp, Jennifer Kirchhoff, Stefan Lewejohann,
Rüdiger Müller, Gabriele Oepen-Domschky, Sascha Pries,
Rita Wagner,

Dokumentation und Leihverkehr
Ulrike Hohn

Ausstellungsaufbau, Technik & Restaurierung
Stefanie Behrendt, Jörg Borger-Besser, Katharina Engelmann,
Julia Nagel-Geue, Andrea Habel-Schablitzky, Monika Helfmann,
Kristin Krupa, Sevgi Özgür, Gerd Schweinsberg, Hendrik Strelow

Museumspädagogik & Kommunikation
Wibke Becker, Ulrich Bock

Social Media
Rüdiger Müller, Philipp Hoffmann, André Grosser

Veranstaltungsmanagement
Wibke Becker

Verwaltung
Bettina Gärtner, Helmut Roizheim

Sekretariat
Petra Pfeiffer, Alexandra Stey

Praktikantinnen
Rahel Clormann, Judith Lenth

Ausstellungsteil Museum für Angewandte Kunst Köln

Gesamtleitung
Petra Hesse

Projektkoordination
Petra Hesse, Ulrike Staroste

Ausstellungsorganisation
Petra Hesse, Ulrike Staroste, Tobias Wüstenbecker

Recherche
Romana Breuer, Petra Hesse, Ulrike Staroste, Ulrike Tomalla,
Tobias Wüstenbecker

Texte
Romana Breuer, Petra Hesse, Ulrike Staroste, Tobias Wüstenbecker

Restaurierung
Elke Beck, Agnes Eckert, Tobias Friedrich, Werner Nett,
Jürgen Schablitzky, Katharina Sossou, Atelier für Papier-
restaurierung Köln mit Dirk Ferlmann, Philipp Kochendörfer,
Arnau Montsonís Nomdedéu

Dokumentation und Leihverkehr
Dorothée Augel

Ausstellungsaufbau
Josef Dreckmann, Jürgen Plötz

Technik
Mike Effelsberg, Frank Schunk

Museumspädagogik und Kommunikation
Romana Breuer

Social Media
Ulrike Tomalla

Veranstaltungsmanagement
Monika Pfeil

Verwaltung
Arno Monnig, Diana Richmann

Sekretariat
Hildegard Marquardt

Kabinettausstellung Stiftung Rheinisch-Westfälisches Wirtschaftsarchiv zu Köln

Gesamtleitung
Ulrich S. Soénius

Projektkoordination
Inga Bernhard

Sekretariat
Dorothee Gräfrath

Texte
Inga Bernhard, Ulrich S. Soénius

LVR-Projekt
1914 – Mitten in Europa. Das Rheinland und der Erste Weltkrieg

Projektidee und Konfiguration
Milena Karabaic, LVR-Dezernentin Kultur und Umwelt

Gesamtkonzeption und Projektleitung
Thomas Schleper

Wissenschaftliche Projektassistenz
Stephanie Buchholz

Schirmherrin des LVR-Projekts „1914 – Mitten in Europa. Das Rheinland und der Erste Weltkrieg" ist Ute Schäfer, Ministerin für Familie,
Kinder, Jugend, Kultur und Sport des Landes Nordrhein-Westfalen

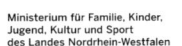

Gefördert durch:

Landschaftsverband Rheinland, Ministerium für Familie, Kinder,
Jugend, Kultur und Sport des Landes Nordrhein-Westfalen,
Kölner Kulturstiftung der Kreissparkasse Köln, Wirtschaftshistorischer
Verein zu Köln e. V., Overstolzengesellschaft, Freunde des Kölnischen
Stadtmuseums, Kaspar Kraemer Architekten BDA, Gaffel Kölsch,
WDR 3 Kulturpartner

Transp.
Paris.
14.

Dank

Die Herausgeber danken:

Autoren

Konrad Adenauer
Beatrix Alexander
Johannes Ralf Beines
Inga Bernhard
Romana Breuer
Jost Dülffer
Michael Euler-Schmidt
Irene Franken
Jennifer Kirchhoff
Everhard Kleinertz
Marion Kranen
Ulrich Krings
Stefan Lewejohann
Rüdiger Müller
Joachim Oepen
Gabriele Oepen-Domschky
Sascha Pries
Irene Schoor
Volker Standt
Ulrike Staroste
Rita Wagner
Tobias Wüstenbecker

Leihgeber

Bergisch Gladbach, **Joachim Brokmeier**

Bergisch Gladbach, **Stiftung Zanders, Papiergeschichtliche Sammlung** (Magdalene Christ)

Berlin, **Bauhaus-Archiv / Museum für Gestaltung** (Sibylle Hoiman)

Berlin, **Berliner Medizinhistorisches Museum der Charité** (Beate Kunst)

Berlin, **Ethnologisches Museum der Staatlichen Museen Berlin** (Friederike Heinze)

Bonn, **August Macke Haus Bonn** (Klara Drenker-Nagels)

Bonn, **Klara Drenker-Nagels**

Bonn, **Kunstmuseum Bonn**

Bonn, **LVR-LandesMuseum Bonn** (Alexandra Käss)

Darmstadt, **Werner Durth**

Dormagen, **Kulturbüro Stadt Dormagen** (Daniela Cremer)

Düsseldorf, **Galerie Remmert und Barth** (Peter Barth)

Euskirchen, **Rainer Bogo-Jawlenski**

Hillesheim, **Ralf Kramp**

Koblenz, **Wehrtechnische Studiensammlung Koblenz** (Rolf Wirtgen, Lothar Simon)

Köln, **Archiv des J.P. Bachem Verlag** (Ruth Bachem)

Köln, **Bankhaus Sal. Oppenheim jr. & Cie.**

Köln, **Johannes Ralf Beines**

Köln, **Dombauverwaltung Köln** (Leonie Becks, Matthias Deml, Klaus Hardering)

Köln, **Evangelische Kirchengemeinde Köln** (Mathias Bonhoeffer)

Köln, **Evangelischer Kirchenverband Köln und Region** (Christian Parow-Souchon)

Köln, **Klaus Heuser**

Köln, **Historisches Archiv des Erzbistums Köln** (Joachim Oepen)

Köln, **Hölderlin-Gymnasium** (Albert Lange)

Köln, **Kirchengemeinde St. Engelbert und Bonifatius**

Köln, **Kirchengemeinde St. Severin**

Köln, **Kölner Karnevalsmuseum** (Claudia Teichner)

Köln, **Kölnisches Stadtmuseum**

Köln, **Kölsche Funke rut-wieß vun 1823 e. V.** (Jacky Beumling, Marcus Leifeld)

Köln, **Kunst- und Museumsbibliothek der Stadt Köln**

Köln, **Henriette Meynen**

Köln, **Militärgeschichtliche Sammlung Wahnheide** (Michael Mazuel, Wolfgang Hartung, Ulf Witte)

Köln, **Werner Müller**

Köln, **Museum Ludwig** (Miriam Halwani)

Köln, **Horst Nordmann**

Köln, **NS-Dokumentationszentrum der Stadt Köln** (Ibrahim Basalamah)

Köln, **Privatbesitz**

Köln, **Schokoladenmuseum Köln** (Andrea Durry)

Köln, **Ulrich Schröder**

Köln, **SK Stiftung Kultur/Die Photographische Sammlung** (Rajka Knipper)

Köln, **Stadtkonservator Köln** (Dorothea Heiermann)

Köln, **Stadtwerke Köln** (Doris Lindemann)

Köln, **Volker Standt**

Köln, **Stiftung Butzweilerhof** (Edgar Meyer, Beate Becker-Korb)

Köln, **Stiftung Deutsches Sport & Olympia Museum** (Gregor Baldrich)

Köln, **Stiftung Rheinisch-Westfälisches Wirtschaftsarchiv zu Köln**

Köln, **Theaterwissenschaftliche Sammlung der Universität zu Köln**

Köln, **Universitäts- und Stadtbibliothek Köln** (Andreas Freitäger)

Köln, **Wallraf-Richartz-Museum & Fondation Corboud**

Köln, **Willi Ostermann Gesellschaft** (Jan Haensel)

Leverkusen, **Bayer AG** (Michael Frings)

Luxemburg, **Henri Kugener**

Much, **Thomas Anschütz**

Pulheim, **Egon Grün**

Reutlingen, **André Brauch**

Rhöndorf, **Ludwig Gierse**

Soest, **Museum der Belgischen Streitkräfte in Deutschland** (Burkhard Schnettler)

Spich, **Orthopädie-Technik Rahm** (Meike und Josef Rahm)

Velbert, **Galerie für Architektenmöbel** (Michael Mertens)

Wien, **Zahnmuseum Wien** (Gabriele Dorffner)

Vaduz, **Martin Frommelt**

Vaduz, **Liechtensteinische Landesbank AG** (Hubert Müller)

Wesel, **Preußen-Museum Nordrhein-Westfalen** (Veit Veltzke)

Worms, **Evangelische Lutherkirchengemeinde** (Heike Radke-Vettel)

Wissenschaftliche Beratung und organisatorische Unterstützung

Francis Balace, Universität Lüttich, Lüttich

Manuela Beer, Museum Schnütgen, Köln

Johannes Ralf Beines, Köln

Rahel Clormann, Würzburg

Daniela Cremer, Kulturbüro Stadt Dormagen, Dormagen

Götz Czymmek, Barbara Schaefer, Wallraf-Richartz-Museum & Fondation Corboud, Köln

Thomas Deres, Historisches Archiv der Stadt Köln, Köln

Gerhard Dietrich, Köln

Philippe Doppagne, Lionel Gabriel, Karel Velle, Generalstaatsarchiv Belgien, Brüssel

Beate Dorfey, Landeshauptarchiv Koblenz, Koblenz

Klara Drenker-Nagels, August Macke Haus Bonn, Bonn

Gisela Fleckenstein, Historisches Archiv der Stadt Köln, Köln

Irene Franken, Köln

Eva Frommelt, Archiv-Atelier, Vaduz

Anne Ganteführer-Tier, Köln

Susanne Geldsetzer, LVR-Industriemuseum Oberhausen, Oberhausen

Generalkonsulat des Königreichs Belgien, Köln

Sabine Hartmann, Bauhaus-Archiv / Museum für Gestaltung, Berlin

Irene Kleinschmidt-Altpeter, Kunstmuseum Bonn, Bonn

Gerald Köhler, Hedwig Müller, Theater-wissenschaftliche Sammlung der Universität zu Köln, Köln

Kaspar Kraemer Architekten BDA, Köln

Stefan Kraus, Kolumba Kunstmuseum des Erzbistums Köln, Köln

Hella Kroh, Langenfeld

Judith Lenth, Berlin

Thomas Menzel, Daniel Schneider, Bundesarchiv, Abt. Militärarchiv Freiburg, Freiburg

Musée Royal de l'Armée et d'histoire militaire, Brüssel

Werner Müller, Historisches Luftfahrtarchiv Köln, Köln

National Archives, Kew

Dieter und Helga Pisters, Köln

Hildegard Reinhardt, Bonn

Rheinisches Bildarchiv, Köln

Rheinische Musikschule, Köln

Dörthe Rudat, adhoc effect, Köln

Herbert Ruland, Arbeitsabteilung GrenzGeschichte DG / Autonome Hochschule in der Deutschsprachigen Gemeinschaft Eupen, Eupen

Werner Schäfke, Köln

Thomas Schleper, Stefanie Buchholz, Christine Ferreau, Landschaftsverband Rheinland, Bonn

Bettina Schmidt-Czaia, Historisches Archiv der Stadt Köln, Köln

Volker Standt, der seine Dissertation über Köln im Ersten Weltkrieg an der Rheinischen Friedrich-Wilhelms-Universität Bonn vor dem Druck als Typoskript zur Verfügung stellte (aus diesem wird hier zitiert)

Unterstützung Bildrecherche

Gregor Baldrich, Stiftung Deutsches Sport & Olympia Museum, Köln

Barbara Barth, Galerie Remmert und Barth, Düsseldorf

Ibrahim Basalamah, NS-Dokumentations-zentrum der Stadt Köln, Köln

Joachim Brokmeier, Bergisch Gladbach

Gabriele Büsch, Stiftung Bundeskanzler-Adenauer-Haus, Bad Honnef

Christine Di Costanzo, Dombauarchiv Köln, Köln

Gerhard Dietrich, Köln

Beate Dorfey, Landeshauptarchiv Koblenz, Koblenz

Andrea Durry, Schokoladenmuseum Köln, Köln

Bernd von der Felsen, Köln

Ulrich Fischer, Historisches Archiv der Stadt Köln, Köln

Irene Franken, Köln

Dorothea Heiermann, Stadtkonservator Köln, Köln

Ute Hücker, Katholischer Deutscher Frauen-bund e. V., Köln

Alice Kaiser, Köln

Alexandra Käss, LVR-LandesMuseum Bonn, Bonn

Achim Konejung, Konejung-Stiftung: Kultur, Vettweiß-Müddersheim

Rajka Knipper, SK Stiftung Kultur/ Die Photographische Sammlung, Köln

Ralf Kramp, Hillesheim

Marcus Leifeld, Archiv der Kölsche Funke rut-wiess vun 1823 e. V., Köln

Doris Lindemann, Archiv des Straßen-bahn-Museums Thielenbruch, Köln

Henriette Meynen, Fortis Colonia e. V., Köln

Werner Müller, Historisches Luftfahrtarchiv Köln, Köln

Horst Nordmann, Köln

Joachim Oepen, Historisches Archiv des Erzbistums Köln, Köln

Christian Parow-Souchon, Evangelischer Kirchenverband Köln und Region, Köln

Patrick Sonne, Fortis Colonia e. V., Köln

Volker Standt, Köln

Johannes Sträter, Ruhr Museum, Essen

Werner Strumann, Münster

Gabriele Teichmann, Bankhaus Sal. Oppen-heim jr. & Cie., Köln

Christina Vollmert, Theaterwissenschaftliche Sammlung der Universität zu Köln, Köln

Sabrina Walz, Alina Cürten, Rheinisches Bildarchiv, Köln

Eva Weyers, Universitäts- und Stadtbiblio-thek Köln, Köln

Johannes Wirsing, Köln

Förderer und Sponsoren

Freunde des Kölnischen Stadtmuseums

Gaffel Kölsch

Kaspar Kraemer Architekten BDA

Kölner Kulturstiftung der Kreissparkasse Köln

Landschaftsverband Rheinland

Ministerium für Familie, Kinder, Jugend, Kultur und Sport des Landes Nordrhein-Westfalen

Overstolzengesellschaft

WDR 3 Kulturpartner

Wirtschaftshistorischer Verein zu Köln e. V.

Ein ganz besonderer Dank gilt allen am Projekt beteiligten Kolleginnen und Kollegen des KSM, MAKK und RWWA.

Festung Köln 1914

Nach 1815 wurde Köln zu einer der stärksten Festungen des preußischen Westens ausgebaut, um von hier aus die Grenze gegenüber Frankreich zu sichern. So wurde im Abstand von rund 500 Metern zur mittelalterlichen Stadtmauer ein Kranz von Forts und Lünetten angelegt. Die Entwicklung neuer gezogener Geschütze mit höherer Treffsicherheit und Reichweite machte jedoch ab 1873 die Anlage eines zweiten Festungsrings mit zwölf Forts und 23 Zwischenwerken notwendig. Verbunden wurden die einzelnen Festungsbauten durch eine im rückwärtigen Gelände gelegene Straße – die Militärring-straße, die erhalten ist und heute zu den meistbefahrenen Straßen in Köln gehört.

Diese Festungsanlagen des äußeren Festungsrings wurden vor Beginn des Ersten Weltkrieges zwischen 1909 und 1914 modernisiert und durch Armierungsbauten ergänzt. Der vergrößerte Ausschnitt deutet die Dichte der ursprünglich vorhandenen Verteidigungswerke rund um Fort VI an.

Nach dem verlorenen Krieg wurde Köln entfestigt und ein Großteil der Fortifikationsanlagen geschleift (beseitigt). Heute sind nur einige der Anlagen im inneren und äußeren Grüngürtel erhalten.

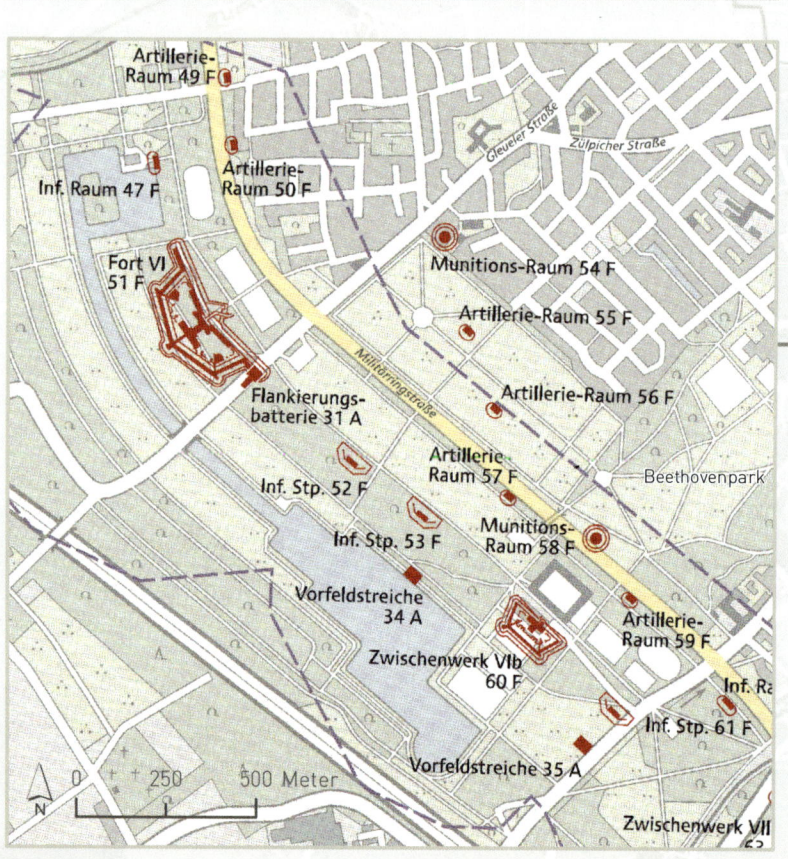